최초의 민주주의

오래된 이상과 도전

FIRST DEMOCRACY: THE CHALLENGE OF AN ANCIENT IDEA

폴 우드러프 지음 | 이윤철 옮김

돌베개

최초의 민주주의
—오래된 이상과 도전

폴 우드러프 지음 | 이윤철 옮김

2012년 7월 23일 초판 1쇄 발행
2022년 7월 25일 초판 4쇄 발행

펴낸이 한철희 | 펴낸곳 주식회사 돌베개 | 등록 1979년 8월 25일 제406-2003-000018호
주소 (10881) 경기도 파주시 회동길 77-20 (문발동)
전화 (031) 955-5020 | 팩스 (031) 955-5050
홈페이지 www.dolbegae.co.kr | 전자우편 book@dolbegae.co.kr
블로그 blog.naver.com/imdol79 | 페이스북 /dolbegae | 트위터 @Dolbegae79

책임편집 김태권
편집 소은주·이경아·이현화·권영민·김진구·김혜영·최혜리
표지디자인 민진기 디자인 | 본문디자인 박정영·이은정
마케팅 심찬식·고운성·조원형 | 제작·관리 윤국중·이수민
인쇄·제본 상지사 P&B

ISBN 978-89-7199-490-0 (93340)
이 도서의 국립중앙도서관 출판시도서목록(CIP)은 e-CIP 홈페이지
(http://www.nl.go.kr/ecip)에서 이용하실 수 있습니다.(CIP제어번호: CIP2012003054)

책값은 뒤표지에 있습니다.

최초의 민주주의

바치는 글

이지 스톤Izzy Stone*은 탁자 맞은편 의자에 비스듬히 기댄 채 나를 똑바로 응시했다. 접시만큼이나 두꺼운 유리잔을 통해 보이는 그의 눈은 미소를 짓고 있었다. "폴, 나는 자네가 일흔둘이 되었을 때 지금 내가 그런 것처럼 행복하기를 바란다네" 하고 그가 말했다. 그는 자신이 가장 좋아하는 식당에서 가장 좋아하는 요리를 주문했으며, 내가 그 요리를 먹는 동안 행복하게 나를 쳐다보았다. 그는 주치의로부터 더 이상 그 요리에 손대서는 안 된다는 경고를 듣고 있었다.

그는 그리스어를 배우면서 행복해했다. 나는 그가 그리스어를 배울 때 도움을 주었다. 그 대가로 그는 나에게 훌륭한 점심을 선물했다. 그는 그리스어를 배우는 기간 동안 고대 그리스 연구센터의 도서관을 많이 이용했고, 나 역시 그곳에서 이후 내게 종신교수직을 안겨

---

* 미국의 저널리스트로 1907년에 출생하여 1989년에 사망했다. 초기에는 『뉴욕포스트』*New York Post*와 『더 네이션』*The Nation*에 기고 활동을 했으며, 이후에는 자신의 저널 『이지 스톤 위클리』*Izzy Stone's Weekly*를 직접 출판했다. 민주주의에 대한 관심을 바탕으로 한 저술 활동이 많았으며, 소련 연방 시절에는 사회주의와 공산주의의 아젠다를 비판하기도 했다. 이곳에서 언급되는 소크라테스의 재판에 대한 그의 책 『소크라테스의 재판』*The Trial of Socrates*은 1988년에 출판되었다.

준 책을 썼다. 당시 나는 신참 연구원이었다.

그는 민주주의의 기원을 좇고자 하는 열망으로 그리스어를 배웠다. 나는 그가 아이스킬로스Aeschylus의 비극 『사슬에 묶인 프로메테우스』Prometheus Bound를 발견했을 때 얼마나 기뻐했는지를 잘 기억하고 있다. 그 비극에서 영웅인 프로메테우스는 참주정의 수용을 멋지게 거절했기 때문이다. 그러나 플라톤이 프로타고라스Protagoras의 입을 통해 얼마나 볼품없이 민주주의에 대한 옹호의 논변을 펴고 있는지를 발견하고서 그가 굉장히 실망했다는 것 역시 나는 또렷이 기억한다. 이지 스톤은 플라톤이 민주주의에 대한 "그와 같이 매력적인 이야기"(이 표현은 이지 스톤 자신의 표현이다)를 그렇게 볼품없이 다루고 있다는 것을 믿을 수 없다고 했다.

그는 시력이 떨어졌지만, 아직 책을 한 권 더 쓸 수는 있었다. 책은 소크라테스의 재판과 관련한 것으로서 훌륭하게 마무리되었다. 하지만 그 책은 플라톤 연구가들로부터 환영받지 못했다. 그 책은 민주주의에 대해 소크라테스가 정확히 어떤 자세를 취했으며 어떤 문제점들을 논했는지에 대한 철학적 논의들을 전혀 다루지 않았기 때문이다. 이지 스톤은 오랫동안 민주주의에 대한 책을 쓰길 열망했으나, 결국 그 책을 쓰지 못한 채 세상을 떠났다. 하지만 그는 자신이 논하고자 했던 대부분의 주제들을 소크라테스의 재판에 관한 책을 쓰며 다루었다. 특히 그는 자신의 책에서 소크라테스 재판의 성격을 따졌으며, 그 재판에 참여했던 배심원들이 무지無智에 기댄 채 민주주의를 공격하고자 제시했던 형편없는 주장들을 올바르게 논박했고, 마침내 아테네 민주주의를 성공적으로 변호했다.

지금 내가 쓰고 있는 이 책이 그가 저술하고자 열망했던 그런 책이라고 자부할 수는 없다. 내 책은 민주주의를 면밀히 탐구한다는 측면에서는 지나치게 짧은 반면, 민주주의 이론을 논한다는 측면에서는 지나치게 길다. 하지만 이 책이 어떤 한 이상주의에 대해서 논한다는 측면에서는 지나치게 짧지 않기를 희망한다. 이지 스톤을 거의 매일 만났던 그 시절, 나는 종종 미국의 민주주의와 인간의 교육 가능성에 대해 정말이지 경멸하곤 했다. 그때마다 그는 나를 다독이며 나의 분노를 누그러뜨려주려 했다. 아울러 그는 내게 우리가 직면한 현재의 실패 앞에서 민주주의에 대한 나의 꿈을 현실과 타협하지 말 것을 강조하며, "마땅히 그래야지"라고 말하곤 했다. 그의 "마땅히"라는 표현 속에는 우리의 삶에서 민주주의가 마땅히 제 역할을 해야 한다는 의미가, 그리고 교육이 마땅히 민주주의를 지원해야 한다는 뜻이 담겨 있었다. 나는 그것을 잘 알고 있었다.

나는 민주주의가 하나의 꿈이라고 믿는다. 고대인들은 민주주의를 충분히 실현시키지 못했다. 우리 역시 그렇다. 그러나 사상가들의 일은 어떤 일이 있더라도 그 꿈이 소멸되지 않고 생생히 살아 있도록 유지시키는 것이어야 한다. 그리고 행동하는 자들의 일은 환경이 허락하는 한 그 꿈에, 즉 민주주의에 가까이 이를 수 있도록 실천해야 하는 것이다.

민주주의를 추구하려던 고대의 꿈, 아테네에서 부분적으로 실현되었던 고대의 그 꿈에 관한 이 책을 이지 스톤과의 소중한 기억에 바치고자 한다. 이는 어쩌면 그에게 훌륭한 점심으로 보답하는 것보다 더 나을지도 모른다. 하지만 내가 그에게서 받은, 언제나 환하고 정직한 이상주의라는 선물에 비하면 여전히 부족한 보답일 것이다.

바치는 글

목차

민주주의는 결코 멈출 수 없는 이념입니다. 마케도니아가 그리스를 정복한 뒤 알렉산더 대왕의 탄압에도 불구하고, 이후 그리스인들은 수백 년에 걸쳐 끊임없이 민주주의를 상기했고 이를 다시 복원시키고자 노력했습니다. 현대를 살아가는 우리 역시 지역과 문화의 차이에도 불구하고 민주주의가 가능하다고 믿어왔으며, 또한 이를 실현시키고자 분주히 노력해왔습니다.

현재 아시아와 중동 지역에서 민주주의에 대한 갈증은 제가 이 책을 처음 구상하여 집필하기 시작했을 때보다 더욱 강해졌습니다. 그곳에서 사람들은 민주주의를 통해 누릴 수 있는 자유와 권력을 확보하기 위해 더 이상 서구 유럽 중심의 문화에 귀속되어야 할 필요가 없다는 것을 자각하는 듯 보입니다. 수대에 걸쳐 독재권력을 행사해온 여러 나라들에서 시민들은 자신들의 요구에 전혀 응답하지 않는 독재자들 혹은 소수의 지배 권력에 맞서 스스로 일어서고 있습니다. 그들이 인간이 누릴 수 있는 번영의 모든 계기들, 예컨대 과학이나 인문학, 경제학, 조화롭고 자율적인 조국 수호 능력, 그리고 무엇보다도 인간 정신의 고양이 오직 민주주의 안에서만 가능하다는 것을 깨달았다고 믿어 의심치 않습니다. 물론 왕정이나 심지어 독재정이 이루어지는 국가에서도 몇몇 분야에 걸쳐 좋은 결과를 기대할 수 있다는 것을 인정합니다. 하지만 그 결과들은 오로지 소수의 분야에서 짧은 시간에 걸쳐서만 효력을 발휘할 것입니다. 민주주의가 이루어지지 않은 상태에서 성취되는 강력한 조국 수호 능력이나 경제적 발전이란 결국 영혼을 가지지 못한 기계와 같다고 할 수 있습니다.

그러나 민주주의가 완전히 실현되기란 현실적으로 불가능할 수도 있습니다. 그 이유는 많이 있으나, 가장 중요한 문제는 제가 이 책에서 '조화'라고 부르는 것이 인류의 역사에서 단 한 번도 올바르게 이루어진 적이 없다는 것입니다. 민주주의의 실현을 위해 반드시 필요한 조건은, 결국 한 민족의 모든 구성원들이 평등하게 정치적 힘을 갖기 위해 그들 스스로 '한 민족'이라는 사실을 깨닫는 것입니다. 물론 민족의 구성원들이 모든 일에 대해 언제나 함께 동의해야 할 필요는 없습니다. 그럼에도 그들은 서로를 동료로 인정해야지, 적으로 등져서는 안 된다는 것을 결코 잊지 말아야 합니다. 아무리 민주주의라는 긍정적인 정치구조를 건설하려 한다는 명분을 내세운다 해도, 한 국가 안에서 어떤 집단이 다른 집단을 억압하고 학대하기 위한 구실로 자유를 요청하는 일은 결코 발생해서는 안 됩니다. 최근 이라크에서 독재정이 종식되자, 종교 집단들이 평화를 안착시킨다는 미명하에 타 집단의 요구를 묵살하고 자신들에게 필요한 것들만을 요구했던 사례가 바로 잘못된 민주주의에 대한 요청이라고 할 수 있습니다.

아시아와 중동 지역에서 민주주의에 대한 요청이 점점 거세지는 사이, 유럽과 미국의 민주주의는 새로운 긴장 상태를 맞게 되었습니다. 심지어 가장 안정적이고 강력한 민주주의를 구축했다고 자부했던 국가들에서조차 참된 민주주의의 이념들로부터 멀어지면서 정치적 후퇴의 조짐이 드러나기 시작했습니다. 몇몇의 민주주의 국가들은 예외라고 할 수 있겠으나, 대부분의 국가에서 정부는 경제적 불안과 긴축 상태로 인해 여러 측면에서 시민들의 조화를 제한하는 방안을 실행했습니다. 그로 인한 악영향은 미국의 사례를 통해 분명하게 확인할 수 있습니다. 부유한 자들은 세금 감면이나 그 외 이와 유사한 경제적 혜택에 목을 매게 된 반면, 가난한 자들은 정부 보조금에 더더욱 의존하게 되었습니다. 그 결과 성공적인 민주주의의 확립을 위해 필요한 공공재를 어느 쪽에도 제대로 고려할 수 없게 되어버렸습니다. 이는 분명 부유한 자나 가난한 자 모두 오직 자신에게 이득이 되는 바가 결국 모두에게 이득이라고 외치고 있기 때문입니다. 부유한 자는 자신이 더 큰 부를 획득하고 더 나아가 자신의 자산이 안전하게 보호되는 수단을 통해서만 국가의 경제가 개진될 수 있다고 주장할 따름이며, 가난한 자는 바로 쓸 수 있는 현금을 손에 쥐지 못하는 한 경제는 악화될 것이라고 주장합니다. 그러면서 그들은 결국 조화로부터 점차 멀어지고 말았습니다.

그럼에도 저는 이러한 긴장 상태를 해결하는 데 있어 민주주의야말로 여전히 최상이자 유일한 해답이 될 것이라고 믿습니다. 우리가 조화에 이르는 길을 발견하지 못하는 한, 어떠한 대답도 바람직한 해답이 될 수 없을 것입니다. 한 국가 안에서 모든 이들의 이득을 돌보지 않은 채, 어느 특정 집단의 요청과 강제로 인해 변화가 이루어질 경우, 그 변화가 오래 지속될 수 있으리라고 기대할 수는 없을 것입니다. 민주주의는 사람들에게 조화의 중요성을 깨닫고 이를 실천하라고 요구합니다. 바로 그 때문에 저는 민주주의만이 사회에 만연해 있는 불안과 갈등을 제거하고 모두를 화합된 길로 인도할 수 있는 가장 강력한 가능성을 지닌 제도라고 굳게 믿습니다.

제가 태어났을 때 한국은 여러 외세의 압력에 시달리고 있었습니다. 어린 시절 한 한국 친구는 제게 외세로부터 전해진 두 이념 사이의 극명한 갈등으로 인해 한국이 끔찍한 전쟁의 소용돌이에 휘말리게 되었다는 사실을 말해주었습니다. 성인이 된 후 저는 한국에서 어두운 정치 역사의 터널을 지나 민주주의 이념들이 실현되기까지 시민들이 어떠한 고난과 희생의 과정을 거쳤는지 소식을 접할 수 있었습니다. 민주주의의 원형과 실천 가능성에 대해 오랜 시간 연구해온 제게는 이 모든 사실이 무척이나 고무적이었습니다. 한국인이 보여준 가혹한 고난과 희생이야말로 민주주의가 결코 멈출 수 없는 이념이라는 것을 증명하는 하나의 사례라고 믿습니다.

2012년 6월 20일
폴 우드러프

서문

민주주의는 사람들에 의한 그리고 사람들을 위한 정치 체제를 구현하고자 하는 실천적 시도다. 나는 이런 정치 체제를 이상理想이라고 부른다. 인류의 역사 속에서 이런 정치 체제가 실제로 완벽히 재현된 적은 없었다고 생각하기 때문이다. 민주주의에 대해 정의定義를 내리는 일은 이론가들 사이에서 많은 논쟁을 불러일으켜왔다. 더군다나 현실 세계에서 자신들의 정치 체제를 보호하고 지키고자 하는 특수 이익 집단들은 사람들이 지향하는 민주주의에 대한 전망이 자신들에게 위협을 가하고 있다고 여기기도 했다.

이 책에서 내가 다루고자 하는 주제는 물론 민주주의다. 민주주의에 대한 논의가 논쟁적이지 않다면, 그것은 진정한 민주주의에 대한 논의가 아니다. 그 논의가 위험하지 않다면, 그리고 그 논의가 민주주의를 실천하는 데 있어 두려움을 야기하는 변화들에 대해 진정으로 따져보라고 묻지 않는다면, 그 역시 민주주의에 대한 논의가 아니다. 아니 어쩌면 민주주의는 이보다 더욱 골치 아픈 주제일지도 모른다. 민주주의에 대한 올바른 이해를 위해, 나는 이 책의 각 장에서 고대의 민주주의 뒤에 숨어 있던 일곱 가지 핵심 이념들을 다룰 것이다. 그리고 그 이념들에 대한 전통적인 논쟁들에 대해서도 논할 것이다. 마지막 장에서는 우리가 살아가는 지금 이 시대에 구현할 수 있는 정치제도를 위해 이 이념들이 어떤 현대적 타당성을 가질 수 있는지를 물을 것이다. '민주주의는 정녕 우리에게 가능한 것인가?' 이것이 이 책의 진정한 물음이다. 이지 스톤과 마찬가지로 나는 민주주의가 우리에게 가능해야만 한다고 믿는다. 그러나 정확히 어떤 방식을 통해 가능할 수 있을지에 대해서는 아직 확신이 없다.

나는 이 책의 집필을 아테네가 제국의 영광을 누리던 민주주의 시절에 지은 호화로운 파르테논Parthenon 신전이 보이는 한 호텔의 꼭대기 방에서 시작했다. 파르테논의 오른쪽 끝자락에는 민주주의 실천의 핵심 장소였던 프닉스Pnyx가 있었다. 프닉스에서 민회가 열렸고, 도시의 모든 남성 시민들이 투표와 발언을 위해 민회에 초대되었다. 이 책을 구상하기 몇 달 전부터 빌 모이어스Bill Moyers*는 내게 그리스인들이 우리에게 준 이념들의 유산에 대해 글을 써보라고 충고했다. 그는 "우리가 지금 사용하고 실천할 필요가 있는 바로 그 이념들에 대해서"라고 덧붙였다.

아테네의 영광을 상징하는 파르테논 신전의 경관을 감상하면서, 나는 친구들을 위해 내가 이곳에서 가져가고자 하는 것이 이곳의 풍광을 담은 사진이나 오래된 꽃병의 모사품들이 아니라, 바로 그 이념들, 즉 파르테논을 건설한 자들을 매혹시켰던 민주주의의 이념들이라

---

* 미국의 저널리스트이자 정치 해설자로 1934년에 출생했다. 케네디 대통령 시절에는 공무부 부국장으로 활동했으며, 이후 CBS나 NBC와 같은 미국 내 유력 방송사에서 뉴스 해설자로 활동했다. 현재는 PBS에서 자신의 프로그램인 〈빌 모이어스 저널〉Bill Moyers Journal을 운영하며, 미국 내뿐 아니라 세계의 정치 문제에 대해 활발하게 칼럼을 기고하고 있다.

는 것을 깨달았다. 이 이념들은 그것들을 사랑했던 혹은 그것들에 맞서서 싸웠던 고대 아테네인들에게는 끊임없는 도전이었다. 하지만 이후 아테네인들이 유용하게 사용할 수 있는 새로운 정치적 방식들, 예를 들어 투표제나 다수결의 원칙과 같은 방식들을 고안해내면서, 이 이념들은 종말을 맞게 되었다. 아울러 이 이념들은 고대 아테네인들이 다다르고자 했던 목표를 가리키던 표지판이기도 했다. 이를 실현하려 했던 과거의 시도들은 대부분 실패로 귀결되었다. 그렇다고 해서 이 이념들을 폐기해야 하는 것은 아니다. 오히려 오늘날 우리가 도달하고자 하는 목표를 가리키는 표지판으로, 동시에 우리가 맞닥뜨려야 하는 도전으로 받아들여야 한다. 처음 이 책을 쓰기 시작했을 때 나는 형태가 명확히 잡히지 않은 주제들로 출발했으나, 점차 그것들을 여섯 개의 뚜렷한 이념들로 구체화했다. 그러고 나서 심히 만족스럽지 못했던 초고를 작성한 후, 가장 중요하다고 생각하는 일곱 번째 이념, 즉 조화harmony에 대한 논의를 추가했다. 이 일곱 가지의 이념들은 고대의 민주주의 옹호자들이 자신들의 생각을 어떻게 드러내고 지지했는지 보여줄 것이다. 나는 오늘날 우리가 마땅히 지지해야 하는 민주주의 역시 이 이념들을 통해 정의 내려져야 한다고 믿는다.

　나는 이 책에 있을지도 모를 빈틈들을 점진적으로 메워줄 수 있기를 기대하며, 고대 그리스의 사상사적·정치적 계몽의 본질을 논하는 책을 20년이 넘도록 작업해왔다. 이처럼 원대한 계획을 실천으로 옮기는 과정에서 나는 수많은 연구서와 번역서들을 출간하게 되었다. 이 책에 앞서 출판된 『경의: 잊힌 덕의 재발견』*Reverence: Renewing a Forgotten Virtue*이나 마이클 가가린Michael Gagarin과 함께 작업한 『초기 그리스의 정치 사상: 호메로스에서 소크라테스까지』*Early Greek Political*

Thought, from Homer to Socrates 등이 그 예라고 할 수 있다. 이 책에 실린 많은 고대 그리스어 번역들은 위의 저술들로부터 차용되었다. 아울러 이 책에서 논했던 민주주의 주제에 대한 많은 배경지식들 역시 그 연구 계획으로부터 나왔다. 마이클 가가린은 아테네 민주주의 시기와 이를 자세히 보여주는 텍스트들에 대해 내게 많은 가르침을 주었다. 이 분야에서 새롭게 얻은 지식과 고대 아테네의 정치학과 법률의 훌륭한 점들을 이해하는 데 있어 내가 그에게 진 빚은 이루 말할 수가 없다.

초고를 함께 읽고 훌륭한 제안과 날카로운 비판을 해준 베티 수 플라워즈Betty Sue Flowers, 데이비드 리브David Reeve, 존 렌신브린크John Rensinbrink, 아치 우드러프Arch Woodruff에게 감사의 마음을 전한다. 이 책의 진정한 목적에 대해 생각하도록 격려해준 루벤 맥대니얼Reuben McDaniel, 민주주의를 위한 주장과 관련하여 끊임없이 자극을 준 필립 보비트Philip Bobbitt, 그리고 현대 민주주의와 관련한 연구, 특히 1장과 10장의 주해를 더욱 분명히 하는 데 도움을 준 매트 밸런타인Matt Valentine과 크리스티나 밀러 – 오제다Christina Miller-Ojeda에게도 고마움을 표한다. 더불어 1960년대 메트론에서 역사 강의를 맡아 역사적인 부분과 관련된 구절을 함께 통독하고 나의 실수와 흥미를 올바른 방향으로 잡아준 브라운T. F. R. G. Braun에게 특별히 감사하다는 말을 전하고자 한다. 아울러 마지막 장과 관련하여 꼭 필요한 평을 해준 폴 버카Paul Burka와 샌포드 레빈슨Sanford Levinson, 편집을 맡아준 피터 올린Peter Ohlin과 이 원고를 읽고 검토해준 교정원들, 그리고 기원전 500년경에 실제로 사용되었던 그리스어의 표식법에 따라 각 장 앞머리에 아름다운 그리스어 비문碑文을 그려 넣어준 제임스 콜린스

James Collins에게도 고마운 마음을 전한다. 무엇보다도 이 책이 출판될 때까지 열의와 인내심을 가지고 끊임없는 애정으로 지지해준 아내 루시아 우드러프Lucia Woodruff에게 깊은 감사의 마음을 전한다.

일러두기

1.　　　　다음은 케임브리지 대학교 출판부의 승인을 통해 마이클 가가린과 폴 우드러프의
『초기 그리스의 정치 사상: 호메로스에서 소크라테스까지』에 기재되었던 부분들을 이 책에서 다
시 실은 경우다. 이솝 우화의 모든 발췌 부분(115, 151~152, 192~193쪽), 히포크라테스의 『공
기, 물, 장소에 대하여』*On Airs, Waters, Places*의 한 단락(127~128쪽), 소포클레스의 한 단편
(128~129쪽), 에우리피데스와 관련하여 발췌된 단락들(61, 116, 228, 306쪽), 그리고 안티폰
(223, 232, 235쪽), 프로타고라스(254, 267, 329~330쪽), 솔론(124~125, 128쪽), 헤시오도스
(333쪽)의 모든 인용문들.

　　다음은 해켓 출판사의 승인을 통해 이 책에 다시 실린 부분들이다. 스탠리 롬바르도Stanley
Lombardo가 번역한 호메로스의 『일리아드』*Iliad*(2000) 발췌문(133쪽), 폴 우드러프가 번역한
에우리피데스의 『주신酒神 바커스의 시녀들』*Bacchae*(1998)의 발췌문(196~197쪽), 폴 우드러
프가 번역한 『정의, 권력 그리고 인간 본성에 대한 투키디데스의 입장』*Thucydides on Justice,
Power, and Human Nature*(1993)에서 발췌한 투키디데스와 관련한 부분들(61, 165~166,
179~182, 276~278쪽 그리고 313쪽 주해 2), 폴 우드러프와 피터 메이넥Peter Meineck이 공
역하고 해설한 『테베를 배경으로 한 소포클레스의 작품들』*Sophocles' Theban Plays*(2003)에
서 『안티고네』*Antigone*와 관련하여 발췌된 부분들(153, 224~225, 251~253쪽), 그리고 『참주
오이디푸스』*Oedipus Tyrannus*와 관련하여 발췌된 부분들(117쪽 그리고 213쪽 주해 8).

2.　　　　이 책 본문 하단에 기재된 별주는 모두 역자가 단 것이다. 저자는 본문에 직접 각주
를 달지 않고 각 장 뒷부분에 따로 주해 항목을 제시하고 있다.

　　이 책의 제10장에서 저자는 미국의 독자들에게 민주주의를 올바르게 이해하고 있는지, 더 나
아가 자신들이 민주주의 사회에서 살고 있는지 혹시 아니라고 한다면 참된 민주주의를 받아들일
준비가 되어 있는지를 질문한다. 정치적 배경의 측면에서 그리고 시민들의 정치적 활동 참여의
측면에서 저자가 생각하는 현대의 미국인이란 역자가 생각하는 오늘날의 한국인 및 한국 정세
와 크게 다르지 않아 보인다. 따라서 역자는 많은 경우 저자의 미국인American과 미국America
을 한국 독자들의 가독성을 고려하여 '우리'와 '우리가 살고 있는 이곳'으로 의역했음을 밝힌다.
물론 글의 맥락상 분명히 저자가 특정화된 미국인과 미국을 가리키는 경우엔 그대로 번역했으며
우리의 정세와 관련한 내용은 별주로 밝혔다.

제1장
서론: 민주주의와 그 대역들

ΔΗΜ
ΟΚΡΑ
ΤΙΑ

사람들에 의한 그리고 사람들을 위한 정치 체제인 민주주의는 그 자체로 하나의 아름다운 이념이다.[1] 민주주의는 우리의 능력을 최고로 발휘할 수 있도록 자유를 약속하는 동시에 우리의 가장 나쁜 성향들로부터 우리를 보호한다. 민주주의 안에서 마땅히 모든 성인들은 서로 동의할 자유가 있으며 또한 우리의 삶을 어떻게 조정해야 할지를 논하는 대화에 참여할 자유가 있다. 하지만 누구도 오만함과 남용으로 귀결되는 무분별한 권력을 누릴 자유는 없다.

그러나 다른 많은 훌륭한 이념들과 마찬가지로 민주주의 역시 대역代役*들을 갖고 있다. 그로 인해 우리는 민주주의의 실체를 보지 못하고 그 그림자들만을 보게 되는 경우가 많다. 여기서 대역들이란, 일견 진짜로 혼동될 정도로 진짜의 모습에 가까운 나쁜 이념들을 말한다. 민주주의는 많은 대역들을 가지며, 그중에서 가장 매력적인 것은 다수결의 원칙이다.[2] 그러나 다수결의 원칙이란 단지 다수에 의한, 다수를 위한 정치 체제일 뿐, 그 자체로 민주주의는 아니다. 민주주의를 고안했던 고대의 아테네인들은 이 사실을 가혹한 대가를 지불해가면

* '대역'은 double의 번역이다. 저자는 이 용어를 '민주주의는 아니지만 민주주의와 닮은 모양새 혹은 성격으로 사람들을 현혹시키는 것'이란 의미로 사용한다. 이후의 논의에서 확인할 수 있듯이, 저자는 현대 민주주의에서 실시되고 있는 투표, 다수결의 원칙, 그리고 대표 선출제가 엄밀한 의미에서 민주주의가 아니며 단순히 그 대역들이라고 주장한다.

서론: 민주주의와 그 대역들

서 배웠다. 몇 차례의 계급투쟁을 겪은 후, 그들은 모든 시민들을 포
괄하고 사회 전반에 이득을 제공하는 정치 체제를 성립하기 위한 실
천적인 발걸음을 내디뎠다. 그들은 거의 200년 동안이나 민주주의의
체계를 고치고 보완했다. 심지어 마케도니아의 압도적인 권력이 아테
네의 민주주의를 몰락시키고자 했을 때에도 완전한 민주주의 체계의
성립을 위한 아테네인들의 이 작업은 순조롭게 이루어졌다. 알렉산더
대왕은 아버지인 필리포스 왕으로부터 전제정치 체제를 물려받았으
며, 자신 역시 이 체제를 후대의 계승자들에게 물려주었다. 후대의 계
승자들은 전제정치 체제를 수 세대 동안 유지했다. 훗날 고대 그리스
에서 민주주의의 목숨을 앗아간 것이 바로 마케도니아의 전제정치 체
제였다.

　이 책은 아테네인들로 하여금 하나의 완전한 민주주의를 수립하
도록 이끌었던 이념들을 다룰 것이다. 이 이념들에 대한 확실한 이해
가 없다면, 우리는 결코 민주주의를 이해할 수 없을 것이다. 그리고
우리가 민주주의를 올바르게 이해하지 못한다면, 우리는 민주주의의
대역들에 이끌린 채, 길을 잃고 이리저리 헤매게 될 것이다. 심지어
교육을 받은 아테네인들조차 민주주의에 대해 혼동했고 그 대역들에
유혹되었다. 때로 그들은 민주주의에 대한 이와 같은 무지無知에 무관
심했던 것처럼 보인다. 현대를 살아가는 우리 역시 마찬가지다. 박식
하다고 평이 난 동료들에게 민주주의에 대해서 물을 때면, 그들은 대
체로 민주주의는 ‘다수결의 원칙’이라고 말하거나, 혹은 투표를 통해
사안들을 결정하는 것이라고 애매하게 말한다. 마치 이런 방식이 민
주적으로 결정하는 것이라고 여기면서 말이다. 이따금 우리는 좋은
민주주의의 사례로 미국의 헌법을 가리키기도 한다. 시민들에 의한

정치 체제의 성립을 두려워한 나머지 민주주의를 궁지에 몰아넣고자 계획했던 자들이 바로 미국의 헌법을 제정했다는 사실을 까맣게 잊은 채 말이다.[3]

헌법은 그것을 제정한 자들이 직면한 문제들을 푸는 데 있어서 최고의 해결책이기는 했다. 하지만 헌법이 그 자체로 민주적인 것은 아니다. 아울러 헌법이 지닌 실질적이고도 신성한 권한은 사실 민주주의를 향해 나아가는 진화의 과정 앞에 놓인 하나의 장애물일 뿐이다. 헌법이 가진 신성한 권한은 어쩌면 좋은 것으로 여겨질 수도 있다. 헌법을 제정한 자들은 공화정 체제가 민주정보다 우리에게 더 나은 것들을 제공해줄 것이라고 주장했는데, 그 주장은 어떤 점에서는 옳을지도 모르기 때문이다. 하지만 우리가 혼동을 피하고자 한다면, 올바른 이름으로 그 정치 체제들을 불러야 한다. 공화정 체제가 필연적으로 민주정 체제인 것은 아니다. 고대 아테네인들에게는 글로 쓰여진 법, 곧 성문법成文法이 없었다. 대신에 몇몇 본질적인 이념들을 유지하는 데 알맞은 구술의 전통을 갖고 있었다. 그들의 정치 체제는 민주적인 과정, 즉 모든 사람이 평등하게 발언할 권리를 갖는 방식을 통해 진화할 수 있었다. 아테네인들은 자신들이 겪은 거칠고도 험난한 역사의 교훈에 훌륭히 답했다. 내전 혹은 대규모 군사 작전의 실패 이후, 아테네인들은 자신들의 정치 체제를 민주주의의 목적에 더욱 적합하게 일치하도록 조정했다. 이에 대한 인상적인 사례가 있다. 기원전 4세기 아테네인들은 입법의 전적인 권한을 의회로부터 박탈하여 이를 시민 대표단*과 나눈 것이다.

---

* 아테네에서 시민 대표단은 의회와 공직자들과는 다른 일을 했다. 일반적인 행정을 공직자들이 담당했던 반면 국정과 관련한 중요 사항들에 대해 논하고 결정하는 일은 시민 대표단이 맡았다. 아테네의 공직은

이러한 진화의 과정에도 불구하고, 아테네의 정치 체제는 결코 민주주의 이념에 완벽히 일치하지 못했다. 그리고 우리가 이후 논의를 통해 확인할 수 있듯이, 그들은 이에 대해 여러 차례 대가를 치러야 했다. 아테네가 민주주의의 고유 이념들을 스스로 등한시했을 때, 아테네는 정치적인 측면에서뿐 아니라 다른 여러 측면에서도 어려움을 겪었다. 하지만 민주주의를 충실히 실행하고자 나아갔을 때, 아테네는 그리스의 다른 도시국가들보다 더욱 영예롭게 번영했다.

아테네의 실패로 인해 과거 많은 사상가들은 오랫동안 민주주의를 외면해왔다. 그 당시의 역사가들과 철학자들은 아테네 정치 상황의 밝은 면보다는 어두운 면에 더 주목했으며, 그로 말미암아 민주주의 이념들의 어두운 면을 비난하는 방향으로 나아갔다. 그리고 민주주의가 심한 악취를 풍기기만 하는 정치 체제라는 그들의 비판은 이후 2,000여 년에 걸쳐 후대 사상가들의 생각을 지배했다.

19세기 다시 민주주의의 부흥이 일기 전까지 비평가들은 다음과 같이 생각했다. "어쩌면 민주주의는 매력적인 이념으로 보일지도 모르지만, 사실 그것을 현실의 삶에서 유지한다는 것은 불가능하다. 민주주의에 대한 실험은 우리를 재난의 길로 이끌었을 뿐이다. 아테네에서 무슨 일이 있었는지 그 역사를 보라." 하지만 민주주의에 대한 그들의 비판적 해석은 옳지 않았다. 그들은 민주주의를 제대로 이해하지 못했기에, 아테네의 역사 역시 올바로 이해하지 못했다. 그들은 단지 아테네에 있었던 규범으로부터의 일탈과도 같은 몇몇 예외적인

현대의 제도와 유사하게 선거를 통해 이루어졌으나, 시민 대표단은 모든 시민을 대상으로 한 추첨에 의해 이루어졌으며, 후보는 모든 시민과 모든 부족으로부터 공평하게 나왔다. 아테네인들이 시민 대표단 선출을 위해 이와 같은 추첨 제도를 시행했던 이유는 부富나 혈연관계에서 비롯할 수 있는 선거의 부패와 타락을 견제하기 위해서였다(보다 자세한 내용은 40쪽 '세 번째 대역: 대표 선출제' 부분을 참조).

경우들에만 주목했을 뿐이며, 이 예외적인 경우들이 규범 전체를 대표한다고 잘못 판단했다. 다시 말해 그들은 모두 한결같이 민주주의의 대역만을 보았을 뿐이며, 그 대역이 얼마나 해로운가에 주목하면서 민주주의의 불가피한 결점을 발견했다고 생각했을 뿐이다.

사실 민주주의 이념들을 실현하기 위해 아테네인들이 기울였던 노력보다 아테네인들을 위해 민주주의 이념들이 떠안은 노력과 봉사가 훨씬 크고 훌륭했다고 말할 수 있다. 그렇다. 민주주의는 달성하기 어려우며, 더구나 이를 완벽하게 실현한다는 것은 불가능하다. 그러나 민주주의는 그 어떤 정치 체제보다 인간의 불완전성을 더 고려하기 때문에, 그것이 단순히 이상으로서만 끝나는 것은 아니다. 고대 아테네에서 민주주의를 고안하고 생각했던 이들은, 우리들 중 가장 훌륭하다고 여겨지는 이조차도 자신의 야망 혹은 정의 구현을 위한 시도로 야기될 수 있는 손실이나 두려움으로 인해 쉽사리 길을 잃고 헤맬 수 있다는 점을 잘 알고 있었다. 얼마나 쉽게 성공이 자부심으로 흐르고, 그 자부심이 다시 오만함으로 흐르게 되는지 그들은 알고 있었다. 그리고 그들은 고대의 한 비극 작품을 통해 오만함으로 인해 어떻게 우리가 눈〔目〕, 즉 사물을 올바르게 볼 수 있는 능력을 잃게 되는지, 그리고 그로부터 다시 파국에 이르게 되는지를 똑똑히 보았다.*

---

* 저자가 말하는 비극 작품이란 소포클레스의 『참주 오이디푸스』*Oedipus Tyrannus*다. 그 작품의 내용은 다음과 같다. 오이디푸스가 태어나기 전, 테베의 왕이자 아버지인 라이오스는 자신의 부인인 이오카스테와의 사이에서 낳은 자식에게 죽임을 당하게 될 것이라는 신탁을 받는다. 오이디푸스가 태어나자 신탁이 현실로 이루어질 것을 두려워한 나머지 라이오스와 이오카스테는 갓 태어난 오이디푸스를 산에 버리라고 한 부하에게 명령한다. 하지만 차마 오이디푸스를 산에 내버릴 수 없었던 그 부하는 오이디푸스를 이웃나라인 코린토스의 한 목동에게 맡기게 되고, 목동은 오이디푸스를 코린토스의 왕인 폴리보스와 그의 아내 메로페에게 바친다. 폴리보스와 메로페를 친부모로 여기며 자라던 오이디푸스는 어느 날 자신이 아버지를 죽이고 어머니와 결혼하게 될 운명을 타고났다는 이야기를 듣고 나서 그 운명을 피하기 위해 코린토스를 떠나 테베로 향한다. 오이디푸스는 우연히 길에서 만난 노인과 언쟁 끝에 그 노인을 살해하게 되는데 알고

민주주의는 인간의 어리석음에 대한 경건한 자의식으로부터 탄생했다. 억제되지 않은 무분별한 권력, 즉 가장 현명한 자조차도 그것을 소유하게 되면 오만해져서 사물을 똑바로 볼 수 없게 될지도 모르는 그런 권력을 어느 누구도 가질 수 없게끔 고안되었다.

자기 만족에의 안주

현대 사회에서 민주주의는 더 이상 논쟁이 되지 않는 것처럼 보인다. 현재 거의 모든 나라에서 민주주의는 경쟁 상대를 댈 수 없을 만큼 훌륭한 정치 체제이며, 개선된 농업 기술이나 종교와 함께 우리가 세계 변방에 전해주어야 할 정치 체제로 여겨진다. 그러나 과거 민주주의가 언제나 그처럼 이해되었던 것도 아니고 오늘날 세계의 모든 곳에서 그렇게 받아들여지고 있는 것도 아니다. 사실 전통적인 사회 체제를 유지하는 곳의 지도자들은 오늘날의 민주주의가 현대의 방식, 즉 미국식의 무분별한 자유에 의해 야기된 문화적 유린에 억지로 짜맞추어진 일종의 위장 장치가 아닌지 지금도 의심하고 있다.

만약 진정한 민주주의가 현대 사회에 맞춰 조정되었다고 한다면 우리는 단순히 현대의 방식에 맞춰 다듬어졌다는 이유로 민주주의를

보니 그는 자신의 친부인 라이오스였다. 그 사실을 모른 채 지내다 테베의 골칫거리였던 스핑크스를 죽인 후, 오이디푸스는 테베의 참주가 되었고 자신의 어머니인 이오카스테와 결혼하게 된다. 어느 순간부터 테베에 역병이 돌기 시작하는데, 그 해결책을 찾아보고자 오이디푸스는 신탁을 청한다. 신탁은 억울하게 살해된 선왕 라이오스의 살해범을 찾아 복수하면 역병이 물러갈 것이라 하고, 오이디푸스는 살해범을 찾는데 총력을 기울인다. 그러나 예언자 테이레시아스를 통해 오이디푸스는 라이오스의 살해범이 자신이라는 것을 알게 되고, 더 나아가 자신의 부인이 친모라는 사실도 알게 된다. 충격을 받은 왕비 이오카스테는 스스로 목숨을 끊고, 절망한 오이디푸스 자신도 스스로 눈을 찔러 소경이 된 후 외롭게 각지를 떠돌다 숨을 거둔다.

비난해선 안 된다. 그러나 실로 문제가 되고 있는 것은 민주주의를 전해야 한다고 주장하는 자들이 진정으로 민주주의의 이상을 추구하기보다는 오히려 자신들이 누리는 자유를 영리적인 목적을 위해 이용하는 데 더 큰 관심을 가지고 있다는 사실이다. 예컨대 민주주의가 마치 제3세계를 위한 신의 가호라고 호소하는 정치인들이 정작 그들의 국가에서는 자신들에게 불이익과 골칫거리를 안겨주는 민주주의 이념에 맞서고 있다. 그렇기에 그들은 민주주의보다 군주정 체제에 더욱 알맞아 보이는 집행부 면책특권 같은 정책을 아무 거리낌 없이 승인한다. 미국의 대통령들은 종종 책임을 면하기 위해 집행부 특권 뒤에 숨곤 했다. 하지만 이와 같은 특권은 참된 민주주의에서는 전혀 받아들일 수 없는 개념이다.

오늘날 '민주주의'라는 말은, 우리에게 그 말을 처음 사용했던 자들에게보다는 덜 급진적인 어떤 것을 의미한다. 과거 유럽 혹은 미국의 일부 사상가들은 민주주의라는 용어에 당혹스러워하곤 했지만, 현재의 부유한 자들 그 누구도 민주주의는 물론 그것이 사람들에게 부여하는 힘을 두려워하지 않는다. 민주적 정치 체제하에서 살아간다고 믿는 우리 스스로가 민주주의의 후퇴를 초래해온 바람에, 더 이상 민주주의는 부유한 자들이나 상업적 이익만을 추구하는 자들에게 위협이 되지 않는 것이다. 게다가 우리는 민주주의를 세계 경제라는 거대한 구조물에 억지로 끼워 맞춰왔다. 아울러 소위 민주적 정부라 불리는 정치 집단들이 자체적으로 내부의 힘을 키우는 것을 우리 스스로 허락해왔기에, 사람들은 점점 더 투표를 통한 정치적 영향력 행사에서 멀어지고 있다. 무엇보다도 우리가 민주주의를 최신의 사회적 자유와 동일시해온 바람에, 전통적인 사회 체제를 유지하는 곳의 지도

자들이 현대식 민주주의를 의심쩍어 하고 두려워할 만한 빌미를 우리 스스로 제공한 것이다.

민주주의는 어렵다. 2,500년 전 아테네에서 사람들은 민주주의를 완전히 실현하지 못했다. 그리고 우리 역시, 바로 지금 이 순간, 세계 그 어느 곳에서도 온전한 민주주의를 가지고 있지 못하다. 아마도 민주주의는 사람들에게 지나치게 많은 것을 요구할지도 모른다. 민주주의의 이상을 완벽하게 구현하는 것으로부터 어느 정도 거리를 두고 있다는 점에서 아테네인들과 우리의 선조들 그리고 지금의 우리는 옳을지 모른다. 게다가 민주주의를 공격하는 적들은 언제나 강력한 무기를 가지고 있다. 이 책에서 내가 희망하는 것은 민주주의를 자기 만족에의 안주와 의심의 그림자로부터 끌어내어 그것의 본질적인 이념들을 논의할 수 있는 장으로 이끄는 것이다.

고대 세계에서 민주주의는 하나의 맹렬한 도전이었으며, 그에 대한 논쟁들은 민주주의 이념들을 더욱 분명하게 했다. 민주주의에 대한 고대의 논쟁을 올바로 이해한다면, 우리는 오늘날의 민주주의와 관련하여 우리가 구현하려고 하는 이념들에 들러붙어 그것들을 가리고 있는 안개와 거미줄을 제거할 수 있을 것이다. 각각의 이념은 각각의 논쟁을 가지고 있다. 그래서 이 책의 각 장에서는 고대로부터 내려온 민주주의와 그 이념들에 대한 논쟁을 차례로 다룰 것이다.

왜 최초의 민주주의인가?

2004년 민주주의를 위한 몇 차례의 도전이 미국 사회에서 이루어졌으며, 그로 인해 이제 '민주주의'라는 말은 새로운 의미를 갖게 되었다. 미국인들은 이 용어를 현재 미국이 유지하고 있는 정부의 형태로 진화해온 정치 체제를 의미하는 데 사용한다. 미국의 민주주의는 부분적으로 건국자들의 고안품이며, 부분적으로 로마 공화정에서 유래되었다. 하지만 미국의 민주주의는 고대 아테네가 시도했던 최초의 민주주의로부터는 거의 아무것도 받아들이지 않았다. 현재 미국이 핵심 목표로 하는 여러 도전 과제들 중 하나는, 미국식 민주주의의 성격을 잃지 않으면서도 미국과는 다른 문화적 뿌리를 가진 사람들에게 민주주의를 장려하는 것이다. 그런데 이 모든 것이 기원전 508년의 아테네인들에게는 무척이나 낯선 일이다.

그렇다면 고대 그리스 민주주의는 우리에게 어떤 의미를 갖는 것인가? 바버라 투치먼Barbara Tuchman*의 저술 가운데 한 권의 제목을 빌려 표현해보자면, 고대 그리스의 민주주의는 일종의 '멀리 떨어져 있는 거울'이다. 고대의 민주주의는 멀리 떨어져 있다. 그것은 아주 오래전에 일어난 일이기에 멀리 떨어져 있으며, 우리가 현재 민주주의라고 여기는 것과 다르기에, 또 그것이 주는 가르침이 오직 근사값으로만 우리에게 적용될 수 있기에 멀리 떨어져 있다. 동시에 그것은 거울이다. 마치 거울에 비추어 보듯 고대의 민주주의와 현재의 민주주의 사이의 거리를 적절하게 유지한다면, 우리는 민주주의를 실현하는 데 있어 무엇이 가장 중요한지를 더욱 잘 볼 수 있다. 우리는 종종 민주주의에 대한 우리 자신의 경험에 지나치게 가깝기 때문에, 그

---

* 미국의 역사학자이자 작가로 1912년에 출생하여 1989년에 사망했다. 주로 14세기 유럽사와 제1차 세계대전에 관심을 가져 이에 대한 저술들을 남겼다. 『멀리 떨어져 있는 거울』*A Distant Mirror*은 1978년에 14세기 유럽 역사에 대해 발표한 저술로, 이 책에서 그녀는 14세기의 비참한 종말이 20세기의 모습, 특히 제1차 세계대전을 반영하고 있다고 주장했다.

리고 민주주의에 대한 내부 논쟁에 깊숙이 휘말려 있기 때문에 그것의 본질적인 특징들을 보지 못하고 지나치곤 한다. 아마도 우리는 우리가 어디서 잘못되었는지 알아차리기에는 지나치게 가까운 것인지도 모른다. 반면 우리는 우리와 멀리 떨어진 고대 그리스인들에 대해서는, 그들이 어디에서 자신들의 민주주의 이념들을 배반했는지 그리고 그 결과가 어떻게 되었는지를 쉽게 확인할 수 있다.

이 책에서 다룰 고대 민주주의에 대한 이야기들에 우리는 어느 정도 익숙하다. 민주주의의 이념들은 고대 그리스인들이 독점적으로 소유했던 것들이 아니다. 세계의 많은 사람들이 다양한 문화 안에서 다양한 방식으로 그 이념들을 표현해왔다. 그렇다면 우리는 왜 다른 곳이 아니라 고대 그리스를 주목해야 할까? 고대 그리스인들이 우리에게 특별한 이유는 우리가 그들에 대해 적어도 두 가지 사실을 알고 있기 때문이다. 바로 그들이 민주주의를 직접적으로 경험했다는 점과 민주주의 이념들을 놓고 격렬한 논쟁을 벌였다는 사실이다.

고대 그리스의 민주주의가 아마 민주주의에 대한 인류 최초의 시도는 아닐 것이다. 하지만 그것은 고대 그리스인들에게 최초의 민주주의였으며, 오랫동안 고통스럽게 이어진 유럽 정치 체제의 실험을 거쳐 우리에게 전해진 최초의 민주주의이기도 하다.

민주주의의 경계: 민주주의의 대역들

민주주의를 정의하기는 어려운 반면 그것의 실패 사례를 찾아내는 것은 비교적 쉽다. 여기서는 민주주의가 아닌 것들을 상기해내는 방식을 통해, 민주주의가 어떤 것인지를 보여주고자 한다.

정부가 자신들을 실망시킨다고 생각할 때 사람들은 불쾌해한다. 분노 혹은 두려움에 휩싸인 채, 그들은 민주주의 밖에서 아니면 전제 군주의 견고한 손아귀 안에서, 그도 아니면 오늘날의 투표와 심의를 조작하는 기술 안에서 어떤 해결책을 찾고자 할지 모른다. 민주주의의 경계를 넘어서버리는 일은 승리자들을 도취시키고 패배자들을 격노케 하기에 모든 면에서 위험한 일이다. 또한 불화와 내분을 사회에 남겨둔 채 공동체를 분열시키고 조화를 파괴하며, 사람들이 어떠한 군주든 좋다고 받아들이도록 한다. 그렇기에 우리는 민주주의의 경계가 어디에 있는지 정확하게 인지할 필요가 있다.

내가 어렸을 때, 마을의 한 농부에 대한 이야기를 들은 적이 있다. 그 농부는 자신의 아들들을 가족 농지의 네 구석으로 데리고 가서는 차례로 때리곤 했는데, 이는 아들들로 하여금 자신들의 토지가 어디까지 뻗어 있고 어디에서 끝나는지를 잊지 않도록 하기 위해서라고 했다. 만약 우리가 충분히 주의를 기울인다면 민주주의의 모든 경계들에서, 즉 민주주의가 끝나는 바로 그 지점에서 역사가 우리를 향해 매질을 하고 있다는 것을 알 수 있다. 역사 속에서 팽배했던 난폭한 위법 행위, 곧 하나의 위법 행위로부터 다른 위법 행위로 이끌고 마는 두려움과 분노의 봉기를 우리는 감지할 수 있다. 따라서 우리는 왜 우리가 민주주의의 경계를 알아야만 하는지, 왜 그 경계를 넘어서면 안 되는지에 대한 이유를 이미 알고 있는 것이나 마찬가지다.

민주주의의 경계 밖의 몇몇 외진 영역은 기만적이기까지 하다. 이 영역들은 꼭 민주주의처럼 보이기 때문이다. 민주주의의 경계를 넘어 우리 일상의 경험을 통해 이미 친숙해져버린 이 영역들은 다름 아닌

     서론: 민주주의와 그 대역들

민주주의의 대역들이다. 주요한 민주주의의 대역들이 무엇인지를 정확히 이해하기 위해 다음 세 가지 가상적인 사례들을 살펴보는 것으로 논의를 시작해보자.

첫 번째 대역: 투표

한 교회에 새로운 목사가 필요하다. 그런데 그 교회는 거의 5년 동안이나 세 개의 세력으로 분열되어왔다. 그리고 교회 내에서 가장 부유한 일가가 새 목사 선출과 관련하여 뒤에서 몰래 손을 쓰고자 한다. 그 일가는 설교단 의회를 임명하여 신도들 앞에 두 후보를 내세운다. 물론 두 후보 모두 그 힘있는 일가에 완벽히 들어맞는 인물들이다. 그 일가의 계획은 교회 신도들 사이에 널리 퍼진 자신들에 대한 거짓된 견해들을 바로잡을 수 있는 인물을 교회 목사로 선출하는 것이다.

후보자들에 대한 투표가 신도들의 일반 회의에서 이루어졌고, 한 후보가 다수결에 따라 목사로 선출된다. 다음 날 신도들 사이에서 수차례의 전화 통화와 이메일이 돌고 난 후, 교회 내 힘있는 신도들이 교회를 떠나겠다고 선언한다. 그중에는 선출된 후보자에게 표를 던졌던 이들도 상당수 포함되어 있다. 새로 선출된 목사가 놀라며 묻는다. "당신들은 왜 교회를 떠나려고 하나요? 당신들은 압도적인 표차로 나를 뽑았어요. 이것은 실로 민주주의의 한 모델이잖아요. 대부분 다른 교회의 설교단 의회는 한 명의 후보자만을 제시한 뒤 신도들에게 통보하지요. 하지만 우리 교회에서 당신들은 두 후보를 가졌고, 그중에서 나를 뽑았잖아요. 왜 당신들은 이 결과에 만족하지 못하는 건가요?"

위의 사례에서 신도들이 투표 후 교회를 떠나겠다고 선언한 이유

는 그들이 부유한 일가가 짠 밀실 계략에 속지 않았기 때문이다. 투표
는 민주주의가 아니다. 게다가 위의 사례에서 투표는 많은 투표 참여
자들에게 일종의 촌극으로 여겨졌을 것이다. 후보 임명 과정에 대한
소수파(부유한 일가)의 통제는 넘지 말아야 할 선을 넘어버린 것이며, 그
결과 신도들은 선출 결과를 내쳐버리고 만 것이다.

민주주의에서 중요한 점은 결정 사안들이나 후보들이 어떤 선택
절차를 거쳐 투표에 회부되었는가 하는 것이다. 고대 그리스에서 아
테네와 스파르타의 시민들 모두 투표권을 가지고 있었다. 그러나 스
파르타의 경우에는 평범한 시민들이 투표로 부칠 사안들에 대해 전혀
발언권을 갖지 못했기 때문에 민주주의 도시국가라고 보기 힘들었다.
반면 아테네에서는 그와 같은 사안들에 대해 시민들이 직접 발언권
을 가졌다. 엄밀히 말해 스파르타의 원칙은, 마치 호메로스의 『일리아
드』에서 트로이 외곽에 주둔한 그리스의 군대와 마찬가지로,* 민회에
서 투표는 할 수 있으나 발언할 수는 없다는 것이었다. 민주주의의 반
대자들은 평범한 사람들이 정책에 대해 발언을 하기에는 지나치게 무
지하다는 근거를 들어, 스파르타의 그러한 원칙에 박수를 보냈다. 그
러나 민주주의는 평범한 시민들이 그러한 정치적 사항들을 다루는 데
필요한 지혜를 가지고 있다는 입장을 결코 포기하지 않는다.

투표를 둘러싼 쟁점은 20세기 독재의 역사로부터 우리에게 친숙
해진 것이 틀림없다. 독재자들은 국민들에게 투표를 허용했을 뿐만
아니라, 심지어 강요했다. 그러나 그런 투표들은 결코 민주적이지 않

---

* 트로이를 점령하기 위해 출정한 그리스의 군대는 트로이군의 맹렬한 저항에 부딪쳐 도시로 진격하지
못한 채 오랜 기간 도시 인근에 주둔해 있었다. 군대가 주둔해 있는 동안 장군들은 병사들을 공격 작전 회
의에 참여시켰으나, 그들에게 직접 작전을 구상할 자격을 주지는 않았다. 저자는 스파르타 민회의 모습을
이와 같은 그리스 군대의 모습에 비추어 그리고 있다.

　　　　　　　　　　　　　　　　　　　　　　서론: 민주주의와 그 대역들

았는데, 이는 그들이 투표 용지 위에 적혀 있는 바를 철저히 통제했기 때문이다. 민주적이라고 여겨지는 현대의 국가에서조차 우리는, 시민들이 무엇을 찍을지에 대한 선택권을 빼면 실제로 스스로가 얼마만큼의 힘을 가지고 있는지 자문해봐야 할 것이다.[4]

두 번째 대역: 다수결의 원칙

가상의 한 부서가 있고 그 안에 신진 세력을 주축으로 하는 집단과 전통 세력을 주축으로 하는 두 집단이 있다고 가정해보자. 한쪽은 최종 승리를 눈앞에 두고 있는 반면, 다른 한쪽은 마지막 지푸라기라도 잡고자 하고 있다. 신진 세력은 그동안 일련의 승리를 쟁취해왔기 때문에, 앞으로 그들이 큰 영향력을 갖게 될 것이라는 점은 어렵지 않게 예측할 수 있다. 신진 세력의 일원들은 그 수에서 이미 전통 세력을 압도한다. 그럼에도 그들은 이제 일원들의 수를 더욱 늘릴 수 있는 힘을 갖게 되었다. 승리의 흥분 속에서 그들은 감정을 거리낌 없이 표출한다. 그들은 모든 중요한 위원회에서 전통 세력의 일원들을 몰아낸다. 이제 그 어떠한 것도 신진 세력 집단의 의제 설정을 거스르거나 방해하지 못할 것이다.

패배한 전통 세력의 일원들이 새 위원회의 임무에 대해 듣고 나자 아연실색한다. 그들은 정책 결정의 중요 사항이 되는 모든 문제에서 늘 따돌림을 당해왔다. 이제 그들이 할 수 있는 일이란 단지 화를 누그러뜨리기 위해 집으로 돌아가는 것뿐이다. 그들 중 일부는 앞으로 다른 어떤 모임에도 참석하지 않으리라 맹세한다. 그들은 이력서를 준비하여 이직離職이 가능한지 살펴본다. 한편 그동안 전통 세력의 일원들 중 강경한 자들이 모여 권력 회복을 위한 계획을 짜기 시작한다.

의장이 하는 이야기를 몰래 엿들은 누군가가 그것을 전통 세력 집단에 전하고, 신진 세력이 계획하는 모든 모임을 방해하고자 준비한다. 또 다른 어떤 이는 힘있고 부유한 동문들을 끌어모아 신진 세력 집단에 대항할 커넥션을 계획한다.

그러나 곧 그들의 계획은 들통나고 분노한 의장은 전통 세력의 일원들과 대면한 자리에서 소리를 지른다. "어째서 당신들은 그런 계획을 짠 것입니까? 당신은 우리 부서를 산산조각 내려 하고 있군요. 당신들은 민주주의 속에서는 도대체 살아갈 수 없나요? 다수결의 원칙, 그것이 곧 민주주의니까요. 그렇지 않습니까?"

신진 세력 집단에 반대하는 전통 세력의 일원들 중 한 명이 이렇게 묻는다. "만약 다수결의 원칙이 민주주의라면, 지금의 상황은 왜 참주정 체제처럼 느껴지는 걸까요? 당신이 부서의 모든 일에서 우리 모두를 몰아내려고 하는 것과 민주주의 사이에는 분명히 차이점이 있단 말입니다."

그의 질문은 확실히 옳다. 민주주의와 참주정 체제 사이에는 분명한 차이점이 있다. 그러나 그 차이점은 도대체 어디에 있는가? 거의 모든 이들이 종종 민주주의를 그것의 대역인, 그리고 흔히 다수결의 원칙과 같은 의미를 가진다고 여겨지는 '중우정치'ochlocracy(mob rule)와 혼동한다. 중우정치는 확실히 참주정의 일종이다. 중우정치는 소수를 위협하고 배제하며 다수의 절대적 권력 아래 소수를 종속시켜버린다. 그리고 다수에 의한 독재는 여타의 독재 체제와 마찬가지로 자유를 끝장낸다. 만약 당신이 자유를 얻기 위해 다수에 참여해야만 한다면, 이는 더 이상 진정한 의미에서의 자유가 아니다.

민주주의를 옹호하는 자들은 다수의 권력 행사, 특히 법에 의한 지배에 제약을 가해야 한다고 주장한다. 만약 다수가 법 위에 선다면, 이는 독재 권력이나 마찬가지이기 때문이다. 그런 이유로 대부분의 민주주의는 전체 사회 구성원 사이에서의 조화를 위해 어떠한 소수의 이익도 결코 무시되지 않는다는 점을 보장해줄 실천적인 방법들을 찾고자 해왔다.

만약 위에서 말한 가상의 부서가 최초의 민주주의를 실천적 모델로 사용했다면, 아마도 추첨제도를 기초로 하여 핵심 위원회를 임명했을 것이다. 의장은 아마도 "그것은 불가능하다네. 만약 우리가 전혀 자격이 없는 자에게 우리 부서를 위해 일할 자격을 준다면 어떠한 조직도 올바르게 기능하지 못할 것이네"라고 말할지도 모른다. 어쩌면 그가 옳을 수도 있다. 하지만 그가 조화의 원칙을 제대로 이해하고 있었다면(제4장 참조), 그는 부서 안에서 패배한 전통 세력 집단, 즉 소수의 일원들도 소중히 지키고자 노력했을 것이다.

최초의 민주주의는 그 어떤 것보다도 참주정을 피하고자 했다. 민주주의가 대부분의 정책 사항들과 지도력을 논하기 위해 투표 행위를 허용했음에도, 결코 스스로를 다수결로 정의 내리지 않았던 것은 이런 이유 때문이다. 최초의 민주주의가 가진 본질적인 특징은 참주정으로부터의 자유이며 모든 시민들의 평등한 정치 참여다. 이 둘은 늘 함께 이루어진다. 다수결의 원칙을 포함하여 참주정은 그것이 어떤 종류든 간에 언제나 일부의 시민들을 정치 활동으로부터 배제시킨다.

제약을 받지 않는 다수결의 원칙은 위의 가상의 부서에서보다 거국 내각*에서 더 무소불위의 권력을 행사할 수 있다. 대부분의 시민들

---

* 한 나라의 모든 정당이 참여한 범국가적 정치 체제 형태로 거국일치 정부라고도 한다.

은 자신들의 국가 외에 달리 갈 곳이 없고, 또한 자신들이 이익을 보호받기 힘든 소수에 속한다는 것을 알게 되더라도 이를 호소할 수 있는 더 상위의 기관이 없기 때문이다. 현재 미국의 다섯 개 의원 선거구 가운데 적어도 네 곳이 과거에 압승했던 경력을 가진 정당의 정치적 안전지대로 간주되며, 그 정당은 앞으로도 그 지역에서의 승리를 계속 이어나갈 것이라고 예측된다.[5]* 이러한 경향은 자신들에게 유리하도록 선거구를 나눈 경우에서 자주 발견되며, 최근 보고된 사례에 따르면 텍사스 역시 그렇다고 할 수 있다.** 특정 지역에서 강력한 영향력을 발휘하는 정당은 자신들이 원하는 결과를 낳을 수 있는 방향으로 선거구를 나누기 때문이다.[6]

어떤 그럴듯한 이상을 제시한다 하더라도, 다수의 권력을 확보한 정당이 국가를 통치하는 경우 그 국가가 민주적이기는 무척이나 어렵다. 다수결의 원칙이 절대적일 때, 그 권력을 가진 정당은 어떠한 논의 과정도 거치지 않은 채 많은 이익과 성과를 유지할 수 있다. 경합에서 승리한 후보자들은 그 정도가 더욱 심할 터인데, 그들은 안전한 선거구에서 다시 그 정당을 통해 선출될 것이라고 믿기 때문이다. 공정한 경합이라면 그들은 아마 여러 유권자들에게, 심지어 소수정당과 다수정당 중간에 위치한 유권자들에게도 호소해야 할 것이다. 그러나 마치 성가대가 일방적으로 복음을 전하듯, 안전한 선거구에서 그들은 굳이 그와 같은 큰 수고를 들일 필요가 없다.

* 특정 권력을 이미 획득한 정당들이 의도적으로 자신들의 이익을 위해 선거구를 구획하는 경우를 말한다. 저자가 여기서 말하는 바와 꼭 부합하는 사례는 아니겠으나, 우리나라에서 지역에 따라 특정 정당이 우세한 정치적 영향력을 발휘하는 것도 이와 유사한 사례라고 볼 수 있겠다.
** 텍사스는 저자가 철학과 교수로 재직 중인 오스틴 주재 텍사스 주립대학이 위치한 곳으로, 전통적으로 공화당이 강세를 유지해온 지역이다. 미국의 제41대 대통령이었던 조지 H. W. 부시와 그 아들이자 제43대 대통령으로 당선되어 연임을 이뤘던 조지 W. 부시의 정치적 기반이기도 하다.

　　　　　　　서론: 민주주의와 그 대역들

세 번째 대역: 대표 선출제

누군가 지역의 젖줄이 되는 대수층帶水層을 통해 지하수 공급로 확장 개발 계획을 전개하려 하자, 그 계획을 허가할 것인지를 놓고 시의회의 의견이 갈렸다. 의회 구성원의 절반은 지하수 공급로 확장 개발을 진행하려는 인물이 주도하는 정치 활동 위원회의 지지를 받아 선출되었으며, 지역 개발자들과 청부업자들로부터 지원금을 받고 있다. 나머지 절반은 대수층을 보존하고자 하는 모임으로부터 지원금을 받고 있으며, 그 모임은 지원금과 유권자를 끌어모으는 일에 탁월하다. 양쪽 모두 도덕적 기반을 주장하고 나서며 타협이 원칙을 배반하는 것이라고 강하게 주장한다. 이제 그들은 다음 번 선거에서나 끝날 정치적 드잡이에 꼼짝없이 휘말리게 되었다.

양쪽 모두 자금과 조직력을 통해 자신들이 원하는 사람들을 선출시킬 힘이 있는 특정 집단을 대표한다. 그렇다면 결국 양쪽 모두 그 도시의 사람들을 공정히 대표한다고 할 수 없다. 사실 '선출된 대표들'이라는 표현은 '조리된 얼음'이라는 표현만큼이나 모순적이며 기괴하다. 선거라는 단순한 절차는 선거에서 이긴 자가 자신을 뽑아준 시민들보다 자신이 속한 정당과 집단에 더욱 충실히 헌신하도록 만들어버린다. 이는 분명히 이치에 맞지 않는다.

고대의 민주주의가 뉴잉글랜드의 시의회처럼 '직접 민주주의'였다는 사실을 익히 들어봤을 것이다. 하지만 이는 잘못된 상식이다. 최초의 민주주의는 시민 대표단에 의존하여 많은 정책을 결정했다. 하지만 그 대표단은 선거에 의해 구성된 것이 아니었다. 오늘날과 마찬가지로 고대 아테네의 민주주의에서도 부富가 선거에 영향을 미쳤다. 가난하거나 유리한 혈연 관계를 가지지 못한 사람들은 아테네에서 거의 공직에 선출되지 못했다. 아테네인들은 부의 권력 장악을 억제하고자 했기에, 공직에 선출된 자들의 영향력을 엄격하게 제한했다. 그래서 중요한 정책 결정 사항들을 위한 시민 대표단을 구성하는 데 있어, 선거가 아니라 추첨 방식을 쓴 것이다. 추첨은 일정한 조건을 갖춘 시민들 전부를 대상으로 이루어졌으며, 아테네의 열 개 부족에서 평등하게 시행되었다. 이렇게 구성된 시민 대표단은 뇌물로 매수하기에는 감당하기 힘들 만큼 규모가 커졌고, 그 커진 규모 덕분에 오히려 시민 전체를 공정히 대표할 수 있었다.

북극성을 따라서 걷기

위에서 언급한 세 대역들은 결코 민주주의가 아니다. 투표는 그 자체로 민주적이지 않다. 다수결의 원칙도 확실히 비민주적이며, 선출된 대표들은 민주주의에 심각한 문제점들을 불러일으키고 있다. 나는 무엇이 민주주의가 아닌지를 말하며 이 논의를 시작했다. 그렇다면 무엇이 민주주의인지 그에 대한 설명과 대답은 제시될 수 있을까?

민주주의는 사람들에 의한 그리고 사람들을 위한 정치 체제다. 물론 이와 같은 설명이 민주주의를 이해하는 데 시작점이 될 수는 있겠지만, 민주주의의 정의定義는 아니다. 그렇다면 무엇이 민주주의일까? 앞으로 이 책에서 다룰 일곱 가지의 이념들을 이행하고 실현시키려는 정치 체제가 바로 민주주의다. 그 일곱 가지 이념들이란, 참주정으로부터의 자유freedom from tyranny, 조화harmony, 법에 따른 통치rule of the law, 본성에 따른 자연적 평등성natural equality, 시민 지혜citizen wisdom,

지식 없는 상태에서 이루어지는 추론reasoning without knowledge, 그리고 일반 교양 교육general education(paideia)이다. 민주주의 성립을 위한 덕목으로 이 이념들 외에 정의正義(Justice)와 경의敬意(Reverence)를 추가할 수 있다. 그러나 이것들은 이미 그 자체로 마땅히 인정받고 따라야 할 것으로 간주되기에, 이것들을 통해 정치 체제를 식별하는 일은 쉽지 않다.

이 일곱 가지 이념들은 고대 민주주의의 옹호자들이 썼던 의미와 크게 다르지 않을뿐더러, 그것들에 대한 현대인의 이해와도 다르지 않다. 그럼에도 차이는 있다. 고대인들은 민주주의가 논쟁적이라는 점을 알고 있었으며, 이 이념이 정말로 좋은 것인지 혹은 어떻게 실행할 것인지에 대해 뜨겁게 싸웠다. 반면 현대인들은 그 이념들이 무엇인지 자세하게 논하는 대신에, 민주주의가 좋다는 데에 모두가 동의하고 있다고 가정하는 경향이 있다. 물론 민주주의는 좋은 것이며, 세계 여러 나라에서 민주주의를 실행하고 있다.

하지만 민주주의가 정말 좋은 것인지 그리고 우리가 정말로 민주주의를 실행하고 있는지에 대해서는 논의가 더 필요하다. 사실 민주주의가 그 자체로 좋다는 것도, 우리가 민주주의를 실행하고 있다는 것도 분명하지 않다.

앞으로 이 책의 많은 부분에서 그 일곱 가지 이념들에 대한 고대의 논쟁을 검토해볼 것이며, 민주주의란 우리가 실현해야 할 근사한 이념이라는 것을 제안할 것이다. 이 책의 마지막 장에서는 현대의 민주주의에 대해 몇 가지 질문들을 제시할 것이다. 미국의 정치 체제는 민주주의의 이상理想과는 거리가 멀다. 그리고 우리는 미국의 민주정치에 대해 자랑하기에 앞서 해야 할 많은 일들 또한 가지고 있다. 다른 수많은 국가들이 미국보다 나은 정치 시스템을 가지고 있으며, 우리는 그들의 사례를 자세히 들여다볼 필요가 있다.

최초의 민주주의가 추구했던 일곱 가지 이념들이 이 책의 주제다. 그것들은 우리 스스로에게 질문하게 만든다. 만약 민주주의가 시간을 거쳐 왜곡되는 일 없이 올바르게 해석될 수 있다고 한다면, 그 참된 본질은 바로 그 이념들 안에 있는 것이 분명하다. 우리는 어느 한 곳 어느 한때 이루어졌던 민주주의의 실천을 다른 곳 다른 때로 단순하게 이식할 수 없다. 아테네 민주주의에는 많은 수의 배심원이 있었다. 소크라테스의 재판에서는 501명의 배심원이 투표했다. 배심원이 그토록 많았던 이유는 아무도 배심원을 매수할 수 없도록 하기 위해서였으며, 부자들이 자신의 부를 이용하여 법 위에 서려는 행위를 막기 위해서였다. 그러나 부정부패를 막기 위해 그처럼 많은 수의 배심원을 뽑는 일을, 오늘날과 같이 과도한 노동에 시달리며 살아가고 있는 우리 실정에 적용하기란 어려운 일이다. 그럼에도 우리 사회가 부를 권력으로부터 떨어뜨려 배심원들이나 정치인들의 부패를 막아야 한다는 사실만큼은 자명하다.

민주주의를 추구하는 데 있어 아테네인들은 오랜 시간 자신들의 정치 시스템을 발전시켰다. 한 예로 그들의 배심원 선출 방식은 현재 우리의 방식보다도 부패 정도가 심하지 않았다. 만약 그들이 민주주의를 통해 추구하고자 했던 이념들에 대해 분명한 시각을 갖고 있지 않았다면, 결코 그와 같은 정치적 진보를 이룰 수 없었을 것이다. 안타깝게도 우리는 우리가 추구하고자 하는 바에 대한 분명한 시각을 갖고 있지 못한 듯하다. 민주주의의 이념들에 대한 우리의 혼동은 깊기만 하다. 이 책에서 제시하려는 목표는 아테네인들을 민주주의로 인도했던 그 이념들을 가능한 한 분명하게 제시하고, 그들이 달성했던 정치적 성공과 실패를 그 역사적 실례를 통해 그려내는 것이다. 이를 통해 지금 우리가 가지고 있는 민주주의에 대한 혼동을 끝내려는 것이다. 여기서 우리는 우리가 과거에 저질렀던 실수들과 지금 하고 있는 실수들을 되돌아보고, 어쩌면 미래에 저지르게 될 실수들을 예측해볼 수 있을 것이다. 고대 아테네인들의 역사는 그들이 민주주의에 이르고자 하는 동안 저질렀던 실수를 보상하기 위해 얼마나 막대한 물리적·정신적 대가를 치르게 되었는지를 잘 보여준다. 아마도 우리는 우리의 혼동 속에서 그리고 민주주의에 대한 분명한 시각의 부재 속에서 그들보다 더 길을 헤매고 있는지도 모른다.

진정 사람들에 의한 그리고 사람들의 관심 속에 있는 이상적인 정치 체제란 오직 우리의 마음속에서만 그릴 수 있을지도 모르겠다. 사실 역사를 돌아보면 민주주의라는 꽃이 완벽히 활짝 폈던 적은 없다. 역사는 오로지 민주주의를 가로막았던 문제점들만을 우리에게 가르쳐줄 뿐, 우리가 모방할 만한 적절한 모델들을 가지고 있지 못한 것이다. 명목뿐인 민주주의의 지도자들은 자신들이 섬겨야 할 이념들이 가진 힘을 두려워한 나머지 언제나 우물쭈물하기만 했다. 민주주의의 적들은 지도자들이 망설이고 있을 때를 기다리고 있다. 아테네에서 민주주의가 실행되던 동안 민주주의의 적들은 추방당했다. 그러나 그 적들은 다시 병사들을 소집하여 군대를 만들고 동맹을 결성한 뒤 때를 기다려 내전을 일으켰다. 반면 현대 사회에서 민주주의의 적들은 과거와는 다르게 움직인다. 그들은 부를 이용하거나 또는 민주주의를 자신들에게 굴복시킬 어떠한 영향력을 이용하여 민주주의의 성격이 내부에서부터 변질되도록 하는 방법들을 고안했다. 사정이 이러하기에 어떤 비평가는 다음과 같이 말했는지도 모른다. "민주주의의 참된 이념들에 대해 말을 하거나 글을 쓰는 것 자체가 비현실적입니다. 어떠한 정부도 실로 모든 사람들을 위해 봉사하지 않으며, 누구도 정치에 전적으로 참여하지 않습니다. 만약 우리가 민주주의를 오로지 우리 마음속에서만 그릴 수 있다면, 도대체 뭐하러 그것에 신경을 쓰는 것입니까?"

만약 민주주의를 한낱 꿈이라고 부른다면, 우리는 그 꿈을 결코 잊어서는 안 된다. 우린 우리 마음속에서 일어나고 이루어지는 것들에 대해 주의와 관심을 기울일 필요가 있다. 바로 그것들이 우리가 실제로 실천하는 것들에 영향을 미치기 때문이다. 민주주의의 이념들에 대한 시각이 비현실적일지도 모른다는 점을 인정한다. 어쩌면 그것들은 애초부터 비현실적이게끔 되어 있는지도 모른다. 하지만 무조건적으로 "현실적이 되라!"는 구호는 사람들을 침체와 안주라는 실패로 이끌 뿐이다. 우리는 언제나 민주주의를 향한 더 나은 방안들을 생각하고 이를 구현할 수 있기를 간절히 원해야 한다. 그리고 더 많은 시민들이 정치적 결정을 내리는 데 참여할 수 있는 제도를, 더 많은 사람들에게 자치에 대한 이해와 방법을 제공할 수 있는 공공교육을, 그리고 더욱 신뢰할 만한 정의를 제시하는 사법기관을 항상 찾아야 한다. 간단히 말해 우리는 이상에 더 가까이 다가갈 수 있기를 스스로 원해야만 한다. 하지만 그 이상이 어디에 있는지도 모르면서 어떻게 거기에 도달하길 희망할 수 있겠는가?

이상에 대한 비전이 없다면 우리는 이상에 근접하기를 바랄 수 없을 뿐만 아니라, 민주주의를 향한 진보 역시 기대할 수 없다. 오직 반대 상황만 생길 뿐이다. 그동안 미국은 민주주의의 본질적인 원칙들로부터 점점 더 멀어지는 길을 향해 걸어왔다. 더욱 영향력이 커진 정치적 권력에 대한 부의 지배는 평등성의 기초를 허물었고, 죄수들을 외국(쿠바)에 위치한 기지에 감금하면서 법에 따른 통치를 위협했으며, 계속해서 특정 정당에 유리하고 안전하도록 선거구를 나누고 늘리는 일을 통해 투표의 가치를 떨어뜨렸다. 당신은 어쩌면 이와 같은 일들이 현대의 거대한 국가 제도 안에서는 필연적일 수밖에 없다며 변명할지도 모른다. 하지만 당신은 그것들이 도대체 무엇을 의미하는지를 올바르게 이해하고 있어야 한다.

민주주의의 적들은 바로 두려움과 무지다. 무지는 두려움을 양육하고, 두려움은 다시 무지로 이어진다. 우리 주변의 많은 위험들에 대해 우리는 두려움에 떨면서 우리의 자유를 단지 안전해 보이는 것과 기꺼이 바꾸려고 할지도 모른다. 민주주의에 대한 분명한 비전을 가지지 못한다면, 우리는 민주주의와 떼려야 뗄 수 없는 중요한 이념인 자유를 스스로 팔아 치우면서 그것을 자각조차 하지 못할지도 모른다. 아니면 선거나 소송에서의 승리로 인해 흥분에 휩싸인 채, 민주주의가 말 그대로 '모든 사람', 즉 경쟁에서 이긴 자들뿐만 아니라 진 자들을 위한 것이라는 사실을 망각할지도 모른다.

앞서 말했듯이 나는 민주주의에 대한 비전이 현실적이지 않을 수도 있다는 사실을 인정한다. 그것이 완전한 실천으로 옮겨질 수 없을지도 모르기 때문이다. 그럼에도 민주주의는 여전히 현실적인 것이다. 민주주의는 우리를 개혁으로 이끌 수 있거니와, 적어도 우리가 암울한 과거로 회귀하는 것을 막아줄 수 있기 때문이다. 우리는 북쪽을 향해 여행할 때 북극성을 따라 걷지만, 북극성 그 자체에 이르는 것을 희망하지는 않는다. 그러나 북극성을 따라 걷기 위해서는 북극성과 우리 머리 위에서 반짝이는 다른 모든 밝은 별빛들 사이의 차이를 알고 있어야 한다. 그 차이를 제대로 알지 못한다면 우리는 북극성의 대역들에 홀려, 북쪽을 향해 나아가는 것이 아니라, 단지 큰 원을 그리며 끊임없이 빙빙 돌고 말 것이다. 또한 비록 우리가 수많은 별들 중 어느 것이 북극성인지 파악할 수 있다 할지라도, 북극성을 우리의 안내자로서 제대로 이용하기 위해서는 선명한 밤하늘이 필요하다. 구름이 잔뜩 낀 밤하늘 아래에서, 우리는 우리 앞의 여행자들의 등 뒤에다 북극성의 모상模像을 그리고 싶은 유혹을 마주한다. 그러나 그렇게 쉽게 다른 여행자들을 따라 걷는 것은 우리 자신의 길을 잃게 만들 수도 있다. 우리가 진정으로 북극성을 따라 걷고자 한다면, 우리는 우리 눈으로 직접 북극성을 봐야만 한다.

주해

1   우리는 '민주주의'라는 말에 친숙하다. 하지만 우리는 그 용어에 대한 분명하면서도 모두가 동의하는 정의를 갖고 있지는 않다. 메리엄 – 웹스터Merriam-Webster 인터넷 영어사전(www.merriam-webster.com/info/03words.htm)에 따르면, '민주주의'는 가장 많이 검색되는 단어 중 하나다. 이에 따라 Roberts(1994, 309쪽)는 이제 "민주주의의 의미나 어의가 무척이나 진부하며 무미건조하게 되었다"고 주장했다.

"사람들의, 사람들에 의한, 그리고 사람들을 위한 정부"라는 에이브러햄 링컨의 유명한 구절은 이 장에서 의미하는 민주주의를 이해하기 위한 좋은 예시다. 링컨의 게티스버그 연설과 그에 대한 자료들, 그리고 그 영향에 대해서는 Willis(1992)를 참조할 것.

이 책에서 '민주주의'는 약 200여 년에 걸쳐 아테네인들이 시민에 의한 통치 정부를 구성하고자 실천하려 했던 민주주의의 일곱 가지 이념들과 링컨이 게티스버그 연설에서 제시한 기준을 충족시키는 통치 정부 형태를 가리킨다. 민주주의에 대한 현대적 이해와 관련해서는 Dahl(1998, 38쪽)을 참조할 것.

민주주의 이론이 우리 현대 사회에서 취할 수 있는 다양한 의미들에 대해서는 Lijpart(1999)를 참조할 것. Posner(2003)는 민주주의에 대한 또 다른 분류법을 제시하며, 민주주의가 이득을 위한 경쟁의 개념이라고 논했다.

2   다수결의 원칙: 헨리 데이비드 소로Henry David Thoreau는 『시민 불복종』 *Civil Disobedience*에서 "비록 대부분의 사람들이 다수결의 원칙을 받아들이고 있음에도, 모든 경우에서 다수결의 원칙은 정의에 기초한다고 할 수 없다"고 말한다.

3   과거 아테네식 전통적 민주주의에 대한 근대 국가 설립자들의 두려움: 미국 건국 당시 그와 같은 두려움은 주로 북부연맹 지지자들 사이에서 발견되며, 미국 제4대 대통령이자 미국 독립에 큰 공헌을 했던 제임스 매디슨James Madison의 논문집 『연방주의자』*The Federalist* 제10호에 분명히 명시되어 있다. 당시 현대 개념의 국가 설립을 반대한 자들은 오히려 민주주의에 친숙함을 보였다. 예를 들어 Thomas Paine(1792)은 "아테네가 축소된 형태로 보여주려 했던 정치 이념을 미국이 확대된

형태로 보여줄 것이다"라고 말했다(Roberts, 1994, 180쪽). 국가 헌법 설립의 옹호자들은 당시의 국가를 민주정이 아닌 공화정이라 불렀으며, 고대 그리스인들의 시도와 이탈리아 르네상스의 대중 규칙popular rule을 통해 민주주의를 실패한 정치 체제 개념으로 간주하면서 거리를 두려 했다. 아테네 민주주의에 대한 그들의 이해는 지극히 제한적이었다. 그들은 아테네인들이 자신들을 보호하기 위해 사용했던 방책들을 제대로 알지 못했으며, 또한 추첨을 통해 선출된 대표 기구에 대해서도 올바로 이해하지 못했다. 그들은 가난한 자들에게도 정치적 영향력을 제공하는 정치 제도에 두려움을 가졌으며, 통치를 위해 가장 잘 준비된 자들에게 대의 제도를 통해 정치 권력을 부여하기를 희망했다. 이에 대해서는 Roberts(1994, 175~193쪽)와 Saxonhouse(1996)를 참조할 것.

민주주의에 대한 위의 언급들은 당시 제법 효과가 있었다. 존 애덤스John Adams의 '가난한 자들의 투표권 제한을 위한 변론'을 살펴보자.

한 국가에서 약 1,000만 명의 국민이 부유하든 가난하든 어떤 정책 결정을 위해 모두가 함께 모인다고 상상해보자. 토지나 집 혹은 기타 개인적인 사유재산을 가진 자들은 100만 혹은 200만에도 미치지 못할 것이다. 여성들과 아이들을 고려하면, 아니 그들을 고려하지 않더라도 대부분의 사람들은 사유재산이 없을 것이다. 그들은 오직 몇 벌의 옷가지와 돈 몇 푼을 가지고 있을 뿐이다. 만약 모든 사항들이 다수의 투표에 의해 결정되어야만 한다면, 네담Nedham 씨가 그들의 가난에 대해 책임을 져야 하는 것인가? 사유재산을 가지지 못한 약 800만 혹은 900만 명의 다수는 100만 혹은 200만의 소수가 가진 사유재산을 찬탈하려고 하지 않을까? 사유재산은 자유와 함께하는 분명한 인간의 권리다. 아마도 처음에는 선입관, 습관, 게으름 등으로 인해 부유한 자들의 사유재산 찬탈을 위한 공격을 감행하지 못할 것이다. 하지만 얼마 지나지 않아 용기가 생기고 계획들이 서게 되고, 갖가지 구실들이 준비되면 다수는 소수의 사유재산을 몰수하여 자신들에게 분배하거나, 아니면 사유재산 소유자들과 함께 동등하게 모든 국가의 재산을 공유하고자 할 것이다. 그러기 위해서는 우선 가난한 자들의 부채가 모조리 탕감되고, 세금은 부유한 자들에게 더욱 무겁게 매겨지며, 가난한 자들은 세금을 아예 내지 않을 것이다. 그리고 마침내 모든 것들을 투표에 따라 완전히 공평하게 나누자고 요구할 것이다. 이런 상황이 벌어지게 되면 결과는 어떻

　　　　　　　　　　　　　　　　서론: 민주주의와 그 대역들

게 되겠는가? 게으른 자들, 사악한 자들, 무절제한 자들 모두 무분별한 낭비와 도락에 빠져들어 자신들이 나누어 가진 모든 것을 팔아 치운 뒤, 그것을 사들인 자들에게 다시 새로운 분배를 요구할 것이다. 이와 같은 이념이 사회에서 인정되는 순간 사유재산은 더 이상 신의 법과 같이 신성한 것이 되지 않게 되며, 이를 보호하기 위한 법이나 공공의 정의는 더 이상 존재하지 않게 되고 무정부 상태나 참주정이 시작된다. 비록 "탐하지 말라"와 "도둑질하지 말라"가 천상의 계율이 아니라고 하더라도, 그것들은 분명히 모든 사회에서 불가침한 격언으로 인정받을 것이다. 심지어 사회가 문명화되거나 자유롭게 되기 이전에라도 말이다(Roberts, 1994, 183쪽).

제임스 매디슨은 다음과 같이 말한다. "성격이 어떠하든 모든 경우의 민회에서 시민들은 자신들의 열정을 통해 충분히 이성적인 방식으로 정치적 권력을 확보했을 것이다. 하지만 만일 모든 아테네 시민들이 소크라테스처럼 행동했더라면, 아마도 그들은 여전히 오합지졸의 군중에 지나지 않았을 것이다"〔『연방주의자』 제55호(Rossiter판 342쪽, Earle판 361쪽)〕. 이와 관련하여 『연방주의자』 제10호에 제시된 민주주의에 대한 메디슨의 정의도 참조할 것.

4 독재 권력하에서의 투표: 1950년과 1966년 스페인에서 현재의 지도자가 왕권을 계승하는 사안에 대한 국민투표가 있었다. 당시 독재자인 프랑코Franco는 다른 선택지를 허용하지 않았다.

5 이에 대한 자세한 내용은 『선거운동과 선거』*Campaigns and Elections* 지誌의 웹사이트(http://www.campaignline.com/odds/odds.cfm)에 게재된 2004년 4월 26일자 특별부록을 참조할 것.

6 텍사스 상원 법리학 위원회는 지역구의 재구획에 대한 견해를 듣고자 다양한 (하지만 대부분 지역 자치권 권위자와 주법 입법가로 구성된) 시민들로부터 의견을 수집하여 몇 차례의 공청회를 열었다. 공청회의 내용은 텍사스 주 상원의원회 공식 웹사이트(http://www.senate.state.tx.us/75r/senate/commit/c550/c550.htm)에서 다시 확인할 수 있다. 댈러스에서 열린 공청회에서 하원의원 마틴 프로스트Martin Frost가 지역구 재구획에 반대하면서 제안한 의견은 무척이나 흥미롭다.

제2장
민주주의의 생生과 사死

DEMOKRATIA(*Democracy*)

사람들은 다른 어떤 이상적인 정치 체제보다 민주주의에서 더 인간의 한계에 직면한다. 민주주의는 다양한 방식을 통해 사람들 사이의 불신을 조정한다. 불신은 불온한 성격이기는 하나, 민주주의 안에서 일종의 가치를 지닌다고 할 수 있다. 불신이 양성화되는 경우 국가의 통치 체제가 느슨해지는 것을 방지할 수 있으며, 이를 통해 민주주의의 번영을 도모할 수 있기 때문이다. 하지만 이와 같은 번영을 누리기 위해서는 대가를 지불해야 한다. 민주주의에서는 어느 것도 순수해 보이지 않으며, 따라서 어떤 지도자도 순수한 영웅으로 간주되지 않는다. 만약 순수성을 강조하고자 한다면 민주주의를 기대하지 말아야 한다. 아니 순수성을 강조하면서 그에 기만당하지 않고자 한다면, 차라리 인간의 역사로부터 눈길을 돌리는 편이 나을 것이다.

데모스테네스Demosthenes,[*] 기원전 322년

그는 신전이 자신을 지켜주지 못하리라는 것을 알고 있었다. 그의 적들은 그를 침묵시킬 수만 있다면 무엇이든 할 태세였다. 처음에 그들은 그에게 신전을 떠나라고 종용했고, 나중에는 그를 성소에서 쫓아

---

[*] 데모스테네스는 고대 그리스에서 가장 뛰어난 웅변가 중 한 명으로, 마케도니아가 그리스를 침공할 당시 아테네 시민들을 선동하여 필리포스 왕과 그의 아들 알렉산더 대왕에 대항하고 아테네의 민주주의를 수호할 것을 종용했다. 그의 연설문은 기원전 4세기 아테네의 정치, 사회 그리고 경제 생활을 엿볼 수 있는 귀중한 문헌 자료다.

　　　　　　　　　　　　　　　　　　　　民主主義의 生生과 死

내어 신전 밖에서 죽이려 했다. 그는 마케도니아의 병사들이 태어나기 이전부터 민주주의의 목소리였다. 그는 자신이 살아 있는 한 마케도니아가 결코 아테네를 완전히 통제할 수 없다는 것을 적국의 지도자들에게 몸소 보여주었다. 그의 이름은 바로 '데모스테네스'[1]였다.

마케도니아는 아테네를 정복한 뒤 주둔군을 정착시켰다. 그로부터 약 200여 년이 흐른 후 아테네 민주주의는 완전한 종말을 맞았다. 아테네의 지도자들은 제각각 다른 곳으로 도망쳤으나, 일부는 사원에서 붙잡혀 최후를 맞이했다. 하지만 마케도니아 병사들에게 가장 큰 상금과 포상이 걸린 인물은 데모스테네스였다.

그는 여태껏 영웅이었던 적이 없었다. 그는 뛰어난 대중연설 능력과 자유라는 공공의 믿음을 가지고 있었다. 하지만 그는 정치가였으며, 그의 숭고한 대의는 자신의 정치적 야망과 다른 복잡한 이유 때문에 상처를 입었다. 그는 아테네 제국의 옛 영광에 사로잡혀 있었고, 따라서 아테네인들이 그리스 전역의 군사적·도덕적 지도자가 되는 꿈을 결코 포기하지 않았다. 데모스테네스는 마케도니아에서 도망쳐 나온 알렉산더 대왕의 국고지기로부터 그 국고지기가 아테네에 맡겼던 돈을 빼앗았다는 혐의로 고소당해 유죄 판결을 받았다. 그의 정적들은 그를 공격할 증거들을 가지고 있었다. 그럼에도 그는 민주주의의 승리자가 되기에 충분했다. 마케도니아인들은 그를 죽여야만 민주주의를 종식시킬 수 있다고 여길 정도로 그는 실로 아테네 민주주의를 대표했다.

그는 부유한 집안에서 태어났으나 유년기에 일찍 아버지를 여의었다. 아버지의 재산을 돌보던 수탁인은 그가 다 자라기도 전에 재산의 대부분을 챙겨 도망쳤다. 그는 생계를 위해 돈을 벌어야 했다. 자신의 능력을 살려 연설문 작성자가 되었고, 법정에서 쓸 수 있는 좋은 연설문들을 작성하여 부자들에게 팔았다. 그러나 이것은 그 자체로 명예로운 직업은 아니었기에, 그는 곧 자신이 직접 정치에 참여하고자 했다.

정치에 있어서, 그는 민주주의의 강력한 옹호자였으나 전면적인 민주적 개혁을 주장할 정도로 강력한 힘을 갖지는 못했다. 이미 100년 전에 사람들은 아레오파고스Areopagos라 불리던 귀족의회의 정치 권력을 박탈했다. 하지만 데모스테네스는 귀족들이 힘을 복원하는 데 도움을 주었다. 이는 결과적으로 도시를 통합하는 데 큰 역할을 했으며, 법정 사건을 다루는 데 무척이나 효과적으로 작용했다. 아테네인들은 당시 마케도니아의 성장에 위협을 느꼈기에, 그들은 시간을 지체하지 않고 효과적으로 법정 사건들을 다룰 필요가 있었다.

데모스테네스는 공공연히 마케도니아의 필리포스 왕을 비난했으며 아테네인들뿐만 아니라 다른 그리스 지역의 사람들에게 마케도니아의 성장에 대비할 것을 경고했다. 그러나 사람들은 그의 경고에 주의를 기울이지 않았다. 사원에서 마케도니아 군사들이 데모스테네스를 제단에서 끌어내려 하자, 그는 그들에게 잠시 글을 쓸 시간을 달라고 부탁했다. 그는 펜에서 독을 꺼내어 삼켰다. 독이 몸 전체로 퍼지기 전에 그는 사원에서 나오려고 했으나 너무 늦어버렸다. 그는 적군들의 품 안에서 죽음을 맞았다.

마케도니아와 그 동맹국들은 민주주의를 완전히 끝장내고자 했으나 성공을 거두지는 못했다. 단순히 민주주의의 지도자들을 죽이는 것만으로는 민주주의를 종식시키지 못했다. 이 사건 후 아테네인들은 몇 세기 동안 다시 민주주의를 꿈꾸었으며, 실행에 옮길 수 있는 기회가 주어질 때마다 언제든 민주주의를 부활시키고자 노력했다. 민주주의를 종식시키기 위해서는 더 많은 군대와 전쟁이 필요했으며, 더 큰 공격이 이루어져야 했다. 그러나 민주주의를 완전히 전복시키기 위한 외세의 최후의 반격도 결국엔 성공하지 못했다.

하지만 마케도니아만이 민주주의의 유일한 적은 아니었다. 그 밖에 다른 적들이 호시탐탐 민주주의를 노리고 있었다. 그 적들은 칼보다 더 탁월한 무기를 가지고 있었다. 그들은 단순히 데모스테네스를 죽이는 대신에 그의 과실, 야망, 부패 그리고 귀족들과의 유착을 지적했다. 아울러 아테네 민주주의의 실패를 지적했다. 데모스테네스의 경력은 그가 수호하고자 했던 민주주의만큼이나 더럽혀져 있었다. 데모스테네스는 귀족들과 참주들로부터 독립적이었으며 큰 영향력을 가졌으나 동시에 무력했고 때로는 부패했다. 이것은 바로 당시의 민주주의 모습이기도 했다.

칼을 드는 대신 문제점을 지적함으로써 민주주의의 새로운 적들은 거의 그들의 목표를 이루었다. 철학자들이나 역사가들은 민주주의에 실패한 아테네를 호되게 비판했고, 민주주의의 이념에 오명을 덮어 씌웠으며, 그 결과 그 이념을 보수하는 데 약 2,000년이 넘게 걸렸다.[2] 이후 인류의 역사에서 민주주의를 복원하는 데 얼마나 오랜 시간이 걸렸는지를 잘 상기해보라. 민주주의의 옹호자들을 모조리 숙청하는 것만으로는 결코 민주주의를 완전히 죽일 수 없다. 그러나 인간적인 것, 결점이 있는 것들을 거부하고 완벽함을 주장한다면 민주주의의 이상을 죽일 수 있다. 인류의 역사 속에서 어떤 민주주의도 실천적으로 완벽했던 적이 없기 때문이다. 그럼에도 여전히 민주주의를 향한 모든 발걸음은 올바른 방향으로 나아가려는 발걸음이다. 비록 아직까지는 전체의 일부에게만 혜택이 돌아가는 것처럼 보일 수도 있겠으나, 그것이 잘못된 길은 아니다. 오히려 유토피아를 제시하는 이념들이 다른 방향으로 움직일 때, 사람들은 더욱 나쁜 상황에 처하게 된다.

'철학자 왕'이 통치하는 이상국가에 대한 플라톤의 꿈은 이 점을 분명히 보여준다. 그가 제시한 이상국가는 결코 인간적인 불완전성을 용인하지 않는다. 플라톤은 그런 국가가 가능하다고 주장하지 않았다. 일종의 빛나는 이상향으로써 표현했을 뿐이다. 그러나 민주주의 이념과는 달리 플라톤의 이상국가는 우리를 잘못된 방향으로 이끈다. 철학자 왕이 다스리는 국가를 이룩하기 위해 내딛는 모든 발걸음은 결국 우리 누군가의 자유를 박탈할 것이기 때문이다.

새로운 이념들

아테네에서 민주주의는 모든 사람들에게, 즉 하루하루를 연명하기 위해 일을 해야 했던 가난한 대다수의 사람들에게 정치적 힘을 제공했다. 이전까지는 아테네에서 그와 같은 정치 제도가 알려진 바가 없었기에, 언제나 자신들의 방식으로 모든 것을 소유했던 부유한 자들은 민주주의를 달가워하지 않았다. 당시 자유로운 노동 계층의 사람들은 인구의 소수만을 차지하고 있었으나, 동시에 그들은 성인·남성·시민의 자격을 가지고 있었다. 그들의 부모들도 시민권을 갖고 있었지만, 이들 역시 아테네에서 소수에 불과했다. 비록 소수였지만 그들이 실질적으로 정치적 힘을 가지고 있었다는 것이 바로 민주주

　　　　　　　　　　　　　　　　　　　　민주주의의 생生과 사死

의의 이상을 드러내고 있다. 그리고 그 이상이 당시 전통적인 귀족 권력을 위협했듯이 그것은 현대를 살아가는 우리들에게도 고무적인 대목이다.

민주주의는 처음 두 가지의 새로운 이념과 함께 성장했다. 그 두 이념이란, 우리 모두가 공공의 삶을 어떻게 다스려야 하는지 결정하는 문제에 대해 스스로 충분히 알고 있고 누구도 우리의 결정을 임의로 결렬시킬 권한을 가지고 있지 않으며, 장기적으로 봤을 때 누구도 더 나은, 그리고 더 신뢰할 만한 결정을 내리지 못한다는 것이다. 이것들은 그렇게 단순한 얘기가 아니다. 이것들이 올바로 세워지기 위해서는 다른 많은 이념들이 요청되기 때문이다. 이 책의 제3장부터 제9장까지 주된 논의의 대상이 되는 민주주의의 일곱 가지 기본 이념들 중, 어느 것도 그 자체로 독립적인 역할을 갖지는 못한다. 또 그 이념들 중 어느 하나 논쟁적이지 않은 것이 없다. 철학자들을 포함하여 민주주의의 적들은 오직 최고의 사람들만이 정치를 해야 한다는 원칙을 위해 맹렬하게 싸워왔다. 그러나 우리는 스스로 최고라고 여기는 자들이 그리고 심지어 우리가 최고라고 생각하는 자들이 놀라우리만큼 빈번하게 실수와 과오를 저지른다는 사실을 잘 알고 있다.

민주주의 역시 그럴 수 있다. 고대 민주주의에는 많은 장점이 있었지만 그 지도자들은 '모든' 사람이 정치 활동에 참여하기에 충분한 지적 능력을 갖고 있다는 생각만큼은 결코 수용하려 하지 않았다. 확실히 노예들에게는 그런 능력이 없다고 생각했다(물론 전쟁에서 포로가 되면 자신들 역시 노예의 신분이 된다는 것을 모르지는 않았다). 여성에 대해서도 마찬가지였다(이렇게 모든 여성을 배제시킨 결과 자신들의 어머니나 누이도 정치 활동에서 배제시키고 말았다). 또한 아테네에 거주하던 비非시민권자들(거류 외국인들)에게

납세와 병역의 의무는 지우되 정치 활동에서는 철저히 배제시켰다.

비록 그리스는 각 지방마다 방언이 있기는 했지만 기본적으로 공통의 언어(그리스어)를 사용했고 거의 유사한 역사와 종교를 공유하는 독립적인 도시국가들로 이루어졌다. 이 도시국가들은 거의 전 시기에 걸쳐 서로 전쟁을 벌여왔다. 이들은 민주주의 시기 동안 자국의 시민들에게 지대한 관심을 갖게 되었는데, 이는 시민들 자체가 곧 군사였고 계속되는 전시 체제에서 그들 스스로 전투에 필요한 장비와 무기를 조달했기 때문이다. 이런 상황 아래서는 모든 군사들, 즉 모든 시민들이 외부의 강제가 아니라 스스로가 동참을 원할 때 전쟁이 가장 원활히 수행될 수 있을 것이다. 상류 계층의 시민들은 기병, 중간 계층의 시민들은 무장 보병이 되었고 노동 계층의 시민들은 해군 함정의 노를 저었다. 이처럼 지속적인 군 병력의 요구와 역할의 중요성은 그리스 도시국가들의 정치 형태에 많은 영향을 끼쳤다. 예를 들어 전쟁에서 기병이 지배적인 역할을 했을 때에는 귀족들이 국가 통치에 많은 영향력을 행사했다. 반면 무장 보병의 역할이 중요해졌을 때에는 중간 계층의 시민들이 정치적 권력을 획득했으며, 해군이 필요했을 때에는 노동 계층의 시민들, 곧 가난한 자들이 자신들의 요구를 피력할 기회를 얻었다. 아테네인들은 전략적인 이유로 해군을 중시했다. 도시는 바다에 가까웠으며 도시의 보급로는 해변과 근처의 섬들에까지 뻗어 있었다. 동시에 먼 지역과의 무역 교류가 당시 도시 경제 생활의 중요한 부분을 담당했다. 아테네인들은 해군이 절실했으며, 자연스럽게 충성스러운 노동 계층 시민들이 필요하게 되었다.

아테네와 시라쿠사Syracusa 등 몇몇 그리스 도시국가들에서는 내적·외적 두 가지 이유 때문에 민주주의가 발전했다. 내적으로 아테네

　　　　　　　　　　　　　　민주주의의 生生과 사死

와 시라쿠사의 시민들은 큰 틀에서 볼 때 민주주의 개혁이 도시를 더욱 조화롭고 번창하게 하며, 문화적으로도 발전시켜준다는 사실을 발견했다. 정치인들은 민주주의 개혁을 통해 대중의 지지를 얻고 다른 정치인들과의 대결에서 승리할 수 있다는 점을 알아차렸다.

외적으로 볼 때, 민주주의의 지도자들은 민주주의에 가깝게 다가갈수록 스스로 도시를 방어하는 것이 더욱 용이하다는 사실을 발견했다. 절정기의 민주주의는 그리스에서 가장 강력한 형태의 정치 체제였다. 기독교 부흥기 이전인 기원전 5세기경, 민주주의는 경제적으로나 문화적으로 가장 발전했다. 하지만 그들을 안전하게 지켜준 것은 경제나 문화가 아니라 바로 군대였다. 전시에 민주주의는 사회 계층을 뛰어넘어 모든 시민들을 군에 동원할 수 있었다. 이들 자유 시민들은 전쟁에 소집되는 경우 다른 누군가를 위해서가 아니라, 스스로를 위해서 싸운다고 생각했기 때문이다. 반면 지도자들을 위해 전투에 임하는 병사들은 진정으로 자유롭다고 보기 힘들다. 비록 그들이 억지로 전장에 내몰리는 것은 아니지만, 자발적으로 전투에 나가는 것역시 아니기 때문이다.

의심의 여지 없이 그리스에서 가장 강력한 무장 보병 체제를 유지했던 곳은 스파르타였다. 스파르타는 민주주의를 받아들이지 않았으며, 시민이 아닌 의회가 다스리는 도시국가였다. 그러나 스파르타 의회의 지도부는 견제와 균형이라는 체계를 통해 구성되었고, 따라서 모든 시민들이 스스로 자유롭다고 느낄 수 있을 만큼 충분히 민주적인 국가였다. 반면 아테네는 스파르타보다 더욱 민주적이었으며, 시민들은 민주주의 체제를 무척이나 자랑스러워했다. 당대의 시인 에우리피데스Euripides는 애국심에 가득찬 목소리로 민주주의를 찬양하며

"아테네는 자유 도시국가"라고 외쳤다.

> 매년 돌아가면서 (공직을) 이어가고, 부자들에게 지나친 힘을 주지 않는,
> 데모스dêmos(민중)가 곧 이곳의 주인이다.[3]
> 심지어 가난한 이조차 공정한 혹은 평등한 몫을 가진다.

이는 곧 공정하고 평등하게 정치 활동에 참여할 권리를 갖는다는 것을 의미한다. 거의 비슷한 시기에 한 유명 정치가는 전시에 다음과 같이 말하며 시민들에게 애국심을 종용했다.

> 우리는 우리 이웃 국가들의 법을 모방하지 않은 고유한 정치 체제를 가지고 있습니다. 우리는 남들을 본보기로 삼지 않습니다. 오히려 남들이 우리를 본보기로 삼고 있습니다. 우리의 정치 체제는 바로 민주주의입니다. 왜냐하면 민주주의는 오직 소수의 사람들만을 위한 정치 체제가 아니라 우리 대다수를 위한 정치 체제이기 때문입니다. 비록 법에 따라 우리 모두가 논쟁에 참여할 평등성을 보장받고 있지만(즉 모두가 돌아가면서 공직에 임명되고 추첨을 통해 배심원으로 선출되지만), 그렇다고 해서 우리의 제도가 후보자들의 덕과 능력에 대한 우리의 판단을 약화시키지 않도록 합니다. 그리고 우리 도시를 위해서 봉사할 수 있는 한, 누구도 가난하거나 명성이 부족하다는 이유로 정치 활동에서 배제되는 일은 없습니다.[4]

민주주의는 효과적으로 작동되었고 한번 시작된 이상 그 제도를 멈추는 것은 쉽지 않았기 때문에 계속해서 발전할 수 있었다. 민주주

  민주주의의 생生과 사死

의의 기본적인 이념들은 단순히 지식인들에 의해 고안된 것이 아니다. 몇몇 이념들은 민주주의 이전부터 존재해왔으며, 그것들이 민주주의의 이념으로 자리잡기 이전에도 이미 수백 년 동안 그리스인들을 정치적으로 고무시켜왔다. 그 외의 이념들은 민주주의와 함께 발전했다. 그 이념들은 철학자의 것이라기보다는, 주로 일반 시민이나 민중 시인들에게 속한 것들이었다. 철학자들은 일반적으로 이 이념들을 달가워하지 않았다. 이 때문에 그 이념들은 오늘날까지 철학 강단에서 외면받고 있다.

이념을 좇아서

최초의 민주주의는 아테네에서 약 200여 년 동안 환하게 타올랐다. 최초의 민주주의는 사람들에게 어떤 형태의 정치 체제가 가장 마땅한지를 충분히 고려할 수 있게 해주었고, 이후 유럽의 전통 속에서도 그 불씨는 꺼지지 않았다. 민주주의의 불길은 아테네의 영광과 영향을 통해 그리스의 다른 도시국가들로도 퍼져나갔다. 동시에 민주주의에 반대하여 그 불길을 끄려 했던 일종의 소방대도 등장했다. 철학자들과 역사가들 그리고 심지어 시인들조차 민주주의에 대항하는 전투에 참가했다.[5] 다른 종류의 적들이 민주주의에 반대하여 칼과 창을 들어올리는 동안, 그들은 말〔言〕로써 민주주의를 무력화시키려고 했다.

최초의 민주주의는 분명히 논쟁적이었다. 최초의 민주주의를 지지하던 자들에게 민주주의란 사람들에 의한, 법에 따른, 그리고 참주정에 반해 누구도 부당한 영향력을 가지지 못하도록 하는 제도적 보호장치를 구비한 정치 체제를 의미했다. 반면 그 반대파들은 민주주의를 자격을 갖추지 못한 다수의 평범한 사람들이 행하는 폭력적인 정치 체제로 이해했다. 그들이 보기에 평범한 사람들이란, 단순히 변덕스럽고 법을 안 지키기 일쑤이며 올바르게 교육을 받지 못한 자들일 뿐이었다. 더 나아가 그들은 민주주의가 파렴치한 선동가나 연설가들을 위해 차려진 밥상이나 마찬가지라고 주장했다. 이 선동가들은 사람들에게 자신들의 영향력을 더욱 높여줄 결정에 참여하라고 종용하다가도 막상 좋지 않은 결과가 나오면 책임을 지려 하지 않는다는 것이다. 하지만 그런 비판들의 대부분은 옳지 않다. 민주주의는 일반적으로 아테네에서 제대로 역할을 했다.

누구도 선입견으로부터 자유롭지 못하다. 필자 역시 선입견을 가지고 있다는 점을 인정한다. 그럼에도 나는 민주주의가 고대 그리스인들이 우리에게 준 최고의 선물이라고 굳게 믿는다. 물론 최초의 민주주의는 완전하지 못했다. 그렇지만 누구도 그것의 성공을 부정할 수는 없을 것이다. 민주주의에 대한 비판이 올바르지 못했다는 것은 다음의 두 가지 논점을 통해서도 확인할 수 있다.

첫째, 아테네인들은 분명히 최초의 민주주의를 온전히 구성하는 데 실패했다. 그럼에도 그 실패에 대한 비난이 민주주의의 이념들로 귀착되는 것은 아니다. 만약 아테네인들이 그 이념들을 끊임없이 추구하며 살아갔더라면 그들은 자신들의 실패로부터 스스로를 구해낼 수 있었을지도 모른다. 하지만 그 무엇도 그리스를 통째로 집어삼킨 거대한 군대, 곧 마케도니아군과 이후 로마군으로부터 그들의 운명을 구할 수는 없었다. 다시 말해서 아테네인들의 민주주의는 그 이념들에 문제가 있어서가 아니라 외부의 침략으로 인해 좌절된 것이다.

　　　　　　　　　　　　　　　　　　　민주주의의 생生과 사死

둘째, 민주주의를 공격했던 철학자들은 한마디로 말해 틀렸다. 그들은 이론에 지나치게 매몰된 나머지 민주적 정치 체제가 가져올 어마어마한 실천적 이득을 깨닫지 못했으며, 그 결과 매우 위험하고 비현실적인 이론들만을 제시했을 뿐이다. 예를 들어 『국가』*Republic*에서 전개되는 플라톤의 정치 체제는 고대 철학자들 사이에서 발견할 수 있는 가장 비현실적인 것 가운데 하나이다. 플라톤조차 자신의 이상적인 정치 체제를 개혁의 청사진으로 제시하지 않았다. 그것을 향해 나아가려고 하는 어느 누구라도 우리 자유에 위협이 되고 말 것이다.

이 책에서 내가 과제로 삼는 일은 마치 고고학자가 고대 그리스 도자기의 파편 위에 남아 있는 고고학적 그림을 살피거나 지금은 온전히 남아 있지 않은 유적을 파내는 것처럼, 몇몇의 부스러기 같은 역사적 자료들을 검토하여 민주주의 이론을 재구성하는 것이다. 최초의 민주주의를 신봉한 초기 인물들에 대한 자료는 거의 남아 있지 않다. 그러나 고대 그리스 비극 시인들의 작품들처럼 몇몇의 예외적이지만 중요한 자료들이 최초의 민주주의와 관련하여 우리에게 전해진다. 아이스킬로스*Aeschylus*, 소포클레스*Sophocles*, 그리고 에우리피데스는 평범한 사람들을 위해 작품을 쓴 시인들이었다. 그들은 아테네인으로서의 긍지를 갖고 있었고, 대중들의 의견에 따라 승자가 결정되는 경합에서 우승하기 위해 작품을 썼다. 경합에서 우승을 차지했던 그 시인들이 바로 민주주의 이념의 옹호자들이었다는 사실은 놀라운 일이 아니다. 그들 이후의 민주주의 옹호자들은 데모스테네스와 같은 연설가이자 연설문 작성가들이다.

우리는 두 가지 측면에서 가장 중요한 민주주의 이념들을 확인할 수 있다. 우선 적극적인 측면은 민주주의 시인들과 연설가들이 열정적으로 찬양했던 이념들을 찾아 살펴보는 것이다. 그들이 찬양했던 이념들 가운데에는 제 아무리 현명하거나 사회적으로 성공한 인물이라도 법 위에 올라설 수는 없다는 원칙이 있다. 이 원칙은 경의敬意라는 전통적 개념, 즉 인간의 무지와 죽음에 대한 감정적 인식과 밀접하게 관련되어 있다. 민주주의의 시인들은 경의 외에 법에 따른 통치라는 이념 역시 찬양했다.

다음으로 소극적인 측면은 민주주의에 반대하는 자들이 신랄하게 비난했던 이념들을 면밀히 살펴보는 것이다. 예를 들어 플라톤은 일반 시민들이 의회에서 공공 의사결정에 참여하는 권리를 경멸했다. 이 권리는 평범한 사람들이 정치를 돌보는 데 충분한 지혜를 가지고 있다는 이념을 전제하기 때문이다. 그렇기에 우리는 이런 이념을 더더욱 자세히 살펴볼 필요가 있다. 플라톤이 이 이념에 반대하기 위해 많은 수고를 했던 만큼, 거꾸로 우리는 바로 이 이념이 민주주의 이데올로기에서 매우 중요한 위치를 차지한다는 사실을 확인할 수 있다.

앞서 이 책에서 다룰 일곱 가지의 중요한 이념들을 간략히 소개했다. 그것들 모두가 동일한 기반 위에 있는 것은 아니다. 그중 세 가지 이념들, 곧 조화, 법에 따른 통치, 그리고 자유는 훌륭한 정치 체제에 대한 대부분의 고대 이론에서 발견되는 것들이다. 민주주의와 관련한 논쟁이 벌어질 때마다 논쟁에 참여한 각 측은 위의 세 가지 원리의 중요성을 무시했다는 이유로 서로를 비난했다. 또한 민주주의는 사회 내 계급 갈등을 촉발시키고 다수결의 원칙을 법 위에 놓으며, 마치 참주와 같은 다수를 위해 자유를 희생시킨다는 죄목으로 비난받았다.

그러한 비난이 민주주의와 관련한 몇 가지 요점을 제대로 짚은 것은 사실이다. 그러나 아테네인들은 시간이 지남에 따라 자신들의 올바르지 못한 월권 행위를 자각했고, 위의 이념들에 따라 민주주의를 바로잡으려고 노력했다.

나머지 네 이념들, 즉 자연적 평등성, 시민 지혜, 지식 없는 상태에서 이루어지는 추론, 그리고 교양 교육은 민주주의에서만 고유한 것들이며 서로 밀접히 연결되어 있다. 오직 교육받은 엘리트들만이 정치적 권한을 가져야 한다는 점을 주장하기 위해 플라톤과 그를 따르는 자들은 이 네 가지 이념 모두를 거부했다. 그들은 평범한 시민들에게 스스로가 통치 주체가 될 수 있는 자격을 주는 어떤 형태의 교육도 믿지 않았으며, 따라서 당시 대중 교육의 주 원천이라고 할 수 있는 시인들을 부정했다.

최초의 민주주의가 향한 목표

최초의 민주주의가 추구했던 적극적인 목표는 도시를 대표하는 모든 사람들의 선의를 받아들여 도시가 성장하고 더 나아가 내부의 분열 없이 적들에 대항하여 스스로를 방어할 수 있게끔 하는 것이었다. 소극적인 목표는 참주의 출현을 막고 부富나 출신 배경을 통해 특권을 가질 수 없다는 것을 확실히 하는 것이었다. 민주주의를 개진하던 그 때, 아테네인들은 반세기 동안 그들 사이에서 내분을 몰고 왔던 일인 통치제로부터 회복하는 중이었다. 그 내분은 계급 간의 갈등이었고, 일인통치제는 참주정이었다. 그 모두가 아테네인들을 괴롭혔다.

고대 입법가 솔론Solon*은 민주주의가 이루어지기 약 1세기 전에 이미 계급 간의 투쟁을 종식시키고자 노력했다. 하지만 페이시스트라토스Peisistratos**를 저지하기에는 그의 힘이 부족했다. 페이시스트라토스는 계급 간에 발생하는 갈등을 통해 이득을 취하려 했던 참주로, 권력을 차지한 후 수년 동안 막강한 정치적 영향력을 행사했다. 이후 그의 두 아들이 다시 아테네의 참주가 되었다. 두 형제는 부분적으로는 대중을 위한 일을 했으나, 대체로 무장 군사의 힘을 빌려 권력을 행사했다. 페이시스트라토스가 죽고 나서 몇 년 후에 그의 아들 중 하나가 암살되었고, 그의 다른 아들은 스파르타인들에 의해 권력을 잃었다. 이후 아테네인들은 누구도 다시는 그와 같은 절대적인 권력을 휘두르지 못하도록 법 제정에 착수했다.

최초의 민주주의의 실천

그리스의 다른 주요 도시국가들과 마찬가지로 아테네는 하나의 독립된 도시국가였다. 아테네는 비록 규모가 크지는 않았으나 문화적으로 단단히 결집되어 있었다. 아테네 시민들은 서로가 친족으로 연결되어 있으며 그들의 조상이 현재 자신들이 살고 있는 땅으로부터 왔다고

* 아테네의 시인이자 정치가로 기원전 630년경 출생하여 560년경 사망한 것으로 전해진다. 그리스의 7현인 중 한 명으로 알려진 그는 배타적인 귀족정치를 종식시키고 재산의 등급에 따라 참정권을 차등 부여하는 금권정치로 대체했으며 좀더 인도적인 법을 도입했다. 보다 자세한 설명은 89~90쪽을 참조할 것.
** 고대 아테네의 참주로, 아티카를 통일하여 아테네 번영의 기반을 닦아 이후 아테네가 그리스에서 지배적인 역할을 할 수 있도록 했다. 동시에 자신에게 맞서는 아테네 시민들을 무장해제시키고 귀족 가운데 인질을 뽑아 낙소스 섬에 가두기도 했다. 그는 아테네에서 처음으로 개인 호위병을 거느렸으며, 그 가운데는 스키타이의 궁수들도 있었다. 그가 죽은 후 두 아들 히피아스Hippias와 히파르코스Hipparchos 역시 아테네의 참주가 되었다.

　　　　　　　　　민주주의의 생生과 사死

믿었다. 그들은 종교, 언어, 신화 그리고 역사를 공유했다. 최초의 민주주의가 실행되던 약 200여 년 동안 아테네의 성인 남성의 인구는 3만 명 정도였다. 아티카Attica(아테네와 그를 둘러싼 섬들을 포함한 지역)의 전체 인구는 약 20만에서 30만 명 사이였다.[6] '도시의 규모가 작고 문화적으로 같은 기원을 가지고 있다는 점은 아테네에서 민주주의가 발생하는 데 큰 도움이 되었다.

당시 아테네의 배경을 주목할 필요가 있다. 왜냐하면 미국을 포함하여 현대의 어떤 국가도 그와 같은 장점을 가지고 있지 못하기 때문이다. 당시 아테네는 적당히 적은 수의 시민들이 살고 있었고, 그 시민들은 스스로 정치적인 문제들을 어떻게 그리고 왜 처리하는지를 안다고 믿었다. 이것이 아테네가 모든 시민을 정치 활동에 참여시킬 수 있었던 배경이다.

아테네 민주주의가 사용했던 도구들을 오늘날의 우리에게까지 적용시키긴 힘들 것이다. 그 도구들은 아테네와 같은 그런 장점들을 가진 국가를 위해 고안된 것이었으며, 우리는 그것을 가지고 있지 못하다. 하지만 그 도구들 중 일부는 여전히 현대 민주주의에 반드시 필요한 개혁의 모델로 사용될 수 있을 것이다.

최초의 민주주의가 사용했던 도구들은 다음과 같다.

1. 법률 제도: 고대 아테네에는 전문적인 판사나 검사들이 존재하지 않았다. 시민이면 누구든 소송을 제기할 권리를 가지고 있었으며, 아울러 오늘날의 판사와 배심원에 해당하는 재판단 역할을 누구나 할 수 있었다. 재판단은 규모가 커서 누구도 함부로 뇌물을 줄 수 없었다. 예를 들어 소크라테스 재판의 경우에는 501명 규모의 재판단이

구성되었다. 재판단원 역할을 맡을 경우 보수를 받을 수 있었기에, 그 역할은 특히 낮은 계층의 시민들에게 더욱 활짝 열려 있었다. 아마 보수 없이 이런 역할을 하라고 요구했다면, 그들은 이와 같은 요구를 법적의제法的擬制나 지독한 농담쯤으로 여겼을 것이다. 재판단은 재판 당일에 추첨을 통해 구성되었다. 추첨은 그 누구도 배심원을 매수하지 못하도록 하는 장치였다. 아테네의 각 계층으로부터 추첨을 통해 구성된 배심원들은 공공 법정에서 고소인과 피고인(변호인)의 연설을 모두 들은 뒤 판결을 내렸다.

   2. 정치 기구: 민회Assembly는 보통 프닉스(아크로폴리스로부터 멀지 않은 곳에 위치한 언덕의 중턱)에 선착순으로 도착한 6,000명의 성인 남성으로 구성되었으나, 언제나 그와 같은 수를 유지했던 것은 아니다. 성인 남성 시민이라면 누구나 민회에 참여할 수 있었으며, 만약 참여자의 수가 부족한 경우에는 민회의 의장이 공공 장소에다가 빨간색 끈을 달라고 명했다. 그러면 시민들은 민회의 일을 처리하기 위해 모여야 했다. 민회에 참석하는 것은 의무였지만, 기원전 4세기부터는 민회에 참석할 경우 시민들에게 보수가 지급되었다. 비록 민회 참석의 보수가 시민들의 기본적인 하루 임금보다 적었지만, 시민들이 이 참석의 의무를 매력적인 것으로 여길 정도로는 충분했다. 보수가 지불되면서 민회에 참석하려는 시민들이 상당히 늘어났다. 민회장이 시민들로 가득 찰 경우 더 이상 오지 않아도 된다는 표시로 빨간색 끈을 거꾸로 달았다. 성인 남성 시민이라면 누구나 발언권을 가졌다. 아테네인들은 파레시아parrhesia라고 알려진 민회에서의 발언권을 귀중한 특권으로 여겼다. 그럼에도 일반 시민들은 이 특권을 거의 사용하지 않은

　　　　　　　　　　　　　　　　　　민주주의의 생生과 사死

채, 민회 발언의 기회 대부분을 수사학자rhetor라고 불리던 전문 연설가들에게 맡겼다. 수사학자들은 연설 능력을 통해서 공직에 있지 않으면서도 사람들에게 전문적인 조언을 할 수 있었다('수사학'rhetoric이라는 현대의 용어는 그들을 가리키는 말에서 유래한 것이다). 이와 달리 스파르타에서는 시민들이 투표를 할 수 있었지만 발언권은 사실상 왕과 의장 그리고 상원의원들에게만 주어졌다.

3. 다수결의 법칙에 대한 견제: 민회의 권력은 법률에 의해 점차로 제한되었다. 아테네에서 민주주의가 실행되던 기간 전반에 걸쳐 민회는 현재 우리의 입법위원회, 즉 법사위에 상응하는 의회Council를 통과하지 못한 사안에 대해서는 투표할 수 없었다. 의회의 구성원은 매년 추첨을 통해 아테네 10개의 부족으로부터 평등하게 선출되었다. 그들은 전 아테네인들을 대표했으며, 보통 비합법적인 사안들이 투표에 회부되는 것을 막고 견제하는 역할을 했다.

기원전 4세기의 성숙한 민주주의는 '입법', 즉 법의 제정 및 개정과 '정책 결정' 곧 아테네인들이 흔히 '투표에 부칠 사안들'(보통 법령 혹은 포고라고 번역됨)이라 불렀던 것을 명확하게 구분했다. 투표에 부칠 사안을 제안하는 일은 당시 아테네 법에 부합해야만 했다. 만약 누군가 법에 부합하지 않는 사안을 투표에 회부하고자 제안하는 경우, 그라페 파라노몬graphê paranomôn이라고 불리던 '위법에 대한 고발 절차'에 따라 고소될 수도 있었다. 시민들 서로가 부적절한 제안에 대해 고소할 수 있었으며, 법정에서 그 시시비비가 가려졌다. 제안자가 유죄라고 판결될 경우 그는 벌금을 내야 했으며, 반대로 고소인이 유죄로 인정될 경우 처벌을 받을 수도 있었다.

입법 절차는 추첨을 통해 구성된 사람들이 진행했으며, 이들을 노모테타이nomothetai(입법가라는 뜻이며 단수형은 노모테테스nomothetês)라고 불렀다. 민회를 열어 법을 개정하고자 할 경우 시민들은 그들에게 건의를 해야 했다. 그리고 그들이 법의 개정을 허락한 경우에만 시민들은 투표를 통해 법 개정 절차를 밟을 수 있었다.

4. 추첨제: 아테네인들은 선거 대신에 추첨제를 사용했으며 아테네 10개 부족 모두를 대상으로 했다. 선출 과정은 모든 부족이 동등하게 대표될 수 있는 조건하에서 이루어졌다. 추첨을 통해 선출된 시민들은 배심원단과 500인회 그리고 입법단을 구성했다. 아테네의 추첨제는 검사를 통과하고 맹세를 한 자면 누구든 민회에서 일할 자격이 있다는 가정에 기초했다. 그때 검사란 과거에 부정한 짓을 저질렀는지 여부에 대한 것이며, 맹세는 공정하게 일하겠다는 약속이었고, 자격이란 논의와 논쟁에 충분히 참여할 수 있을 정도로 정치적인 일에 대해 알고 있다는 뜻이었다. 배심원과 의회 그리고 입법에 대한 일들의 처리 과정은 보통 민회에서보다 더 많은 시간을 요하곤 했다. 다음은 아테네의 주요 정치 기구에 대한 간략한 설명이다.

공직: 대부분의 민회 의장들은 추첨에 의해 선출되었으나, 직책을 수행하기에 앞서 그들은 정식 심리를 통과해야만 했다.

법정: 배심원단은 주어진 사안을 처리할 경우 그에 맞는 적절한 법을 따를 것을 선서했으나, 마땅한 법 조항이 없는 경우에는 정의正義를 따르겠다고 맹세했다.

의회: 아테네 500인회는 오늘날의 입법부 의회(법사위)가 하는 일과 같은 일을 했다. 의회 구성원들은 법률을 미리 고려해 어떤 사안들을

투표에 회부할 것인지 결정했다. 평판이 좋은 시민들 중에서 추첨을 통해 의회의 구성원들과 대표가 결정되었다.

입법단: 기원전 4세기 아테네 입법단은 민회가 법 개정과 관련해 최종 투표를 하기 전에 법 개정안을 구성하여 승인하는 일을 맡았다.

5. 선거: 군대를 지휘하는 일이나 재무를 처리하는 것과 같이 전문적인 지식을 요하는 몇몇 중요한 자리는 선거에 의해 적임자가 결정되었다. 아테네인들이 선거를 통해 뽑은 10명의 장군들은 주로 파견 부대를 지휘했으나, 그들 중 일부는 외교 및 내무에 관한 일에도 종종 영향을 미쳤다. 장군들은 전장에서 병사들에게 복종을 요구했다. 하지만 민회에서 투표를 통해 결정이 난 경우 그들은 언제든 소환될 수 있었으며, 패전에 대해서는 엄중한 책임을 물었다. 민회는 그들에게 추방이나 심지어 사형을 선고할 수도 있었다.

민주주의가 두 번째 국면기에 들어선 후, 아테네인들은 도시의 공금 관리와 같이 전문적인 지식을 가지지 못한 자들이 처리하기에는 어려운 임무를 수행할 적임자를 뽑기 위해 더욱 많이 선거를 치렀다.

6. 책무: 의장이 공직을 떠날 때 아테네인들은 ('똑바로 하다'라는 뜻의) 에우튀나이euthunai 절차에 따라서 그의 기록을 검사했다.

어떤 지도자가 고소당할 만한 위법 행위를 저질렀다면, 누구나 그를 법정에 세울 수 있었다. 그러나 고소하기 위해서는 상당한 액수의 예치금을 맡겨놓아야 했으며, 만약 사건이 중대하지 않다고 결정날 경우 그 돈은 몰수되었다.

누군가 지나친 권력을 갖거나 사회의 양극화를 조장하는 경우 시민들은 그를 10년간 추방하는 것에 대해 투표할 수 있었다. 이 방법은 어떤 유력자가 참주화되는 과정을 막기 위해 아테네인들이 사용한 것으로서, 도자기 조각ostraka 위에다 추방하고자 하는 자의 이름을 적어 제출했기에 도편 추방ostracism이라고 불렀다. 도편 추방의 절차를 진행하기 위해 시민들은 우선 민회를 소집하여 논의했고, 그 사이에 도자기 조각들이 대량으로 준비되어 투표할 사람들에게 전해졌다. 그리고 나서 도편 추방을 할 것인지에 대해 투표했다. 당시에 도편 추방을 위해 사용되었던 도자기 조각들 가운데 일부가 현재 아테네 아고라 박물관에 전시되어 있다. 실제로 도편 추방이 행해진 경우는 무척이나 드물었으며, 기원전 415년 이후에는 전혀 실시되지 않았다.

이상의 것들이 최초의 민주주의가 사용했던 기본적인 도구들이다. 아테네에서 그 도구들은 거의 2세기에 걸쳐 시민들과 그들의 민주주의를 보좌했다.

민주주의에 대한 평가: 밝은 면

아테네의 민주주의는 아테네를 오랜 기간 동안 훌륭히 지탱해주었으며, 더 나아가 그리스 도시국가들 중 선봉에 설 수 있도록 해주었다. 아테네의 육상 군사력이 그리스에서 가장 막강한 것은 아니었으나 대신에 그들의 해상 군사력은 압도적이었다. 그들은 무역 교류 분야에서 출중했고, 건축이나 그림, 조각과 시 등 예술의 전 분야에서 타의 추종을 불허하는 눈부신 업적을 이루며 역사상 가장 뛰어난 창조성을

                                                   민주주의의 생生과 사死

발휘했다. 산문 작성에 있어서도 그들은 선두에 섰으며 훌륭한 역사가들과 철학자들을 길러냈다.

기원전 404년 스파르타와의 전쟁에서 패배한 후 아테네인들은 다시 일어섰다. 그리고 곧 무시 못할 군사력을 회복했다. 아테네는 다시 무역과 해상을 장악했으며 몇 세기에 걸쳐 그리스의 문화적 중심지로 거듭났다. 반면 스파르타는 유력한 중심국에서 시시한 주변국으로 쇠락해갔다. 아테네에서 민주주의가 실시되던 100년 동안 부자들은 두 차례(한 번은 스파르타와 전쟁을 치르는 중에, 다른 한 번은 그 후에)에 걸쳐 권력을 다시 차지하여 과두정을 세우려 했다. 그러나 두 경우 모두 시민들은 그들에 대항해 봉기했고 결국 민주주의를 다시 쟁취했다. 그 후 100여 년 동안 아테네인들은 정치 체제를 더욱 포괄적이고 효과적으로 만들기 위해 그동안 느슨해져버린 민주주의의 목표를 더욱 견고히 했다. 최초의 민주주의를 통해 얻은 영예 중 하나는 실수를 통해 민주주의의 가능성을 배울 수 있다는 사실이었다.

아테네의 민주주의가 왜 그렇게 생기 있고 강했는지 우리는 잘 알고 있다. 그것은 바로 특정 이익집단이 부당한 권력을 가지지 못하도록 민주주의의 도구들이 대부분의 경우 원활하게 작동했기 때문이다. 때때로 부유한 자들은 민주주의 체제 안에서 가난한 자들이 오직 수적 우위를 이용해 그네들의 이익을 확보하고 있다고 불평하곤 했다. 하지만 전반적으로 아테네의 정치 체제는 모든 이의 이익을 위해 올바르게 역할한 것으로 보인다. 물론 이런 체제 가운데서도 일부는 부富를 통해 발언할 기회를 가지기도 했고, 유리한 혈연 관계가 작용하기도 했으며, 귀족들일 경우 공직 선거에서 더 많이 선출되기도 했다. 그럼에도 정치가가 자신의 정치 세력을 계속 이어나가기 위해서는 무엇보다도 공정하고 정의로워야 했으며, 이를 통해서만 사람들이 자신의 조언을 따르도록 설득할 수 있었다. 아테네의 시민들 대다수는 민주주의 이념에 무척이나 충직했다. 그들은 자유와 조화로움을 추구했으며 법을 잘 지켰다. 또한 교육받은 시민들의 논쟁을 통해 성장했다. 그 어느 이념도 민주주의보다 더 좋을 수 없다는 것을 그들은 잘 알고 있었다.

민주주의의 어두운 면

민주주의에는 어두운 면 역시 존재한다는 것을 솔직히 인정해야만 한다. 하지만 그렇더라도 우리는 그 사실에 대해 조금은 에누리해서 바라볼 필요가 있다. 아테네 민주주의의 실패를 지나치게 강조하는 것은, 수세기에 걸쳐 민주주의의 어두운 면을 집요하게 물고 늘어지며 민주주의에 오명을 덮어씌운 민주주의의 반대자들의 합창에 동참하는 것이나 다름없기 때문이다. 민주주의의 반대자들은 그런 식으로 시민들이 자유로울 수 있는 근거를 저지하려고 했다. 그러나 그들은 논리적 오류를 범했다. 단순히 어떤 이념을 따르는 자의 좋지 않은 성향을 문제 삼아 그 이념을 거부하는 것은 일종의 논리적 오류로서 '대인논증'對人論證(ad hominem, 인신공격의 오류)이라고 불린다. 그렇다면 아테네 민주주의를 비판한 민주주의 반대자들의 오류는 '대시논증'對市論證(ad urbem, 도시공격의 오류)이라고 불러야겠다. 왜냐하면 그들은 아테네 시민들의 좋지 않은 행실이나 품행을 탓하며 민주주의에 대한 그들의 이념 자체를 거부했기 때문이다. 이념은 반드시 그 스스로가 가지고 있는 장점 혹은 단점에 근거하여 평가되어야만 한다.

하지만 민주주의의 어두운 면 혹은 아테네인들의 좋지 않은 행실이나 품행을 완전히 무시해버리는 것도 위험하다. 민주주의의 길을 걷고자 하는 자는 누구든지 그 길에 놓인 도덕적 해이에 대해 정확히 알고 있어야만 한다. 이제 우리는 아테네 민주주의가 범했던 잘못들을 간략히 살펴볼 것이다. 이로써 현대 민주주의의 문제점들을 함께 고민해보기 바라며 민주주의를 대체하려는 방안들이 얼마나 끔찍한지를 생각해볼 수 있기를 기대한다.

다른 모든 정치 체제들처럼 아테네의 민주주의 역시 몇 차례 잘못된 방향으로 나아갔다. 아테네 민주주의의 실패 사례 중 일부는 민주주의 그 자체의 문제점에서 비롯된 게 아니었다. 그것은 당시 아테네인들의 모든 정치적 시도에 영향을 미쳤던 다른 요인들에 의해서였다. 그 요인들이란 어떤 정치 체제든 길을 잃게 만들 수 있는 것들로, 전쟁으로부터의 중압감, 적에 대한 두려움, 영향력 있는 자들의 야망, 그리고 교역과 경제에서의 압박 등이었다. 이것들은 오늘날의 우리에게도 여전히 문제가 되는 사안들이다. 반면 그 외 다른 종류의 실패 요인들은 잔혹하면서도 끊임없이 반복되는 전쟁 문화에 기초한 것으로, 당시 그리스 문화에 고유한 것들이었다. 예를 들어 아테네의 경제가 식민지 개척을 통해 부흥했다는 점이나 여성들이 공적이고 정치적인 시민의 삶에서 철저히 배제되었다는 점 등이 그렇다. 바로 이것들이 고대 그리스의 결점이었다. 아테네는 비록 전쟁을 일으키거나 전쟁에 가담하는 경우가 많지 않았으나, 대신에 노예제를 고수했으며 여자들을 집안에만 머무르게 했다. 이는 아테네에서 오직 성인 남성 시민들만이 민주주의를 향유할 수 있도록 하기 위해서였다. 또 당시 아테네에는 고대 사회에서 경제력의 주요 원천이 되는 은을 채취할 수 있는 광산이 시내에 많이 있었다. 이 때문에 아테네에는 다른 그리스 도시국가들에 비해 유달리 많은 수의 노예가 있었으며, 광산에서 이루어진 노예들의 강제노역 덕분에 시민들은 많은 부를 축적할 수 있었다. 그러나 이는 민주주의의 잘못이 아니다. 만약 당시 아테네가 민주주의가 아니라 귀족정 사회였다고 해도, 광산에서 죽음을 맞이했던 노예의 수가 더 적지는 않았을 것이다. 고대 사회 어디에서나 광업은 주로 노예들에 의해 이루어졌다.

분명 아테네인들은 잘 알고 있었다. 그들은 자신들이 누리고 있는 노예제의 혜택이 공정하지 못하다는 것을 인식할 필요가 있다고 생각했으며, 이런 생각들은 민주주의 실천과 함께 점차 대중들의 의식 속에서 진화해나갔다. 일부 아테네인들은 노예제에 대해 의문을 제기했다. 그러나 그들의 질문은 지나치게 조심스러웠던 나머지 이론 수준에만 머물렀으며 결코 실천에 옮겨지지는 못했다. 아울러 아테네인들은 여자들을 공적·정치적 활동에서 배제시키는 것이 이성적이지 못하다는 것을 간파하고 있었다. 하지만 자신이 속해 있는 사회의 문화를 들춰 그 사회 안의 비이성적 측면을 파악하는 것과 그 비이성적인 측면을 개선하여 변화시키는 것은 서로 다른 문제이다.[7] 예를 들어 초기 미국 독립혁명 시절부터 노예제가 옳지 않다는 생각이 있었다. 그러나 또 다른 거대한 변화들, 즉 경제적 변화와 이민 그리고 서부로의 이동과 피비린내 났던 미국 남북전쟁을 거치는 동안에도 노예제는 여전히 지속되었다. 이념들은 힘을 가지고 있으며 우리로 하여금 개혁의 목표를 이루도록 도와준다. 또 우리의 실패를 상기시키며 되돌아보게 한다. 그러나 현실 속에서 변화를 이루는 것은 언제나 어려운 일이다.

고대 그리스의 문화적 결점들 중 전쟁에서 보여준 그들의 잔학성은 반드시 짚고 넘어가야 한다. 아테네인들은 자신들의 제국을 수호한다는 미명 아래 잔혹한 일들을 수없이 벌였다. 물론 앞에서 언급한 노예제와 여성의 정치 배제처럼, 일부 아테네인들은 전쟁의 문제점에 대해서도 잘 알고 있었다.[8] 하지만 대부분의 아테네인들은 제국의 필요성을 호소하면서 자신들의 행위에 대해 변명하고자 애썼다. 이 변명은 말 그대로 나쁜 믿음에 기초한 변명일 뿐이다.[9] 아테네인들은 전쟁에서 다르게 행동할 수도 있었다. 그렇다면 아테네 제국의 잔인무도한 악행을 탓하며 민주주의를 비난하는 것이 마땅할까? 어떤 측면에서 보자면 그렇다고 얘기할 수도 있다. 왜냐하면 그 잔인무도한 행위를 용인한 것이 바로 민주주의였기 때문이다. 그러나 당시 과두정의 다른 도시국가들이 저지른 일로 판단컨대, 우리는 아테네가 과두정 사회였다고 하더라도 같은 종류의 악행을 저질렀을 것이라고 생각할 수 있다. 비록 악행의 주체가 달라졌을 수는 있겠지만 말이다.

아테네인들의 실패 중 일부는 아마도 그들이 가졌던 독특한 종류의 민주주의에 기인했을 수도 있다. 민주주의 초기에 민회는 지나치게 큰 힘을 가졌으며 종종 도를 넘어 그 힘을 행사했다. 한번은 아르기누사이Arginusae 일대에서 지휘를 했던 아테네 장군들에 대한 재판에서* 민회가 스스로 법 위에 서려 한 적도 있었다. 그 외에도 민회

---

* 아르기누사이 해전은 펠로폰네소스 전쟁 도중인 기원전 406년 아르기누사이 군도 일대에서 벌어진 아테네와 스파르타 사이의 해상 전투를 말한다. 1차 전투에서 스파르타를 무찌른 아테네 해군은 스파르타와의 2차 전투를 벌이기 위해 출항하면서, 당시 침몰하고 있던 선박에 승선해 있던 아테네 병사들을 구조하기 위해 몇 척의 배를 남겨놓았다. 하지만 거친 날씨로 인해 구조 작업은 제대로 이루어지지 못했고 그 결

와 대중 법정을 통해 이뤄지던 소송과 도편 추방은 구 귀족들에게 두려움을 안겨주었으며, 그들을 쩔쩔매게 만들었다. 불화의 기류가 언제나 도시를 침식하고 있었다. 민회의 구성원은 매번 바뀔 수 있었다. 그 결과 구성원에 따라 어떤 때는 민회가 신속하게 결정을 내렸으나, 다른 경우에는 전혀 결정을 내리지 못할 때도 있었다. 민회는 불안정했으며 종종 행정 사항들을 일관되게 처리하지 못했다.

아테네의 장군들은 민회가 자신들을 언제든 소환할 수 있다는 두려움에 끊임없이 사로잡혀 있었다. 그들은 전장에서 결정을 내리는 데 불필요하게 조심했으며, 이 때문에 결국 전투에서 패배하기도 했다. 민회에서 발언할 수 있는 권리는 연설가들에게 힘을 실어주었다. 그러나 그 연설가들은 선거를 통해 선출된 자들이 아니었기에 그들의 힘에는 책임이 없었다. 선동가로 알려진 자들은 자주 민회에 혼란을 야기했다. 평범한 시민 누구나 소송을 제기할 수 있다는 법정 제도의 편리함은 오히려 사람들의 신경을 곤두서게 만들었다. 이는 결국 사악하고 비양심적인 자들에게 부유한 사람들을 소송으로 협박할 수 있는 기회를 제공한 것이나 마찬가지였다. 당시 사회와 문화의 제도적 결함들로 인해 민주주의가 실패의 길로 들어서게 된 것이다.

아테네인들의 편협한 사고 역시 민주주의의 실패를 야기했다. 아테네인들은 자유와 조화의 가치를 이해하고 존중했으나, 그것들을 자

과 일부 병사들이 익사하는 사고가 발생했다. 그들이 아테네로 돌아왔을 때, 아테네인들은 해전의 승리를 축하하는 분위기가 아니라 익사한 병사들에 대해 책임을 묻는 분위기였다. 몇몇 아테네인들은 장군들이 승리에 도취한 나머지 병사들을 구하는 데 소홀했다며 그 책임을 묻기 위해 민회를 열었다. 그리고 재판 결과 당시 아테네 해군 장군들에게 사형을 선고했다. 그러나 이후 그들은 유능한 장군들을 죽인 것에 대해 후회하게 되고, 거꾸로 그 장군들을 고발했던 자들을 재판하여 유죄 판결을 내린다. 소크라테스는 민회에 참석하여 장군들에게 책임을 묻는 것에 적극적으로 반대했던 것으로 알려졌다. 자세한 내용은 99~100쪽 '민회의 오만함'을 참조할 것.

신들의 경우에만 적용했다. 그들은 아테네 제국에 속했던 다른 도시국가의 사람들에게도 자유와 조화가 중요하다는 사실을 종종 잊어버렸다. 아테네인들은 참주정을 증오했으나, 자신들의 제국을 참주적으로 운영했다. 그 결과 그들은 그리스의 도시국가들이 서로 융합하지 못하고 끊임없이 분열을 겪도록 만들어버렸다. 그들 사이에서는 내전이 끊이지 않았다.[10]

아테네는 제국 내의 도시국가들을 더 나은 방식으로 대했어야만 했다. 만약 아테네가 그리스 도시국가들 사이에서 뻔뻔한 제국주의 대신에 신뢰할 만한 지도자의 역할을 보여주었더라면, 아테네는 그리스 전체를 구할 수 있는 연맹을 성공적으로 결성할 수 있었을 것이다. 그렇지 못한 아테네는 결국 다른 도시국가들을 효율적으로 이끌지 못했고 아울러 협력을 추진하지도 못했다. 그 결과 다른 도시국가들과 함께 하나의 초국가적 의미의 그리스를 유지할 힘을 잃고 말았다. 결국 최초의 민주주의는 국제적인 측면에서 실패했다. 또한 아테네는 그리스 북쪽의 마케도니아에 대항하여 그리스 전역을 방어하는 데 필수적인 경제적 부담을 거부하기도 했다. 알렉산더 대왕은 계속 군대를 진격시켰다. 정말이지 아테네에 의해 통일된 하나의 (참주화되지 않은 초국가적) 그리스가 가능했다면, 그들은 아마도 마케도니아의 위협을 물리쳤을지 모른다.

그리스 도시국가들 중 페르시아에 맞서겠다는 의지는 아테네에서 가장 컸다. 그러나 민주주의가 이루어지던 첫 100년 동안 아테네인들은 자신들의 야욕을 충족시키는 데 이 의지를 낭비했다. 참주적 권력의 유혹에 굴복한 나머지, 그리스 제일의 도시였던 아테네는 그리스인들을 이끌며 자신들의 전통적 자유를 지키기 위한 기회를 잃고 말았다.

　돌이켜보면 아테네인들은 외교적 사안과 관련하여 참주적 권력이 그리스의 통일을 저해할 수 있다는 것을 간과해서는 안 되었다. 물론 그들은 이를 잘 알고 있었다. 그럼에도 아테네가 결국 제국의 참주적 권력을 행사했다는 것은 실로 슬픈 일이 아닐 수 없다. 그들은 자유의 쟁취가 희생을 동반한다는 것 역시 알고 있었다. 페르시아와의 전쟁에서 그들은 자신들의 자유를 쟁취하기 위해 기꺼이 희생을 감수했으며, 또 스파르타와의 전쟁에서도 그러했다. 그러나 마케도니아가 그들을 위협했을 때 아테네인들은 결국 희생을 감수할 의지를 잃고 말았다.

　아테네 민주주의 실패의 아이러니는 비극적이다. 아테네인들은 자신들을 위한 훌륭한 이념들을 가지고 있었다. 따라서 자신들이 잘못된 방향으로 가고 있다는 것을 알아차릴 수도 있었다. 아니, 실제로 많은 아테네인들은 자신들이 잘못된 방향으로 가고 있다는 것을 알고 있었다. 그러나 매일 일어나는 결정들에 대한 흥분, 전쟁에 대한 두려움 그리고 외국으로부터 얻을 막대한 이득에 대한 유혹 앞에서 아테네인들은 후대를 위해 큰 선물이 될 바로 그 이념들을 잃어버리고 말았다.

　그러나 아테네인들은 민주주의를 결코 놓아버리지 않았다. 언제나 자신들의 목표를 기억했으며, 몇 차례 고난의 시기를 겪은 뒤 그들은 스스로 자신들의 정치 체제를 이상에 가깝도록 만들고자 애썼다. 민주주의가 외부의 강압적인 힘에 의해 종식되었을 때에도 그들은 민주주의를 다시 부흥시키고자 노력했다. 위대한 이념들은 결코 쉽사리 소멸되지 않는다. 아테네 민주주의의 흥망으로부터 우리가 배울 점은

바로 민주주의 뒤에 가려진 그 이념들을 결코 놓지 말아야 한다는 사
실이다.

민주주의를 향해 아테네가 걸었던 길:
아테네 민주주의에 대한 안내서[11]

아테네 민주주의에 관련된 사항들을 다룬 이 부분은 어쩌면 지나치게 세부적일 수도 있다. 따라서 아테네 민주주의에 대한 일반적인 이해를 위해 반드시 알아야 하는 것은 아니다. 게다가 이 부분에서 다루는 일부 사항들은 역사가들 사이에서 여전히 의견이 분분하다. 이 안내 부분을 건너뛰는 것은 독자들의 몫이다. 이곳의 모든 연대는 기원전이다.

민주주의를 향한 길 위에서 아테네가 품은 것은 오직 하나의 생각, 곧 민주주의란 모든 사람에 의해 다스려지는 정치 체제라는 것뿐이었다. 아테네는 그 외에 민주주의를 위한 어떤 계획도 없었고, 무엇이 민주주의를 구성하는지에 대한 정확한 이해도 없이 자주 비틀거리곤 했다. 민주주의 건설을 함께할 동료들은 물론 그 틀을 짜주는 이도 없었으며, 민주주의의 모습을 정확히 그려내줄 성문법, 더 나아가 민주적 정치 체제의 형태를 설명해줄 어떠한 기록도 없었다. 그렇다면 아테네인들은 어떻게 민주주의를 향해 나아갈 수 있었던 것일까? 여기서 민주주의를 향해 그들이 밟았던 주요 단계들을 살펴보도록 하자.

먼저 그와 관련하여 약간의 배경 설명을 살펴보자.

아테네인들은 누구였는가?

아티카 지역의 사람들은 대부분 교외의 촌락이나 농장 지대에 살았다. 아테네는 아티카의 수도였다. 아테네에는 많은 거류 외국인과 노

　　　　　　　　　　　　　　　민주주의의 생生과 사死

예들이 살고 있었다. 시민들은 다양한 계급으로 구성되어 있었으며, 그 안에는 막대한 부를 축적한 계층부터 가난한 계층 그리고 소작 계층들도 섞여 있었다. 아테네 성립 초기에는 오로지 좋은 집안 출신의 귀족들만이 도시를 통치할 수 있었다. 반면 민주주의는 사유재산 규모에 상관없이 모든 이에게 평등하게 투표권을 제공했다. 민주주의 체제에서 토지를 소유하지 못한 자들 또한 투표권을 행사할 수 있게 된 것이다. 시간이 흐르자 민주주의는 정치적 활동에 참여한 자들에게 소정의 보수를 지불했고, 그 결과 사람들은 일을 잠시 멈추고 정치적 공공봉사에 참여할 수 있게 되었다. 시민들 모두가 엘리트 집단은 아니었다. 오히려 대부분의 아테네 시민들은 하루 일해서 하루 먹고 사는 사람들이었다. 아테네인들의 주된 직종은 농업이었으나 그 외에 수공업, 광업, 어업, 그리고 상업 등에 종사하는 사람들도 있었다. 대부분의 육체 노동은 노예가 담당했다. 당시 가장 부유한 축에 속했던 자들 중 일부는 아테네에 거류하는 외국인들이었다. 메틱metic으로 불렸던 그들은 단순히 돈을 벌기 위해 일을 찾아 아테네로 왔기에 시민권을 갖지는 못했다.

  민주주의가 활개를 펴던 시기 아테네의 인구수는 자주 바뀌었다. 비록 정확한 수치는 남아 있지 않지만, 다음과 같이 추정할 수 있다. 450년경 성인 남성의 수는 대략 6만 명에서 (최소치로 어림잡아도) 3만 명가량이었다. 이후 전쟁, 역병 그리고 식민화 작업 등으로 인구는 점차 감소했다. 4세기 무렵 민주주의 말기에 이르러 실시된 인구조사 결과에 따르면, 모든 시민의 수는 약 10만 명이었고, 성인 남성은 3만 명에 달했다. 이 중 군역을 담당할 수 있는 성인 남성의 수가 2만 1,000명이었다. 또한 시민권을 가지지 못한 거류 외국인은 약 4만 명이었으며, 그중 1만 명 정도가 군역의 의무를 져야 했다. 노예의 숫자는 이 조사에서 다뤄지지 않았으나, 시민의 수보다 많았을 것으로 추정된다.[12]

민주주의를 위한 경제적 지원

민주주의 체제를 유지하는 데는 비용이 많이 들었다. 아테네 시민들은 정치적 의사 결정 행위에 직접 참여해야 했고 그만큼의 시간에 상응하는 보수를 지불해야 했기 때문이다. 그러나 이렇게 보수를 위해 책정된 비용은 군대를 유지하기 위해 드는 비용에 비해 상대적으로 낮았다.[13]

아테네 민주주의는 도시 경제의 발전과 함께 성장했다. 값비싼 광물이 산출되는 광산들은 시市의 재산이었다. 시는 그 광산들을 개별 사업가들에게 임대했다. 업주들은 노예를 이용해 광산을 운영했다. 광업을 통해 얻은 재원은 시 재정의 상당 부분을 차지했다. 아테네인들은 페르시아인들과 치른 전쟁에서 획득한 전리품과 델로스 동맹국*들이 아테네에 바친 조공을 델로스에 위치한 국고에 보관했다. 국고에 비축된 재화는 페르시아 공격에 대항할 방어 비용으로 우선 사용되었으며, 동맹국들은 그들이 바친 조공의 규모에 따라 차등적인 대접을 받았다. 454년 이후 아테네인들은 금고를 델로스로부터 아테네에 있는 아크로폴리스로 옮겼다. 아크로폴리스의 국고는 아테네 제국의 국고로 여겨졌기에, 그들은 그곳에 비축된 재물을 자유롭게 사용

---

* 델로스 동맹은 페르시아의 그리스 침공이 일어났을 때 페르시아에 반대하는 그리스 도시국가들이 맺은 동맹으로 아테네 주도하에 기원전 478년에 이루어졌다. 아이기나, 멜로스, 테라를 제외한 에게 해 연안의 섬 대부분과 칼키디키 지방에 있던 대부분의 도시국가들, 그리고 헬레스폰토스와 보스푸르스 해협 연안에 있던 도시국가들, 아이올리아 일부와 이오니아 지역 대부분의 도시국가들, 도리스 동부 지방과 비非그리스계인 카리아 지방의 일부 도시국가들이 동맹에 가담했다.

했다. 이 자금들은 아테네를 영화롭게 해주었으나 민주주의 발전에 영향을 미친 것은 아니었다. 국고의 자금들이 아테네로 유입되기 이전부터 아테네에서는 이미 민주주의가 번영하고 있었다. 그리고 403년 그리스 동맹이 몰락한 이후 아테네는 정치 활동에 참여하는 시민들에게 지급했던 보수를 오히려 올렸다.

반면 노예제는 아테네 민주주의에 지대한 영향을 미쳤다. 노예들은 아테네 경제 영역 전반을 움직이는 주축이었다. 광범위한 지역에 걸쳐 일어난 전쟁을 통해 노예의 수급이 충당되었다. 아테네인들은 끊임없이 노예에 의존했다. 하지만 이는 그들이 추구했던 민주주의 때문이 아니라, 자신들의 그리스적 성격으로 인한 것이었다. 당시 노예제는 민주주의는 물론이고 고대 지중해 사회의 전 영역을 움직이는 원동력이었다.

민주주의를 실천하던 모든 기간 동안 아테네의 부유층은 재산 정도에 따라 특별세를 냈으며 아울러 시에서 요구하는 필수품들을 책임졌다. 상위 2~3퍼센트에 해당하는 최상위 계층은 당시 시민들의 문화와 교육을 책임지던 연극 공연과 종교 축제의 비용을 담당했다. 거류 외국인과 노예를 제외한 시민들, 특히 부유층에 속한 아테네 시민들만이 아테네 해군의 전함을 건조하여 유지하는 비용을 책임졌다. 군사와 종교 활동에 필요한 재정을 충당하는 의무는 공공봉사 제도를 통해 이루어졌으며, 그것들은 부유층의 자존심과 명성의 원천이 되었다. 일단 이 공공봉사 제도를 이행하면, 앞으로 1년 동안은 더 이상 어떤 비용도 시에 지불할 필요가 없었다. 그럼 주로 누가 재정 비용의 책임자로 결정되었을까? 공공봉사 제도를 이행하는 것은 영광으로 여겨졌다. 그러나 이 행위는 부의 정도에 따라서 이루어졌다. 누군가 더욱 부유하다고 여겨진다면 마땅히 그가 선박과 종교 행위를 위한 비용을 책임지는 데 있어 우선순위에 오르게 되었다. 따라서 누구나 자신의 재산을 놓고 타인과 법정에서 겨룰 수 있었다. 자신보다 더 부유한 자가 있을 경우 그에게 먼저 공공봉사 제도를 이행하라고 법정에서 요구할 수 있었으며, 만약 상대가 그것을 거부할 경우 자신의 재산과 그의 재산을 교환할 수 있었다.

또한 아테네는 전시 기간 동안 부유한 계층으로부터 재산세를 징수했다. 에이스포라eisphora라고 불리던 이 재산세는 필요할 때마다 징수되었다. 하지만 347년, 재산 정도에 따라 1년 단위로 정해진 세액을 징수하기로 결정하면서 에이스포라는 더 이상 징수되지 않았다. 모든 거류 외국인은 소정의 세금을 내거나 1년 단위로 등록세를 냈으며, 그들 중 부유한 자들은 따로 부유한 아테네 시민들과 함께 아테네 종교 축제를 위한 성찬식 비용을 지불하기도 했다.

민주주의는 언제 시작했는가?

아테네인들은 594년 솔론Solon이 아테네의 법률을 세웠으며, 이후 클레이스테네스Cleisthenes가 508년 민주주의를 설립했다고 주장했다(아테네인들은 아르콘archon이라 불리던 1년 단위의 집정관들의 연대기적 일람에 따라 주요 사건들의 발생 연대를 기록했다. 매년 9명의 아르콘들 중 1명의 이름을 따서 해당 연도를 지칭했으며, 클레이스테네스는 시조始祖 아르콘eponymous archon으로 불렸다).

아테네인들은 민주주의가 신화 속 왕인 테세우스Theseus로부터 비롯됐다고 여기며 그 기원을 가능한 한 일찍 잡았다. 민주주의의 뿌리가 깊으면 깊을수록 더욱 오래 지속될 것이라고 믿었기 때문이다. 실로 그들의 법은 솔론(594년)으로부터 기인하며, 그들은 그의 법을 가

 민주주의의 생生과 사死

능한 한 오래 유지하고자 노력했다. 아테네에서 민주주의가 언제 설립되었는지에 대한 정확한 정보는 없다. 아테네인들은 자신들의 법률을 계속해서 조정해나갔으며 솔론 시절부터 마케도니아 왕이 그리스를 정복할 때까지 약 300년에 걸쳐 민주주의를 실천했다. 그러나 앞서 간략히 언급했듯이, 전통적으로 민주주의는 508년 클레이스테네스가 도입한 것으로 전해진다. 그 후 에피알테스Epialtes(462년)가 주도한 정치 개혁 정책은 아테네 민주주의를 가장 높은 수준으로 이끌었으며, 403년의 그리스 내전 후 몇 차례의 부차적인 정치 변화가 시도되었다.

전통적 정치 체제[14]

신화에 따르면 초기 아테네는 군주제 사회였다. 하지만 역사 기록을 보면 아테네의 최초의 정치 체제는 귀족정이다. 신화 속에서는 왕이 보던 업무를, 역사 속에서는 귀족들 가운데 1년 단위로 선출되는 아르콘이 처리했다. 그들은 주로 토지를 소유했던 가문 출신이었다.

귀족의회인 아레오파고스는 점차로 무제한적인 권력을 가지게 되었다. 아레오파고스는 법정의 역할과 선결 심의회의 역할 모두를 담당했다. 선결 심의회의 역할은 어떤 사안을 민회에서 다룰 것인지를 미리 결정하는 것이었다. 모든 아르콘은 아레오파고스의 회원이 되었다.

민회(에클레시아ecclesia)는 고대 그리스 도시국가들의 전통이었다. 고대의 왕들은 경험이 풍부한 전사들로 구성된 민회를 소집했을 것이다. 솔론 이전에도 아테네에서 민회의 활동이 있었다. 사유재산을 가진 성인 남성들만이 민회에 참석하여 투표할 수 있었다. 하지만 그 당시의 민회는 민주적이지 않았다. 오직 귀족들만이 민회를 소집하고 의제를 제시하거나 정책을 제안할 수 있었기 때문이다. 621년 드라콘 Dracon*에 의해 성문화된 법은 무척이나 가혹했다.

솔론(594년)

부유층과 빈곤층 사이에서 한 차례의 동요가 휩쓸고 지나간 후, 솔론은 일련의 정치 개혁을 시도했다. 그는 토지를 재정비하여 시민들에게 재분배해야 한다는 요구까지는 받아들이지 않았으나, 가난한 자들의 부채를 탕감해주었으며 부채로 인해 시민들이 노예로 전락하는 일이 발생해서는 안 된다는 규정도 세웠다. 솔론은 법에 따른 통치가 이루어져야 한다고 주장했으며, 그의 주장은 민주주의의 기초가 되었다. 그가 제정하여 편찬한 법률들은 가장 이상적인 법률 체제로 받아들여졌고, 민주주의와 과두정의 시기를 거쳐 수백 년 동안 유지되었다. 민주주의와 과두정을 따르는 이들조차 솔론의 법률을 따라야 한다고 주장했을 정도였다. 솔론의 법률은 대중 법정Popular Court 제도를 인정했고, 이는 자연스럽게 아레오파고스와 귀족 의장들의 권력을 상쇄시켰다. 그리고 귀족들만 가질 수 있었던 고소권 역시 상쇄시켰다. 그 결과 이론적으로는 시민이라면 누구든 대부분의 경우 고소할 수 있었으며, (현재의 검찰에 해당되는) 고소를 전문적으로 담당하던 자들은 더 이상 존재하지 않게 되었다. 솔론은 또한 공직자들의 책무 제도를 도입했다.

---

* 기원전 7세기경에 활약한 아테네의 입법가로 아테네 최초의 성문법을 제정한 것으로 알려진다. 그가 제정했다고 전해지는 '드라콘 법전'은 경범죄를 범한 자나 중범죄를 범한 자 모두 사형에 처하도록 규정하는 가혹한 것이었다. 그의 이름을 따 오늘날에도 억압적이고 가혹한 법적 조치를 '드라코니안'draconian이라고 부른다.

민주주의의 생生과 사死

그는 재산 정도에 따라 아테네인들을 네 계급으로 나누었으며, 각각의 계급에 따라 다른 종류의 권리와 의무를 부과했다. 신흥 부유층 계급이 이전의 귀족 계급과 동급으로 놓이게 되었으며, 그 결과 고유한 귀족 계급의 색채는 희석되었다. 아르콘들은 상위 두 계급에서만 선출되었다.

솔론은 불레Boule라고 불리던 400인회를 신설했다. 모든 정치적 용무와 사안들이 400인회의 심의를 거쳐 통과되어야만 민회에 상정될 수 있었다. 솔론의 시대에 400인회가 정확히 무슨 일을 했는지는 불분명하다. 추측건대 솔론은 토지를 소유하지 못한 시민들에게도 민회에 참석할 수 있는 권리를 제공하려 했을지 모른다. 비록 당시 그들이 그럴 만한 실제적인 능력이 없었을지라도 말이다.

참주 페이시스트라토스와 그의 두 아들(561~510년)

새로운 지역적 갈등과 함께, 아테네 경제의 부흥은 더욱 중앙집권적인 관리·감독의 역할을 필요로 하게 되었다. 당시 참주들이 이 역할을 담당했다. 스파르타 군대가 아테네의 마지막 참주를 축출했으며, 귀족정을 수복했다.

클레이스테네스(508/507년)

클레이스테네스는 귀족 문중인 알크마이온의 지도자였다. 그의 문중은 다른 귀족 문중과의 갈등으로 사회적인 배척을 받고 있었다. 그는 자신이 권력을 잃지 않기 위해서는 통치 제도를 개혁해야 한다는 사실을 자각했고, 이를 위해 데모스dêmos(민중)를 자신의 편으로 끌어들였다. 그는 민중들이 원하던 민주주의적 개혁을 실현시켰으며, 그들에게 정치적 힘을 제공했다. 특히 그는 170여 개의 소규모 행정지구 demes를 정비했다. 촌락 단위의 이 행정지구들에서는 스스로 지도자를 뽑았고, 귀족에 의해 이루어지던 관할 통치 시스템을 대체했다. 그 대신 사람들은 선거구 제도를 채택했다. 선거구 제도는 클레이스테네스에게 많은 이득이 되었는데, 이는 그의 문중이 그 지역구들을 통제할 수 있었기 때문이다.

클레이스테네스가 정비한 새로운 기구는 아테네를 열 개의 부족 Tribe(지역 공동체)으로 나누었다. 각각의 부족은 아티카에서 세 종류의 지형, 즉 내륙, 해안 그리고 도시 근교에서 온 사람들로 이루어졌다. 부족들은 법정과 의회에서 평등하게 정치적 권한을 행사했다. 이 개혁은 또한 새로 투표권을 얻은 자들을 포함하여 시민들의 힘을 증대시켰으며, 군 조직의 유연성도 확대시켰다.

솔론이 신설한 400인회는 클레이스테네스 시절 500인회로 확장되었다. 클레이스테네스는 500인회의 선출 방식을 재정비하여 열 개 부족이 공평하게 참가해서 추첨을 통해 선출된 자가 그 구성원이 되도록 했다.

클레이스테네스는 또한 도편 추방제ostracism를 도입했다. 이 제도로 인하여 한 차례 실권한 정치인은 향후 10년 동안 어떤 정치적 영향력, 심지어 투표권도 행사할 수 없었다. 이 제도는 막강한 힘을 가지고 서로를 견제하던 정치적 지도자들의 지나친 경쟁으로부터 도시를 보호하기 위해 만들어졌다. 실권한 정치인이 더 이상 정치적 영향력을 가지지 못함으로써 그가 내전을 야기할 가능성을 원천적으로 봉쇄하고자 한 것이다. 아테네인들은 도편 추방제에 대해 잘 알고 있기는 했으나, 그것을 실제로 시행한 경우는 드물었다.

장군의 선출(501년)

장군들은 각각의 부족에서 매년 한 명씩 선거를 통해 선출되었다. 그들은 시민들의 직접선거를 통해서가 아니라 시민을 대표하는 각 열개의 부족단으로부터 선출되었다. 그러나 모든 장군이 군사 관련 직무에 종사하는 것은 아니었다. 예를 들어 소포클레스는 422년 외교 업무를 책임지기 위해 장군으로 선출되었고, 페리클레스Pericles는 장군으로 재직하던 동안 출중한 연설 능력을 이용하여 아테네 내에서 막강한 영향력을 발휘하기도 했다.

페르시아와의 전쟁(490~479년)

490년 육상에서 거둔 마라톤Marathon 전투*의 승리와 480년 해상에서 거둔 살라미스Salamis 해전**의 승리로 아테네인들의 자존심은 한껏

---

* 마라톤 전투는 아티카 북동부에 있는 마라톤 평원에서 그리스와 페르시아가 벌인 결전을 가리킨다. 당시 아테네에서는 페르시아에 먼저 공격을 감행할지 아니면 페르시아의 공격을 기다릴 것인지에 대한 문제를 놓고 의견이 갈렸으나 칼리마코스가 공격을 결정함으로써 문제가 해결되었다. 그리고 아테네 장군 밀티아데스Miltiades가 그리스 군대를 지휘하는 것으로 결정되었다. 그는 어느 날 새벽 페르시아 기병대가 잠시 진영을 비웠다는 것을 파악한 뒤, 페르시아 보병에 대한 전면 공격을 감행했다. 이 전투에서 아테네 병사 1만 명과 플라타이아 병사 1,000명이 1만 5,000명의 페르시아 군대에 승리를 거두었다. 페르시아는 약 6,400명의 병력 손실을 입고 그나마 나머지는 간신히 바다로 도망친 반면, 그리스는 칼리마코스를 포함하여 192명이 전사했다. 전설에 따르면 아테네의 전령이 마라톤 평야에서 아테네까지 약 40킬로미터를 달려와 그리스의 승리를 시민들에게 전한 뒤 피로에 지쳐 죽었다고 한다. 하지만 헤로도토스는 전투가 벌어지기 전에 아테네가 스파르타에게 원조를 요청하기 위해 잘 훈련된 전령을 보냈으며 그는 약 이틀 동안 240킬로미터를 달렸다고 기록하고 있다.

** 살라미스 해전은 살라미스 섬과 아테네의 항구 도시 피레에프스 사이에 있는 살라미스 해협에서 그리스 함대가 페르시아 해군을 무찌른 전투를 가리킨다. 480년까지 크세르크세스Xerxes 왕이 이끄는 페르시아 군대가 그리스 대부분의 지역을 점령했으며, 약 800척의 페르시아 함대는 370여 척의 그리스 해군을 사로니코스 만에 가두어놓고 있었다. 이때 그리스의 해군 사령관인 테미스토클레스Themistocles가 페르시아 함대를 살라미스 해협으로 유인했고, 좁은 공간으로 인해 페르시아 함선들은 기동이 어려워졌다. 이때를 놓치지 않고 그리스 병사들은 페르시아 함대에 공격을 감행했다. 그리스는 약 40척의 전함을 잃은 반면, 페르시아는 300여 척의 함선을 잃었다. 크세르크세스는 계획했던 그리스 상륙 작전을 1년 뒤로 미루게 되었으며, 그사이 그리스 도시국가들은 페르시아에 대항해 단결할 시간적 여유를 가질 수 있게 되었다. 살라미스 해전은 역사에 기록된 최초의 대규모 해전이었다.

고취되었으며, 이를 계기로 아테네는 그리스에서 확고한 지도 국가의 역할을 맡게 되었다. 또한 스파르타의 지휘 아래 거둔 플라타이아plataea 전투의 승리는 그리스 전역에서 맹위를 떨치던 페르시아 군대의 위협을 종식시켰다.

페르시아의 위세에 대항하기 위해 아테네는 그리스의 다른 도시국가들과 연합하여 델로스 동맹을 조직했으며, 아테네가 동맹을 주도했다. 동맹의 목적은 페르시아가 점령한 많은 그리스 지역을 되찾아 페르시아의 위협을 물리치는 것이었다. 동맹에 가담했던 도시국가들은 처음에 동맹 함대에 전함이나 군자금을 원조했으나, 차차 시간이 흐르면서 오직 군자금만을 원조했다. 원조금을 비축하기 위한 동맹의 국고는 아테네인들이 관할하던 신성한 섬인 델로스에 있었다.

의장의 추첨(487년)

아르콘 선출은 최초에는 선거를 통해 이루어졌으나 이후 추첨을 통한 선출 방식으로 바뀌었다. 하지만 상위 두 계층에서만 아르콘을 선출한다는 원리는 여전히 지켜졌다. 추첨은 부정하고 부패한 선거로부터 야기될 수 있는 위험을 사전에 차단할 수 있다는 이점을 가졌다. 이는 선거 결과에 영향을 미칠 수 있었던 부富나 정치적 파벌 형성 등이 추첨에는 작용하기 힘들었기 때문이다.

민주주의가 실행되던 시기 동안 아테네에는 의회가 임명한 500명의 의장 외에 약 700명의 의장이 추첨을 통해 선출되었다. 의장의 임기는 1년이었으며 한 차례 연임이 가능했다. 그 외 전문적인 공무 전담자들(일부는 노예들로부터 충당)이 따로 있었으며, 그들은 행정 인사의 변동 시에도 도시가 잘 굴러갈 수 있도록 하는 데 책임을 졌다.

에피알테스(462~461년)

아테네의 급진적 민주주의 지도자였던 에피알테스는 페리클레스가 젊었을 때 가담했던 정치 개혁 모임을 주도했다. 그 모임은 아레오파고스의 역할을 특정 종교재판이나 살인 사건 재판에만 국한시키며 그들의 정치 권력을 박탈했다. 귀족들을 대변하던 주요 연설가들이 군역을 이행하러 아테네를 떠난 사이 에피알테스는 개혁을 주도했고 성공적으로 이끌 수 있었다. 그러나 귀족들은 개혁 이후 곧바로 에피알테스를 암살했으며, 그 결과 그가 주도한 개혁은 큰 타격을 입게 되었다.

개혁 모임에 참여했던 자들은 아레오파고스의 권력을 민주적 기관들에 배분했다. 대중 법정은 판결권을 차지했고 의회는 민회에서 다룰 내용을 심의하는 권한을 가지게 되었다. 의회는 1년 중 약 250일 정도 열렸으며 대부분의 행정 업무를 관장했다.

대중 법정은 매년 아테네의 열 개 부족에서 공평하게 추첨을 통해 뽑힌 6,000여 명의 시민단을 통해 구성되었으며, 그들은 모두 업무에 앞서 법에 따르겠다는 맹세를 했다. 배심원단은 비교적 그 규모가 컸으며 언제나 재판 당일에 구성되었다. 누가 배심원단에 속할지는 재판 당일 전까지 아무도 몰랐기에 사전에 뇌물 등으로 배심원을 매수하기란 불가능했다. 전문적으로 법률을 다루거나 전공한 이들이 따로 존재하지 않았고, 시민 누구나 타인을 기소하거나 스스로를 변호할 수 있었다. 부유한 피고인이 재물을 이용하여 배심원을 매수하거나 좋은 변호사를 사는 일 역시 없었다. 돈으로 할 수 있는 유일한 일은 대중 연설 능력을 키우기 위해 수업을 듣는 것 정도였다(이후에는 전문적인 법정 연설문 작성가에게 보수를 주며 변론문을 대신 작성해달라고 요구할 수 있었다. 그러나 이 경우에도 피고인은 변론문을 직접 읽어야 했다). 대중 연설 능력 수업은 효과적이었으며 그 수업을 받은 피고인은 법정에서 자신의 목숨을 구할 수도 있었다. 그러자 시민들은 이내 그것을 가르치던 교사(소피스트)들과 연설문 작성가들에 대해 비난하기 시작했다. 질 수밖에 없는 소송을 이기게 해줌으로써 부유한 범죄자들을 도운 것에 대한 불만이었다.

이제 누구나 자유롭게 고발할 수 있는 권한이 민주주의의 중요한 원칙으로 받아들여지게 되었다. 시민 누구나 정치 지도자들을 고발할 수 있었고, 그로 인하여 그들은 대중 법정에서 자신들의 행위에 책임을 져야 했다. 반면 사소하거나 부적절한 고발에 대한 처벌은 상당히 무거웠다. 예를 들어 만약 고발한 자가 재판에서 이긴다고 하더라도 배심원들이 고발 사안을 중요하게 생각하지 않아 그들의 표가 5분의 1을 넘지 않는 경우, 그는 1,000드라크마drachma*에 해당하는 벌금을 물어야 했다.

누구나 고발할 수 있다는 사실은 곧 누구나 쉽게 협박할 수 있다는 것을 의미한다. 이는 엉뚱한 결과를 불러왔다. 공갈을 일삼는 자들은 부유한 자들을 법정에 세우겠다고 협박하기 일쑤였고, 일부는 이런 협박을 일종의 직업으로 삼으며 생계를 유지하기도 했다. 특히 누가 재판의 배심원이 될지 미리 알 수 없었기에 주로 귀족들을 대상으로 한 협박이 잦았다. 이런 공갈단의 출현은 단순히 귀족들뿐 아니라 평범한 시민들에게 있어서도 민주주의의 가장 나쁜 결과물이었다.

이 기간 동안 중죄나 직무태만 등으로 고발의 권리를 상실했거나

---

* 그리스의 화폐 단위. 당시 그리스에는 드라크마 외에 오볼obol, 미네mina, 탈렌트talent 등 다양한 화폐 단위가 사용되었다. 6오볼은 1드라크마, 100드라크마는 1미네, 그리고 60미네는 1탈렌트에 해당했다. 1,000드라크마는 우리 돈으로 환산할 경우 약 20만 원에 해당한다.

    민주주의의 생生과 사死

도시에 부채가 있지 않는 한, 20세 이상의 성인 남성 시민은 누구나 민회에 참석하여 투표할 수 있었다.

페리클레스(461~429년)[15]

페리클레스는 모계 쪽이 귀족 계급이었다. 많은 아테네인들이 그의 훌륭한 판단력과 청렴함 그리고 출중한 대중 연설 능력을 칭송했다. 그는 아테네 제국을 세웠고 동시에 가장 가난한 계급의 사람들도 민주적 정치 활동에 능동적으로 참여할 수 있도록 고무시켰다. 그는 또한 정치 체제를 개혁하여 누구나 민주주의를 누릴 수 있도록 장려했다. 서양사에 있어 그의 영향력은 지대했기에 한 역사가는 그가 사실상 왕이나 다름없었다고 기록하고 있다.

461년, 페리클레스의 제안으로 아테네인들은 대중 법정이나 의회에 참석할 경우 보수를 받게 되었으며, 의장직을 맡은 자들에게도 보수가 제공되었다. 보수가 지불됨으로써 마침내 가난한 자들도 정치에 참여할 수 있게 되었다(보수는 보통 2오볼이었으며 이후 페리클레스의 요청으로 3오볼로 올랐다. 보수는 일반적인 아테네인들의 하루 일당 절반 정도로 많지는 않았으나 노동계급 시민들이 정치 활동으로부터 배제되는 것을 막기에는 충분했다).

454년, 페리클레스는 델로스에 있던 델로스 동맹의 국고를 아테네로 옮겼다. 이는 사실상 동맹이 종식되었고 아테네가 제국적 영향력을 발휘하기 시작했음을 보여주는 상징적인 사건이었다. 국고에 비치된 재물과 돈은 더 이상 동맹을 위해 사용되지 않았고 오히려 아테네 제국에 바치는 공물의 성격을 띠게 되었다. 그러나 아직까지 이 재물과 돈은 그리스 방어의 목적으로 예치된 상태였다.

451년, 그는 시민권 제도를 더욱 강화했다. 그 이후로 아테네의 시민이 되기 위해서는 부모 모두가 아테네 시민권을 갖고 있어야만 했다. 페리클레스의 목적은 시의 재정을 고려하여, 아테네 시민의 수를 적정 수로 유지하기 위한 것으로 이해된다.

440~439년, 아테네 제국이 점차로 힘을 키워가자 이를 우려한 사모스 섬 사람들이 반역을 꾀했고, 아테네인들은 그들을 잔혹하게 진압했다. 이후 델로스 동맹에 가담했던 그리스 도시국가들은 더 이상 아테네의 동맹국이 아니라 제국의 속국으로 전락했다.

신흥 정치인들[16]

429년 페리클레스는 흑사병으로 죽음을 맞이했다. 이후 아테네에는 새로운 지도자 세대가 등장했다. 그들은 시민 출신이었으며 토지를 소유했던 귀족들이 아니었다. 그들 중에는 유명한 클레온Cleon*도 포함되어 있었다. 그들은 노예와 노동자들을 고용하던 제작소나 공업사로부터 정치 자금을 충당했다.

민회

민회를 중상하려는 자들에게 당시 민회는 마치 무지한 군중들의 모임처럼 여겨졌을 것이다. 민회가 소집되는 당일에 모인 3,000~6,000명의 남성 시민들은 그날의 아테네 정치력의 핵심이 되었다. 민회 참석자들은 종종 갑자기 마음을 바꿔 결정을 달리 내리기도 했으며, 공교

---

* 클레온은 아테네의 상인 계급을 대변했으며, 정적政敵인 페리클레스가 죽자 429년 아테네 민주정의 지도자가 되었다. 펠로폰네소스 전쟁 때는 적극적인 공세를 취할 것을 주장했으며, 아테네에 대해 반란을 일으켰던 미틸레네가 427년에 함락되자 그곳의 모든 시민을 죽이고 여자와 아이들을 노예로 만들자고 제안하기도 했다. 스파르타의 강화 조건을 거절한 뒤인 425년 스팍테리아 섬을 포위해 스파르타인들을 사로잡음으로써 클레온의 명성은 최고조에 달했다. 그러나 그 뒤 그는 트라키아 지방의 도시들을 탈환하려다가 암피폴리스에서 스파르타 장군 브라시다스Brasidas에게 패배하여 죽음을 맞이했다.

롭게도 그로 인해 간혹 더 나은 결정을 내리기도 했다. 민회는 프닉스에 선착순으로 모인 6,000명의 시민들로 구성되었다. 그러므로 민회가 매일 똑같은 구성원으로 조직된 것은 아니었다.

하지만 민회가 무소불위의 정치력을 행사한 것은 아니었다. 민회의 권한을 제약하는 장치가 마련되어 있었으며, 그중 가장 중요한 것은 그 구성원들이 추첨을 통해 선출한 의회였다. 의회는 어떤 사안들을 민회에서 다룰 것인지를 사전에 검토하여 승인하는 역할을 맡았다.

펠로폰네소스 전쟁(431~404년)

아테네 제국의 성장은 스파르타와 그 동맹국들을 위협하는 존재가 되었다. 스파르타와 그 동맹국들은 여전히 육상에서 맹위를 떨치고 있었으나 해상 권력은 이미 아테네가 장악한 터였다. 이후 아테네는 육상 장악력에서도 놀랄 만한 성과를 거둔 뒤, 421년 자신들에게 유리한 조건으로 스파르타와 니키아스 평화협정을 체결했다. 그러나 416년 아테네가 멜로스 섬을 공격하면서 아테네와 스파르타는 전쟁 상태에 돌입하게 되었고, 이어 415년 아테네는 시칠리아에 있는 시라쿠사에 원정대를 보냈다. 하지만 413년 시라쿠사와의 전쟁에서 대패한 아테네는 육상과 해상에서의 장악력을 거의 상실했으며, 이후 아테네 제국에 반기를 든 도시국가들이 많이 생겨나게 되었다(펠로폰네소스 전쟁 중 발생한 주요 사건들에 대해서는 400~402쪽을 참조할 것).

귀족정의 반역(411년)

펠로폰네소스 전쟁 도중인 413년, 아테네가 시칠리아에 위치한 시라쿠사 원정에 실패하자, 이듬해인 412년부터 아테네에 대항하여 반기를 드는 많은 도시국가들이 발생했고 아테네는 비틀거리기 시작했다. 411년 과두정 지배자들이 권력을 다시 차지하기 시작하자 그들은 400인회 과두정 체제를 조직했다. 그러나 민주주의자들이 곧 그들을 다시 축출했고, 반민주주의 계략을 도모하던 안티폰Antiphon*은 처형되었다.

민회의 오만함(406년)

406년 8명의 장군이 선출되어 아테네 해군을 맡아 지휘했으며, 그들은 아르기누사이 군도 일대에서 벌어진 해전에서 스파르타를 무찔렀다. 그들은 스파르타와의 2차 전투를 벌이기 위해 출항하면서, 침몰하고 있던 선박에 승선해 있던 아테네 병사들을 구조하기 위해 몇 척의 배를 남겨놓았다. 그러나 거친 날씨로 인해 구조 작업은 실패로 돌아갔으며, 흥분한 아테네인들은 민회를 열어 장군들에게 사형을 선고했다.

장군들에 대한 재판은 전적으로 불법적이었다. 아테네 법률에 따르면 피고인들은 한 명씩 재판을 받게끔 되어 있었음에도, 민회는 모든 장군들에 대하여 한꺼번에 재판을 열었으며 장군들에게 스스로를 변론할 기회조차 주지 않았다. 소크라테스는 민회의 이와 같은 불법적 태도에 이의를 제기했으나 무시당했다. 아울러 민회의 구성원들은

---

* 안티폰은 400인회 과두정 혁명을 주도했다. 400인회 과두정은 전쟁이 한창이던 411년 과두적 성향의 지배자들이 아테네 정부를 장악하기 위해 창설한 자문위원회였다. 투키디데스Thucydides는 『펠로폰네소스 전쟁사』History of the Peloponnesian War에서 400인회 과두정 혁명을 논하면서, 안티폰에 대해 "모든 일을 머릿속으로 생각하고 혁명을 성취할 수 있는 방법을 고안해낸 배후 인물"이라고 말한다. 민주주의를 복원하려는 자들이 안티폰을 재판에 회부했을 때 그는 자신을 변호하기 위한 법정 연설을 했다. 투키디데스는 이 연설에 대해 목숨이 걸린 재판에서 일찍이 들어본 적이 없는 최고의 연설이었다고 격찬했다. 그러나 결과적으로 이 변호는 성공하지 못했고 안티폰은 반역죄로 처형당했다.

　　　　　　　　　　　　　　　　　　　　민주주의의 생生과 사死

스파르타로부터의 위협을 불필요하게 조장하며 장군들이 그라페 파라노몬(위법에 대한 고발 절차)을 하지 못하도록 만들어버렸다.

　　장군들을 처형한 후 아테네인들은 자신들이 한 짓에 대해 후회하며 이와 같은 불법적 재판을 청했던 자들을 용서하지 않았다. 이 사건은 일반적인 경우가 아니었으나, 아테네 민주주의는 이를 결코 잊을 수 없었다. 이 사건으로 인해 후대의 작가들과 사상가들, 특히 민주주의 이념에 반대했던 자들은 아테네 민주주의가 사실상 무지한 군중들이 무분별하게 권력을 휘두르는 것과 다르지 않다고 비판했다.

아테네의 패배(404년)

펠로폰네소스 전쟁 후반에 이르러 스파르타는 페르시아의 경제 원조를 받아 해군 선단을 구축했으며, 이를 바탕으로 점차 아테네의 해군을 격파해나갔다. 404년 스파르타 군대는 아테네를 포위하여 모든 도로를 차단했고, 도시가 기아에 허덕이게 만들었으며, 마침내 아테네로부터 무조건 항복을 받아냈다. 그들은 아테네를 둘러싸고 있던 모든 성벽을 허물었다. 본국으로 돌아가기 전에 스파르타인들은 자신들에게 우호적인 30명을 선출하여 그들에게 아테네의 입헌적 임시 정부 역할을 맡겼다. 이 30명은 아테네에 입헌적 과두정의 형태를 구축하기 원했으나 이를 실현시키지는 못했다.

30인 참주(404년 4월~403년 9월)

30인 참주는 자신들을 지지하는 자들을 의회와 기타 주요 공직에 임명했다. 그들은 부유한 시민들로부터 3,000명을 뽑아 그들에게만 투표권과 공직의 권리를 부여했다. 30인 참주의 공포정치는 초기 공공 지원과 함께 천천히 시작했다. 그들은 예전에 협박을 빌미로 자신들을 괴롭히던 공갈단과 그 밖에 다른 이들을 재판에 회부하여 사형 선고를 내렸다. 이후 그들은 아테네에 주둔할 병력을 스파르타에 요청했고, 스파르타 주둔군의 보호 아래 자신들과 반대 의견을 가진 자들을 축출해냈다. 과거의 추악한 참주들처럼 그들도 자신들의 적을 죽이거나 위협함으로써 권력을 유지하려 했다. 그들은 전통적인 법을 위배하면서까지 빈번하게 사형 선고를 내렸다.

추방되었던 민주주의 옹호자들이 돌아와 30인 참주에 대항하여 전투를 벌였고, 그 전투에서 참주들의 지도자가 살해당했다. 이를 계기로 민주주의는 다시 복구되었다. 스파르타인들은 중립적인 위치를 고수하며 이들 사이의 갈등에 개입했고, 그들로부터 평화를 유지하겠다는 맹세를 받아냈다. 403년 9월 마침내 스파르타는 아테네에 주둔시켰던 군대를 철수했다. 민주주의 세력과 참주정 세력 사이에 일반 사면 조약이 체결되었고, 아테네인들은 이 조약을 통해 얻은 조화를 자랑스러워했다.

소크라테스의 재판(399년)

일반 사면 조약이 체결되고 나서 몇 년 후 소크라테스는 불경죄로 기소되었다. 그는 30인 참주의 몇몇 지도자급 인물들과 교류했으며 민주주의를 비판했다. 아울러 그리스 신들에 대한 전통적인 견해를 부정했다. 아테네인들은 새로운 교육을 두려워했으며 가급적이면 이를 거부하고 전통적 교육을 유지하고자 했다. 그러나 위에 언급된 바 이외에도, 소크라테스는 모든 면에서 당시 새로운 교육의 상징이었다. 423년 아리스토파네스Aristophanes는 「구름」Clouds이라는 희극 작품에

　　　　　　　　　　　　　　　　민주주의의 생生과 사死

서 소크라테스의 그러한 면을 상징적으로 형상화했다. 당시 신흥 교육은 과학과 우주론 그리고 대중 연설 분야에서의 지식의 성장을 촉진했다. 비록 소크라테스는 이러한 영역에 관심을 두지 않았거나 아주 적은 관심만을 두었을 뿐이지만, 지식인들이 전통적인 종교나 공공질서에 위협적인 존재라고 여겨지던 시절, 소크라테스 역시 그들 중 한 명으로 지목되기에는 충분했다. 이로 인해 많은 시민들은 그를 비난했다. 그 이유가 무엇이든 간에 소크라테스가 대중적 인기를 얻지 못했던 것은 사실이다. 그의 재판은 모든 측면에서 합법적으로 이루어졌다(몇몇 학자들은 소크라테스가 30인 참주와 친분이 있었다는 이유로 고소되었다고 주장하나, 그럴 경우 이는 앞서 언급한 일반 사면 조건에 해당하지 않을 것이다). 소크라테스의 재판 결과는 이후 아테네 민주주의에 반대하는 자들에게 민주주의의 어리석음을 보여주는 또 하나의 좋은 사례로 여겨졌다.*

* 플라톤의 『에우튀프론』*Euthyphro*에 따르면, 소크라테스를 고소한 명목상의 인물은 멜레토스Meletos 이나 실질적으로 소크라테스를 재판으로 끌고 간 자는 403년 민주주의 복원 운동의 주도자 중 한 명인 아뉘토스Anytos였다(아뉘토스 역시 플라톤의 『메논』*Meno*에서 소크라테스의 대화 상대자로 잠시 등장하며 소크라테스의 운명을 암시하고 있다). 소크라테스 고소의 명목상 이유는 젊은이들을 타락시키고 도시가 숭배하는 신들을 무시하며 새로운 종교를 끌어들였다는 것이었으나, 실질적인 이유는 그가 반민주주의자 였던 알키비아데스Alcibiades와 30인 참주의 우두머리였던 크리티아스Critias에게 영향을 미쳤다는 혐의다. 소크라테스의 유죄 여부를 가리는 배심원 투표에서 소크라테스는 약 280대 220의 비율로 유죄 판결을 받았고 고소자는 사형을 요구했다. 항소가 받아들여져 소크라테스는 배심원들 앞에서 공개적으로 자신을 변론했다. 변론에서 그는 당당하게 자신이 국가를 위해 옳은 일을 했다고 주장했으나, 그의 변론은 오히려 배심원들의 화를 돋우었다(소크라테스의 변론 내용에 대해서는 플라톤과 크세노파네스의 『소크라테스의 변론』*Apology* 참조). 최종 재판에서 501명의 배심원 중 361명이 그에게 사형을 선고했다. 당시 아테네 법에 따라 사형을 선고받은 자는 24시간 이내에 독배를 마셔야 했으나, 마침 델로스로 신성한 배를 보내는 종교 축제가 열리고 있던 중이어서 소크라테스 사형 집행이 약 1개월가량 연기되었다. 사형이 집행되기 전까지 그는 감옥을 찾아오는 자신의 친구들과 매일 대화를 나누었다고 전해진다. 크리톤이 탈옥을 권했으나 소크라테스는 법정의 판결이 사실에 어긋나더라도 법을 지켜야 한다는 이유로 이를 거절했다(플라톤의 『크리톤』*Crito* 참조). 그가 죽기 전까지 친구들과 나눈 이야기는 플라톤의 『파이돈』*Phaedo*에 잘 기술되어 있다.

4세기의 진화(403~322년)

4세기경, 아테네가 민주주의의 두 번째 국면을 맞는 동안 더 이상 도편 추방제는 실행되지 않았다.

앞서 민회에 선착순으로 도착하는 자들로 배심원이 구성되던 것과는 달리, 이제 대중 법정의 배심원단은 재판이 있는 당일 추첨을 통해 이루어졌다. 고소하는 측과 변호하는 측 모두 여전히 시민들이었으며, 전문적인 법조인은 아니었다. 그러나 전문적인 법정 관련 직종과 인물들이 새롭게 등장했으며, 그중에는 전문적인 연설문 작성가들도 있었다. 연설문 작성가들은 보수를 받고 고소인이나 변호인을 대신하여 법정에서 읽어야 할 법정 연설문을 작성해주었다.

시간이 흐르면서 아레오파고스(옛 귀족의회)는 점차 힘을 되찾았고, 시민들로 구성된 정부와 귀족들 사이에서 조화로운 관계를 유지하고자 노력했다. 아레오파고스는 의장들의 행정 권한을 물려 받았으며, 340년 이후에는 재판권 역시 갖게 되었다. 로마 제국 시절에는 아레오파고스가 다시 정치적 업무를 보게 되었다.

배심원단이 되면 보수를 받을 수 있었던 것과 마찬가지로 민회에 참여하는 경우에도 보수가 지불되었다. 3오볼, 혹은 하루 임금의 절반에 해당하는 보수는 적은 편이 아니었기에 많은 시민들이 민회에 참석하려 했다. 과거 거리나 시장에 모여 있는 사람들을 민회에 참석시키기 위해 사용되었던 빨간색 끈이,[17] 이제는 민회의 참석 인원이 모두 찼을 경우 사람들이 더 이상 찾아올 필요가 없음을 알리는 표시로 사용되었다.

민회는 입법과 정책 결정에 대한 투표 행위를 엄격히 구분했다. 노모테테스nomothetês(입법가)들이 입법 업무를 관장했으며, 그들은 배심원단과 마찬가지로 법을 지키겠다는 서약을 한 뒤 추첨에 의해 선출되었다. 그들은 열 개의 부족 모두를 대표했다.

당시 사람들은 비합법적인 정책 결정이 이루어지는 것을 막기 위해 그라페 파라노몬(위법에 대한 고발 절차)[18]을 더욱 자주 사용했다. 그라페 파라노몬은 법안을 제안한 자에게 하는 고발로, 대중 법정에서 시시비비가 가려졌다. 법안을 제안한 자가 유죄로 판결될 경우 거꾸로 제안자에게 처벌이 가해졌다.

공직자가 공직 임무를 떠날 경우 그는 에우튀나이euthynai(공직자의 책무를 가리는 기능)라고 알려진 공적 절차를 따라야 했다. 공직에서 물러나기 전 그는 자신의 공직 행적과 관련한 보고서를 심사단원들에게 제출해야 했고, 재직 도중 어떠한 부정도 저지른 적이 없다는 것이 확인될 때까지 조사를 받았다. 이 절차는 매우 일찍부터, 아마도 솔론이 집권하기 이전부터 시행된 것으로 보인다. 재정을 돌보는 데 있어 정직함과 청렴함이 보다 중요시되면서 이 절차는 더욱 강화되었다.

공연 자금의 조성(4세기 중엽)

이 자금은 종교 축제에 참석하는 시민들에게 참석비를 제공하기 위해 조성되었다. 특히 당시 교양 교육의 역할을 담당했던 극장에 참석하는 사람들을 위한 자금으로 사용되었다. 이후에는 일정 금액을 정산하는 식으로 자금이 조성되었으며, 도로 개선 등의 비군사적 업무에도 상당한 자금이 책정되었다.

자금 책임 의장의 선출

아테네인들은 단순히 추첨을 통해 아무나 선출하기보다는 전문적으로 자금을 보다 잘 관리할 감독들이 필요하다는 것을 깨달았고, 전문적인 자금 책임 의장들을 선출하기 시작했다.

마케도니아의 그리스 정복과 민주주의의 종말

300년 후반 4세기가 끝나갈 무렵 아테네 민주주의는 잘 구축되었으며 정치 체제는 유연하게 돌아갔다. 그사이 북쪽에서는 마케도니아가 세력을 키우고 있었다. 마케도니아인들은 스스로를 그리스인이라 생각했으나 대다수의 그리스인들은 이를 받아들이지 않았다. 마케도니아인들은 그리스 문화의 많은 요소들을 향유했지만 정치 체제는 독재적인 군주제를 채택했고, 또한 그리스 도시국가의 시민들이 누리던 자유를 위협하기 시작했다.

위대한 연설가인 데모스테네스는 마케도니아를 저지하기 위해서는 자유 도시국가들이 뭉쳐 동맹을 구축해야 하며 마케도니아에 함께 맞서 싸워야 한다고 주장했다. 그는 아테네가 그리스 동맹의 지도자가 되어야 한다는 점을 아테네인들에게 역설했으나 부분적으로만 성공했을 뿐이다. 338년 마케도니아의 필리포스 왕은 카이로네이아Chaeronea에서 그리스 동맹국들을 격파했으며, 이는 아테네를 포함한 그리스와 아테네 민주주의 몰락의 결정적 계기가 되었다. 이후 기원후 1829년까지 무려 2,100년 동안 그리스는 독립국의 지위를 유지하지 못했다.

필리포스 왕은 336년에 죽었으나 그의 아들인 알렉산더 대왕은 선왕의 마케도니아 확장 정책을 계속해서 이어나갔다. 그리스인들은 많은 지역에서 마케도니아에 대항해 반란을 일으켰으나 큰 실효는 없었고, 335년 알렉산더 대왕은 아테네에서 가까운 도시국가인 테베를

　　　　　　　　　　　　　　　　민주주의의 생生과 사死

정복하기에 이르렀다. 아테네는 민주정을 유지했으나 외교 업무에 대한 실질적인 권한을 모두 잃어버렸다.

323년 알렉산더 대왕은 확장 정책 사업을 통해 중동 지역으로부터 서쪽의 인도와 남쪽의 이집트에 이르는 광대한 마케도니아 제국을 건설한 뒤, 바빌로니아Babylonia에서 사망했다.

그러나 민주주의가 완전히 종말을 맞이한 것은 아니었다. 아테네인들은 민주주의와 민주주의를 통해 조화롭게 구축된 아테네 제국의 자치권을 무척이나 아끼고 자랑스러워했으며, 기회가 있을 때마다 민주주의를 복원하고자 노력했다. 알렉산더 대왕이 죽은 이듬해인 322년 아테네인들은 독립을 시도하려 했다. 그러자 마케도니아 군대가 아테네를 공격하여 민주주의를 지탱하던 법률들을 파기함으로써 아테네 민주정을 종식시키려 했다. 데모스테네스는 자살을 택함으로써 마케도니아 군대에 의해 선고된 사형을 피할 수 있었다. 몇 년 후 아테네인들이 다시 민주주의의 복원을 시도하자, 마케도니아인들은 아테네를 포위했고 기근에 시달리던 아테네인들은 결국 두 손을 들고 말았다(318년).

마케도니아는 아테네 팔레론 출신의 데메트리오스Demetrios에게 아테네를 다스리라고 명령했으며, 마케도니아의 승인을 받은 그는 스스로를 철학자 왕이라고 자임했다. 데메트리오스는 당시 다른 많은 철학자들처럼 한때 아리스토텔레스 밑에서 공부했으나, 민주주의에 대한 분명하고 올바른 시각을 갖지는 못했다. 그는 아테네에 남아 있던 민주주의의 유산 속에서 공직을 수행했으나 선거권을 오직 부자들에게만 할당했다.

아테네는 이후에도 계속해서 마케도니아로부터의 독립을 시도했으나 번번이 좌절당했다. 마케도니아가 그리스를 몰락시킨 지 236년이 지난 86년 로마 제국 시절에 이르러서야 아테네는 당시 로마 장군이었던 술라Sulla에 의해 잠시나마 민주주의의 꽃을 다시 피울 수 있었다. 하지만 이 모든 격동적인 역사의 흐름 속에서도 민주주의의 몇몇 근본 요소는 결코 소멸하지 않았다. 아테네는 영광스러운 과거를 잊지 않았으며, 민주주의의 이상을 결코 놓지 않았다. 그럼에도 마케도니아가 그리스 일대의 도시국가들을 정복한 이후 그리스 어디에서도 민주주의가 가능한 곳을 찾기 힘들게 되었다. 민주주의를 복원하려는 시도가 있을 때마다 왕과 황제들은 군대를 동원하여 이를 번번이 저지했다.

민주주의의 생生과 사死

1　데모스테네스의 경력에 대해서는 플루타르크Plutarch의 『플루타르크 영웅전』*Plutarch's Lives*과 Pickard-Cambridge(1914)를 참조할 것.

2　투키디데스는 우리에게 역사가가 취해야 하는 자세가 무엇인지를 잘 보여준다. 그럼에도 그는 자신이 아테네에서 추방당했으며 당시 아테네가 여전히 그에게 분노하고 있다는 편견으로부터 완전히 자유롭지는 못했다. 아테네 제국에 대한 그의 주관적인 역사 기술에 대해서는 de Ste Croix(1954)를 참조할 것.

플라톤은 소크라테스의 발자취를 좇으며 철학자가 지녀야 하는 자세를 확립했다. 소크라테스에 대해서는 이지 스톤(1988)과 Burnyeat(1988)을 참조할 것. '아테네의 정치가들에게 맞서려 했던 한 훌륭하고 선한 자는 분명히 죽어야만 했다'는 소견(『소크라테스의 변론』)은 아마도 아테네 민주주의에 대한 플라톤의 가장 극단적이고 적대적인 소견일 것이다. 하지만 200년에 걸친 아테네 민주주의의 역사가 이 점을 확증해 주지는 않는다.

민주주의에 대한 플라톤의 견해는 다소 복잡하며 그의 생애를 거쳐가며 달라졌을 가능성이 있다. 『국가』 이후의 작품들에서 그는 민주주의에 다소 우호적인 자세를 취한다. 따라서 카를 포퍼Karl Popper가 『열린 사회와 그 적들』*The Open Society and its Enemies*(1950)에서 플라톤을 '열린 사회'의 적이라 부르며 공격하는 것은 오직 부분적으로만 정당하다. 그러나 플라톤이 민주주의에 대한 조건부 지원을 제공하고 있다는 Roochnik(2003)의 주장 역시 과장된 면이 없지 않다. 민주주의에 대한 플라톤의 견해에 대해서는 Samaris(2002)를 참조할 것.

플라톤은 『국가』에서 논의된 이상적인 국가를 실천적인 개혁의 청사진으로 제시하려 했다기보다는, 정의 이론에 입각한 최선의 사고 실험을 개진한 것 같다. 그러나 그 이론은 많은 부분에서 민주적이지 않으면서 동시에 또 다른 부분에서는 민주주의와 일치하는 모습을 보이기도 한다. 플라톤은 『국가』 580a에서 민주주의가 참주정보다 낫다고 말한다.

민주주의의 이념들을 지지하기 위해 플라톤으로부터 한 구절을 인용해보도록 하자. 예를 들어 민주주의에 대한 플라톤의 불만 중 하나는 민주주의가 반대되는 입장을 가진 사람들의 견해를 듣지 않으려 한다는 것이다(『국가』 563d). 여기서 반대 의견도 반드시 들어야 한다는 그의 주장은 이 책 제8장에서 논하고 있는 것처럼 민주주의의 토대이기도 하다. 또 다른 민주주의의 토대는 참주정을 무법적이고 충동적인 정치 체제로 이해한다는 것인데, 플라톤은 『국가』 9권에서 이 또한 받아들이고 있다. 아리스토텔레스는 『정치학』Politics에서 몇몇 민주주의 이념들에 대해 호의적인 태도를 보인다.

3　　에우리피데스의 『애원하는 여자들』Suppliants 405~408행에서 주인공인 테세우스가 하는 말이다. 테세우스는 정통성을 지닌 왕이었음에도 군주제에 반하여 민주주의를 옹호했다. 따라서 민주주의를 옹호했던 아테네인들은 그를 영웅으로 칭송했다.

4　　투키디데스의 『펠로폰네소스 전쟁사』 2권 37장에 나오는 페리클레스의 장례 연설.

5　　철학자들과 역사가들의 반민주주의 정서에 대해서는 같은 장 주해 2를 참조할 것. 민주주의 개혁을 호되게 매도했던 시인들은 주로 초기 시인들이었다. 솔론은 왜 자신이 대중적인 집단과 의견을 같이하지 않았는지를 단편 5, 6, 34, 그리고 36에서 설명하고 있다. 테오그니스Theognis의 시집 847~848행에서 솔론은 "네 발 뒤꿈치로 머리가 텅 빈 데모스를 짓이기고, 그들을 날카로운 막대기로 때리며, 그들 목에 고통스러운 멍에를 씌우라"고 말한다. 솔론에 대해선 Gagarin and Woodruff(1995, 26~27쪽)를 참조할 것. 테오그니스에 대해선 같은 책 34쪽 참조할 것.

6　　당시 아테네의 인구에 대한 자료가 많지 않기에 상당 부분 추정에 의거해야 한다. 아테네 인구에 대한 연구로는 Hansen(1999, 53, 90~94쪽)과 Sinclair(1988, 223~224쪽)를 참조할 것.

7　　그리스 노예제에 대한 자세한 소개와 관련해서는 Fisher(1993)와 Weidemann(1987)을 참조할 것. 아테네인들의 노예제에 대해서는 Garnsey(1996), 노예들의 예술에 대해서는 DuBois(2002)를 참조할 것.

당시 여성들의 상황에 대해서는 Just(1989)와 Fantham(1994)을 참조할 것.

8　　투키디데스와 플라톤은 아테네인들이 치렀던 전쟁을 혐오했던 것으로 보인다. 이에 대해서는 투키디데스의 『펠로폰네소스 전쟁사』 5권 84장 이하에서 서술되는 멜로스 대량 학살 사건에 대한 투키디데스의 설명, 그리고 플라톤의 『국가』 373de에

서 등장하는 욕구와 관련한 전쟁에 대한 설명과 비판, 같은 책 5권 469b~471b의 아테네의 전쟁 훈련에 대한 비판을 참조할 것.

9 여기에 대해선 Woodruff(1994)를 참조할 것.

10 아테네 제국의 참주적 성격과 제국 내 도시국가들 사이의 갈등은 종종 과장되었다. 몇몇 도시국가들은 아테네에 진정으로 충성스러웠고, 또 아테네는 몇몇 도시국가에 민주적 자유와 상업의 발전을 불러일으키기도 했다. 여기에 대해서는 de Ste Croix(1954/1955), Finley(1978) 그리고 Woodruff(1993)의 머리말 부분을 참조할 것.

11 아테네의 민주주의에 대한 가장 좋은 소개서는 Moses Finley(1985)의 연구서이며, Peter Rhodes(2003)의 아테네 민주주의에 대한 비판적 연구와 대조하여 읽는 것을 추천한다. 아테네 민주주의 제도의 토대에 대해서는 Hansen(1999), Sinclair(1988)를 그리고 아테네 민주주의의 역사에 대해서는 Forrest(1996)를 참조할 것. 그 외 Jones(1957), JACT 편람(1957) 역시 참조할 것.

12 아테네 인구에 대해서는 같은 장 주해 6을 참조할 것.

13 Hansen(1999, 348쪽)을 참조할 것.

14 전통적 정치 체제: Michael Gagarin과 T.F.R.G Braun은 이곳부터 제2장의 마지막 부분까지 실수와 오역을 바로잡아주었다.

15 페리클레스에 대해서는 투키디데스『펠로폰네소스 전쟁사』 2권 65장을 참조할 것.

16 당시 아테네의 신흥 정치인들에 대해서는 Connor(1971)를 참조할 것.

17 빨간색 끈과 관련해서는 Hansen(1999, 131쪽)을 참조할 것.

18 그라페 파라노몬과 관련해서는 Hansen(1999, 208~209, 212쪽)을 참조할 것.

제**3**장

참주정으로부터의 자유
(그리고 참주가 되는 것으로부터의 자유)

ELEUTHERIA(*Freedom*)

히파르코스Hipparchus, 기원전 514년

비뚤어진 애욕이 참주 형제 중 동생인 히파르코스를 죽음으로 몰고 갔다. 히파르코스와 그의 형은 아버지인 참주 페이시스트라토스로부터 이미 13년 전에 권력을 물려받았다. 히파르코스는 하르모디오스에게 반하여 사랑에 빠져버리고 말았다. 그러나 하르모디오스에게는 이미 애인인 아리스토기톤이 있었다. 아리스토기톤은 하르모디오스를 위해 극단적인 제물을 바치고자 준비하고 있었다. 하르모디오스는 성인成人이라 불릴 만큼 수염이 자라지는 않았으나 칼을 휘두르기에는 충분히 강했다.

　히파르코스는 자신이 못할 일이란 아무것도 없다고 생각했다. 무엇보다도 그의 가족은 두 세대에 걸쳐 아테네를 지배해왔으며 도시는 번영을 누리고 있었다. 세금은 가벼웠고 경제는 잘 굴러가고 있었다. 새 건축물들이 하늘을 찌르고 있었으며 시인들도 아테네로 몰려들었다. 이 모든 것으로 말미암아 히파르코스는 자신과 형이 아테네인들의 사랑을 받는 대중적인 지도자라고 믿고 있었다. 그러나 실상은 달랐다. 두려움에 질린 아테네인들이 그들은 전혀 사랑받는 지도자가 아니라고 말할 수 있을 정도로 충분히 용감하지 못했던 것이다.

　히파르코스는 이제 하르모디오스의 아름다움을 차지하려 했다. 하르모디오스 이전에도 그가 이미 다른 애인들을 가졌던 것은 분명하다. 하지만 성性에 굶주린 포식자는 언제나 끊임없는 성적 갈망을 추구할 뿐이었다. 히파르코스는 과거의 만족에서 멈출 수 없었다. 그러나 하르모디오스는 그의 구애를 퇴짜 놓았다. 히파르코스가 하르모디오스에게 '아니오'라는 대답을 허락하지 않으면서 재차 물었다. 그러나 그는 다시 그를 거부했다.

　히파르코스는 이와 같은 모욕을 견딜 수 없었으며 보복을 위해 하르모디오스의 여동생을 표적으로 삼았다. 그는 아테네 소녀들과 아테네 시민의 모든 어린 딸들이 행렬에 참가하는 종교 축제가 열릴 때까지 기다렸다. 행렬 참석자들을 구성하면서 히파르코스는 하르모디오스의 여동생을 제외시켜버렸다. 이는 명백히 하르모디오스의 가족들이 아테네 시민권을 가지지 못했다는 것을 보여주는 상징적 사건이었다.

　하르모디오스와 그의 애인에게 이런 공공연한 모욕은 크나큰 수치였다. 그들은 하르모디오스와 그의 여동생 그리고 가족의 명예를 위해, 아울러 모든 아테네인의 자유를 위해 히파르코스를 살해했다. 이것은 극단적인 희생이었다. 히파르코스의 경호원들이 곧바로 하르모디오스를 살해했고 아리스토기톤을 잡아 고문 끝에 죽여버렸기 때문이다.[1]

히파르코스가 죽은 후 그의 형이 아테네를 몇 년간 더 지배했다. 그러나 참주 가문이 통치를 이어간다는 것은 사람들의 반감을 샀다. 이후 기원전 510년 스파르타 원정대는 아테네의 마지막 참주를 해임시켰다. 이는 아테네에서 다시 새로운 민주주의의 기운이 돌기 시작하기 바로 2년 전에 벌어진 사건이었다.

아테네인들은 하르모디오스와 아리스토기톤을 무척 자랑스러워했으며, 그들의 삶을 기리기 위해 그들이 검을 휘두르는 모습의 동상을 제작하여 약 200여 년간 아테네에 세워놓았다. 아테네인들에게 그들은 더할 나위 없이 아름다우며 날카로운 눈매를 가진 영웅의 모습 그 자체였다. 동시에 자유의 상징이었다. 아테네인들은 자유를 향한 길이 희생과 함께 시작된다는 것을 잘 알고 있었다. 페르시아의 왕이 사모스인들에게 조공을 바칠 것을 요구했을 때 그들은 이솝에게 조언을 요청했다. 이솝은 다음과 같이 대답했다.

기회는 우리에게 삶의 두 가지 길을 제시한다. 하나는 자유의 길로서 거칠게 시작하며 또한 고된 보행을 요구하지만 그 끝은 언제나 부드럽고 평탄하다. 다른 길은 노예의 길로서 기복 없이 시작하나 그 끝은 늘 고되고 위험하다.[2]

   참주정으로부터의 자유

자유 대對 참주정

"공적인 논의를 위해 제안하고자 하는 좋은 의견을

누가 가지고 있는가?"를 물어보는 것, 이것이 바로 자유다.

그리고 올바르게 대답을 하는 자는 명성을 얻는 반면,

대답하지 않고자 하는 자는 침묵 속에 머물지니,

도시에 무엇이 과연 이보다 더 공정할 수 있겠는가?

게다가 사람들 스스로가 국가를 다스릴 때,

그들은 자신들의 힘을 키워가는 젊은 시민들을 기뻐하나,

왕으로 군림하는 자는 그들을 적으로만 여기기에,

그는 그들 중 가장 훌륭하며 지혜롭다고 여겨지는 자들 모두를

죽이고 말지니, 이는 그들의 힘을 두려워하기 때문이라.

마치 봄녘의 들판에서 곡물을 추수하듯,

만약 누군가 젊은이들을 꺾어버린다면

어찌 하나의 도시가 힘을 계속하여 키워나갈 수 있으랴?

만약 모든 노력이 오로지 참주를 더욱 부유하게 만들기만 한다면

아이들을 위하여 도대체 왜 부와 살림을 얻으려 하는가?

왜 우리의 젊은 딸들을 정숙하게 집에만 머무르게 하는가?

참주들에게 바치기 위해서인가?

폭력에 못 이겨 나의 딸들을 시집 보내느니, 나로서는 차라리 죽음을
  택하리니.[3]

법 따위에 신경 쓰지 않는 참주는 사람들에게 공포의 대상이 된
다. 따라서 누구도 참주정 아래에서는 편히 잠을 잘 수 없다. 하지만

참주 역시 자신이 통치하는 사람들에 대한 두려움 속에서 살아간다. 그 스스로 사람들에게 법을 무시하라고 가르치기 때문이다. 참주가 사람들에게 심어놓은 공포는 그 스스로 가지고 살아가야만 하는 두려움과 유사하다. 그가 통치를 위해 행사하는 폭력이 거꾸로 자신을 향할 수 있기 때문이다.

> 당신은 누군가 벌벌 떠는 일 없이 편히 잠을 청할 수 있으며
> (남들과) 동일한 힘과 권력을 가지고 있을 때,
> 기꺼이 끊임없는 두려움 속에서
> 통치하는 자가 되길 원한다고 생각하는가? 나로서는 아니다.
> 왜 내가 참주가 되길 원하겠는가?
> 미치지 않은 이상……[4]

이 두려움은 단지 참주를 밤새 깨어 있도록 하는 것뿐만 아니라 밤낮을 가리지 않고 그의 활동에 영향을 미친다. 이 때문에 그는 자신이 가장 필요로 하는 자들의 조언마저 믿지 못하게 된다. 그는 용기를 내어 진실을 말하는 몇 안 되는 친구들조차 두려워하며, 이는 결국 참주 자신에게 있어 최악의 결과를 가져올 것이다. 진실을 말할 수 없는 자는 결코 친구가 될 수 없기 때문이다.

참주는 법을 지키지 않으며 법 밖에서 통치하는 군주다.[5] 그는 법의 지지 없이 권력을 가지게 된 자로, 자신이 다스리는 사람들이 두려워 그들의 조언을 들을 수 없게 된 자다. 그러나 참주가 언제나 사람들을 무시하고 학대하는 것은 아닐지 모른다. 그가 진심으로 사람들에 대해 관심을 가지고 있을 수도 있다. 하지만 사람들에 대한 두려움

 참주정으로부터의 자유

은 그가 자유롭게 생각하지 못하도록 방해하며 그의 판단력을 마비시
켜버린다. 두려움 때문에 내리게 된 나쁜 결정은 그 자신뿐만 아니라
그의 도시까지 파괴해버릴 수도 있다. 바로 이런 점 때문에 아테네의
민주주의를 옹호한 시인들은 참주정을 일종의 정신질환의 한 형태로
표현하곤 했다. 약 한 세대가 지난 후, 민주주의를 공격했던 플라톤조
차 참주정에 대해서는 이 시인들과 똑같은 입장을 취했다.

누구나 참주적으로 변할 수 있다

참주정에도 정도의 차이는 있다. 한 명 혹은 여러 명으로 이루어진 하
나의 집단이 참주가 아니면서도 전적으로 참주처럼 행동할 수 있다.
그러나 아주 사소한 참주적 행위라고 하더라도 이는 무시무시한 결과
를 야기할 수 있다. 민주주의에 대한 가장 통렬한 비난은 바로 민주주
의가 호이 폴로이hoi polloi, 말 그대로 다중多衆에 의한 참주적 정치 체
제와 별반 다르지 않다는 것이다. 이 비난이 가장 통렬한 이유는 민주
주의가 바로 스스로를 참주정에 반대하는 정치 체제로 규정하고 있기
때문이다. 호이 폴로이가 단순히 어떤 특정한 결정 행위에 있어 영향
을 미치는 ‘다수’를 의미할 수도 있다. 하지만 그들이 참주처럼 행위
한다면 호이 폴로이는 우리가 현재 정당이라는 이름으로 부르는 어떤
집단, 즉 부유한 자들에 반대하여 가난한 자들의 관심과 이익을 지지
하는 정치적 지도자들과 유권자들의 집단과 다르다고 할 수 없다.[6]
　고대 아테네 민회에서 다수의 지지에 의존했던 정치 지도자 집단
은 자신들에게 직접적으로 영향을 미치는 관심사들을 제외한 모든 정

치적 사안을 진중한 논의에서 제외시켜버리기도 했다. 비록 그 집단이 오늘날과 같이 현대적 정당 조직의 형태를 갖추지는 못했지만, 시민들의 올바르고 평등한 정치적 활동을 망가뜨려버리기에는 충분할 정도의 힘을 갖고 있었다. 아테네에서 민주주의가 이루어지던 수 세기 동안, 가난한 자들을 위하던 정당은 종종 큰 승리를 거두었으며, 따라서 부유한 자들과 귀족 집안 출신들은 정치적 활동에 참여할 자유를 상실했다고 느꼈다. 그들은 호이 올리고이hoi oligoi(소수)를 위한 정치 집단, 즉 과두정 집단oligarch을 세웠다. 시민들(다중)의 정치 행위가 지나치게 참주적으로 나아간다고 느껴질 때 과두정 집단은 은밀히 내전을 계획했다.[7] 반면 과두정이 권력을 장악하는 데 성공했을 때 시민들은 폭력적 복귀를 계획하기 위해 잠시 한 걸음 물러섰다.

이런 방식에서 소수를 위한 정치 집단과 다수를 위한 정치 집단 모두, 각각의 편이 서로의 잘못을 폭로하기에 급급하고 참주처럼 행동하며 서로를 위협하면서, 일종의 변형된 참주의 형태[8]로 몰락해간다. 이는 현대의 두 거대 정당 체제에서 볼 때도 분명히 좋지 않은 현상이다. 고대 그리스에서 발생한 정치적 분열은, 아리스토텔레스가 말하듯 주로 부유한 계급과 가난한 계급 사이의 갈등을 반영한 것이었다.[9]

기원전 411년과 404년 두 차례에 걸쳐 과두정 집단이 권력을 장악했으나, 그때마다 시민들은 민주주의를 복권시켰다. 첫 번째 복권 당시 아테네인들은 과두정 집단을 용서하지 않았다. 아테네인들은 과두정 지도자들을 심판하여 모두 처형했다. 하지만 두 번째 복권 때에 아테네인들은 어떤 중요한 사실을 배웠다. 그들은 과두정 집단을 처형하는 대신에 그들에게 사면권을 제시했고 아테네의 과두정 집단,

즉 일종의 변형된 참주정은 피를 보는 일 없이 마무리되었다.

참주정의 징후들

참주정은 우리로 하여금 자유에 대한 분명하면서도 주의 깊은 이해를 가질 수 있도록 도와주었다. 그렇기에 참주정에 대한 올바른 이해는 우리가 고대 그리스로부터 받은 가장 훌륭한 선물들 중 하나라고 할 수 있다. 고대 그리스인들은 사람들을 분열시킴으로써 타락시키고, 아울러 정치 지도자의 마음을 어지럽게 하여 그의 명예를 실추시키는 정치 체제가 있다는 것을 깨달았다. 여기서 정치 지도자는 개인이 될 수도 있고, 집단이 될 수도 있었다. 참주적인 정치 체제는 흔히 민주주의의 탈을 쓰고 발생했다. 이것은 질병과 마찬가지로 징후들을 통해 파악된다. 이 징후들은 특별한 종류의 정치적 영향력의 행사로 나타났으며, 고대 그리스인들은 이를 무엇보다도 두려워했다. 그리스인들이 이 징후들을 두려워했던 것은 옳았다. 정치 지도자들에게서 다음의 징후들을 발견할 수 있다면 우리는 그들을 경계해야 하며, 우리의 자유에 치명상을 입힐 흑사병이 진행 중이라고 생각해야 한다.

1. 참주가 정치적 지위를 잃을까 두려워하며, 이 두려움이 그의 정치적 결정에 영향을 미친다.
2. 참주가 종종 말로만 법을 따라야 한다고 주장하며, 실제 통치함에 있어서 자신을 법 위에 세우려 한다.
3. 참주가 비판을 수용하지 못한다.

4. 참주가 자신의 (정치적) 행위에 대해 책임을 추궁받지 않으려 한다.[10]

5. 참주가 자신의 비위를 맞추려 하지 않는 자로부터는 어떤 조언이 나 충고도 들으려 하지 않는다. 비록 그가 자신의 친구라고 할지 라도.

6. 참주가 자신과 의견을 같이하지 않는 자가 정치적 활동에 참여하 는 것을 막고자 한다.

~에의 자유 그리고 ~로부터의 자유

자유는 그 상대역을 필요로 한다. 참주정이 무엇인지 알기 이전에 그 리스인들은 정치적 자유에 대한 분명한 개념이 없었다. 앞으로 알게 되겠지만 노예제로부터의 자유는 정치적 자유와 완전히 같은 개념은 아니다. 일반적으로 자유에는 적극적 측면과 소극적 측면이 있다.[11] 적극적 자유란 누군가 스스로 자유롭다고 여길 때 그는 무언가를 할 자유가 있다는 것을 의미한다. 아테네인들은 정치에 직접 참여하기를 원했다. 반면 소극적 자유란 누군가 자유롭다고 여긴다고 할 때 그는 분명히 무언가로부터 자유롭다는 것을 의미한다. 아테네인들이 그 무 엇보다도 원했던 것은 바로 참주정으로부터의 자유였다. 자유에 대한 적극적 측면과 소극적 측면의 구분은 이것들을 자유의 선택지로 다루 었던 이사야 벌린Isaiah Berlin*에게서 비롯된 일종의 현대적 개념이다. 그러나 이미 고대 아테네에서 사람들은 자유에 이와 같은 두 측면이

---

* 영국의 철학자이자 작가로, 저자가 이곳에서 인용하는 그의 저술은 1959년에 출판한 강의록 『자유의 두 개념』*Two Concepts of Liberty*(1958)이다.

 참주정으로부터의 자유

있다는 것을 알고 있었다. 앞서 인용된 "'공적인 논의를 위해 제안하고자 하는 좋은 의견을 누가 가지고 있는가?'를 물어보는 것, 이것이 바로 자유다"라고 시작하는 에우리피데스의 작품에서 자유가 적극적인 측면에서 시작하여 소극적인 측면으로 옮겨가는 모습이 잘 표현되어 있듯이 말이다.

여기서 자유의 본질은 시민이면 누구나 민회에서 발언할 수 있다는 권리(파레시아parrhesia)를 말한다. 이 자유는 오늘날 언론의 자유라는 개념보다 더욱 강한 의미이면서 동시에 더욱 약한 의미라고 할 수 있다. 아테네인들은 단순히 자신들의 마음을 드러내 말하는 것뿐 아니라 남들이 하는 말을 들을 권리 또한 가지고 있다고 생각했다. 그렇기에 그들의 권리는 우리 언론의 자유라는 개념보다 더욱 강하다고 할 수 있다. 서로 달리 개진된 의견들과 이것들로부터 야기된 결과는 (우리가 앞으로 7~8장에서 살펴보게 될 것처럼) 도시 발전에 도움이 되었다. 말하고 들을 권리 덕분에 사람들이 민회에서 더욱 숙고할 수 있는 능력, 즉 '지식 없는 상태에서 이루어지는 추론'을 할 수 있는 능력을 갖게 되었기 때문이다.

파레시아는 또한 언론의 자유보다는 약한 의미를 가졌다고 할 수 있다. 대중적 인기에 영합하지 않는 교설을 가르쳤던 자들을 위한 어떠한 방어책도 강구하지 않았기 때문이다. 우리가 잘 알고 있듯이 소크라테스는 어떤 방어책도 없이 사형을 언도받았다.

우리는 지금 아테네인들의 파레시아를 원하는 것이 아니다. 더구나 고대 아테네인들이 사용했던 바로 그 방식대로의 파레시아를 원하는 것은 더더욱 아니다. 모든 사람이 정치적 결정 행위를 내리는 데 있어 발언을 하고 또 제시된 발언을 듣기엔 현대 국가들의 시민의 수는 너무나 많다. 하지만 여전히 우리 모두는 자신의 의견이 전해지길 바란다. 그리고 어떤 정책에 대한 결정은 그것에 대한 여러 다양한 견해들이 논의에 반영될 때 가장 바람직할 것이다. 참주정이 야기하는 최악의 결과 중 하나는 정치적 외부인이라고 여겨지는 이들의 정치 활동을 가로막는다는 것이다. 현대의 우리가 소수 의견을 가진 자들에게도 발언권을 주었던 아테네의 방식을 그대로 적용하기란 쉽지 않다. 그럼에도 우리는 정치권에서 주되게 발언하는 자나 또는 그 집단의 목소리뿐만 아니라 다양한 범위와 영역의 사람들이 제안하는 의견을 들을 수 있는 길을 찾아야만 한다. 다시 말해서 우리는 고대의 파레시아를 현대의 정치 언어와 방식에서 이해하여 사용할 수 있어야만 한다. 현재 인터넷을 통해 많은 사람이 자신의 목소리를 낼 수 있게 되었다. 하지만 우리가 그들의 발언을 주의 깊게 듣거나 국가의 정책에 영향을 미친다고 말할 수는 없다. 어쩌면 시간이 지날수록 인터넷이 현대 국가의 시민들에게 과거 아테네인들이 가졌던 말하고 들을 권리와 유사한 기능을 제공해줄 수 있을 것이라고 기대할 수도 있다. 하지만 그것만으로는 충분하지 않다.

반면 이 장에서 다루는 주제인 '참주정으로부터의 자유'는 여러 문화를 거쳐 우리에게 직접적으로 전해져왔다. 이것은 우리에게 두 종류의 방호물을 제시한다. 한편으로 이 자유는 사람들이 학대받는 것을 막아주고, 다른 한편으로는 지도자들이 최악의 판단에 따라 정치적 행위를 하는 것을 막아준다. 그리스인들이 참주정에 대해 내뱉었던 불평 중 하나는 그것이 마땅히 자유로워야 할 민족을 노예로 만들어버렸다는 것이다. 이 불평은 (실제로 시민들을 노예로 팔아버리지는 않았던) 참주들을 지나치게 과장한 측면이 없지 않지만, 동시에 아테네인들이 추구하던 자유의 의미를 지나치게 경시하는 것이기도 하다. 아테네인들이 원했던 자유는 단순히 속박으로부터 벗어나는 것이 아니었다. 그들은 정치적 자유를 원했고 능동적인 정치 참여를 통해 스스로 자신과 공동체의 운명을 결정할 권리를 갖기 원했던 것이다.

참주의 등장

사회에 만연한 무질서를 종식시키고 사람들이 원하는 안정을 약속하기에, 사람들은 처음엔 아무런 의심 없이 참주정을 받아들였다. 실로 많은 평범한 아테네인들이 참주 페이시스타라토스의 등장에 우호적이었다. 그러나 입법가 솔론은 아테네에 참주정이 등장하자 사람들의 무지가 그들을 어디로 이끌게 될지 경고했다.[12]

구름으로부터 눈과 우박이 세차게 쏟아지기 마련이며,
번개로부터 천둥이 몰려온다.
위대한 자들로 인해 도시는 파멸을 맞고, 사람들은
자신들의 무지로 인해 한 사람의 노예로 전락해버린다.
너무 높이 날고 있는 자는 이후 스스로를 통제하기 어려우니,
이제 사람들이 (스스로를 그리고 서로를) 생각할 시간이 되었다.

그러나 아테네인들은 페이시스타라토스를 환대했고 그의 요청에 따라 그에게 개인 호위대를 제공했다. 이것은 현대의 견지에서 볼 때 분명히 참주적인 요청이다. 합법적인 지도자는 결코 시민들 속에서

자신의 안위를 두려워할 필요가 없기 때문이다.

> 만약 당신이 스스로의 과실을 한탄한다면,
> 신에게 비난을 돌리지 말라.
> 당신이 그들의 안녕을 보장하기 위해서는,
> 당신 스스로 사람들을 다스릴 힘을 길러야 할지니……

그리고 아테네인들은 앞으로 그들을 지배하게 될 참주가 자유를 종식시켜버릴 것을 미처 알아채지 못한 채 그의 거짓 약속에 속수무책이었다.

> 당신들 각각은 이 여우의 발자국을 따르며
> (생각 없는) 텅 빈 마음만을 가지고 있을 뿐이네.
> 오로지 그(참주)의 세치 혀와 교활한 연설만을 들을 뿐,
> 그가 실로 무엇을 하는지는 결코 보지 못하기에.

참주 페이시스트라토스에 대한 이야기는 역사 속에서 빈번하게 언급되었다. 어수선하고 불안정한 상황에 처해 있는 민족은 질서와 안위를 약속하는 힘을 지닌 강자를 환영한다. 그러나 참주정의 대가는 실로 엄청나다. 그것은 자유가 없는 질서와 안위일 뿐, 도축업자를 위해 살을 찌우는 양떼들과 같은 조건 속에서 살아가는 것이다.[13] 평범한 아테네인들은 이와 같은 은유적 표현을 이해했으며, 몇몇은 이 표현이 참주 통치하에 있는 자신들의 조건을 적절하게 설명해주고 있다고 생각했다.

페이시스트라토스의 두 아들이 정치적 권력을 완전히 잃은 후 아테네인들은 얼마나 쉽게 참주가 등장할 수 있는지 깨달았다. 그들은 이와 같은 일이 다시는 벌어지지 않도록 하기 위해 이 쓰디쓴 경험을 끊임없이 회고했다. 그러나 기원전 404년 스파르타가 아테네와의 전쟁에서 이긴 뒤 아테네인들의 자유를 박탈하기 위해 30인 참주의 과두정을 세웠을 때, 아테네에 참주정이 다시 등장했다. 하지만 자유가 보장하는 힘을 맛본 아테네인들은 이 30인 참주정을 그렇게 오랫동안은 허용하지 않았다.

자유의 힘

만약 인간의 본성이 모든 면에서 그리고 모든 곳에서 동일하다면, 도대체 왜 어떤 사회는 다른 사회보다 더욱 강한 힘을 지니게 되는 것인가? 민주주의의 여명이 싹터 오를 무렵, 페르시아 제국의 확장에 맞서 자유를 지키기 위해 아테네는 그리스의 도시국가들을 이끌었다. 그 과정에서 그리스인들은 페르시아의 군대를 대파했으며 이로 인해 그리스인들은 우월감에 도취되었다. 그러나 진중한 사상가들은 인간 본성의 측면에서 모든 인간이 동일하기에 그리스인들의 우월성이 그들의 본성에 있지 않다는 것을 간파하고 있었다. 만약 '인간'이 정의될 수 있다면, 그들이 지적하듯 인간의 정의는 하나의 단일한, 그러나 모든 인간에게 동일하게 적용되는 본성을 가리켜야만 한다.

민주주의가 아테네에서 절정을 이룰 무렵, 이름이 알려지지 않은 고대 그리스의 한 의학자는 인간의 본성에 대해 탐구하기 시작했다.[14]

그는 그리스인들과 페르시아인들 사이의 중요한 차이점에 주목하고
는 그리스인들의 성공과 승리에 대해 두 가지 이유, 즉 기후와 지형을
포함한 지리학적 이유와 문화적 이유를 제시했다. 특히 이 의학자는
문화적 이유에 기반하여 자유야말로 그리스 민족의 강건함의 원천이
라고 주장했다.

> 아시아인들(곧 페르시아인들)의 약점은 (……) 그들의 정치·사회적 조직
> (노모이nomoi)에 기인하기도 하는데, 대부분의 아시아 국가들은 왕정
> 형태여서 사람들이 스스로 주인이 아니며 스스로를 다스리지도 않기
> 때문이다. 또한 참주정하에서 살아가기에 전쟁을 위한 훈련을 할 이
> 유가 없고 아울러 전쟁을 준비할 이유 역시 없기 때문이다. 이는 자신
> 들에게 닥칠 위험과 자신들의 주인에게 닥칠 위험이 다르다고 생각하
> 기 때문이다. 참주들이 통치하는 경우 전쟁을 준비하는 자들은 대체
> 로 자신들의 주인을 위해서 전쟁에 나가고 고난을 견뎌내며 자식들
> 과 아내로부터 멀리 떨어져 전장에서 죽음을 맞이하도록 종용되는 경
> 우가 대부분이다. 그들이 고귀하고 용맹스러운 행동을 하더라도 그들
> 의 이런 행동은 자신들을 위해서가 아니라 참주의 이익을 굳건히 하
> 기 위해서일 뿐이며, 이를 위해 그들은 위험과 죽음을 감내해야 한다.
> 게다가 그들의 정신은 훈련 부족과 나태로 인해 나약해지기 마련이라
> 는 점 또한 주목할 만하다. 비록 누군가 늠름하고 용맹한 천성을 타고
> 났다고 하더라도, 정치 조직의 형태에 따라 그의 마음이 변하거나 나
> 약해지기 때문이다. 아시아 지역에 거주하지만 그곳 참주들의 지배를
> 받지 않는 모든 그리스인과 외국인들의 경우가 그 좋은 증거다. 자주
> 적인 그들은 스스로를 위해 고난을 견뎌내며, 무엇보다도 전시가 되

　　　　　　　　　　　　　　　　참주정으로부터의 자유

면 무척이나 용맹하다. 그들은 스스로 위험을 감수하며 자신들에게
상을 내리고 비겁한 자들에게 벌을 내린다.

참주정으로부터의 자유가 보장되는 경우 시민들은 더욱 큰 힘을
발휘하게 되며, 따라서 도시나 국가 역시 더욱 큰 힘을 가질 수 있게
된다. 바로 이 점 때문에 참주정은 시민들의 힘을 약화시키기 위해 노
심초사했고 그도 아니면 내전을 도발하려 했다.

솔론은 내전의 위험성을 잘 알고 있었으며, 가난한 자들과 부유
한 자들 모두를 아우르는 체계적인 법 체제를 통해 아테네의 강성을
이룩한 사실을 자랑스러워했다. 그는 부자들의 토지를 빼앗아 가난한
사람들에게 분배하는 참주적인 방식으로 부유한 자들을 다루기를 거
부했다.[15]

가난한 자들과 부유한 자들 모두를 위한 공평한 법률을 제정했으며,
모든 이를 위해 알맞고 올곧은 정의를 구현했다.
누군가 내가 그랬던 것처럼, (사람들을 위한 적절한) 자극을 제시하려고
　　하나,
어리석게 행동하고 오로지 재물에만 관심을 두고 있다면,
그는 결코 데모스의 지지를 얻지 못할 것이다.
만약 내가 나에게 반대하는 자들을 우선 만족시키고자 하고,
그리고 나서 그 외의 사람들이 요구하는 바를 돌보려고 했다면,
아마도 우리의 도시는 많은 자들을 잃었을 것이다.
바로 그 이유 때문에 나는, 마치 많은 (웅크린) 개들 사이를 홀로 거닐
　　고 있는 늑대와 같이,

모든 계층의 사람들을 위한 힘을 제정했다.

아테네인들이 자유를 통해 얻게 된 힘과 통합에 환호하고 있을 때, 그들은 자유가 자신들의 정치 지도자들에게도 좋은 영향을 미친다는 사실을 깨달았다. 참주정은 앎에 대항하여 전쟁을 선포하는 반면, 자유는 민주적 지도자들을 현명하게 만든다. 이와 같은 주제는 일찍부터 아테네인들이 자주 다루었으며, 아이스킬로스는 『사슬에 묶인 프로메테우스』에서 이 주제에 관해 썼다.[16] 그 작품에 따르면 앞으로 닥칠 일에 겁을 먹은 제우스는 자신을 구하기 위해 프로메테우스의 지혜를 봉인해야 한다고 믿었다. 그래서 그는 프로메테우스를 바위에 묶어두도록 명했다. 하지만 프로메테우스의 지혜를 봉인하려는 제우스의 강제적인 시도는 성공하지 못했다. 비록 작품의 뒷부분은 소실되었으나 프로메테우스에 대한 다른 신화들을 참조하여 상상해보면, 제우스는 후일 참주적 성격을 누그러뜨리고 프로메테우스와 일종의 타협을 맺게 될 것으로 보인다.

참주가 되는 것으로부터의 자유는 실로 심신을 쇠약하게 하는 두려움으로부터의 자유다. 참주는 모든 사람이 자신을 제거하려 한다는 두려움에 떨며 살아갈 수밖에 없기에, 친구를 가질 수도 없고 누구의 조언도 신뢰하지 못한다.

왜냐하면 이런 불치병은 언제나 참주정과 함께 오기 때문이다.
바로 참주가 자신의 친구들조차 믿지 못한다는 그런 불치병 말이다.

참주가 누구도 믿지 못한다는 점은 아테네 비극 작품들에서 종종 다루어지곤 했다. 소포클레스의 『참주 오이디푸스』에서 오이디푸스는 처남인 크레온Creon이 전하는 충고는커녕 심지어 아폴로 신의 전령이 전하는 조언조차 받아들일 수 없었다. 그는 그들이 자신을 모략하려는 계획을 꾸미고 있다는 두려움에 눈이 멀어버렸기 때문이다. 오히려 그는 자신에게 조언하려 하는 그들을 향해 분노로 길길이 날뛰었다. 소포클레스가 다시 『안티고네』Antigone에서 그리고 있듯, 크레온이 참주가 되었을 때 그 역시 현명하게 처신하지 못했다. 그리고 그의 어리석음은 그의 가족 전체를 파멸로 몰고 갔다. 짧은 기간의 참주적 행위가 오이디푸스와 크레온 일가에게 재앙에 이르는 긴 여정을 선사한 꼴이다.

반론 1: 참주들을 위한 변론

고대 사상가들은 참주정을 이론적으로는 옹호하지 않았지만, 개별 참주들에 대해서는 때때로 그들의 입장을 옹호해주기도 했다. 게다가 고대 그리스에서 '참주'라 불리던 통치자들은 대체로 아테네의 참주들만큼 지독하지 않았던 것으로 보인다. 아테네의 역사가인 투키디데스는 참주정에 대한 시민들의 두려움이 지나쳤다고 생각했다. 그는 우선 아테네인들이 참주들을 겪으면서 갖게 된 두려움 때문에 강력한 정치 지도자에 대해 치유할 수 없는 불신을 갖게 되었다고 지적했다. 아테네인들이 시라쿠사를 정복하고자 결정했을 때, 그들은 젊고 총명한 지도자인 알키비아데스에게 정복 사업을 맡겼으며, 그가 충분히 잘 해낼 것이라고 생각했다. 그러나 아테네인들은 이내 마음을 바꾸었다. 아니, 그 결정에 반대하는 자들이 프닉스에 갑자기 모여들었다고 하는 것이 더욱 올바른 표현일지도 모르겠다. 어쨌든 그들은 민회에 모여 알키비아데스를 체포하라고 결정했다. 이 결정은 표면상으로는 알키비아데스에게 종교적인 문제가 있다는 이유 때문이었으나, 사실은 아테네인들이 점점 커지는 알키비아데스의 영향력을 두려워했기 때문이다. 이 경우 참주정에 대한 아테네인들의 공포가 큰 대가를 치르게 된 것이다.[17]

또한 투키디데스는 아테네가 민주주의 체제를 지지하기 위해 역사를 왜곡했다는 사실을 강조한다. 참주 페이시스트라토스와 그의 두 아들은 도시국가의 경제를 부흥시키고 평화를 안착시키며 아테네의 문화적 우위를 위한 첫 걸음을 시도하는 등 아테네 발전을 위해 많은 노력을 했다. 그리고 그들의 노력은 어찌 보면 그들이 저질렀던 부정한 행위를 상쇄할 만큼 높이 평가받을 만했다. 어쩌면 참주정은 다른 대체 정치 체제보다 오히려 두려움의 대상이 아닐지도 모른다. 역사 수정론자의 입장에서 투키디데스는 페이시스트라토스와 그의 두 아들이 법을 지키지 않았다는 비난에 반대해 그들을 옹호했다.[18]

투키디데스가 제시하는 입장은 참주정이 꼭 나쁘지만은 않은 체제라고 혼동하게 만든다. 하지만 우리는 이런 입장을 단호히 거부해야만 한다. 참주정에 대한 두려움으로 아테네인들은 체포되거나 도편 추방된 자들을 대신할 새 정치 지도자들을 다시 뽑아야 했으며, 그로 인해 아테네의 정치 체제가 다소 비능률적으로 흘러간 점은 부인하기 힘들다.[19] 그러나 능률적인 정치 체제를 확립하기 위해 참주정을 지지한다는 식의 주장은 위험하다. 이런 잘못된 믿음 때문에 우리들은 또 다른 엄청난 대가를 지불해야 할지도 모른다. 때로는 비능률적인 것이 더 나을 수도 있다. 정치적으로 무지한 상태에서는 종종 무능력한 지도자들이 안전장치를 남겨놓기도 하며, 이로 인해 잘못된 사안들이 정책으로 확정되는 과정을 늦출 수도 있기 때문이다. 고대 그리스의 대중 연설가들이 잘 이해하고 있었던 것처럼, 정치적 지도력에 대한 불신은 민주주의가 가질 수 있는 최고의 방어장치인 것이다.

개별 참주들을 옹호하는 것은 마치 날씨를 변호하는 것과 마찬가지다. 우리는 며칠 사이 좋은 날씨가 이어진다고 해서 매일같이 날씨가 좋을 것이라고는 믿지 않는다. 페이시스트라토스와 그의 두 아들은 좋은 나날들을 누렸다고 할 수 있다. 하지만 날씨를 통제할 방법이 없는 것처럼 아테네인들은 그들을 통제할 어떠한 수단도 가지지 못했다. 참주들은 우리가 원하는 것을 해줄 수도 있으나, 차차 그들은 자신들이 원하는 것만을 추구하려들 것이다. 그리고 결국 무엇으로도 그들을 막을 수 없게 된다. 우리는 아테네인들이 참주정에 대해 가졌던 판단을 믿어야 한다. 그들은 두 세대에 걸친 참주 통치 이후 참주정에 대해 공포심을 갖게 되었다. 그리고 거기에는 마땅한 이유가 있었다.

반론 2: 아테네 자유에 대한 비판

호메로스는 『일리아드』에서 트로이 전쟁 도중 트로이 외곽 지역에서 열린 그리스 군대의 민회에서 분연히 나서서 외친 한 평범한 시민에 대해 묘사하고 있다. 그의 이름은 테르시테스Thersites로, 호메로스는 그가 비천한 계급 출신으로 외모가 추한 인물이라고 기록하고 있다. 그러나 그는 어리석지 않았다. 그는 평범한 병사들이 장군들에게 어

떻게 이용당하는지를 목격하고는, 동료 군인들에게 전쟁을 뿌리치고
고향으로 돌아가자며 열변을 토한다.

오디세우스Odysseus는 곤경을 타개할 계략을 준비했다. 그는 테
르시테스에게 엄중한 징계를 내려 그를 침묵시킨 뒤,[20] 매로 사정없이
내리쳤다. 모여 있던 모든 병사들은 그 광경을 보며, 일개 병사인 주
제에 감히 왕에 대항하여 입을 연 테르시테스를 비웃었다(호메로스의 작
품에서 모든 중요한 인물들은 '왕'이라고 불린다).

지껄일 줄만 아는 테르시테스여, 그대는 참으로 훌륭한 연설가로구나!
입을 닥치고, 그대 자신의 말로 왕과 싸우려 들지 말지니,
왜냐하면 아트레우스의 아들들과 함께 트로이로 온 자들 중 그 누구도
그대보다 저열한 자는 없으리라. 나는 분명히 말하기에
감히 왕에 대항하여 그대는 자신의 목소리를 높여서는 아니 되며,
남들을 비난해서도 또 (왕명에 반하여) 자신의 귀향을 바라서도 아니될
　지니.

하지만 우리는 테르시테스를 동정하고 그의 입장을 이해해야 한
다. 도대체 왜 그는 침묵을 강요받아야 하는가? 그의 생김새가 추하
다고 해서 그의 성격마저 추하단 말인가? 그는 다른 병사들을 위해
홀로 분연히 일어나 외쳤다. 오디세우스가 재빨리 집회를 소집하여
그를 징계하는 것을 보면서 고대인들, 특히 민주주의 이전의 사람들
은 아마도 그가 상황을 잘 처리한다고 여겼을 것이다. 물론 그들은 전
장에서 전투에 임하는 병사들이지 시민들이 아니었다. 그들은 자신들
이 사로잡은 적국의 여인들과 함께 험한 주둔지에서 지냈으며, 트로

이인들을 향해 (때로는 자신들 서로를 향해) 짐승 같은 분노를 내비쳤다. 우리는 당시의 그리스 도시국가들이 언제나 전시 상황에 놓여 있었으며, 군대가 늘 잘 정비될 수 있도록 효율적인 방식으로 모든 것을 결정했다는 사실을 이해할 필요가 있다. 일반인들이 자신들의 이익에만 마음을 쓰려 했던 반면, 지도자들은 국가와 관련한 사항들에 대해 신중히 생각하여 결정해야 했다. 상황이 이러하다 보니 사람들은 지도자들의 말을 들어야만 했고 또한 연설을 가장 잘하는 자들에게 찬사를 보내는 것이 당연했다. 그러나 이는 그리스에 민주주의가 뿌리 내리기 이전의 모습이다.

민주주의 이전 고대 그리스인들은 민회에서 자유롭게 발언할 수 있는 자유를 두려워했다. 플라톤과 같은 철학자들은 자격을 갖추지 못한 자들이 특정한 일을 처리해서는 안 된다는 이유로 사람들에게 무분별하게 자유를 주는 것에 반대했다. 『국가』에서 논하듯, 정의에 대한 플라톤의 핵심 원칙은 개개인이 본성에 따라 자신에게 알맞은 역할과 일을 해야 하며, 어떻게 처리해야 하는지를 알지 못하는 일에 대해서는 함부로 관여하지 말아야 한다는 것이다. 플라톤은 철학자들을 제외한 그 누구도 국가와 사람들을 어떻게 다스려야 하는지 제대로 알지 못한다고 생각했다. 아울러 그는 철학자들을 제외하고는 누구도 개인적인 관심사와 이익에 영향을 받지 않고 철저하게 객관적으로 결정을 내릴 수 없다고 생각했다. 따라서 플라톤의 정의 원칙에 따를 경우, 오로지 철학자들만이 마땅히 나라를 다스릴 권한을 가질 수 있었다. 이들이야말로 개인적 관심사의 영역을 뛰어넘어 객관적인 것들을 고려하는 앎을 가졌기 때문이다. 그리고 일반인들은 자신들의 지도자, 즉 철학자 왕들의 길을 침범하지 않은 채 자신들에게 주어진

알맞은 일만을 해야 했다.[21]

　오직 철학자 왕만이 신뢰할 만하며 절대적인 권한이 주어져야 한다고 주장한 점에서 플라톤은 틀리지 않았다. 일반인은 전문가의 영역을 함부로 침범해선 안 된다고 생각한 점에서도 플라톤은 옳았다고 할 수 있다. 군함을 보수하기 위해 전문적인 조선가操船家를 고용했다면 비전문적인 의견으로 그를 방해해서는 안 된다. 플라톤은 전문적인 통치가는 전문적인 조선가와 같아야 하며, 그가 통치하는 사람들은 조선가의 고객들과 같아야 한다고 생각했다. 그러나 만약 플라톤이 전문적인 통치자로서 철학자 왕이 정말로 실재할 수 있다고 생각했다면, 그는 전적으로 틀렸다. 아테네가 전문적인 정치 지도자를 기대하지 않았다는 것을 플라톤 자신도 잘 알고 있었다. 인간은 실수를 저지르기 마련이며 남을 희생시켜 자신의 이익을 좇는 경향이 있다. 이런 인간적인 본성은 비단 플라톤 시절의 아테네인들뿐만 아니라 오늘날의 우리에게도 마찬가지다. 어쩌면 우리는 실수를 저지르며 배우기도 하고 특정 관심사들을 고려해가면서 정치 활동을 더욱 잘할 수 있을지도 모른다. 민주주의의 실천은 인간이 지닌 본성적 약점을 가장 잘 보완할 수 있다. 그리고 민주주의 실천에서 가장 중요한 부분은 (이후 제8장에서 다룰 주제인) '지식 없는 상태에서 이루어지는 추론'의 토대 위에서 자유로운 논쟁을 벌이는 것이다.

　아테네의 민주주의 체제하에서 실제로 일어났던 일들이 플라톤에게 많은 영향을 끼쳤고, 이로 인해 그가 반민주주의적 입장을 제창하게 되었다고 생각할 수도 있다. 플라톤은 아테네인들의 자유가 어떻게 길을 잃었으며, 그 결과 아테네가 어떤 파국적인 결말을 맞았는지 똑똑히 지켜보았다. 사람들은 자신들에게 유리한 쪽으로 투표하도록

　　　　　　　　　　　　　　　　　참주정으로부터의 자유

교묘히 설득하는 선동가들의 영향에서 헤어나오지 못한 채 민주주의라는 이름만을 높이 샀다. 플라톤은 결코 참주정을 옹호하지 않았으며, 자유에 반대하지도 않았다. 오히려 그는 진정한 자유란 이성에 따라 삶을 영위하는 자, 즉 욕망의 노예가 아니라 감정의 굴레로부터 벗어난 자의 영혼 안에서만 찾을 수 있다고 주장했다. 플라톤은 참주가 되는 것으로부터 스스로를 구하기 위해 영혼을 어떻게 돌봐야 하며 무엇을 해야 하는지 분명히 알고 있었다. 그러나 그는 정치 체제로서의 참주정을 피하기 위해 우리에게 필요한 실제적인 수단들이 무엇인지에 대해서는 크게 관심을 두지 않았다.*

* 플라톤의 『프로타고라스』Protagoras 320c~328d에서 프로타고라스는 '모든 인간이 정의正義와 염치에 기반한 경의敬意를 인지할 능력을 본성상 나누어 가지며, 따라서 탁월함arête, 특히 정의와 같이 정치 기술과 관련한 탁월함은 가르쳐질 수 있는 것'이고 그러므로 '아테네인들은 정치적인 문제와 관련해서는 모든 시민이 공평하게 의사결정에 참여해야 한다고 믿는다'는 이야기를 전한다. 몇몇 연구가들은 이 부분에서 제시되는 프로타고라스의 이야기가 민주주의를 그려내고자 하는 인류의 첫 번째 시도라고 이해한다. 그러나 플라톤은 프로타고라스의 이야기에 동조하지 않고 민주주의에 반대하는 입장에서 이 이야기를 논박한다. 이후 그는 『국가』Republic 8권과 9권에서 정의로운 국가의 네 단계의 타락 과정을 논한다. 철학자 왕이 다스리며 시민 모두가 자신의 위치에서 자신들에 주어진 역할에 충실한 이상적인 정의국가는, 처음 통치자 계급 간의 불화가 생기게 되고, 그 결과 사유재산제가 비집고 들어와 노예나 농노의 소유가 발생하게 되며, 이성이 마비되고 기개가 우세해져 국가는 군인이 지배하는 명예정 체제가 된다. 이러한 상태에 대응하는 인간은 자아가 강하고, 권력이나 명예를 좇으며, 나이를 먹으면서 돈에 대한 욕심이 증대하게 된다. 둘째로 승리와 명예를 사랑하는 인간 대신에 점차 돈벌이와 금전을 사랑하는 인간이 지배권을 장악하게 되며, 국정의 참여 내지 권력의 획득은 지식이나 지혜의 능력이 아니라 재산의 크기에 의해 결정되는 과두정 체제로 타락하게 된다. 이런 국가에 대응하는 인간상은 모두 인색하고 타산적이다. 민주적 정치 체제는 세 번째 타락의 단계다. 과두정 체제 내에서 빈부의 차이가 커짐에 따라 부자에 대한 가난한 사람들의 증오가 깊어지면서 마침내 혁명이 일어난다. 그리하여 승리를 얻은 대중에 의해 민주정 국가가 등장하고, 부자는 죽음으로 내몰리거나 추방되고, 욕망의 만족을 평등하게 요구하는 대중이 지배권을 가진다. 또한 국정 참여의 역할은 추첨에 의해 결정된다. 통치자 고유의 통치 능력도 필요하지 않고, 정치는 그저 그때그때 임기응변으로 처리하는 무성격적인 것이 된다. 인간은 순간순간의 욕망대로 살아가며, 방종과 무질서가 지배한다. 모든 인간의 욕망이 물질적 욕구로 등질화되는 것이다. 마지막으로 타락의 최종 단계로서 전제 정치 체제, 즉 참주정 국가가 논의된다. 정도를 넘어선 자유는 그 정반대의 가장 야만스러운 예속을 낳는다. 그리하여 무지한 대중을 이용한 정치적 선동과 혼란이 거듭되면서 급기야 반대자를 모두 넘어뜨리고 지배권 일체를 거머쥐는 참주가 생겨난다. 이런 상태에 대응하는 인간상은 가장 부정한 모습으로, 그 생활은 술과 애욕과 광기에 지배되는 최악, 최하급의 군상이다.

용기

민주주의는 그 자체로 충분하지 않을 수도 있다. 민주주의 체제 속의 여러 정치 집단들은 언제든 참주적으로 돌변할 수 있으며, 민주주의 상태에서 곧바로 참주적 상태로 바뀔 수도 있다.

평화가 도래했던 기원전 416년, 아테네인들은 멜로스 섬을 자신들의 제국에 편입시키기 위해 군대를 파견했다. 아테네인들은 선제공격을 가했고, 멜로스 섬은 과거에 스파르타를 원조했던 경력을 강조하며 다시 스파르타에 지원을 요청했다. 아테네인들은 멜로스에 대한 공격이 차후 있게 될 또 다른 모반에 대한 억제책이라고 생각했다. 제국 곳곳에서 아테네에 대한 저항 세력이 늘 존재했기에, 아테네인들은 이참에 아테네의 힘과 무자비함을 잊지 못하도록 주변 도시국가들에 강력한 경고를 내보이고자 했다. 또 한편으로는 만약 멜로스 섬을 정복하지 못할 경우 주변국들에 자신들이 저항 세력을 충분히 관리하지 못할 정도로 나약하게 비춰질까 걱정했다.

아테네와 멜로스 섬의 지도자들이 멜로스에 모여 회담을 가졌다. 아테네 지도자들은 멜로스의 지도자들에게 멜로스가 항복할 경우 목숨은 살려주겠지만, 그렇지 않을 경우 모든 성인 남성을 몰살하고 여자들과 아이와 노예로 삼을 것이라고 위협했다. 멜로스의 지도자들은 정의를 강조했다. 아테네인들은 멜로스인들이 아테네에 대항해 싸울 것이라고 예견했다. 곧 전쟁이 벌어졌다. 아테네는 멜로스 섬을 정복한 뒤 정말로 모든 성인 남성을 죽였으며 여자와 아이들을 노예로 삼아버렸다.

회담은 아무 결실 없이 끝났고 전쟁은 벌어졌다. 하지만 어느 쪽

　　　　　　　　　　　　참주정으로부터의 자유

도 원하는 바를 얻지 못했다. 아테네는 멜로스가 항복하기를 원했고, 멜로스는 자치권을 원했다. 아테네는 큰 의미가 없는 사막 지대를 획득했을 뿐이고 멜로스는 모든 것을 잃었다. 양측 모두 회담 실패에 대한 책임이 있었다. 멜로스의 지도자들은 주어진 사안들을 시민투표에 부치길 꺼려했다. 아테네에 조공을 바치는 대신 자치권과 민주적 자유를 확보하더라도, 멜로스의 시민들이 자신들을 희생시킬까봐 두려웠기 때문이다. 동시에 아테네의 지도자들 역시 멜로스에 어떠한 것이든 양보하게 되지 않을까, 아울러 양보를 하게 된다면 이게 곧 아테네 제국의 나약함을 드러내는 것은 아닐까 우려했다.[22]

이 사건은 아테네와 멜로스 모두에 재앙이었다. 이 사건을 통해 아테네는 참주적 제국이나 다름없다는 말을 듣게 되었으며, 스파르타와 전쟁을 치르는 과정에서 제국으로서의 힘도 크게 잃었다. 비록 이후 페르시아의 침공으로 아테네가 위기에 봉착했을 때, 그리스의 다른 도시국가들이 여전히 아테네를 원조했지만 이는 그들이 아테네가 가진 힘을 두려워해서가 아니었다. 아테네가 멜로스 섬에서 보여준 잔혹함과 시라쿠사에서 보여준 패배에도 불구하고, 그들은 그리스인으로서의 자존심과 충성심 때문에 아테네에 힘을 보탰던 것이다.

참주정에 맞서, 그리고 참주가 되는 것에 맞서 벌이는 전투에서 용기보다 더 중요한 덕목은 없다. 멜로스에서 이루어진 회담에서 아테네인들과 멜로스인들은 모두 용기를 가지지 못했다. 두 지역의 지도자들 모두 자신들에게 어떤 일이 닥칠지도 모른다는 두려움에 속절없이 무릎을 꿇고 말았다. 어떠한 종류의 협상에서든 이익 행위와 관련하여 강력한 충돌이 있을 경우, 협상에 임하는 양측 모두 두려움을 걷어내고 용기라는 덕목을 협상 테이블 위에 올려놓아야 한다. 그렇

지 못하는 한 아테네의 예처럼 언제나 참주적 해결책만을 종용하게
될 뿐이다.

주해

1   히파르코스와 하르모디오스의 관계에 대한 이야기는 투키디데스의 『펠로폰네소스 전쟁사』 6권 55~59장에서 전한다. 아리스토텔레스의 『아테네인들의 정치 체제』*Constitution of the Athenians* 18권 2~6장 역시 참조할 것.

2   이솝의 '두 가지 길'에 대해서는 Gagarin and Woodruff(1995, 149쪽)를 참조할 것.

3   에우리피데스의 『애원하는 여자들』 438~455행 참조할 것. 비록 배경은 민주주의 이전의 신화적 과거이긴 하지만, 해당 부분에서 화자는 민회에서 연설할 시민의 자유, 즉 파레시아parrheisa에 대해 언급하고 있다. 당시 작품에서 그와 같은 시간 초월적인 배경 설정은 흔한 것이었다.

여기서 그려지고 있는 민주주의적 상황은 전설적인 왕인 테세우스가 주도하고 있다. 그는 민주주의의 영웅으로, 당시의 시인들은 그가 왕임에도 민주주의의 이념을 강조하기 위해 자주 그의 캐릭터를 사용했다. 에우리피데스의 소실된 작품인 『안티고네』로부터 전해진다고 알려진 한 단편은, "법 없이 통치하는 것, 즉 참주가 되는 것은 이성적이지도 않고 올바르지도 않다. 남들을 능가하는 유일한 권력을 바라는 것조차 어리석기 짝이 없다"고 전한다. 이에 대해서는 Gagarin and Woodruff(1995, 70쪽)를 참조할 것.

4   "왜 내가 참주가 되길 원하겠는가? 미치지 않은 이상……": 이 부분은 소포클레스의 『참주 오이디푸스』 584~589행에 나오는 크레온의 한편으론 고상하고 다른 한편으론 위선적인 말이다. 그는 자신이 오이디푸스에 맞서 모반을 꾀하고 있다는 죄목으로 고소당하자 자신을 변호하기 위해 이와 같은 말을 한다. 물론 오이디푸스는 자신이 참주이고 크레온을 보호하고 있기 때문에 크레온이 걱정 없이 밤에 편히 잠들 수 있을 것이라고 대답할 수도 있었다. 하지만 그렇게 말하면 이는 곧 자신의 모든 합법적인 통치나 지도력의 가치를 전적으로 무시하는 꼴이 된다.

참주의 행복에 반대하는 플라톤은 참주정에 대한 자신의 견해에 따라 논의의 초점을 욕구의 억제에 맞추고 있다. 전통적인 비극 작품들에 나타나는 참주들은 욕구가 아니라 대체로 두려움에 휩싸인 인물로 그려진다(마치 오이디푸스가 두려움에 질린 나머지 예언가인 티레시아스Tiresias와 크레온을 공격하는 것처럼). 투키디데스는 제국적 영향력을 행사하는 참주와 같은 아테네를 기술하면서 두려움에 질린 나머지 도덕적 규준들을 파괴하는 아테네인들의 행위를 지적한 바 있다. 여기에 대해서는 Knox (1957/1988)를 참조할 것.

5　　참주가 법 밖에서 통치하는 군주와 같다는 것은 아테네의 작가들이 자주 사용했던 표현이다. 철학자나 연설가들은 이 말을 주로 왕들을 표현하기 위해 사용했다. 여기에 대해서는 Knox(1957/1988), Lowell Edmunds(2002)를 참조할 것.

6　　참주와도 같은 다수: 엄격히 말해 다수는 말 그대로 무언가를 직접 행할 수 없다. 행하기 위해선 시간을 넘어 지속적인 주체성을 가지고 있어야 한다. 아테네에서 다수는 개별적인 모임이 있을 때마다 서로 다른 유권자들로 구성되었다. 특히 민회가 열릴 때마다 의사결정에 필요한 정족수에 맞추기 위해 매번 서로 다른 다양한 유권자들이 소집되었다.

7　　여기에 대해서는 제4장의 아테네와 코르키라 사이에서 벌어진 내전을 참조할 것.

8　　일종의 변형된 참주의 형태: 이런 형태를 등에 업고 벌어지는 행위는 알키비아데스가 스파르타인들을 돕기로 결정하고 아테네에 반대하여 전쟁을 일으키자고 주장했던 연설에서 잘 드러난다(제4장 169~170쪽을 참조할 것).

9　　아리스토텔레스가 『정치학』 3권 8장과 4권 4장에서 지적하고 있듯, 정치적 분열은 부유한 자들과 가난한 자들 사이의 계급 갈등과 투쟁을 반영했다.

10　　네 번째 징후(참주는 자신의 정치적 행위에 대한 책임을 추궁받지 않으려 한다)와 관련하여, 아이스킬로스는 『사슬에 묶인 프로메테우스』 324행에서 프로메테우스에게 새로운 통치 제도에 적응할 것을 충고하는 오세아누스Oceanus의 입을 빌려 "그(제우스)는 무시무시한 군주이고, 힘으로 통치하며, 그래서 누구도 그에게 책임을 물을 수 없다"고 말한다.

11　　자유가 적극적 측면과 소극적 측면을 가진다는 점에 대해서는 Isaiah Berlin (1959)을 참조할 것.

12　　솔론은 단편 9에서 아테네인들에게 참주정에 대해 경고하고, 단편 11의 1~4행에서는 호위병에 대해 경고하며, 같은 단편 5~8행에서는 여우에 대해 경고하

　　　　　　　　　　　　　　　　　　　　　　　　　참주정으로부터의 자유

고 있다. 솔론의 정치적 단편에 대해서는 Gagarin and Woodruff(1995, 25~30쪽)를 참조할 것.

13   양떼의 비유와 관련해서는 플라톤의 『국가』 1권 343b 이하를 참조할 것.

14   '이름이 알려지지 않은 고대 그리스의 한 의학자'가 지은 저술은 그 제목이 『공기, 물, 장소에 대하여』*Airs, Waters, Places*라고 전해진다. Gagarin and Woodruff (1995, 165쪽 16항)를 참조할 것.

15   토지를 공평하게 배분하는 것을 거부한 솔론의 입장에 대해서는 그의 단편 36의 18~27행을 참조할 것. 특히 24행에서 언급되는 '그 외의 사람들이 요구하는 바'란 아마도 강제적이며 급진적인 토지 개혁일 것이다.

16   『사슬에 묶인 프로메테우스』의 저자와 관련하여 논쟁이 있어왔으나, 현재는 대체로 아이스킬로스의 작품이라고 인정되고 있다.

17   알키비아데스에 대한 고소와 관련해서는 투키디데스의 『펠로폰네소스 전쟁사』 6권 27장 이하를 참조할 것.

18   참주들에 대한 투키디데스의 변호는 『펠로폰네소스 전쟁사』 6권 54장에 나타난다. 이와 관련해서는 아리스토텔레스의 『아테네인들의 정치 체제』 16권 8장 역시 참조할 것. 페이시스트라토스는 법에 따라 통치를 잘했을 것이라고 여겨지고 있다.

19   전쟁과는 다른 정치에 있어서 비능률적 리더십이 가지는 가치: 시라쿠사의 경우에 그것은 특별한 가치를 갖지 못했다. 아테네인들은 최고의 장군들을 제대로 활용하지도 못한 채 시라쿠사와의 전쟁에서 대패했기 때문이다. 정치가들과 장군들의 영역에는 분명한 차이가 있다. 아무리 훌륭한 정치가라 하더라도 그들의 전투 훈련과 경험은 장군들에 비해 많이 부족하다. 그들이 전쟁에서는 장군들보다 쓸모없는 것이 당연하다. 그러나 그들의 쓸모, 즉 능률성은 전쟁에서가 아니라 논쟁과 정책 결정 과정에서 드러나야 한다. 아테네 민주주의의 실패 이유 중 하나는 아테네인들이 훌륭한 장군들을 종종 헛되이 다루었다는 점에 있다. 전쟁에 대한 전문 지식과 정치에 있어서의 숙고의 차이에 대해서는 제7장을 참조할 것.

20   호메로스의 『일리아드』 2권 246~251행에서 오디세우스는 테르시테스를 침묵시킨다.

21   민주적 자유에 대한 플라톤의 비판은 『국가』 562 이하에서 특히 두드러진다. 이와 관련해서는 제2장 주해 2를 참조할 것.

22   투키디데스는 『펠로폰네소스 전쟁사』 5권 84장 106행에서 (비록 각색된 부

분이 없지는 않겠지만) 멜로스 회담에 대해 전하고 있다. 아테네인들의 무절제한 폭력 행위는 멜로스에서 벌어진 것 외에 두 차례 더 있었다고 전해지나, 투키디데스는 주로 이 사건에 초점을 맞추고 있다. 여기에는 무리한 제국 확장 정책을 취한 아테네가 이 사건의 도덕적 응보로 시칠리아 근방 시라쿠사와의 전쟁에서 패배하게 되었다는 점을 보이고자 하는 투키디데스의 의도가 담겼다.

제**4**장

조화

HOMONOIA(*Harmony*)

조화 없이 민주주의란 있을 수 없다. 조화는 도시를 강건하게 만들며 평화가 머물 수 있게 한다. 또한 내전이 일어나는 것을 막는다. 조화를 누릴 때 사람들은 서로에 대한 관심 속에서 스스로를 다스린다. 조화가 없다면 사람들은 공통의 관심사를 가질 수도 없다. 만약 사람들이 조화를 이루지 못한 채 무분별하게 분열되어 공통으로 추구하는 것이 없다고 한다면, 도대체 '사람들을 위한 정치'라는 것이 무슨 의미를 갖겠는가? 조화가 없다면 정부는 많은 이들을 희생시켜가면서 오직 특정 부류의 사람들을 위해 국가를 운영할 것이다. 조화를 향한 우리의 시도가 실패한다면 사람들은 정치적 활동에 참여할 이유를 잃어버린다. 이러한 상황에서는 민주적 정치 활동은 철저히 무시된 채, 돈이나 폭력 혹은 위협을 통하여 이득을 추구하려는 자들만이 목적을 달성할 것이다.

조화가 없다면 최악의 경우 내전의 씨앗이 싹트고 뿌리내릴 것이다. 내전이 파국적이라는 것은 두말할 필요도 없다. 미국인들은 1860년대를 거쳐 비로소 이와 같은 사실을 배웠다. 하지만 아테네인들은 여러 차례의 경험을 통해 이미 이것을 알고 있었다. 기원전 403년 아테네 민주주의자들이 그들의 승리에 대해 기념하지 않기로 결정했을 때, 비로소 조화의 가르침이 시민들의 마음속에 온전히 새겨졌다.

클레오크리토스Cleocritus, 기원전 403년

클레오크리토스는 무척이나 아름다운 목소리를 지녔다. 그는 아테네의 거의 모든 시민들과 많은 비非시민들이 참석하는 종교 행사에서 종종 연설을 했다. 그렇기에 사람들은 그의 목소리를 알고 있었으며 또한 신뢰했다. 클레오크리토스는 아테네 근처 신성한 지역인 엘레우시스에서 열렸던 신비의식에 나서서 연설했다. 당시 내전이 끊임없이 발생하자 클레오크리토스는 이를 타개하기 위해서는 아테네가 조화를 유지할 수 있어야 한다고 생각했다. 그리고 조화가 유지되기 위해서는 평화가 먼저 확보되어야 한다고 생각했다.

스파르타 군대가 아테네 민주주의를 종식시킨 후 몇 달 동안 공포정치가 아테네를 지배했다. 30인의 부유한 귀족들이 스파르타인들의 환심을 사려 했고, 비참한 패배 속에서 아테네인들은 그 30인을 통치자로 받아들일 수밖에 없었다. 통치자들은 부유한 3,000명의 시민들에게 권리를 부여했다. 하지만 그 권리의 가치란 신통치 않았다. 그들조차 언제든 재판 없이 권리를 부여받은 그룹에서 제명되거나 살해당할 수 있었기 때문이다.[1] 오로지 30인의 통치자만이 절대적인 권력을 가졌다.

민주주의를 지지하는 많은 이들이 그랬던 것처럼, 클레오크리토스 역시 일단 아테네에서 탈출했다. 30인의 통치자들은 오로지 강압적인 힘을 통해서만 권력을 유지할 수 있었기에 무분별한 폭력을 자행했다. 민주주의 지지자들은 그들을 30인 참주라고 불렀다. 그러나 아테네에서 대놓고 그들을 그렇게 부를 수는 없었다. 그들을 공개적으로 비판하려 했던 자들은 살해나 추방을 당했고, 늘 위협에 시달려야 했기 때문이다. 30인 참주가 통치한 지 약 18개월여가 지난 후, 가난한 부류의 사람들이 고요한 분노와 함께 끓어오르기 시작했다. 특히 아테네에서 약 10킬로미터 떨어진 피레우스Pireaus 항구 사람들의 분노가 들끓었다.

클레오크리토스처럼 아테네를 탈출한 병사들이 30인 참주의 힘이 닿지 않는 곳으로 모여들어 군대를 조직하고 봉기를 시도했다. 몇 차례의 작은 승리 후 그들이 피레우스 항으로 몰려들자 그곳 사람들이 병사들의 편에 섰다. 30인 참주는 강력한 군대를 앞세워 아테네에서 피레우스까지 행군했으나 피레우스의 고지대를 선점한 시민군에 대패했다. 30인 참주의 지도자는 이 전투에서 사망했다.

이 시점에서 클레오크리토스는 다시 활약하게 된다. 전투에서 전사한 병사들을 묻기 위해 시신을 교환하려고 시민군 측과 30인 참주 측이 모였다. 서로의 시신을 교환하면서 양측은 과거 서로가 형제였다는 사실을 깨닫게 되었다. 클레오크리토스는 이 기회를 놓치지 않았다. 그는 목소리를 높여 사람들에게 잠시 자신의 말을 들어줄 것을 청했다. 그는 30인 참주를 지키려 했던 병사들과 아테네에서 추방된 병사들 모두를 향해 말했다.

시민들이여, 어찌하여 그대들은 우리를 아테네 밖으로 몰아내려고 하는가? 왜 그대들은 우리를 죽이려고 하는가? 우리는 그대들에게 어떤 나쁜 짓도 하지 않았거늘, 전혀 그러지 않았거늘! 가장 아름다운 종교 축제에서 우리는 그대들과 성스러운 의식을 함께하지 않았는가! 우리는 그대들과 함께 그 의식에서 춤을 췄을 뿐만 아니라, 함께 공부했고 또한 함께 전장에 나섰다. 우리는 우리 모두의 자유와 안전을 위해 그대들과 함께 육지와 바다에서 많은 위험들을 겪어오지 않았는가! 우리의 아버지와 어머니인 신들을 위해 그리고 우리가 함께 나누고 있는 혈연과 혼례와 공동체 의식을 위해, 신들과 우리 인간들에게 공경함을 보이도록 하자. 우리 도시를 배반하는 일을 그만하자. 지난 10년 동안 펠로폰네소스 전쟁 중에 사망한 아테네인들보다 더 많은 수를 지난 8개월 동안 죽여버린 30인 참주들에게 복종하는 것을 멈추자.[2]

클레오크리토스의 아름다운 목소리는 큰 힘을 지녔다. 살아남은 30인 참주의 지도자들은 병사들이 그의 말을 듣지 못하도록 했으나 헛수고였다. 그들은 서둘러 부대를 아테네로 철수시켰다. 그러나 그 다음 날부터 30인 참주의 동료와 지지자들이 참주들로부터 등을 돌리기 시작했다. 30인 참주로부터 투표권을 부여받은 3,000명의 시민들은 참주들의 직책 박탈에 대해 투표했다. 마침내 많은 훌륭한 아테네인들을 추방시켰던 30인 참주들은 자신들이 아테네에서 더 이상 안전하지 않다는 것을 깨닫고는 급히 도시를 떠나야만 했다.

30인 참주와 3,000명의 시민들은 여전히 스파르타에 의존하고 있었다. 그들은 스파르타인들이 자신들을 구해줄 것이라고 믿었다. 스파르타는 아테네의 30인 참주를 후원하는 일이 더 이상 자신들에게 득이 되지 않는다는 사실을 깨달았다. 그럼에도 그들은 아테네에 심어 놓은 30인 참주를 포기하지 않았다. 스파르타 정부는 아테네 민주주의자들과 30인 참주 양측에 중재와 면책 특권을 실행할 것을 맹세하라고 요청했다.[3] 그 결과 오직 30인 참주와 몇몇 사람들만이 처벌을 받았다. 이후 아테네에는 다시금 평화가 찾아왔다.

마침내 아테네에 평화가 찾아왔으며, 또한 조화가 머물게 되었다. 맹세는 지켜졌다. 아테네 민주주의자들과 30인 참주 측 모두 진심이었다. 누구도 단지 스파르타의 비위를 맞추기 위해 거짓 맹세를 한 것은 아니었다. 클레오크리토스는 미국에서 남북전쟁이 막 시작했을 무렵 에이브러햄 링컨이 소위 '기억의 신비로운 화음'the mystery chords of memory이라고 칭했던 것을 강조했다.[4] 아테네인들은 실로 종교 축제에서 모두 모여 함께 춤을 추었기에 '그 기억의 신비로운 화음'은 아테네에서 강력한 의미를 지니고 있었다. 그들은 함께 교육을 받았고 함께 군사 훈련을 받았다. 그리고 승리와 패배에 대한 기억을 토대로 아테네 영광의 신화를 공유했다. 아테네인들은 조화를 위하여 다수의 힘을 억제하고 견제할 새로운 제도를 구상했다.[5] 내전이 끝난 후 아테네는 다시 민주주의 시대를 열었다. 이 기간 동안 그리고 마케도니아가 뇌물을 이용하여 아테네를 쇠락시키기 전까지, 아테네 민주주의의 몰락을 꾀하는 소수의 계략은 발생하지 않았다. 그사이 아테네에서 내전은 전혀 위협의 대상이 되지 못했다.

조화의 이미지 1: 한 다발의 막대기 비유

다음의 이야기는 잘 알려져 있다.

한 농부가 있었다. 그의 아들들은 자주 다투었다. 농부는 말logos을 통해 아들들을 설득하려고 노력했으나 늘 헛수고였다. 농부는 말이 아니라 행동을 통해 아들들을 설득해야 한다는 것을 깨달았다. 그는 아들들에게 막대기를 주워오라고 시켰다. 아들들이 막대기를 가지고 오자, 그는 그것을 한데 묶어서 다발을 만들었다. 그러고는 아들들에게 막대기 다발을 부러뜨려보라고 시켰다. 아들들은 잔뜩 힘을 주어 그 다발을 부러뜨리려 했으나 허사였다. 농부는 다발을 풀어 아들들에게 막대기를 나눠주면서 다시 부러뜨리라고 했다. 그러자 아들들은 막대기를 쉽게 부러뜨릴 수 있었다. 그것을 보면서 농부는 다음과 같이 말했다. "자 보아라, 아들들아. 만약 너희들이 뭉쳐서 조화롭게 지낸다면 누구도 너희들을 결코 부러뜨리지 못할 것이다. 하지만 서로 다투기만 한다면, 너희들은 쉽사리 부러지게 될 거야."[6]

이솝이 지었다고 알려진 이 우화는 그리스에서 민주주의가 시작할 무렵부터 전해져왔다. 이솝의 우화들을 수집하던 한 고대의 윤리학자는 윤리적 교훈을 우화에 덧붙이며, "조화는 다툼을 쉽사리 종식시킬 수 있을 정도로 강하다"고 말했다. 이 우화와 윤리적 교훈에 사용된 말들은 일종의 정치적 용어들이다. 특히 '다툼'을 가리키는 그리스어 스타시스stasis는 정치적 분쟁부터 내전까지를 아우르는 말이다.

우화에서 조화라고 번역되는 그리스어는 호모노이아homonoia다. 호모노이아의 어원은 '같은 마음을 가짐' 혹은 '한마음'이다. 통상적으로 이는 '동의'同意로 번역되어왔으나, 무엇에 대한 동의인지를 정확히 파악하지 못하는 한 오해를 사기 쉬운 말이다. 모든 혼란과 분열이 씻겨 내려가고 비로소 남는 것이 '동의'다. 호모노이아는 바로 정치적 조화 안에서 함께 살아가는 것에 대한 동의를 뜻하는 것이다.

조화의 이미지 2: 직물의 비유

사실 한 다발의 막대기 비유는 정치적 조화를 설명하는 좋은 예가 아니다. 이 비유는 도시의 모든 사람이 서로 함께 같은 행동을 하며 모든 것에 동의해야만 한다고 주장한다. 모두가 같은 행동을 한다는 것은 굳고 부러뜨릴 수 없는 관계라는 의미에서 단순히 군사적인 의미를 가리킬 수도 있다. 그러나 민주주의를 찬양하던 고대의 시인들이 이미 깨달았듯, 단단하다는 것이 반드시 좋은 것만은 아니다.

> 갑작스레 닥쳐오는 홍수에 위태롭게 흔들리는 나무들을 본 적이 있을
> 것이다.
> 그 나무들이 부드럽게 구부러질 수 있다면 부러지지 않은 채 살아남
> 을 것이고
> 가지들도 잘 견뎌낼 수 있을 것이다.
> 하지만 뻣뻣하게 버텨내려고만 한다면 모두 뿌리째 뽑혀 휩쓸려 내려
> 갈 것이다.

소포클레스의 『안티고네』에 등장하는 한 청년은 위와 같이 말하면서 참주정에 우호적인 태도를 가진 완고한 노인을 설득하려 했다.[7] 막대기를 다발로 묶는 행위는 나무들이 쉽사리 부러지지 않게 해주기는 한다. 그러나 그것이 항상 좋은 것만은 아니다.

무엇보다도 막대기 다발 비유에서 가장 나쁜 점은 막대기들을 다발로 엮는 것이 막대기들 자체가 아니라 그것들을 묶는 끈이라는 것이다. 다발로 엮기 위해선 반드시 끈이 필요하기 때문이다. 마치 아테

네인들을 통제하려 했던 스파르타군과 마찬가지로, 끈은 일종의 외부에서 작용하는 힘이다. 우리는 언제나 외부의 힘에 저항하고자 한다. 농부의 아들들이 자신들을 하나가 되도록 묶었던 것이 다름 아닌 끈, 즉 외부의 힘이라는 것을 알아차리게 된다면 그들은 가능한 한 빨리 이 끈을 끊어버리고자 할 것이다. 마찬가지로 외압적이고 강제적으로 자녀들을 통제하던 부모가 사망한 후, 그 자손들이 다툼에 이르게 되는 경우가 적지 않다.

막대기들을 세로 방향뿐 아니라 가로 방향으로도 놓아서 마치 돗자리처럼 엮을 수 있다면 이것들은 더욱 유연하게 결합될 것이다. 고대 그리스에서는 여성들이 사람들을 이처럼 엮는 역할을 했다. 희극 작가인 아리스토파네스는 『뤼시스트라타』*Lysistrata*에서 여성들이 남성들로부터 정치적인 힘을 인계받아 직접 도시를 통치하는 상황을 상상했다. 그녀들은 다음과 같은 계획을 꾸몄다.

> 양털에서 뽑아낸 양모로 새로 시작하자.
> 그것을 욕조에 넣고 문질러 양의 똥자국과 마찬가지인 도시의 더러움
>   을 닦아내자.
> 그 다음 양모를 펼쳐서, 진드기들 즉 나쁜 사내들과
> 스스로가 공직자로 선출되기 위해 불화를 조장하는 자들을
> 말끔히 제거하기 위해서 단단히 매질하자. 그들을 깨끗이 쓸어내고
> 그들의 머리를 떼어내버리자. 그러고 나서,
> 모두의 좋은 의지를 바구니에 쓸어 담아 잘 섞자.
> 거류 외국인이나, 원한다면 이방인들도,
> 그리고 도시에 빚을 진 자 모두를 함께 잘 섞도록 하자.

모쪼록 우리의 식민지인 이 도시들을

각각의 양모 덩어리들로 이해하자.

이것들을 모두 가져와 한데 모아서

하나로 이은 뒤, 큰 물레로 돌려

그것으로 사람들을 위한 외투를 짜자.[8]

이 계획은 뤼시스트라타라는 여성의 목소리를 통해 전달된다. 이 희극 뒤에 숨어 있는 주제의식은 가벼운 것이 아니었다. 그것은 바로 아리스토파네스의 희극을 듣는 청중들이 고민하던 바로 그 주제의식이었다.

양모에서 양의 똥자국과 진드기들을 씻어내고자 하는 부분은 아테네인들 사이에서 잘 알려져 있었을 것이다. 왜냐하면 이 부분은 당시 아테네인들이 증오해 마지않던 유명 인사들을 비유하고 있었기 때문이다. '양의 똥자국'은 아마도 아첨꾼들을 상징했을 터이고, '불화를 조장하는' 자들은 민주주의를 위협하며 자신들만을 위해 정치적 유대를 유용하려 했던 정치 지도자들을 의미했을 것이다. 뤼시스트라타가 '그들의 머리를 떼어내버리자'고 말한 건 문자 그대로 그렇게 하자는 뜻은 아닐 것이다. 아마도 '그처럼 불온한 정치적 지도자들을 추방하자'는 의미였을 것이다. 당시 아테네에는 참수형과 같은 제도가 없었기 때문이다.

가장 흥미로운 대목은 '모두를 함께 잘 섞도록 하자'고 한 부분이다. 뤼시스트라타는 아테네와 모든 아테네인을 진심으로 위하는 마음이 없는 자들은 도시에서 축출해야 한다고 믿고 있다. 그들을 제외한 모든 사람, 즉 시민권을 가지고 있는 자들과 그렇지 못한 자들 그리고 아테네 식민지의 사람들까지도 하나의 도시라는 이름의 직물로 짜여야 한다고 그녀는 주장하고 있다. 하지만 공교롭게도 당시 아테네는 정반대의 방향으로 나아가고 있었다. 과거보다 더 심하게 오직 시민들에게만 특권을 제공하려고 했다. 그 결과 시민이 아닌 자들은 민주주의라는 이름의 직물에서 떠나가버린 것이다.

『정치가』*Statesman*라는 대화편에서 플라톤은 이와 유사한 직물의 비유를 통해 이상적인 통치 기술에 대한 자신의 생각을 드러낸다. 뤼시스트라타의 주장처럼, 플라톤 역시 모든 사람을 위한 통치 제도를 구현하고자 했다. 그러나 그녀의 주장과는 달리 플라톤의 '모든 사람'은 노예까지만을 포함한다. 그 대화편은 아테네를 방문한 익명의 현자가 전하는 말로 끝을 맺는다.

그렇다면 이제 우리는 다음과 같이 말해보도록 하세나. 통치술이 용기 있고 절제하는 마음으로 가득 찬 이들을 조화(즉 동의homonia)와 우정으로 이끌 때, 이 올곧은 직물이 정치의 목표에 다다른다고 말이네. 이 일이 마무리될 때, 그 직물은 가장 훌륭하며 최고로 좋은 직물일 걸세. 왜냐하면 이 직물은 도시 안에서 자유인들과 노예들을 포함하여 정말로 모든 이를 감쌀 것이기 때문이네. 그리고 한 도시가 이 직물을 가짐으로써 행복해질 수 있는 한, 그 도시에 부족한 것은 전혀 없을 것이라네.

플라톤을 대신한 이 익명의 현자는 민주주의를 고려하고 있지는 않다. 그는 직물의 비유를 통해 신과 같은 이상적인 왕이 통치하는 국가를 얘기하고 있다. 게다가 모든 사람이 직물을 짜기 위한 씨실과 날

실로 간주되고 있지도 않다. 그가 촘촘히 엮자고 제안하는 씨실과 날실은 평화를 지키기 위해 만약의 전쟁에 만반의 준비를 하고 있는 자들이다. 용맹한 실들이 한 방향으로 나아가는 반면, 안정적인 실이 다른 방향으로 나아간다. 그러나 이 씨실과 날실로 짜인 직물은 결국 모든 이를 위한 것이며, 모두를 포함해야 한다는 시각은 참으로 인상적이다.

조화의 이미지 3: 음악의 비유

직물을 짤 때는 오로지 두 종류의 실, 즉 세로로 나아가는 날실과 가로로 나아가는 씨실만을 하나로 엮는다. 그러나 음악적인 조화는 가락과 음색, 음조에서 제각각인 모든 종류의 소리를 조정한다. 민주주의의 필수 요소인 화합을 묘사할 수 있는 가장 좋은 비유는 음악적 조화라고 할 수 있다. 플라톤 역시 자신의 저서에서 '음악적 조화'라는 비유를 사용한 바 있다. 플라톤은 『국가』에서 도시의 모든 요소가 함께 만들어내는 조화에 대해 논하면서, 그들이 '하나의 노래를 부른다'고 적고 있다.[9] 그러나 플라톤이 듣고 싶어한 '하나의 노래'란 전혀 민주적인 의미가 아니다. 오직 철학자 왕들만이 통치해야 한다는 것에 대한 동의를 의미했다. 민주주의의 음악과는 거리가 먼 것이다.

　민주주의 국가에서 서로 다른 요소들이 함께 불러야 하는 '하나의 노래'란 도대체 무엇일까? 아테네인들은 이 질문에 대해 어떻게 대답해야 할지 몰랐다. 일부 시민들은 하나의 노래가 더욱 강한 획일성을 의미한다고 여겼다. 하지만 앞서 살펴보았듯, 귀족정을 도모하는 자들을 침묵시키고자 했던 아테네 민주주의의 초기 시도들은 오히려 역효과를 불러왔다. 귀족들은 민주주의에 맞서 자신들의 힘을 되찾기 위해 호시탐탐 기회를 노렸으며, 30인 참주정이 몰락한 후에는 면책 특권을 받아내기도 했다.

그렇다면 정치적 조화란 무엇일까? 건강한 사회에서 시민들은 얼마만큼이나 서로 다른 의견을 개진할 수 있는 것일까? 민주주의가 이루어지던 두 세기 동안 아테네인들은 조화로운 시민들이 거의 모든 주제에 대해서 서로 다른 의견을 가질 수 있다는 것을 배웠다. 사람들은 서로 다른 교육을 받고 서로 다른 목표를 가지고 살며, 심지어 서로 다른 신들을 경배하기도 한다. 하지만 그들 모두 법에 따른 통치를 인정했으며, 어느 누구도 법보다 우월하다고 주장할 수 없었다. 그게 바로 가장 중요한 원칙이었다.

자신이 법 위에 있다고 여기는 자가 나타나는 순간 조화는 깨지기 마련이다. 우리들 중 일부가 법 위에 서려 할 때, 이는 자신과 다른 시민들을 분리시키는 행위이자 시민들의 선행을 이용하여 자신의 이익을 도모하는 행위다. 이는 결과적으로 법을 어기면서도 잘 지내는 자들과 그렇지 못한 자들 사이에 갈등의 씨앗을 심는 꼴이기 때문이다. 데모스테네스는 법이 모든 시민을 동등하게 떠받치는 한 늘 따라야 한다는 게 민주주의의 가장 중요한 원칙이라는 것을 알았다. 그리고 그것이 곧 '모든 개인의 정치에의 동등한 참여'를 의미한다는 것도 알고 있었다.[10] 하지만 법 다음으로 따라야 할 것이 두 가지 더 있다. 첫째는 모든 시민이 함께 협력하는 것에 동의해야 한다는 것이다. 이는 비단 외부의 침략 위협 아래에서만 해당되는 명제가 아니다. 조화로운 도시는 시민의 교육과 축제를 함께 만들어나간다. 클레오크리토스가 말하듯 조화로운 도시의 모든 시민은 '함께 춤추는 동료'인 것이다. 둘째는 다른 이들에게 같은 음색으로 노래를 부르라고 강요하면서 불필요한 내분을 야기시키지 말아야 한다. 모든 이는 '다양한 차이의 조화'를 받아들일 줄 알아야 한다. 결국 정치적 조화 속에서 산다는 것은 법에 따른 통치를 충실히 받아들이고, 공공의 목표를 위해 함께 협력하며, 서로 간의 차이를 인정하고 받아들이는 것을 의미한다.

아테네 제국에서의 조화와 불화의 역사

아테네인들이 어떤 과정을 통해 조화의 중요성을 배우게 되었는지 살펴보자. 그들이 조화의 중요성을 배우는 과정은 쉽지 않았다. 그것은 내전, 참주정의 공포정치, 제국의 월권 행위, 이후 발생한 더 큰 내전과 다시 등장한 참주정 등 고통의 연속이었다. 그러나 아테네는 내전과 참주정이라는 악순환의 고리로부터 벗어나기 위해 갖은 노력을 경주한 끝에 결국 민주주의를 향한 발걸음을 내딛게 되었다.

기원전 6세기 초, 솔론이 집권하던 시기의 아테네는 내분을 면치 못하고 있었다. 결국 아테네인들은 자신들을 다스려줄 강력한 통치자를 환영하고야 말았다. 참주 페이시스트라토스는 사람들이 원하던 것을 아낌없이 제공해주었다. 그의 가장 중요한 정치적 활약은 아마도 그가 아테네의 내분을 종식시키고 평화를 도모했다는 점일 것이다. 이를 통해 그는 권력을 다질 수 있는 계기를 마련했다.

기원전 510년 참주 페이시스트라토스 일가가 척결된 후, 아테네는 민주주의를 향한 첫걸음을 내디디려 했다. 공교롭게도 그때 페르시아 제국은 그리스를 향해 세력을 확장시키기 시작했다. 소아시아 지역의 그리스 도시국가들은 이미 힘을 잃었으며(몇몇의 경우 내부의 불화 때문에), 유럽 지역의 그리스 도시국가들도 페르시아에 항복했다. 무자비한 침략을 감행하는 페르시아에 대항하여 아테네는 저항 세력의 정신적 지도자가 되었다. 당시 페르시아 세력은 믿을 수 없을 정도로 막강했다. 기원전 490년 아테네인들이 페르시아와의 마라톤 전투에서 승리한 것은 그들로서도 믿기 힘든 결과였다. 한편 당시 스파르타는 철제 무기로 무장한 큰 규모의 군대를 보유하고 있었다. 페르시아에 대항하여 아테네를 중심으로 많은 그리스 도시국가들이 동맹을 결성했을 때, 스파르타는 동맹의 군사적 지도자가 되었다. 기원전 479년 플라타이아 평원의 전투에서 페르시아군을 무찔렀을 때, 그리스 동맹군을 조화롭게 이끈 것도 스파르타였다.

플라타이아 전투 이후 스파르타인들은 자신들의 고향으로 돌아갔다. 하지만 아테네인들은 끝까지 그곳에 남아 그리스 도시와 주변 섬들의 자유를 쟁취하기 위해 항쟁을 이어갔다. 그리스의 도시국가들은 기꺼이 합심하여 아테네에 자신들을 이끌어줄 것을 부탁했고, 그 결과 델로스 동맹을 맺게 되었다. 아테네는 동맹국들로부터 부대를 이끌 정도의 소량의 지원금만을 요청했으며 동맹의 국고를 그리스의 신성한 지역인 델로스 섬에 유치했다.

이후 민주주의의 꽃이 만개할 무렵 아테네인들은 그리스의 다른 도시국가들 사이의 불화를 이용하여 그들을 자신들의 휘하에 두었다. 델로스 동맹의 국고를 델로스 섬으로부터 아테네에 있는 아크로폴리스로 옮겼을 때 아테네는 단순히 동맹을 이끄는 지도자의 역할에 머문 것이 아니었다. 이제 아테네는 그리스 전체에서 영향력을 행사하는 국가로 변모해 있었다. 아테네는 그렇게 제국이 되어갔다.

아테네의 제국주의적 실권을 과연 증오해야 할지, 증오해야 한다면 얼마만큼이나 증오해야 할지에 대해 시민들 사이에서 의견이 엇갈렸다. 어떤 이들은 안전 보장과 자유 교역 그리고 민주주의를 이유로 아테네의 권력을 반겼다. 아테네인들은 자신들이 정복한 지역의 원통치자들을 축출하고 민주주의를 이식시켰다. 아울러 그들은 아테네의 법률을 강요하지 않았다. 아테네인들은 정복지의 사람들이 자신들의 기존 법률에 따르는 것을 허락했다. 아테네의 이러한 통치 정책은 제국에 종속되어버린 그리스 도시국가들로부터 충성심을 이끌어내기에 충분했으며, 페르시아의 위협이 그리스 전역을 뒤덮은 암흑기에 그들을 전적으로 아테네에 의존하게끔 만들었다.[11]

하지만 동시에 많은 그리스들은 아테네의 힘이 급속도로 성장하는 것을 달가워하지 않았다. 그들은 자신들의 도시가 아테네의 노예로 전락하는 것을 보았으며, 기회가 있을 때마다 아테네에 대항하여 반역을 도모했다. 아테네에 반역을 꾀하는 자들 중 많은 수는 아테네가 민주주의를 종용하는 바람에 권력을 잃게 된 자들이었다. 이뿐만 아니라 단순히 아테네로부터 독립을 추구하는 세력들도 반역에 동참했다. 게다가 대부분의 그리스인은 자신들이 바쳐온 공물을 유치하던 국고가 델로스에서 아테네로 옮겨지는 것을 반기지 않았다. 또한 아테네인들이 파르테논 신전과 같이 지나치게 호화스러운 건물을 짓는 것도 달가워하지 않았다.

정세가 무난히 흘러가는 동안 아테네인들은 조화를 잘 유지하는 듯이 보였다. 그들은 제국의 건설이라는 공동의 사업을 함께했다. 동시에 유능한 민주주의 지도자인 페리클레스가 등장하여 아테네인들의 자부심을 고양시키면서 모든 시민을 공평하게 정치적 삶으로 이끌었다. 물론 그에게도 정적들이 있었다. 그러나 그들은 페리클레스가 정치적 권력을 잃을 때까지 그를 직접적으로 공격할 수 없었다.

하지만 페리클레스는 모든 이의 조화를 유지하는 데 완벽히 실패했다. 그는 아테네 시민권 제도를 강화했다. 아테네 시민이 되기 위해선 부모가 모두 시민이거나, 스스로가 아테네를 위해 뛰어난 공적을 세우는 길밖에 없었다. 시민권을 획득하는 것이 사회의 정예 세력이 됨을 의미하는 것은 아니었다. 민회 제도가 아테네에 정착된 후에도 여전히 많은 수의 가난한 자들이 시민권을 가지고 있었으며, 더욱이 최빈곤층의 사람들도 정치적 활동에 참여할 기회를 가지고 있었다. 반면 거류 외국인들은 종종 아테네를 위해 충직한 공헌을 세우더라도 시민이 될 기회가 거의 없었다. 페리클레스가 구축한 까다로운 시민권 제도 탓에 아테네에서 시민과 비시민 사이의 갈등의 골은 점점 깊어져갔다.

무엇보다도 아테네인들이 저지른 가장 큰 실수는 바로 지나치게 자신들의 제국을 돌보았다는 것이다. 아테네가 제국의 영위를 누리던 시기 동안, 그들은 모든 그리스인에게 시민권을 부여할 수도 있었다. 만약 그들이 그렇게 했다면, 아마도 그리스 안에서 새로운 조화의 기틀이 마련되었을 수도 있었고, 그 조화의 기반 위에서 이후 페르시아와의 전쟁에서 승리할 수도 있었다. 아테네 외부의 사람들에게 시민권을 부여하는 게 전적으로 받아들이기 힘든 일은 아니었다. 아리스토파네스의 『뤼시스트라타』를 제외하더라도 이미 몇몇 고대의 사료 속에서 그것은 개념적으로 가능한 일로 여겨졌다. 실제로 마케도니아 제국은 비非마케도니아인들에게 시민권을 부여했다. 수년이 지난 후 로마 제국 역시 마찬가지였다.

하지만 아테네 민주주의를 지탱해주는 것으로 보였던 조화가 사실은 환상에 불과했다. 민주주의가 막 피어나던 초창기 시절, 많은 귀족 가문 출신들은 자신들이 새로운 정치 제도에서 패배자나 다름없다고 느꼈다. 그리고 민주주의의 토대를 허물기 위한 기회를 엿보고 있었다. 기원전 461년 초, 민주주의를 주창하던 한 정치적 개혁자가 살해당하자[12] 귀족들이 일차적으로 의심을 받았다. 이 기간 동안 정치적 긴장은 매우 높아졌고, 많은 귀족들이 아테네에서 추방당했다. 그렇게 쫓겨난 귀족들 가운데 알키비아데스는 스파르타와 페르시아를 돕는 이적 행위를 통해 자신을 추방한 아테네에 복수했다.

아테네 제국이 여러 문제들로 골머리를 앓고 있을 때 불화가 다시 창궐했다. 처음엔 기원전 411년 발생한 귀족들의 쿠데타로 시작했으며, 이후 30인 참주정이 등장했다. 귀족들의 쿠데타와 참주들의 봉기가 있을 때마다 아테네는 내전에 휩싸였다.

아테네 제국에서 조화와 불화의 반복되는 역사가 전하는 교훈은 다수에 의한 통치가 사실은 무척이나 불안정하다는 점이다. 특히 다수의 의견이 힘을 가진 소수의 입장을 묵살할 경우에 더욱 그렇다. 그런 경우 대체로 힘있는 소수는 평화스럽게 상황을 받아들이기보다 무력을 앞세워 자신들의 입장을 관철하고자 한다. 참주와도 같은 다수 집단과 풍족한 자원을 소유하고 외국과의 유대를 맺고 있는 분개한 소수 집단 사이에 평화가 유지될 수 있다고 기대하는 것은 헛된 희망일 뿐이다. 이 갈등이야말로 처음 100년 동안 유지되었던 아테네 민주주의를 기어코 실패로 이르게 한 원인이었다. 이 갈등은 다름 아닌 조화의 실패였던 것이다.

이후 민주주의가 다시 복권되면서 아테네인들은 조화를 이룩하고자 노력했다. 내전의 소용돌이 속에서 살아남은 한 연설가는 아테네인들의 노력을 "그들은 노예가 되길 원했던 자들과 함께 자유를 나누어 가졌다"*라는 문장으로 표현했다.[13] 그렇게 함으로써 그들은 아테네를 구할 수 있었다.

협력으로서의 조화

조화 없이 정치적 힘을 발휘하는 데모스dêmos(민중)란 있을 수 없다. 조화가 없는 사회에서는 오직 정치적 갈등에 이끌리는 내분만이 존재할 뿐이다. 내분을 조장하는 정치는 민주주의가 아니다. 조화 없이는 민주주의가 전혀 가능하지 않으며, 조화는 전시에서만큼이나 평화가 유지되는 시기에도 필수적이다. 보통 조화는 전시에 더욱 요구되는 것처럼 보인다. 적군이 성문 앞에 주둔하고 있을 때 불화는 아군을 나약하게 만들지만 조화는 아군을 강건하게 유지시켜준다. 농부가 막대기 다발의 비유를 통해 아들들에게 전하려 했던 요점이 바로 그것이었다.

기원전 431년부터 404년까지 아테네와 스파르타 간의 전쟁에서 긴 휴지기가 이어지던 사이, 415년 아테네는 시라쿠사를 침공하기로

---

* '노예가 되길 원했던 자들'이란 기꺼이 아테네에 정복당해 아테네의 민주주의와 자유를 누리고자 했던 그리스의 다른 도시국가 시민들 혹은 그리스 외부 지역의 사람들을 가리킨다. 아테네인들은 이와 같은 외지 출신의 사람들을 흡수한 뒤, 이들을 자신들의 문화적·정치적 활동에서 배척시키지 않았다.

결정한다. 시라쿠사는 광대하고 번성하던 지역이었으며 동시에 바다 넘어 멀리 시칠리아에 위치하고 있었기에 침공은 무척이나 어려운 결정이었다. 하지만 아테네로서는 전쟁을 강행할 만한 충분한 이유가 있었다. 시라쿠사가 시칠리아에 있는 아테네의 동맹 도시들에 도발을 했으며, 아울러 아테네는 시라쿠사의 경제적 부와 천연자원, 그리고 교역 노선의 통제권을 간절히 원했기 때문이다.

당시 시라쿠사는 민주주의 체제를 유지하고 있었고, 그로 인해 이전보다 더욱 강한 힘을 누릴 수 있었다. 당시 아테네가 정복했던 대부분의 도시국가들은 민주주의 체제를 유지하고 있지 않았다. 아테네는 정복 사업을 위해 그 도시국가들 내에서 전략적으로 내분을 조장하기도 했다. 시라쿠사의 지도자 중 한 명인 아테나고라스Athenagoras는 이점을 어느 정도 이해하고 있었으며, 전쟁 직전에 작성한 연설문에서 자신의 도시와 시민들이 아테네인들에게 전혀 겁먹을 필요가 없다고 강조했다. 대신 그는 부유하고 고귀한 출신의 소수 집단이 도시를 점령하는 것이야말로 두려워해야 할 일이라고 외쳤다. 그는 다음과 같은 말로 민주주의를 옹호했다.

어떤 이들은 민주주의가 지혜롭지도 공정하지도 않다고, 그리하여 유복하며 넉넉한 자들만이 통치하는 데 가장 적격이라고 우길지 모른다. 그러나 이에 대해 나는 두 가지 답변을 제시하려 한다. 첫째, 데모스는 바로 모든 사람을 가리키는 말인 반면, 올리가키oligarchy(과두)는 오직 몇몇의 소수만을 지칭하는 말이다. 둘째, 비록 부유한 자들이 도시의 재정을 관리하는 데 있어 가장 적격일지 모르나, 충고하는 데 있어 가장 뛰어난 자들은 지혜로운 자들이며 충고를 판단하는 데 있어 가장 뛰어난 자들은 바로 우리와 같은 평범한 사람들이다. 민주주의 체제 안에서는 이 세 집단 모두, 그리고 각 집단에 속한 모든 이가 공평하게 자신의 몫을 가진다. 하지만 과두정 체제 안에서는 평범한 보통 사람들이 언제나 위험을 안고 살아가는 반면, 부유한 자들은 자신들에게 할당된 몫보다 더 많은 것을 취한다. 그뿐만이 아니라 그들은 우리들에게서 모든 것을 훔쳐간다.[14]

자세히 읽어보면 알겠지만 사실 이 연설은 자가당착적이다. 아테나고라스는 민주주의가 모든 사람에 의한 정치 체제라는 것을 강조하면서도, 동시에 정치적으로 자신이 동의할 수 없는 입장을 가진 자들을 민주주의라는 이름으로 처단할 것을 역설하고 있다. 시라쿠사의 단결을 촉구하는 연설가의 의도가 사실은 부유한 자들에 대한 공격을 의미하는 것이었다. 만약 사람들이 아테나고라스의 연설을 진지하게 받아들였더라면 시라쿠사는 아마도 두 동강이 났을 것이다. 다행히 사람들은 그의 연설을 진중하게 받아들이지 않았다. 아테나고라스는 민주주의에 대해서뿐 아니라 군사 전략에 있어서도 뛰어나지 못했기 때문이었다.

경험 많은 한 장군이 아테나고라스 다음으로 연단에 올라서서 연설을 했다. 그의 이름은 우리에게 알려지지 않았으나, 그가 시라쿠사가 전쟁에서 승리할 수 있는 방안을 제안했다는 사실은 잘 알려져 있다. 그가 제안한 방안은 도시 전체의 사람들이 전쟁에 대비하여 함께 행동하면서 정치적 갈등은 잠시 제쳐두자는 것이었다. 시라쿠사는 그의 제안대로 움직였으며, 스파르타의 원조와 함께 (그리고 이와 더불어 행운 역시 따라주어) 마침내 아테네인들을 물리쳤다.

아테네에서는 상황이 정반대로 흐르고 있었다. 도시가 근래 들어 전에 없던 영화를 누렸기에 일부 시민들은 어느 정도 불화가 있더라도 충분히 감내할 수 있다고 생각했다. 시라쿠사 원정을 위해 아테네인들은 세 명의 장군을 선출하여 그들 모두에게 똑같은 수의 함대를 맡겼다. 세 명의 장군 중 니키아스Nicias는 전쟁에 반대했으며, 알키비아데스Alcibiades는 전쟁에 적극 찬성했다(또 한 명의 장군인 라마코스 Lamachus는 이 이야기에서 중요하게 언급되지 않는다). 알키비아데스는 셋 중 군사 작전에 가장 능했다. 게다가 그가 지닌 카리스마는 군대의 사기를 한껏 올려놨으며, 그의 연설 능력은 아테네 민회를 자신의 손아귀 안에서 놀아나게 만들 정도로 뛰어났다. 그는 부유하고 매력적이었으며 귀족 출신의 비양심적인 인물이었다. 동료들과의 떠들썩한 유흥으로도 악명이 높았다.

아테네 함대가 출항하기 전날 누군가 주연酒宴을 베풀었다. 아니면 알키비아데스를 함정에 빠뜨리기 위해 주연을 여는 척했는지도 모른다. 밤 늦은 시각 주연에 참석했던 자들은 아무도 없는 시내 곳곳을 미친 듯이 날뛰면서 헤르마herma라 불리던 성스러운 조각상들을 부수어버렸다. 그 조각상들은 다산多産을 기리기 위해 세워진 것들로, 각각의 헤르마에는 머리와 남근이 새겨져 있었다. 사건의 주동자로 알키비아데스가 의심받았다. 재판은 시라쿠사 원정대가 돌아올 때까지 연기되었다. 다음 날 원정을 위해 알키비아데스의 함대가 출항한 뒤 배가 시야에서 사라지자 곧바로 그의 정적들은 알키비아데스를 당장 송환하여 불경죄로 재판에 세워야 한다고 주장했다. 알키비아데스를 고소하려는 자들은, 그가 아테네에 있는 동안에는 그의 병사들이 자신들을 위협할 수 있다고 생각했기에 감히 그와 같은 말을 할 수 없었

조화

다. 알키비아데스를 불경죄로 고소하는 일이 사실에 바탕을 둔 것인
지 아니면 날조된 것인지는 알 수 없다. 하지만 그들이 알키비아데스
를 함정에 빠뜨리려 했다는 것은 분명하다. 그 정황이야 어찌 되었든,
알키비아데스가 도시 밖으로 나간 사이 그를 공격하려 한 정적들의
시도는 정말이지 비겁하고 잘못된 것이었다.

군사 작전을 막 펴기 전, 아테네인들은 가장 재능 있는 군사 지도
자들 중 하나를 공격하기로 합의했다. 이렇게 아테네인들은 불화의
음색에 맞추어 목소리를 냈다. 그리고 그 불화의 음색은 이후 몇 년
동안 그들을 괴롭혔다. 알키비아데스는 아테네인들이 자신을 고발하
려 한다는 소식을 듣자마자 아테네를 탈출했다. 그는 몰래 함대를 떠
나서 스파르타로 향했으며, 그곳에서 앞으로 그들이 맞이하게 될 길
고도 지리한 전쟁(아테네의 시라쿠사 침공은 이 전쟁의 한 에피소드일 뿐이다), 즉
펠로폰네소스 전쟁에서 스파르타가 이길 수 있는 방안들에 대해 군사
적 조언을 아끼지 않았다. 만약 알키비아데스가 아테네 진영에 남아
있었더라면 아테네는 시라쿠사 전쟁에서 승리했을지도 모른다. 알키
비아데스가 탈출하자 지휘권은 니키아스에게 돌아갔다. 그러나 그는
시라쿠사 원정 임무 자체를 반대했으며, 무엇보다도 재빠른 결정을
요구하는 공격 작전을 지휘하는 데 적임자가 아니었다.

알키비아데스가 스파르타에 도착했을 때 그는 사람들에게 자신의
도시를 배반한 인물로 여겨지는 것을 원치 않았다. 그래서 그는 자신
이 (현재 아테네의 민주주의가 아닌) 과거의 민주주의를 지지하는 입장이고
또한 스파르타인들을 돕기 위해 이곳에 왔다고 주장하며 자신의 입장
을 정당화하려 했다. 그의 주장은 당시 귀족들이 민주주의에 대한 반
감과 분개를 마음속에 은밀히 품고 있었다는 것을 잘 보여주는 하나

의 증거였다.

내가 사람들을 돕고자 한다는 이유로 누군가 나를 나쁘게 생각한다면, 그는 자신이 올바르게 노여워할 권리를 갖고 있지 못하다는 것을 깨달아야만 합니다. 당신들도 잘 알다시피 우리 귀족들은 언제나 참주들과 의견을 달리해왔습니다. 독재자에 반대하는 무엇이든 데모스라고 할 수 있으며, 바로 그 이유로 우리는 다수의 사람들을 대표하여 그들의 지도자를 자임해온 것입니다. 게다가 민주주의를 실행하는 도시에서 우리는 점차로 사람들이 요구하는 조건들을 따르라고 강요받아왔습니다. 그럼에도 우리는 지금 정치적으로 우세한 그 고집불통인 자들보다 훨씬 더 온건한 입장을 취하려고 노력해왔습니다. 과거에도 그리고 지금도 군중을 잘못된 방향으로 고무시키는 자들이 있습니다. 그들은 바로 나를 아테네에서 몰아낸 자들입니다. 반면 우리 귀족들은 도시 전체의 지도자들이었으며, 또 우리의 도시를 가장 큰 영광과 최고의 자유를 누렸던 과거 그 시절의 모습으로 유지하는 것이 옳다고 생각했습니다. 그 당시 나뿐만 아니라 많은 이들이 민주주의가 무엇이며 어떤 제도인지를 충분히 알고 있었습니다. 그럼에도 우리는 결국 민주주의를 받아들였습니다. 그렇기에 나는 원하기만 한다면 언제든 민주주의 체제를 비난할 수 있는 것입니다. 비록 모든 이들이 동의하는 정치 체제란 어리석기 짝이 없다는 것 외에 달리 할 말이 없기는 하지만 말입니다. 아울러 당신네 스파르타인들이 우리 아테네인들을 적으로 몰아세우면서 압박해 들어오고 있는 와중에 정치 체제를 바꾸는 것은 전혀 안전하지 않다고 생각하기도 했습니다.

(……)

단지 내가 적들과 손을 잡고 사랑하는 나의 도시에 맞서려 한다는 이유만으로 나를 나쁘게 생각하는 것은 옳지 않습니다. 당신들은 내가 하는 말들을 단순히 헛된 열망에 사로잡힌 도피자의 말로 받아들여서는 안 됩니다. 비록 내가 아테네로부터 나를 몰아내려 했던 자들의 사악함으로부터 도망쳐온 상태이기는 하나, 내 조언을 받아들인다면 나는 당신들을 돕는 일로부터는 결코 도피하지 않을 것입니다. 당신네 스파르타인들처럼 단지 적에게 해를 입히려고 하는 자가 적이 아니라, 자신들의 친구를 적으로 만들려고 하는 자들이야말로 진정한 적이라는 것을 명심해야 합니다.

알키비아데스는 자신이 아테네에 등을 돌렸다는 이유로 비난받아서는 안 된다는 것을 강조하고 있다. 그는 아테네의 민중 선동가들이 자신을 아테네의 적이 되게끔 몰아갔으며, 그럼으로써 아테네를 자신들의 손아귀에 넣으려 한다고 주장하고 있다.

나는 나의 도시 아테네를 사랑합니다. 그러나 나에게 부정한 짓을 가하는 아테네가 아니라, 안전하게 정치 생활을 할 수 있는 곳으로서의 아테네를 사랑합니다. 내가 등을 돌리려 하는 그곳은 더 이상 나의 도시가 아닙니다. 나의 도시가 아닌 곳을 복원하는 것은 생각보다 훨씬 중요한 사안입니다. 자신의 도시를 진정으로 사랑하는 자는 불의로 인해 잃어버리게 된 그 도시에 대한 침공을 반대하는 자가 아니라, 무슨 수를 써서라도 망가진 그 도시의 복원을 강하게 열망하는 자인 것입니다.[15]

실제로는 아테네에 대한 반역을 도모하면서, 알키비아데스는 이와 같은 말로 스파르타인들에게 자신이 아테네의 반역자가 아니라고 역설했다. 하지만 알키비아데스의 연설은 정말이지 불화의 목소리일 뿐이며, 완벽한 조화의 실패일 따름이다. "내가 등을 돌리려 하는 그곳은 더 이상 나의 도시가 아닙니다. 나의 도시가 아닌 곳을 복원하는 것은 생각보다 훨씬 중요한 사안"이라는 알키비아데스의 말이 그것을 잘 보여주고 있다. 가장 총명하며 뛰어난 시민들이 적이 되는 순간, 그리고 그들이 더 이상 모국을 자신들의 국가라고 생각하지 않는 순간, 조화는 소멸하고 만다. 누구를 비난해야 하는가? 아테네를 비난해야 하는가 아니면 알키비아데스를 비난해야 하는가? 훨씬 후대에 살고 있는 우리로선 이 질문에 쉽게 대답할 수 없다. 그러나 알키비아데스와 동시대를 살았던 자들 역시 쉽게 대답할 수 없었을 것이다. 조화는 모든 사람의 책임이기 때문이다.

차이의 수용으로서의 조화

조화란 하나의 음색으로 노래하는 것이 아니라, 음악의 구성 요소들을 하나로 조율하여 여러 음색으로 노래하는 것이다. 하나의 음색으로 노래하는 조화는 정치의 종말이나 다름없다. 모든 시민이 같은 음색으로 노래하기를 요구받는 신권神權 정체에서는 정치가들이 앵무새처럼 단지 같은 말만 되풀이하거나 침묵을 지킬 것이다. 같은 말을 반복하는 것이나 침묵하는 것은 정치가 아니며, 그런 정체에서 정치가란 존재할 수 없다. 고대 그리스인들은 이 점을 잘 이해하고 있었기에, 언제나 토론과 논쟁을 환영했던 것이다.

아테네인들은 종교적인 문제에 대해서만큼은 비교적 관대했다. 물론 그들도 타국의 종교를 거부하거나 타국의 특정한 종교 의식을 제한하려 했던 적이 있다. 그러나 그들은 대체로 종교적인 이념들에 대해서는 다투려 하지 않았고, 어떤 신에 대해서도 모욕하려 하지 않았다. 많은 신의 존재를 인정하는 다신론은 언제나 조화로운 시각으로 그 종교적 차이를 다룬다.

다신론 덕분에 아테네에는 많은 종류의 신들과 다양한 의식들이 생겨나게 되었다. 아테네에는 도시에서 관장하던 종교 의식들이 많이 있었으나, 가장 중요한 의식은 참석한 사람들을 하나로 묶어주었던 엘레우시스 신비의식Eleusinaian Mysteries이다. 엘레우시스 신비의식에 가입하기 위해서는 입회의식을 따라야 했다. 입회의식를 통해 입문자들은 자신들이 어둠으로부터 빛의 세계로 다시 태어난다고 믿었으며, 자신들과 신들 사이에 특별한 관계가 맺어진다고 여겼다. 엘레우시스 신비의식은 비밀리에 진행되었기에 그것에 대해 알려진 건 많지 않다. 하지만 모든 사람이 이 의식에 참석할 수 있었다는 점은 확실하다. 남성과 여성, 시민들, 노예들(비록 소수만이 입문에 필요한 자금을 충당할 수 있었겠지만), 그리고 외국인들까지, (살인을 저지른 적이 없으며) 그리스어를 할 줄 아는 모든 사람이 입문할 수 있었다. 아테네 시민들 대부분이 신비의식에 입문했으며, 이 입문은 당시 신분과 부의 격차를 뛰어넘어 아테네 시민들을 조화로 이끄는 원천으로 간주되었다. 또 다양한 종교적 믿음을 가지는 것은 허용되었으나, 신비의식에 대해 결례를 범하는 것은 허용되지 않았다.[16]

그러나 소크라테스의 경우에는 아테네인들이 참아줄 수 있는 범위를 넘어섰다. 민주주의의 배심원들은 그에게 끝내 사형을 선고했다. 소크라테스는 민주주의의 핵심적인 이념들, 특히 시민 지혜의 이념에 반대하는 입장을 폈으며, 아울러 이단적인 종교적 견해를 가지고 있었다. 달리 말해 아테네인들은 그가 전통에 위협을 가하는 새로운 이념들로 무장했다고 생각했다. 게다가 소크라테스가 30인 참주들과 가깝게 지냈다는 사실 역시 재판에서 불리하게 작용했다. 소크라테스의 죽음은 아테네 민주주의가 저지른 오점으로 기록되어 있으나, 쉽게 설명될 수 있는 문제는 아니다. 그의 죽음을 야기한 요인들이 너무나도 많았기 때문이다.[17]

다시 민주주의가 복원된 후 몇백 년 동안 조화의 덕목은 더욱 만개했다. 플라톤은 민주주의를 신랄하게 비판했으나, 결코 어떤 위협도 받지 않았다. 게다가 플라톤은 전통적인 아테네의 종교관에 대해서도 비판적이었으며, 자신의 철학적 저술에 종교 입문의식의 패러디를 적기도 했다.[18] 그래도 당시의 민주주의는 그에게 어떠한 위협도 가하지 않았다. 플라톤뿐 아니라 다른 많은 철학자들이 민주주의에 반하는 입장을 주장하고 가르쳤지만 어떤 제약도 받지 않았다. 그들의 자유를 억압한 것은 민주주의가 아니라 오히려 아테네 민주주의에 위협을 가했던 마케도니아와 관련되어 있었다. 이 억압은 당대의 철학자인 아리스토텔레스와 밀접한 관련이 있다. 아리스토텔레스는 마케도니아의 알렉산더 대왕의 스승이었으며, 아리스토텔레스의 후계자들 역시 마케도니아 통치자를 따르고 있었다. 알렉산더와 그의 정복 사업을 계승한 자들은 아테네의 자유를 철저히 파괴했다. 결국 아테네인들은 철학자들이 민주주의 이상에 반하는 이념을 제시해서가 아니라, 그들이 외부의 적을 대변하고 있었기에 그들의 자유를 억압했던 것이다.

시간이 흐른 뒤 철학자들 다음으로 기독교인들이 위협에 직면했다. 그러나 아테네인들이 높이 샀던 가치, 곧 민주주의가 그들에게 위협을 가한 것은 아니었다. 게다가 그들이 새로운 신을 믿기 시작했다는 사실로 인해 위협에 직면한 것도 아니었다. 그 이유는 바로 기독교인들이 전통적인 옛 신들을 경멸했다는 점과 스스로를 신이라 주장했던 로마 제국의 지도자들을 경배하지 않기로 결정했기 때문이다.

현명하게도 미국의 건국자들은 정치적 조화를 달성하기 위하여 많은 차이를 수용하기로 결정했다. 그들이 노예제에 대한 서로 다른 도덕적 입장의 차이를 수용할 수 있었다는 것은 실로 놀라운 일이다. 하지만 더욱 놀라운 것은 그들이 종교적 차이를 수용하는 새로운 국가를 기꺼이 인정했다는 점이다. 콘스탄티누스 대제가 기독교를 로마 제국의 국교로 인정한 이래 어느 곳에서도 그처럼 차이를 수용하려는 시도를 하지 못했다.

요점은 다음과 같다. 조화는 획일성을 의미하는 것이 아니다. 조화로운 문화는 모든 사람이 동의하도록 강요하지 않는다. 강요는 갈등과 분개를 낳을 뿐이고, 다시 분개는 불화로 이어진다. 만약 시민들 사이의 차이를 수용할 수 없다면, 그래서 폭력을 사용하여 혹은 법의 힘에 기대어 차이를 해소하려고만 한다면, 이는 내전의 씨앗을 심는 것이나 마찬가지다. 어떤 정부도 사람들에게 조화로울 것을 강요할 수 없다. 그와 같은 것을 강요하려고 할 때 발생하는 결과가 어떨 것인지는 분명하다. 사람들은 위협이 자신들의 목을 겨누고 있는 동안 조화 속에서 노래하는 척한다. 하지만 그 경우 그들의 마음은 다른 음색과 음조로 노래를 하고 있으며 불화가 마음속 깊은 곳에 자리잡고 있다. 언젠가는 그 불화가 부풀어 올라 터지기 마련이다. 종교적·인종적 갈등을 이유로 1991년 이후 10년 동안 지속된 잔혹한 내전을 통해 6개 국가(세르비아, 몬테니그로, 크로아티아, 슬로베니아, 마케도니아, 보스니아-헤르체코비나)로 해체된 유고슬라비아가 사람들 사이에서 조화가 결여되었을 때 어떤 결과를 초래하는지 보여주는 좋은 사례라고 할 수 있다. 그곳의 탄압 정부는 허울뿐인 조화를 유지했고 사람들은 이를 달가워하지 않았다. 마침내 정부가 힘을 잃게 되자 사람들의 불화는 폭발했고 끔찍한 결말을 초래했다.

내전의 대가 1: 대량 학살

고대 그리스에서 아테네의 민주주의는 다른 도시국가들에서 일어난 내전과 함께 탄생했다. 아마도 가난하고 짓밟힌 자들의 집단은 부유하고 좋은 배경의 집단과 종종 갈등을 맺었을 것이고, 곧 두 집단은 서로의 존재를 견디지 못했을 것이다. 한쪽은 다른 쪽 지도자들을 추방했을 것이고 추방된 자들은 다른 도시국가에 있던 동료들을 불러 모아 자신들을 쫓아낸 자들을 향해 다시 칼을 휘둘렀을 것이다.

코르키라Corcyra(오늘날의 코르푸Corfu)는 내전의 상징이 되었다. 그곳에서는 끊임없이 폭력 행위가 발생했고 마침내는 대량 학살이 벌어졌다. 코르키라는 그리스 서해상에 위치한 섬으로 아테네인들은 이 섬을 교역을 위한 노선으로 종종 이용했다. 그곳에서 내전은 2년 동안 지속되었다. 정의는 죽었으며 도덕의식은 철저히 붕괴되었다. 내전을 벌인 두 측은 민주주의파와 과두정파였다. 둘 사이의 전쟁은 과두정

파가 성채로 피신할 때까지 이어졌다. 아테네의 군사들이 민주주의파를 돕기 위해 파병되어 성채를 공격했다. 성채에 피신해 있던 과두정파의 일원들은 아테네로 이송되는 조건과 함께 항복했다. 코르키라의 민주주의자들은 아테네가 자신들의 적에게 사면정책을 적용할까 두려워했으며, 과두정파의 일원들에게 탈출을 시도하라고 꾀었다. 과두정파 코르키라인의 일부가 탈출을 시도하려 한다는 사실이 알려지자, 아테네인들은 더 이상 약속을 지킬 필요가 없다고 판단하고 모든 포로를 민주주의파 코르키라인들에게 넘겨주었다. 곧 민주주의파 코르키라인들은 그들의 적을 향해 무자비한 보복을 감행했다.

이 장을 시작하면서 간략하게 살펴보았듯, 약 한 세대가 지난 후 기원전 403년 스파르타인들은 중재를 통해 아테네에서 일어난 내전을 종식시키려고 했다. 반면 아테네인들은 이곳 코르키라에서의 중재를 받아들이지 않았다. 모든 사람이 조화의 중요성을 등한시하는 경우 내전이 어떤 비극을 초래하는지 투키디데스는 『펠로폰네소스 전쟁사』에서 이를 잘 보여주고 있다.

코르키라인들이 아테네인들로부터 내전의 포로들을 인수받았을 때, 그들은 모든 포로를 커다란 성채 건물 안에 가두어놓고 20명씩 꺼내어 묶은 뒤 양쪽으로 중무장한 병사들이 늘어서 있는 통로를 따라 걸어 내려가도록 시켰다. 병사들은 통로를 따라 걷는 포로들 중 자신들의 사적인 원수를 발견할 때마다 사정없이 폭행하고 칼로 찔렀으며, 꾸물거리는 자들에게는 무자비하게 채찍질을 가했다.

그들은 건물에서 약 60여 명의 포로들을 꺼내 통로를 따라 걷게 시켰고 결국엔 그들 모두를 죽였다. 그사이 건물 안에 있던 포로들은 단순히 자신들이 다른 장소로 이송되는 것이라고 생각했다. 누군가 포로들에게 밖에서 일어나는 상황을 말해주었고, 그제야 그들은 진실을 알았다. 포로들은 아테네인들에게 그대들이 원한다면 우리를 모두 죽일 수 있겠지만, 자신들은 더 이상 그 건물을 떠나지 않을 것이며 힘이 남아 있는 한 누구도 건물 안으로 들어오지 못하게 할 것이라고 큰 소리로 절규했다.

코르키라인들은 문을 통해 건물 안으로 들어가는 것만을 고집하지 않았다. 그들은 건물 옥상으로 올라가 지붕을 뜯어낸 뒤 건물 안쪽으로 벽돌을 던졌으며 화살을 날렸다. 포로들은 할 수 있는 한 자신들을 방어하려 했으나 역부족이었다. 결국 그들은 자결을 결심했다. 포로들은 바닥에 떨어진 화살을 주워 스스로 자신의 목에 찌르거나 침대보 혹은 자신들의 옷가지에서 뜯어낸 천으로 서로를 교살했다.

밤에 시작된 이 비극은 동틀 무렵까지 이어졌다. 끊임없이 벌어진 스스로의 교살 행위와 지붕 위에서 쏟아진 공격으로 인해 마침내 모든 포로들이 죽었다. 날이 밝아오자 코르키라인들은 마차 위에 시체를 겹쳐서 쌓은 뒤 도시 밖으로 날랐다. 그리고 포획한 여성들은 노예로 만들어버렸다.

산 위의 성채에 있던 코르키라인들은 민주주의파에 의해 이처럼 종말을 맞았다. 걷잡을 수 없이 커져버린 내전의 비극은 이 시점에서 끝을 맺었다. 결국 민주주의파와 과두정파 양측 모두에게 남은 것은 아무것도 없었다.[19]

내전의 대가 2: 도덕의 붕괴

조화가 실패하는 경우 내전의 대가는 어마어마하다. 사람들은 불화가 도시 혹은 제국의 군사력을 약화시킨다는 것을 분명히 인지했다. 하지만 내전을 통해 치르게 되는 도덕적 대가에는 상대적으로 덜 주목했다. 도덕적 붕괴는 동료 시민들을 배반하는 것으로 시작한다. 코르키라의 내전은 아테네와 스파르타 간의 전쟁 초기에 벌어진 일련의 정치 비극의 대표적인 사례 중 하나였다. 아테네와 스파르타 사이의 전쟁에서 그리스 시민들은 지독한 불화의 악취를 풍겼다. 아울러 이 전쟁은 그리스 전역에서 아테네에 동조하는 측과 아테네에 대항하는 (곧 스파르타와 손을 잡는) 측 사이에서 이루어졌기에 일종의 거대한 그리스·내전이었다. 아테네와 스파르타는 몇 세대 동안 동맹을 맺어 페르시아와 같은 외부의 거대 세력에 맞서 함께 싸웠다. 그때 그들은 비교적 훌륭하게 서로 간의 상호 의존을 유지했다. 그러나 결국 그들의 조화는 실패했다.

아테네와 스파르타 사이의 전쟁인 펠로폰네소스 전쟁을 기술했던 위대한 역사가 투키디데스는 전쟁 초기 아테네의 장군이었다. 그는 전쟁 도중 스파르타로 향하는 핵심 항구를 잃게 되었다. 이것을 전적으로 투키디데스의 책임으로 돌리기에는 무리가 있었으나 아테네인들은 그를 용서하지 않았다. 투키디데스가 펠로폰네소스 전쟁에 대한 역사서를 작성하는 동안 그에게 추방령이 떨어졌다. 그의 저술은 단순히 역사서가 아니다. 그 저술은 전쟁의 압박 아래서 인간이 어떻게 행동하는지 그리고 무엇이 인간을 전쟁으로 내모는지, 아울러 전시에 저지른 짐승과도 같은 폭력적 행위에 대해 인간이 어떤 변명을 하는

지에 대한 뛰어난 수필이기도 하다.

그는 "전쟁은 난폭한 선생"이라고 말한다. 어쩌면 우리 인간은 그 본성에서부터 악한 것은 아닐지 모른다. 하지만 인간의 본성이 그 전쟁을 최악의 결과로 이끌 만큼 악할 수 있다는 점은 인정해야만 할 것 같다. 그리고 내전이야말로 가장 파괴적인 방식으로 그 사실을 확인시켜준다.

사실 그리스 전역이 격변을 겪고 있었다. 아테네인들을 끌어들이고자 하는 민주주의파와 스파르타인들을 끌어들이고자 하는 과두정파 사이의 싸움이 모든 지역에서 끊이지 않고 발생했다. 이제 잠시 평화가 찾아왔다. 그리스인들은 더 이상 싸우지 않아도 되었다. 아울러 그들은 아테네인들이나 스파르타인들에게 더 이상 원조를 요청하지 않아도 되었다. 하지만 전쟁은 완전히 끝나지 않았다. 동맹들은 적들을 공격하고 동시에 자신들의 힘을 강화하기 위해 끊임없이 아테네인들과 스파르타인들에게 원조를 요청했다. 그리고 아테네인들과 스파르타인들은 계속하여 그들에게 새로운 정치 체제를 구축하라고 간섭했다. 내전으로 인해 그리스의 도시국가들에서 수많은 잔혹 행위들이 벌어졌다. 비록 인간들이 변화하는 상황에 맞추어 폭력을 더욱 혹은 덜 사용하는 일이 생길지라도, 인간의 본성이 바뀌지 않는 한 그런 잔혹 행위들은 언제든 다시 일어날 것이다. 평화롭고 번창하는 시기에 도시국가들과 각 개인들은 함께 더 나은 것을 도모하고자 하는 마음을 갖는다. 자신들의 의지에 맞서는 일들을 할 필요가 없기 때문이다. 그러나 전쟁은 난폭한 선생이다. 전쟁은 사람들에게 사악하게 변해야만 한다고, 그리하여 생존과 생활에 필요한 것을 충족하기 위해선 무슨 짓이든 해야 한다고 충동질하기 때문이다.

내전과 함께 숱한 폭력 사태가 불거지고 배반 행위가 속출했다. 동시에 거짓 합리화가 쏟아져나왔으며 그로 인해 사람들의 혼란은 깊어져만 갔다. 사람들은 사악한 행위들을 일삼으면서 동시에 자신들이 실제로는 올바른 행위를 하고 있다고 믿을 구실을 찾았다. 그들은 기존의 도덕적 용어들의 의미와 사용을 전복시킴으로써 자신들의 양심을 달랬다. 부도덕과 타락적 행위에는 좋은 이름을, 미덕과 선행에는 불쾌한 이름을 갖다 붙이는 식이었다.

내전은 여러 도시국가들에서 발생했다. 나중에 내전에 참여한 도시들은 처음부터 내전에 참여했던 도시들이 어떤 짓을 저질렀는지 그리고 공격과 끔찍한 복수를 하기 위해 그들이 어느 정도 이상으로 도를 넘었는지에 대해 들었다. 그들은 자신들이 저지른 일들을 정당화하기 위해 교묘히 말을 바꿔가며 사용했다. 사려 깊지 못한 무모함은 충직한 남성상으로 표현되었고, 신중하게 생각하며 함부로 덤비지 않는 자는 겉만 그럴듯한 비겁자라는 비난을 받았다. 온건한 절제는 나약한 본성을 감추기 위한 가면으로 치부되었다. 전체의 이득을 면밀히 살펴보는 일은 게으름으로 간주되었다. 또한 돌연한 격노는 남성다운 용기로 받아들여졌으며, 자신의 안위를 위해 계략을 꾸미는 일이 행동을 지연시키는 이성적 구실로 여겨졌다. 먼저 싸움을 건 사람은 언제나 신뢰할 만하며 옳다고 여겨진 반면 공격을 받은 상대방은 늘 의심의 대상이 되었다. 계략이 성공할 경우 계략을 짠 자는 지혜롭다고 여겨졌다. 심지어 계략을 눈치 챈 자는 더욱 영리하다고 여겨졌다. 반면 경계를 철저히 하는 자는 자신의 정치적 입장을 전복시키려고 시도하는 반대파의 위협에 늘 시달렸다. 간단히 말해 누군가 남이 하기에 앞서 어떤 사악한 짓을 저지를 수 있다면, 혹은 자신이 결코 의도하지 않았던 바를 누군가 하게끔 고무시킬 수 있다면 그는 칭송을 받았다.

혈연은 정치적 이해를 위해 모인 자들 사이의 관계보다도 돈독하지 못했다. 정치적 집단의 일원들은 아주 사소한 구실을 가지고도 무시무시한 일들을 저지를 수 있었기 때문이다. 이런 정치 집단들은 도시 혹은 국가의 전체적인 선의를 위해 존재하는 법에 따라 형성된 것이 아니라, 일원들의 탐욕을 채우기 위해 형성되었기에 법을 무시하기 일쑤였다. 더군다나 이들은 신성한 법에 의해서가 아니라 법을 무시하는 패거리 의식에 바탕하여 서약했다. 자신들의 힘이 정치적 반대파보다 더 강할 경우, 그들은 반대파가 어떤 좋은 제안을 하더라도 달갑게 여기지 않았다. 그들은 단지 반대파의 제안이 효력을 거두지 못하도록 저지하고자 할 뿐이었다.

복수를 감행하는 일이 부당한 일을 겪지 않는 것보다 더 가치 있다고 여겨졌다. 또한 서로 싸우는 양측이 모두 궁지에 몰리더라도 외부로부터의 원조를 전혀 기대할 수 없는 경우에만 화해가 이루어졌다. 그러나 누군가 상대편의 입장이 불리하다는 것을 발견하면, 그 즉시 공격을 감행하기 시작했다. 맹세를 어기면서 감행하는 짓이기에 자신의 공격이 더욱더 달콤하다고 느꼈다. 보다 안전하다고 여겨지면 부정한 짓을 서슴지 않았으며, 부정한 짓을 통해 승리를 거둔 경우 스스로를 지혜롭다고 칭찬했다. 사악한 짓을 저지르는 자들은 유능하다고 치켜세워졌다. 그리고 사람들은 유능하다고 여겨지는 것에 자부심을 느꼈다.

탐욕과 야망에 눈이 멀어 권력을 잡고 통치를 하겠다는 욕망과 이로부터 야기된 승리에 대한 집착이 이 모든 사태를 야기했다. 정치적 집단을 이끌던 자들은 달콤하고 그럴듯한 말로 자신들의 정책을 추진하려 했다. 한 집단은 '일반 시민을 위한 평등성'을 주장했고 다른 집단은 '온건한 귀족주의'를 주장했다. 그들은 말로는 사람들을 위해 봉사하는 척했으나, 실제로는 이 주장을 자신의 승리를 위한 도구로 사용했다. 이기기 위해 온갖 수단을 쓰다보니 급기야 가장 끔찍한 행위도 서슴지 않게 되었다. 심지어 정의나 공공선 따위는 생각지도 않은 채 무시무시한 복수를 자행하기도 했다. 당시 각각의 정치 집단들은 오로지 자신들의 욕망을 채우기에 급급했다. 자신들의 야망을 충족시키기 위해서는 부정한 방법으로 투표를 진행하거나 무력을 앞세우는 일도 꺼리지 않았다.

어느 집단도 경의를 마음에 두지 않았다. 그들은 단지 끔찍한 수단들을 훌륭한 말로 포장하여 거리낌없이 행할 수 있는 자들만을 칭송할 뿐이었다. 그들은 어느 편에도 속하지 않고 중립을 지킨 시민들을 모조리 죽여버렸다. 중립을 표방하는 시민들이 자신들을 지지하지 않았다는 사실에 분개했기 때문이다. 그리고 언제든 중립을 이유로 빠져나갈 구실을 가지고 있다는 점에 질투를 느꼈기 때문이다.

그리스 전역에 걸쳐 여러 차례의 내전이 발생하는 동안 이와 같이 온갖 부도덕하고 사악한 일들이 벌어졌다.[20]

1 실제로 테라메네스에게 이 같은 일이 벌어졌다. 의회가 그에게 유죄 판결을 내리지 않자, 30인 참주의 지도자가 그를 3,000인 회의에서 제명시켰으며 곧바로 사형을 명했다. 테라메네스는 바로 끌려가 사약을 받게 되었다. 그의 죽음과 뒷이야기에 대해서는 크세노폰Xenophon의 『헬레니카』*Hellenica* 2권 3장 20~56행을 참조할 것.

2 크세노폰 『헬레니카』 2권 4장, 20~21행에 등장하는 클레오크리토스의 연설이다. 우리는 그가 목소리를 사용하는 직업을 가졌다는 점으로 미루어 그의 아름다운 목소리를 상상할 수 있다. 당시 연설가들에 대한 크세노폰의 작품들은 상당 부분 그의 창작에 기초하고 있다. 하지만 이곳의 클레오크리토스 연설은 아마도 사실에 근거했을 가능성이 크다. 화해와 조정을 위한 연설과 분열과 화해에 대한 당시의 많은 사건들에 대해서는 Loraux(2002)를 참조할 것. 엘레우시스에서 열리던 신비의식과 관련해서는 이 책 171~175쪽의 '차이의 수용으로서 조화' 부분을 참조할 것. 함께 춤을 추는 '동료 무용가'의 중요성과 아테네 시 정부의 공연 지원 자금에 대해서는 Wilson(2000)을 참조할 것.

3 중재와 면책 특권 실행의 맹세에 대해서는 크세노폰의 『헬레니카』 2권 4장 38행을, 그리고 참주정을 지지하는 자들에 대한 민주주의자들의 연설과 관련해서는 이 책 220~221쪽의 '트라시불로스의 연설'을 참조할 것. 아리스토텔레스는 『아테네인들의 정치 체제』 40권 3장에서 이 맹세를 높이 평가했으며, 후대 아테네인들은 이를 기리며 웅장하면서도 기운 넘치는 이야기로 만들었다. 하지만 현대 학자들은 아리스토텔레스와 후대 아테네인들의 평가가 과장된 것이라고 진단한다. 이에 대해서는 Wolpert(2002)를 참조할 것.

4 조화의 중요성을 강조하는 에이브러햄 링컨의 연설은 대통령 취임식에서 낭독되었다. 그 내용은 다음과 같다.

우리는 서로 적이 아닙니다. 우리는 친구입니다. 우리는 결코 서로 적이 되어서는 안 됩니다. 비록 서로 다른 열정이 우리 사이를 갈라놓았다고 하더라도, 결코 애정으로 묶인 우리의 유대를 끊어지게 해서는 안 됩니다. 이 광활한 땅의 모든 전장과 애국지사들의 무덤으로부터 살아 있는 모든 사람과 가정에까지 펼쳐 이어져 있는 기억의 신비로운 화음은, 우리 본성에 깃든 보다 선량한 천사의 손길이 와 닿을 때, 연방의 합창을 다시 울려 퍼지게 할 것입니다.

5　　새로운 제도를 구상하는 것은 쉬운 일이 아니었다. 이는 곧 전통적으로 받아들여온 원칙을 검토하고 필요하다면 개혁하자는 것이었다. 원칙을 개혁하자는 움직임은, 그라페 파라노몬과 같은 법적인 제도들과 노모테타이처럼 추첨에 의한 대표단 선출 제도에 도전하는 것이었다.

6　　이솝의 '농부와 아들들'과 관련해서는 Gagarin and Woodruff(1995, 149쪽)를 참조할 것.

7　　이 부분은 소포클레스의 『안티고네』 712~714행에서 하이몬이 크레온에게 하는 말이다. 대부분의 현대 학자들은 여기서 소포클레스가 민주주의에 대한 자신의 생각을 하이몬의 입을 빌려 전하고 있다고 본다. 여기에 대해서는 Roberts(1994, 37쪽)를 참조할 것.

8　　직물의 비유는 아리스토파네스의 『뤼시스트라타』 574~584행에서 차용했다. 여기에 대해서는 Henderson(1987)의 주석을 참조할 것. 몇몇 작가들이 민주주의에 대한 희망을 잃어버렸던 기원전 411년, 아리스토파네스는 평화를 촉구하면서 『뤼시스트라타』를 지었다.

9　　『국가』 432c를 참조할 것. 플라톤은 조화를 건전하고 절제 있는 마음과 동일시하며, 이는 곧 최고의 사람들, 즉 철학자 왕들의 통치에 대한 동의라고 설명한다. 『국가』 462a에서 직접 말하고 논하듯, 플라톤 역시 내전의 위험에 대해선 잘 이해하고 있었다.

10　　법에 따른 통치에 대한 데모스테네스의 입장과 관련해서는 그의 『티모크라테스에 반대하여』*Against Timocrates* 59항을 참조할 것.

11　　각각의 도시국가들과 섬들이 아테네와 제각각의 거래를 이루었기에 당시의 상황은 보다 복잡했다. 그럼에도 아테네에 대한 그들의 충성은 분명했다. 아테네와 동맹을 맺은 도시국가 출신의 병사들이 시라쿠사와의 전쟁 때 시라쿠사인들의 항복 권

고를 받아들이지 않은 채 아테네 병사들과 함께 죽기로 결정했다는 점은 그들의 아테네에 대한 충성을 잘 보여주는 한 사례이다. 시라쿠사에 대패한 후 아테네가 힘을 잃은 것처럼 보이자 몇몇 도시국가들이 곧 반란을 도모하기 시작했으나, 그럼에도 많은 도시국가들은 여전히 아테네에 충성을 다하며 동맹을 유지했다.

12   "기원전 461년 초 민주주의를 주창하던 한 정치적 개혁자가 살해당하자", 그에 대한 보복으로 페리클레스의 조언가였던 에피알테스는 기원전 461년 그 역시 의심스러운 상황에서 살해당하기 전에 귀족의회 집단이던 아레오파고스의 정치적 권력을 종식시켜버렸다.

13   뤼시아스Lysias의 『장례 연설』*Funeral Oration* 64항을 참조할 것.

14   아테나고라스의 민주주의 옹호 연설에 대해서는 투키디데스의 『펠로폰네소스 전쟁사』 6권 39장을 참조할 것. 그러나 투키디데스가 사실을 있는 그대로 기록한 역사가라기보다는 상당 부분 자신의 견해를 반영하여 허구를 가미해 기록한 역사가였다는 점을 잊지 말아야 한다. 따라서 그의 저서에서 발견되는 많은 연설들은 당시 연설가들이 가진 견해에 대해 투키디데스 자신의 생각을 표현한 것이라고 이해하는 게 적절하겠다. 이후 이 장 끝까지 인용 부분들은 Woodruff(1993)에서 발췌했다.

아테나고라스 연설을 번역하는 데 있어 약간의 의역을 했다는 점 역시 밝힌다. 그리스어로 '다수' 그리고 '소수'로 표현된 부분들을 '평범한 보통 사람들(시민들)'과 '부유한 자들'로 바꿔 번역했는데, 이는 바로 그 점을 아테나고라스가 청중들에게 의미하고 있었기 때문이다. 하지만 이 연설에서 처음 나타나는 '부유한'이라는 단어는 의역이 아니라 문자 그대로의 직역이다.

15   알키비아데스가 스파르타인들에게 왜 자신이 진정으로 반역자가 아닌지를 설명하는 부분에 대해서는 투키디데스의 『펠로폰네소스 전쟁사』 6권 89장 3~6행과 92장 1~4행을 참조할 것.

16   엘레우시스 신비의식에는 그리스어를 할 줄 알고 살인죄를 저지른 적이 없는 자면 누구든지 성별이나 계급 그리고 지위에 따른 차별 없이 남성, 여성, 시민, 노예, 그리고 외국인까지 입회에 참여할 수 있었다(하지만 아주 적은 수의 노예들만이 실제로 의식에 참여했다). 민주주의자들은 소수 과두정 인물들에게 내전은 잠시 잊고 함께 입회에 참여하자고 요청하기도 했다(149~150쪽 참조). 엘레우시스 신비의식에 대해서는 Mylonas(1961)를 참조할 것.

17   재판 당시 소크라테스에게 사형을 선고하게끔 한 요인에 대해서는 Parker

(1996)와 이 책의 제10장을 참조할 것. 아테네인들의 종교 믿음에 대해서는 Yunis (1988)를 참조할 것.

18 플라톤의 종교 입회에 대한 비판과 패러디는 『국가』 532b의 동굴의 비유에서 두드러지게 드러난다. 그 외 『파이드로스』*Phaedrus* 250c와 『향연』*Symposium* 210a~211e에서도 확인할 수 있다.

19 코르키라에서 벌어진 대량 학살에 대해서는 투키디데스의 『펠로폰네소스 전쟁사』 4권 47장 3~48행을 참조할 것.

20 내전에 대한 투키디데스의 기록은 『펠로폰네소스 전쟁사』 3권 82~83장에서 확인할 수 있다. 이 부분과 관련한 번역은 Hobbes(1629)판을 따르고 있다. Price (2001)는 투키디데스가 내전과 같은 커다란 전쟁들을 직접 경험했다고 전한다.

제**5**장
법nomos에 따른 통치

NOMOI(*Laws*)

법이 통치자일 때 누구도 법 위에 설 수 없다. 얼핏 모든 이가 이 생각을 반기는 듯 보이나, 사실 이 생각에 대한 적들은 늘 있어왔고, 그 반대자들은 여전히 많다. 개개인들은 언제나 스스로를 혹은 자신들의 정치적 영향력을 법 위에 세울 방도를 찾고 있다. 거대 기업들은 늘 법을 어기면서도 자신들을 방어할 방도를 강구한다. 세계 지도자들은 종종 국제법을 비웃는다. 일반 시민들은 공공연히 법 집행을 방해하면서 거기서 아무 잘못도 느끼지 못한다.

아테네는 매수가 불가능한 법정 제도를 가지고 있었다. 일일이 뇌물을 공여하기엔 배심원들의 수가 너무도 많았다. 하지만 교도관이나 간수는 돈으로 매수할 수 있었기에, 아테네의 정의는 재판과 선고가 이루어진 후에 타락하기도 했다.[1]

소크라테스, 기원전 399년

철학자 소크라테스는 거의 70세가 다 되었다. 그는 오랜 시간 동안 기인奇人이나 할 법한 일들을 즐겼다. 그는 사람들로부터 많은 의심을 샀다. 정치적으로 그는 민주주의를 지지하지 않았으며, 종교적으로 전통적인 신화와 종교에 과감히 맞섰다. 그는 신성한 목소리를 들었다고 주장하면서 종교적으로 남들을 불쾌하게 만들었다. 소크라테스가 들은 신성한 목소리란 특정한 것들을 하지 말라고 했던 다이몬

daimon*의 목소리였다. 그는 이후 30인 참주정의 지도자가 되었던 크리티아스와 이후 스파르타와 페르시아에 아테네를 팔아버린 알키비아데스와도 가까운 교류를 유지했다. 이 때문에 그는 교우 관계에 있어서도 사람들의 불신과 오해를 받았다.

그는 젊은이들을 타락시키고 옛 신들을 대신하는 새로운 신들을 가르쳤다는 죄목으로 재판에서 유죄를 선고받았다. 고소인들은 그에게 사형을 구형했다. 법에 따라 변론인은 대체형을 요구할 권리가 있었고 배심원들은 소크라테스에게 사형 대신 추방형을 내리려고 했다. 그러나 소크라테스는 추방형을 요청하지 않았다. 오히려 그는 배심원들에게 자신이 진정으로 받아 마땅하다고 생각한 바를 요구했다. 그가 요구한 것은 무료식사였다. 하지만 그의 요청은 거절당했다. 자신의 요청이 거절되자 소크라테스는 소정의 벌금을 내겠다고 배심원들에게 제안했다. 소크라테스의 이런 모습에 배심원들은 모욕감을 느꼈고 마침내 그에게 사형을 선고했다.[2]

소크라테스는 감옥에 갇힌 채 사형 집행을 기다리고 있었다. 한 부유한 친구가 소크라테스에게 면회를 오면서 간수들과 교도관에게 뇌물을 주었다. 소크라테스는 원한다면 감옥에서 빠져나올 수 있었다. 그가 동이 트기 전에 아테네를 빠져나갈 수만 있다면 그는 다시 자유롭게 될 수 있었다. 하지만 소크라테스는 이 계획에 동참하지 않았다. 부유한 자, 혹은 부유한 친구들을 둔 자가 간수와 교도관들을 매수하여 감옥에서 나가려는 시도는 그 스스로가 법 위에 서려고 하는 행위와 마찬가지다. 누군가 스스로 법 위에 서려고 할 때, 법은 그

---

* 다이몬은 신성한 존재이기는 했으나 그리스 신화에 등장하는 신들과는 구분되었다. 다이몬은 산천과 초목을 관장하고 인간 생활에 여러 가지 영향을 미치는 초자연적인 힘을 가리키기도 했다.

토대부터 흔들리게 된다. 언제든 사람들이 돈으로 감옥을 빠져나갈 수 있는 길을 살 수 있다고 한다면, 도대체 법이란 왜 있으며 법의 행사란 무슨 의미를 갖는단 말인가?

소크라테스는 철학적 논변과 열정이 깃든 주장으로 자신을 탈옥시키려 했던 친구에게 법에 따른 통치의 가치를 설명했다. 그는 법에 따른 통치의 토대를 흔드느니 차라리 죽음을 택하겠다고 말했다. 그는 비록 그 법이 자신이 그토록 비난했던 정치 체제인 민주주의에 속하는 법이며 또 그로 인해 자신이 죽게 될지언정, 기꺼이 법에 따른 통치의 가치를 위해 죽음을 택하겠노라고 고백했다.

이 사건은 소크라테스가 법에 따르며 살겠다는 자신의 신념을 보인 세 번째 경우다. 이로부터 약 7년 전(기원전 406년), 그는 민주주의 체제의 상징인 민회에서 그곳에 모인 다수의 사람들을 공공연히 무시한 적이 있다. 사람들은 민회에서 불법적인 재판을 제안했고 자신들의 길을 방해하려는 자는 누구든 죽여버리겠다고 위협했다. 그리고 4년 전(기원전 403년) 30인 참주들은 소크라테스에게 불법적으로 사람을 죽이는 일을 도와달라고 요청했다. 그러나 이때에도 소크라테스는 참주들을 조용히 무시했다. 이제 소크라테스는 자신에게 선고된 사형을 받아들이면서 세 번째로 법에 따른 통치를 지지하고 있다. 법에 따라 통치가 이루어져야 한다는 원칙을 지키는 일이 무고한 철학자의 목숨과 바꿀 만큼 가치가 있는 것인가? 소크라테스는 그렇다고 생각했다.

개구리와 뱀

현대 사회를 살아가는 우리 대다수에게 법은 그다지 가치가 없는 것처럼 보인다. 마찬가지로 소크라테스와 동시대의 사람들에게도 법률은 그렇게 가치 있어 보이지 않았다. 법은 종종 부조리하다. 법정에서 행해지는 재판이란 비용이 많이 들 뿐만 아니라 결과를 예측하기도 어렵다. 정말로 건강한 사회에서는 사람들이 처벌받을까봐 두려워하지 않으며, 자신들이 마땅히 해야 할 일들을 할 것이기에 법이 필요치 않을 것이다. 이런 이유에서 플라톤은 법보다 대중의 도덕성을 훨씬 중요하게 생각했다.[3] 만약 법이 가로막지 않는다면, 참되고 현명한 통치자들은 각각의 사건에 대해 그에 부합하여 올바른 결정을 내릴 것이다. 그러나 인간의 사회가 그처럼 건강했던 적은 없으며, 통치자들이 그처럼 현명했던 경우 역시 없다. 우리는 결국 법 없이 살 수 없다.

법에 대한 염증으로 우리는 종종 우리가 가진 모든 것이 결국 법이며, 이 법이야말로 참주정에 맞설 수 있는 유일한 무기라는 것을 잊곤 한다. 이솝이 쓴 한 우화는 이와 같은 점을 잘 보여주고 있다. 아주 오래전 개구리들이 함께 모여서 살고 있었다. 그들의 공동체는 어떤 정치적 체제도 구축하지 않은 상태였다. 권위 있는 지도자가 필요하다고 느낀 그들은 제우스에게 왕을 보내달라고 간청했다. 제우스는 그들에게 나뭇조각 하나를 던져주었다(고대 그리스에서는 나무로 된 판 위에 법률을 새겨 넣어 모든 사람이 볼 수 있도록 했다). 물론 개구리들은 무지했으며 제우스의 의도를 이해하지 못했다.

개구리들은 지도자가 없는 사회에서 살아가는 것이 불만이었다. 그들

은 대표를 뽑아 제우스에게 보내 왕을 보내달라고 간청했다. 제우스
는 개구리들이 얼마나 단순한지 살펴보고 연못에다 나뭇조각 하나를
던져주었다. 제우스가 나뭇조각을 던지면서 낸 소리에 개구리들은 처
음엔 겁을 먹고 연못 깊숙이 몸을 숨겼다. 그러나 나뭇조각이 움직이
지 않은 채 물 위에 둥둥 떠 있기만 하자, 곧 개구리들은 나무조각 위
로 오르고 거기 앉아 쉬면서 나뭇조각을 모욕하기 시작했다. 움직이
지도 못하는 그런 왕은 필요 없다고 여긴 그들은 다시 제우스에게로
가서 나뭇조각을 보내준 것은 너무나도 게으른 처사였다고 따졌다.
그리고 그들에게 다른 왕을 보내줄 것을 요청했다. 이에 화가 난 제우
스는 물뱀을 보냈다. 물뱀은 개구리들을 모조리 잡아먹어버렸다.[4]

역사 속에서 사람들은 법이 어리석고 굼뜨며 불편하다고 불평하
면서 우화 속의 개구리들처럼 행동했다. 이는 지금도 매한가지다. 법
위에 서려고 하는 자를 통치자로 요구하는 것은 스스로를 그의 먹이
로 바치는 꼴이나 마찬가지다.

아테네가 민주주의의 영화를 누릴 당시, 에우리피데스는 "도시에
서 참주보다 더 사악한 것은 없다"고 말했다. 당시 대부분의 그리스인
들과 마찬가지로, 그 역시 참주들이야말로 법에 따른 통치를 파멸로
이끌 자들이라고 믿었다. 참주는 법을 자신의 소유물로 여기며 자신
의 이득을 위해 법을 이용하고자 할 것이다. 그러나 에우리피데스가
외치듯이, "법률이 글로 적혀 있다면, 약한 자와 부유한 자 모두 동등
한 정의를 가질 것이며, (……) 약한 자가 정의를 지킬 경우 강한 자
를 이길 수도 있다."[5]

에우리피데스는 법이야말로 모든 사람이 법 아래 평등해야 한다

는 믿음, 즉 민주주의에 대한 믿음을 담고 있는 개념이라고 여겼다. 물론 실제로는 오직 시민들만이 이와 같은 평등성을 누릴 수 있었다. 그러나 그 이념 자체는 어떠한 제한적인 성격도 가지고 있지 않았다.

그 당시 법 밖에서 권력을 행사하던 참주들은 자신들이 취할 수 있는 건 무엇이든 게걸스럽게 먹어 치웠다. 그렇기에 거의 모든 시민이 참주들을 증오했으며, 법의 통치를 따르는 정치 제도야말로 참주정에 대항할 수 있는 마지막 보루라고 생각했다.

법에 따른 통치

민주주의는 그 누구도 법 위에 서는 것을 허용하지 말아야 한다. 민주주의의 법률은 권력을 쥐고 있는 자들의 힘을 조절하고 약자를 보호한다. 법은 모든 사람을 평등하게 대한다. 법에 따른 통치가 그 자체로 민주적인 제도는 아니다. 하지만 법에 따른 통치는 법 앞에서 모든 이에게, 혹은 적어도 모든 시민에게 평등성을 부여하기 때문에 민주적 성격의 제도라고 할 수 있다. 만약 어느 사회에 법의 보호를 거의 받지 못하는 어떤 집단이 있다고 한다면, 그곳의 민주주의가 완전하게 구현되고 있다고 보기 힘들다. 과거에 노예들은 어느 체제하에서도 거의 법적인 보호를 받지 못했다. 하지만 현재 미국에서도 구류 중인 비시민권자들 중 일부는 법의 보호를 받지 못하고 있다.

인간 사회는 법과 함께 시작되었다. 비록 우리가 법의 초기 형태를 정확히 파악하기는 어려울 수 있겠으나, 문명의 요소들만큼이나 법이 오래되었다는 것을 받아들이는 데에는 이견이 없어 보인다. 민주주의가 발생하기 훨씬 이전, 그리고 '나무판에 쓰여진 법'(성문법)이 만들어지기 꽤 오래전부터 법은 존재했다. 초기의 그리스 법은 일종의 소송 절차와도 같은 것이었다. 이 법은 판관들의 조력하에 분쟁이나 쟁의를 해소하는 기본적인 규범들로 구성되어 있었다. 이러한 소송법이 존재하지 않았다면, 가족들 사이의 분쟁은 끊임없이 이어졌을 것이고 분노가 세대를 거쳐 이어져 사회는 산산조각 났을 것이다. 소송 절차를 통해 소송을 거는 측과 당하는 측 모두가 동등하게 보호받고 존중되었기에, 소송법은 당자사들의 분노와 복수의 고리를 끊을 수 있었다.

민주주의는 소송법 이상의 것을 필요로 한다. 법이 확실하게 성문화되어 있지 않는 한 힘을 가진 사람들은 법을 자신들이 원하는 방식으로 해석하여 주장할 수 있고, 따라서 그들은 법 위에 서게 될 것이다. 민주주의가 전개되기 전부터 그리스인들은 성문법을 발전시켰다. 그들의 성문법은 공공 기록에 대한 사항을 나무판이나 대리석판 위에 새겨놓은 것이었다. 모든 이가, 또는 적어도 모든 시민이 법의 혜택을 공평히 받을 수 있도록 성문법은 모두가 볼 수 있는 곳에 세워졌다. 성문법이 민주적 목적을 위해 봉사할 수 있기 위해선 사람들이 그것을 읽을 수 있어야만 했다. 그 결과 법에 따른 통치는 모두를 위한 공공 교육의 필요성을 이끌어냈다.

하지만 모든 종류의 법이 성문 형식으로 제정된 것은 아니었다. 성문법 형식이 잘 갖춰진 뒤에도 오랫동안 비非성문법, 즉 관례법의 전통이 이어졌다. 민주주의 시기 동안 그리스 사상가들은 실정법(주권국의 입장에서 실행되는 법)과 옳다고 받아들여지는 것들 혹은 신들이 인간들에게 원한다고 여겨졌던 것들에 따라 이루어지던 넓은 개념의 통치 사이의 차이점에 대해 관심을 갖게 되었다. 예를 들어 소포클레스의 『안티고네』는 처음으로 실정법과 신성神性에 기원을 둔 관례법을 대조시켜 보여주었다.

민주주의 시기 동안 그리스인들은 국제법의 개념을 발전시켰다. 그들이 생각한 국제법이란 그리스 지역 전체를 관장하는 법으로, 당시 스스로의 주권을 가진 개별 도시국가들의 활동을 통제하고 그들 각각이 가진 개별적 성문법보다 더욱 상위의 것을 의미했다. 동시에 그리스인들은 우리가 '법'이라고 번역하는 노모스nomos라는 말을 썼다. 이는 관례적이고 비성문화된 전통적인 관습을 의미했다. 각 도시국가의 시민들은 그들의 지역별 전통 속에서 각자 나름의 문화적 고유성와 자부심을 갖고 있었다. 그러나 이 전통이 참주정에 대항할 만큼의 법적인 성격을 가진 것은 아니었다.[6]

지역 관습보다 상위에 놓이며 성문법보다도 더 우선시되었던 것은 모든 그리스인의 행동양식과 주권 도시국가의 활동을 관할하고 규제하는 법, 즉 오늘날 우리가 사용하는 의미와 유사한 국제법이었다. 고대 그리스인들은 신들이 이 법을 인간에게 부여했다고 믿었다. 또 몇몇 사람들은 이 법이 인간의 본성에 기초하여 성립되었다고 주장했다. 그 기원이야 어찌되었든 간에 사람들은 이 법을 무척이나 귀중한 선물로 생각했고 함부로 대하지 않았다.

(신이 우리에게 부여한) 법을 (인간이) 개진시킨다는 것은 있을 수 없다.[7]

우리는 그러한 것을 알려고 해서도 실천하려 해서도 안 된다.

이와 같은 믿음의 대가는 우리를 환하게 비춘다.

권력은

원래 그 본성상

신성해 마땅한 것들에 놓여 있으며, 그리고

장차 굳건히 서 있는 법에 놓인다.[8]

그러나 아테네의 성문법은 신들이 부여한 것도 인간의 본성에 따라 주어진 것도 아니었다. 아테네인들은 드라콘이 처음으로 시민들을 위한 법인 공법을 성문화하여 제정했고, 약 100년 후 솔론이 이를 완화시켜 보완했다고 믿었다. 드라콘과 솔론은 영웅적 면모의 법률 제정가였으나 물론 신은 아니었다.

'법률'과 '법에 따른 통치'는 서로 별개의 문제다. 훌륭하게 제정된 법전을 갖고 있더라도 아무도 그 법을 따르려 하지 않거나 경찰이나 공무원을 매수할 수 없는 가난한 자들만이 법을 따라야 한다면, 결국 법에 따른 통치는 이루어지기 힘들 것이기 때문이다. 법에 따른 통치란 누구도 법 위에 설 수 없다는 것을 의미한다. 훌륭하고 부유한 집안의 자제가 법을 어기면서도 처벌받지 않는다면 법에 따른 통치는 실패한 것이다. 정치적·사회적 지도자가 국가에 좋은 것들을 스스로 생각하여 결정하고 그에 따라 법을 제정하는 경우에도 법의 통치는 실패한 것이다. 왜냐하면 이 행위는 그 지도자가 스스로 법 위에 서려 한 것이나 마찬가지기 때문이다. 심지어 결코 어떤 잘못도 저지르지 않는 성인聖人이라 할지라도 그가 다른 대다수의 사람들을 통치하는 법의 영역에 자신을 포함시키려 하지 않는다면, 그의 행위는 법에 따른 통치를 약화시키는 것이나 마찬가지다.

일반 시민들 또한 때때로 법에 따른 통치에 반대한다. 시민들이 법에 따른 통치를 반대할 때 단순히 법을 위반하는 것으로 그치는 것이 아니다. 그들은 자신들이 위반한 법이 옳지 않으며 따라서 법률 위반으로 처벌받아서는 안 된다는 점을 주장하기도 한다. '시민 불복종'의 현대적 원칙은 비록 법이 나쁘더라도 이를 위반했을 때는 마땅히 처벌받아야 한다는 것으로, 그 요점은 잘못된 제정법이 얼마나 나쁜지를 보여주는 동안에도 여전히 모든 시민은 법에 따른 통치를 지켜야 한다는 것이다.

고대 그리스에는 시민 불복종이란 개념이 존재하지 않았다. 하지만 사람들은 그 개념 밑에 놓인 기본 이념을 잘 파악하고 있었다. 소크라테스는 자신을 희생시켜가면서 당시 사람들이 널리 받아들였던 견해에 정면으로 도전했다. 그의 외침은 법에 따른 통치를 받아들이고 그 법에 따른 처벌이 무엇이든 달게 받던가, 아니면 자신의 도시국가를 떠나 추방 생활을 하던가 선택하라는 것이었다. 당시의 많은 사람들은 죽음 대신 추방을 택했다.

법에 따른 통치의 이념은 간단해 보인다. 하지만 그것을 따르며 산다는 것은 결코 쉬운 일이 아니다. 예외적인 경우들을 고려하고 사안들을 선택적으로 수용하는 일은 무척이나 유혹적이다. 최초의 민주주의 시기 동안에도 법의 가치가 인정되었다. 그러나 동시에 법 없이 더욱 잘 살 수 있다고 믿는 자들은 법에 짜증을 냈다. 종종 정치적 지도자들은 법이 자신들의 길을 가로막고 있기 때문에 그들이 하고 싶은 훌륭한 일을 할 수 없다고 느꼈다. 또 일부는 권세를 등에 업고 민주주의가 허용하는 것보다 더욱 큰 힘을 갖는 것이 마땅하다고 생각했다. 그런 자들은 법에 따른 통치가 강한 자를 희생시켜 약한 자에게 지나친 이익을 나누어준다고 불평했다.

아테네 제국의 권세가 최고조에 달했을 때, 아테네의 많은 시민들은 그리스 전역을 관장하는 국제법이 아테네의 법보다 상위에 놓여야 하고 더 큰 권위를 가져야 한다는 생각을 거부하기 시작했다. 그들은 그리스를 둘러싼 국제 정세에 있어 아테네의 안전이 국제법 위에 있다고 여겼다. 이처럼 누구에게도 한 주권 국가의 행위에 대해 심판하고 처벌할 권한이 없는 경우, 과연 어떻게 그 국가를 관장하고 지배하는 법이 존재할 수 있겠는가? 그리스에서 민주주의가 이루어지던 대부분의 시기에는 오직 아테네와 스파르타만이 다른 도시국가들을 벌할 힘을 가졌다. 하지만 아테네와 스파르타 모두 언제나 자신들의 안전을 최우선의 과제로 삼았고 국제법은 늘 차선의 과제로 남겨두며 간과하기 일쑤였다.

그러나 여전히 대부분의 그리스인은 자신들이 민주주의 사회에 살든 그렇지 않든, 혹은 제국의 영향력을 가졌든 제국의 통제를 받고 있든지 간에 법을 귀중히 여겼다.

그리스의 국제법[9]

누구도 법 위에 있어서는 안 되듯, 어떤 주권 국가도 법 위에 올라설 수는 없다. 하나의 주권 국가는 마치 일종의 확장된 사람과 같다. 참주정 국가는 한 명의 사람 혹은 하나의 소규모 파벌 집단이나 마찬가지다. 군중들이 스스로 법 위에 서려고 하는 경우, 심지어 민주주의 국가조차 참주정처럼 보일 수 있다. 아테네는 이와 같은 실수를 저질렀다. 그리고 그 실수 때문에 아테네 민주주의는 가장 강력하고 중대한 비판을 받게 되었다.

매우 일찍부터 그리스에는 관습법이 존재했으며, 민주주의의 시기를 거쳐 이 관습법이 비성문법으로 되었다고 전해진다. 사실 이 관습법은 일종의 국제법이었다. 예를 들어 이 관습법에 따를 경우, 한 도시국가가 전쟁에 반대해 자신을 지키려는 경우에도 그 도시는 다른 도시국가와 체결한 협정에 따라 행동해야 했다. 아울러 전쟁 포로들에게 한 약속을 반드시 지켜야 했으며 전투 후에는 반드시 적에게 희생자들을 매장할 시간을 주어야 했다.

매장에 대한 법은 신화와 역사 모두에서 큰 종교적 중요성을 가졌다. 어느 고대 신화는 적군의 희생자들을 매장하지 않고 내버려두었다는 이유로 아테네가 이웃 도시국가를 처벌했다고 전한다. 그 도시국가는 아테네로부터 내륙 쪽에 위치한 테베였다. 아르고스Argos가 테베를 침공했을 때 테베는 이를 물리쳤다. 테베의 통치자는 아르고스인들에게 전사한 그들의 동료 병사들을 매장하지 못하도록 했다. 그러자 전설적인 영웅 테세우스 왕이 지휘하는 아테네 군대가 개입하여 테베인들에게 전사한 아르고스 병사들을 매장하라고 명했다. 신화의 내용에서 매장은 이처럼 국가적 차원의 문제였다. 이후 소포클레스는 안티고네와 그녀의 매장되지 못한 오빠의 이야기를 창작하여 매장에 대한 사안을 보다 개인적인 차원의 것으로 만들었다. 신화로 보건대 그리스 사회에서는 여전히 국제 관계에서의 체면과 상호 간의 예禮가 중시되었던 것으로 보인다.

반론: 법에 반하는 경우

오늘날 우리는 변호사들에 대해 갖가지 농담을 하곤 한다. 하지만 법의 진정한 적들은 조용히 침묵을 지킨다. 그들은 자신들이 얼마나 성공적으로 법과 법적 절차들을 다루고 있는지 알려주지 않는다. 그들은 교활하며 솔직하지 않다. 그들 스스로는 법을 뒤엎으려고 하면서 남들에게는 법을 떠받쳐야 한다고 주장한다. 그들 중 일부는 변호사들로 남 몰래 뒤에서 조종한다. 또 그들 중 어떤 이들은 말끔한 양복을 입고 위엄 있는 모습으로 회의에 참석하여 자신들의 사업 발전을 위해 법의 토대를 위태롭게 만들려고 한다. 반면 또 다른 이들은 제복을 입고 죄수들의 인권을 남용한다. 어느 경우든 그들은 어떤 감상적인 후회 없이 자신의 임무를 수행하기 위해 필요한 완고함을 배운 견실한 시민들로 보인다. 곧 그들은 법을 무시하는 자신들의 행위에 대해 정당화할 필요를 느끼지 못하고 있다.

반면 고대 그리스에서 법의 적들은 목소리를 높이곤 했다. 그들은 법을 경시할 궁리들을 짜내었다. 아테네의 정치가이자 사상가인 안티폰Antiphon은 법이 일반적으로 인간의 본성에 적대적이라고 생각했다. 당시의 많은 사상가들과 마찬가지로 그는 법이 아니라 본성을 따르는 삶이 더욱 자연스럽고 유익하다고 믿었다. 그 결과 그는 법이 단순히 인간들 사이의 약정의 결과, 즉 현대 사회계약 이론의 초기적 형태일 뿐이라고 생각했다.[10]

오늘날 우리는 사회계약 이론을 법을 방어하는 수단으로 이해하지만, 고대 사회에서는 공격의 도구로 이해했다. 고대에서 법의 적들은 사회계약이 법을 무시하고 무너뜨릴 힘을 가진 자들을 묶어놓기 위한 나쁜 거래라고 믿었다. 아울러 그들은 누구도 좋지 않은 거래에 묶여 있어야 할 이유가 없다고 생각했다. 그들에 따르면 나약한 자들은 계약을 통해 이익을 얻는 반면 강한 자들은 설 곳을 잃게 된다. 따라서 강한 자들은 법에 따른 통치에 대항해 들고일어서야 한다고 주장했다.

법의 적들은 법을 어겨 붙잡히더라도 스스로를 변호할 수 있는 한 어떤 나쁜 일도 자신에게 일어나지 않으리라고 생각했다. 영리한 젊은이들은 보수를 지불해가며 대중 연설 교육과정을 밟아 법정에서 스스로를 잘 변호할 수 있는 방법을 배워야만 했다(당시 아테네에서는 전문 법정 변호사가 존재하지 않았다. 스스로가 자신을 변호해야 했다). 게다가 부유한 자들은 재판에서 진다고 하더라도 간수들을 매수하여 도시를 빠져나올 수 있다고 믿었다.

아테네 배심원들은 재판 직전 추첨을 통해 선출되었으며 또한 그 배심원단의 규모가 컸기에 뇌물로 매수하기가 쉽지 않았다. 반면 간수들은 매수하기 어려운 대상이 아니었다. 유죄가 확정된 죄수들이 종종 뇌물을 써서 교도관과 간수들을 매수했다. 소크라테스가 유죄 판결과 사형 선고를 받은 후, 대부분의 사람들은 그가 부유한 친구들의 도움을 받아 국외로 도망칠 것이라고 생각했다. 물론 소크라테스의 재판은 전적으로 합법적이었으며 그에게 유죄를 내린 법은 곧 자신이 지지하던 법이었다. 하지만 그의 친구들은 그의 사형 선고를 결코 합당한 처사라고 보지 않았던 것이다.

소크라테스 역시 자신이 마땅히 죽음을 맞이해야 한다고 생각하지 않았다. 그럼에도 그는 법 체제를 부수려는 법의 적들과 의견을 같이하지 않았다. 플라톤에 따르면 소크라테스는 사형 집행에 앞서 법을 왜 믿고 따라야 하는지에 대한 감동적인 연설을 했다. 그가 탈출할 수 있었음에도 그러지 않았다는 것은 현대의 학자들에게 꽤나 골치 아픈 문젯거리로 여겨졌다. 만약 그가 진정으로 자신이 무고하다고 믿었다면, 그는 왜 아테네를 탈출하지 않았을까? 그리하여 무고한 사람을 희생시켰다는 불명예로부터 자신의 도시를 구제하지 않았을까? 아마도 소크라테스는 법을 위반할 경우 치르게 될 대가가 그 무엇에 비견하기 힘들 만큼 크리라는 것을 너무도 잘 알고 있었을 것이다. 때문에 굳이 그처럼 법을 공격하는 입장에 서지 않으려고 했던 것이다.

우리가 법을 집행하는 공무원들이 쉽게 매수되는 사회에서 산다고 가정해보자. 그럼 소크라테스가 강조하고자 하는 바가 더욱 두드러지게 보일 것이다. 즉, 법을 위반하는 행위는 부유한 자들에게 불공정한 이익을 제공할 터이고, 이는 의심의 여지가 없다. 하지만 다행히 누구도 법 위에 설 수는 없다. 법 아래 모두가 평등해야 한다는 것은 단순히 민주주의의 근본 원칙만이 아니다. 모든 유효한 정치 체제에서 이 원칙은 타당하게 수용되고 있다.

소크라테스는 사회계약 이론을 전복하려 했다. 과거 사회계약 이론은 법에 반하는 입장에서 사용되었지만, 소크라테스는 법의 편에서서 이 이론을 적용한 것이다. 오직 소수의 사람들만이 이 같은 소크라테스의 전복 논변을 이해했다. 이 논변에서 소크라테스는 그 자신이 아테네에서 살아가고, 또 아테네의 법이 제공하는 혜택을 받고 있기 때문에, 그 법을 따르는 데 이미 동의했다고 주장한다. 하지만 일반적으로 사람들은 스스로가 자유롭게 동의를 이루었고, 그 동의가 무엇을 함의하는지 잘 알고 있다는 조건 아래에서만 동의를 지킨다. 소크라테스의 경우에는 이런 조건들을 충족시키지 못한다.

소크라테스는 아테네의 법에 대해 동의한 적이 없다. 아울러 그는 자유롭게 동의를 이루지도 않았으며, 결과가 어찌될지에 대해 알고서 동의한 것도 아니었다. 소크라테스는 아테네를 선택할 자유가 없었다. 그는 단지 거기서 태어났을 뿐이다. 그는 아테네의 법 아래 사는 것 외에 달리 합당하게 선택할 어떤 권한도 갖지 못했다. 그리스인들은 다른 도시국가로 이주하여 그곳의 시민권을 획득할 수 있는 권리가 없었기 때문이다. 시민권을 갖지 못한 이민자는 법이 제공하는 혜택을 받을 수 없었다. 아울러 소크라테스는 아테네가 자신의 가르침을 범죄로 간주할 것이라고 예측할 수 없었기에, 자신이 한 동의의 결과가 어떻게 될지도 알 수 없었다. 게다가 소크라테스 이전에 아테네에서 철학자들이 고소당한 전례도 없었다.

소크라테스가 제시하는 법 옹호의 변론은 사실 그 자체로 설득력이 약하다. 왜냐하면 그가 말할 수 있는 바는 결국 법이 그에게 이득을 보장했다는 것, 자신이 법에 복종할 것에 동의했다는 것, 그리고 그 동의는 정당하다는 것뿐이기 때문이다. 그러나 동의가 그 자체로 정의의 기준을 충족시킬 수는 없다. 그것이 어떻게 사용되었든 사회계약 논변은 실패한 논변이다. 소크라테스 자신의 입장에서 보더라도 시민들이 법에 복종할 계약적 의무를 지닌다는 주장은 그 논리가 빈약하기 짝이 없다. 또 법에 따른 통치를 반대하는 자들의 입장에선 성인이 기꺼이 그런 계약에 동의할 것이라고 믿는 사회계약 논변은 순진하고 어리석을 따름이다. 법에 따른 통치를 이론적으로 변호하기 위해선 보다 나은 논변이 필요하다.

법에 따른 통치를 위한 변호

고대에 시도된 법에 대한 공격은 두 가지 중요한 원칙, 즉 '법에 따른 통치를 지지한다'는 원칙과 '항상 모든 법에 복종한다'는 원칙을 구분하지 않았다. 어리석고 부도덕한 법률을 어기는 경우 공감을 얻기란 어렵지 않다. 그러나 법에 따른 통치의 근간을 위태롭게 하는 행위는 전적으로 다른 종류의 행위다. 헨리 데이비드 소로Henry David Thoreau가 의도적으로 조세법을 어기고 스스로 감옥행을 택함으로써 법에 따른 통치를 지지한 이래, 현대의 우리는 두 원리의 구분을 어렵지 않게 이해할 수 있게 되었다. 그리고 이 구분은 시민 불복종 운동을 가능하게 했다.

법을 지지한다는 것은 스스로를 법 아래 둔다는 걸 의미한다. 이는 곧 법을 위배하는 경우가 발생하더라도 이것이 어떤 이유에서든 사회 체제를 부수고 타락시키려는 시도는 아니라는 걸 의미한다. 고대 그리스에서 법에 따른 통치를 옹호하던 자들은 법에 따른 통치를 단순하게 사회적 선善이라고 주장했다. 그들은 자신들의 주장을 입증하기 위해 소수의 부유하고 권력을 가진 자들이 스스로 법 위에 서려 했을 때 발생한 가혹한 결과를 지적하곤 했다. 소수의 부자와 권력자가 법 위에 서려 할 경우 그들은 사회를 산산조각 내고, 그 결과 사회는 약해지며 모든 시민을 위한 평등한 보호 정책을 유지하기 어렵게 된다는 것이다. 이 입장만으로도 법에 따른 통치를 변호하기에 충분하다.

하지만 보다 설득력 있는 논변 역시 가능하다. 본성적 필연성에 호소하는 논변이다. 소크라테스의 몇몇 동료들은 법이 언어만큼이나 인간에게 있어 본성적이라고 주장했다. 언어 없이 우리는 서로 소통할 수 없다. 살아남기 위해서라도 언어는 우리에게 꼭 필요하다. 마찬가지로 법이 없다면 우리는 질서 잡힌 사회에 머물 수 없다. 우리는 일정 수준의 질서를 유지하고 있는 공동체로부터 떨어져서는 살아남을 수 없다. 법은 생존이라는 인간의 본성적 필요에 의해 자연적으로 만들어진 산물이다. 본성에 따라 인간은 자연스럽게 언어를 발전시켜 사용한다. 마찬가지로 인간은 본성에 따라 자연스럽게 법을 발전시키고 개진한다. 그러나 모든 인간이 태생부터 한 가지 언어를 가지고 태어나는 것이 아니듯, 모든 인간이 본성상 가지고 있어야 하는 한 종류의 법이란 없다. 따라서 우리는 모든 인간의 문화 속에서 발견될 수 있는 그런 종류의 법을 찾기를, 그리고 모든 사람이 법을 발전시키고 유지해나갈 능력을 갖출 수 있기를 기대해야 할 것이다.

법이 장애물이 될 때

펠로폰네소스 전쟁이 막바지에 이르렀을 때, 아테네인들이 자신들의 법을 무시하는 사건이 발생했다. 그리고 이 사건으로 아테네인들은 이후 그리스 전역에 악명을 떨치게 되었다. 아르기누사이 지역에서 벌어진 일련의 해전 도중, 앞선 스파르타 해군과의 전투에서 승리한 아테네 장군들이 2차 전투를 위해 출항하는 일이 발생했다. 1차 전투에서 난파된 배에 승선했던 아테네 병사들을 구조하기 위해 몇 척의 배를 남겨두었으나, 좋지 않은 기상조건 때문에 구조 작업은 제대로 이루어지지 못했다. 게다가 스파르타의 위협은 여전히 존재했기에 모든 병력을 구조 작업에만 투입할 수도 있는 상황도 아니었다. 그 결과 많은 수의 아테네 병사들이 익사했고 그들의 시체를 찾을 수 없게 되었다.

이 소식이 아테네에 전해지자, 슬픔에 잠긴 전사병의 가족들은 구조작업을 등한시한 장군들을 상대로 법적 소송을 걸기로 결정했다. 그들은 아테네의 병사들을 익사하게 내버려두었다는 점과 익사한 병사들의 시체를 찾지 못해 매장할 수도 없게 되었다는 점을 들어 장군들을 고소했다. 민중을 선동하던 한 사람이 장군들을 모두 모아 한 번의 투표를 거쳐 유죄를 선고하자고 제안했다. 장군들은 재판에서 개별적으로 자신을 변론할 기회를 가지지 못했기에, 그 절차는 전혀 합법적이지 않았다.[11]

마침 그날 소크라테스는 추첨을 통해 의회의 의장단에 참석했다. 그 사안이 민회로 내려가기 전에 소크라테스는 의회에서 장군들을 한꺼번에 투표에 부치는 식으로 재판하지 말자고 호소했으나 그의 제안은 묵살되고 말았다. 민회에 있던 누군가가 위법에 대한 고발 절차(그라페 파라노몬)에 착수하려 했다. 그 시점에서 역사는 이렇게 기록하고 있다. "대다수의 사람들이 소리쳤다. 누군가 자신들이 하려는 일을 막으려는 시도는 끔찍한 일이 될 것이라고."[12] 두 번째로 나선 선동가가 재판에 항의하는 자는 누구든 죽여버리자고 제안했다. 민회에 모인 시민들은 선동가를 따랐으며, 재판의 위법성을 따지려 했던 자들은 그들의 시도를 철회할 수밖에 없었다. 투표가 진행되었고 여섯 명의 무고한 자들이 올바른 재판 절차 없이 모두 처형되었다.

무고한 자들을 처형한 뒤, 곧 아테네인들이 분노의 향연을 끝내고 정신을 차렸을 때, 그들은 비로소 민주주의가 법에 따른 통치에 의존

법에 따른 통치

하고 있다는 것을 상기했다. 이후 그들은 다시는 격정에 휘말려 자신들의 법을 마구 짓밟아버리는 행위를 하지 않았다. 소크라테스가 관련되어 있었던 탓에 그리고 아테네 민주주의가 가졌던 문제점, 곧 대중의 기준에 반하는 입장을 제시하는 자는 침묵을 강요당하거나 위협받을 수 있다는 심각한 문제점을 드러냈기에, 이 사건은 널리 알려지게 되었다. 민주주의의 성패는 반대 의견을 가진 자들의 이야기를 경청할 줄 아는 능력에 의존한다. 하지만 위기가 닥치는 순간 사람들은 종종 이 사실을 잊는다. 누군가 대중의 기준에 반하여 목소리를 내려고 하는 경우, 사람들은 그를 민중의 적으로 낙인 찍으려 한다. 그러나 이는 전혀 민주적인 행위가 아니다. 오히려 다수가 모여 공포와 두려움을 조장하면서 참주의 역할을 하는 것과 마찬가지다. 불법적인 투표가 끝난 후, 정신을 차린 아테네인들은 그들의 법을 유린하자고 소리 높인 자들을 처벌할 계획을 짰다. 그러나 스파르타와의 전쟁에서 패하자 그들은 곧 그 계획을 철회했다.

실패의 대가

법을 지키지 못한 아테네의 실패는 일종의 재앙이었다. 이 재앙은 비단 아테네인들뿐만 아니라 민주주의를 수호하고자 했던 모든 이의 재앙이었다. 그 당시에도 그리고 2,000년 이상이 지난 지금까지도 아테네는 민주주의의 타락과 실패의 사례로 제시된다. 미국의 건국자들은 아테네인들이 얼마나 잘못된 길을 걸어갔는지를 가슴에 새기고선 아테네 민주주의의 길을 반복하지 않기 위해 분투했다. 19세기에 들어와서야 역사가들은 아테네에 대한 기록들을 다시 검토하기 시작했다.[13] 그리고 지식인들은 민주주의의 이념에 다시 관심을 두기 시작했다. 학자들은 아르기누사이 해전 후 벌어진 장군들의 재판이 아테네 민주주의의 일반적인 모습이 아니라고 지적했다. 그리고 그들은 그 재판이 공교롭게 종교 축제가 열려 아테네인들이 가족을 잃은 슬픔과 분노에 특히 민감해 있을 때 발생한 극히 이례적인 사건이었다고 지적했다. 학자들의 지적은 옳다. 하지만 민주주의의 적들에게 이 사건은 아테네가 참주정에, 즉 한 명의 참주에 의한 참주정이 아니라 다수에 의한 참주정에 어떻게 사로잡혀 있었는지를 잘 보여주는 사례로 간주되었다.

법을 어겼다는 분명한 사실 외에도 아테네는 두 가지 측면에서 실패했다.

첫째, 아테네가 말 그대로 법을 따랐을 때에도 여전히 개별 시민들에게 불공정한 경우가 많았다. 소크라테스에게 어처구니없는 처벌을 내렸던 것처럼 말이다. 대규모의 배심원단은 합리적인 이유 없이 종종 부유하거나 유명한 자들에 대한 대중의 적개심을 판결 내용에 반영하곤 했다. 전투를 승리로 이끌지 못한 장군들은 법정에 붙들려가 유죄를 선고받기도 했다.[14] 전투에서 패배했을 때 대중의 분노는 극에 달했기에 장군들은 종종 아무런 잘못을 저지르지 않았을 때조차도 처벌받았다. 그리고 이 같은 소송에 대한 두려움 때문에 장군들은 전장에 나가 지나치게 조심하다가 승기를 놓치는 경우도 허다했다.

엄밀히 말해 이 모든 절차는 합법적이었다. 그러나 법률이 올바르지 못했다. 그 법률들은 대중의 분노로부터 피고인들을 적절하게 보호하지 못했다. 그리고 대중들의 분노가 폭발했을 때, 그로부터 개인

 법에 따른 통치

들을 적절하게 보호하지 못하는 바람에 아테네는 수많은 훌륭한 전쟁 지도자들을 잃게 되었고, 그들 중 일부는 아테네에 등을 돌려 전시에 다른 도시나 국가를 돕기도 했다. 법에 따른 통치가 실패할 경우 그 결과는 무시무시하며 국가는 분열된다. 현대의 시각에서 볼 때 아테네의 법이 인간의 권리를 올바르게 인지하지 못한 점은 더욱 큰 문제였다. 그 당시 권리는 하나의 개념으로서 제대로 전개되지 못했다. 그렇지만 아테네인들은 우리가 권리라 부르는 것들을 정당화하기 위한 개념적 도구, 즉 본성에 따른 자연적 평등성에 대한 일종의 이론적 입장을 가지고 있었다. 하지만 그것에 대한 충분한 이해와 실천은 부족했다. 만약 그들이 자신들의 이론적 입장을 제대로 실천하기만 했어도 그들은 우리가 오늘날 '권리'라 부르는 것들을 훼손하지 않았을 것이다.

둘째, 아테네는 그리스 전역을 관장하던 국제법을 등한시했다. 당시 세력을 키우던 아테네가 다른 소도시 국가들을 합병하면서 제국을 구축해감에 따라, 아테네는 종종 합당한 이유 없이 단지 통제가 필요하다는 이유만으로 많은 지역들을 침략했다. 아테네가 그리스의 국제적 안보와 교역상의 안전을 이유로 침략 행위를 서슴지 않자, 아직 아테네의 영향력이 미치지 않던 많은 그리스의 도시국가들이 아테네를 증오하게 되었다. 아테네 제국에 대해 페리클레스는 다음과 같이 말했다. "당신들도 알다시피, 우리의 제국 아테네는 정말로 참주정 국가인 것 같습니다. 다른 도시국가들을 공격하는 것이 비록 정의롭지 못하다고 생각될 수 있겠지만, 그렇다고 해서 이제 그들을 놓아주는 것은 우리에게 결코 안전하지 않습니다."[15]

아테네는 자국 내에서 참주가 등장하는 것을 끔찍히 싫어했음에도, 스스로는 국제적인 참주가 되었다. 그 결과 아테네는 참주들이 겪는 운명, 즉 분노와 저항을 경험하게 되었다. 그리스 제일의 도시인 아테네는 페르시아나 마케도니아 같은 그리스의 공공의 적에 대항하여 싸우는 동맹의 지도자가 될 수 있었다. 실로 아테네는 페르시아의 침공에 대항하여 그리스 동맹의 지도자 역할을 성공적으로 해냈고, 이 덕에 아테네에 대한 칭송이 그리스 전역에 높이 울려퍼졌다. 그러나 제국의 힘을 탐닉하게 되면서 아테네는 그리스를 이전보다 더욱 분열시켰다. 아테네의 제국주의 정책은 그리스를 마케도니아 왕국의 손쉬운 먹잇감이 되도록 만들어버렸다. 올바른 민주적 정치 지도력 대신 참주로 군림하면서 아테네는 홀로 그리스의 자유를 책임지게 되었으나, 결국 그 책임을 다하지 못했다. 아테네의 제국주의 계획은 민주주의에 치명상을 남기고 말았다.

1　현대법과 고대 그리스의 법의 차이에 대해 유념할 필요가 있다. 고대 그리스의 법 체계에는 법 절차와 전문적인 판사 개념이 존재하지 않았다. 민회가 열렸을 때 배심원들의 제안과 의견이 곧 절차와 판결을 대신했다. 그리고 일반 시민들이 추첨을 통해 법정 공직자로 선출되었다. 가장 두드러진 차이는 아테네 법이 고문을 통해 얻은 노예들의 증언을 수용하여 참작했다는 점이다.

2　소크라테스의 재판과 관련해서는 Parker(1996)를 참조할 것.

3　『국가』 4권을 참조할 것.

4　이곳에 인용된 개구리 우화와 관련해서는 Gagarin and Woodruff(1995, 146~147쪽)를 참조할 것. 개구리 우화에 대한 이와 같은 해석을 제안해준 가가린에게 고마움을 표한다.

5　성문화된 법이 참주정으로부터 사람들을 보호해준다는 생각은 에우리피데스의 『애원하는 여자들』 433~437행에서 테세우스가 전하고 있다(제3장 주해 3 참조). 투키디데스의 『펠로폰네소스 전쟁사』 3권 62장에 따르면, 테베인들은 법이 아닌 참주의 파벌이 도시를 통치하고 있기에 페르시아 전쟁에 참여할 수 없었다. 스파르타에 패한 뒤 아테네에서는 '30인 참주' 집단이 권력을 장악했으며, 그들은 자신들의 정적을 숙청하고 그들의 재산을 압류하는 등 무법 행위를 자행했다. 반면 기원전 6세기의 아테네 참주들은 보다 정당하고 합법적인 자세로 통치했던 것으로 보인다(제3장 주해 17, 18 참조).

6　그리스인들이 전통적인 관습을 중요하게 여겼다는 사실은 헤로도토스의 『역사』 7권 104장에서도 잘 드러난다. 거기서 그는 다음과 같이 말한다. "비록 그들(스파르타인들)은 자유로웠으나, 모든 면에서 자유로웠던 것은 아니다. 그들은 법이라는 왕을 가지고 있었으며, 이 법을 사람들은 (인간보다 더욱) 숭배했기 때문이다. 전투에서 흐트러지지 않고 대열을 잘 갖추기 위해서는 정복하거나 정복되어야만 한다."

7　에우리피데스의 『주신 바커스의 시녀들』 *Bacchae* 888~896행에서 인용했다.

8　　　　'신이 부여한 법'에 대해 소포클레스는 『참주 오이디푸스』 863~871행에서 다음과 같이 적는다.

> 운명이여, 늘 나와 함께하소서,
> 그리고 내가 언제나 거룩한 경의를
> 하늘 높은 곳의 법에 따라서,
> 말과 행동에서 입증할 수 있기를.
> (……)
> 그 법은 인간이 만든 것이 아니거늘
> 인간은 죽기 마련이나 법은 결코 잠들지 않으니
> 신들 중에서도 위대한, 이 법은 결코 나이를 먹지 않으니.

9　　　　고대 그리스의 국제법: 확고한 개념의 국제법 jus gentium은 로마 시대에 확립되었으나, 그리스인들은 그와 유사한 개념에 이미 친숙했다. 그리스인들의 국제법은 분명히 그리스 도시국가들 사이에 적용되는 것이었지만, 간혹 그리스 도시국가들과 비그리스 국가들 사이로 확장되어 적용되는 경우도 있었다. 이 경우 보통은 맹세나 조약 등을 수반하여 이루어졌다.

국제법에 대해 에우리피데스는 『오레스테스』 Orestes 495행에서 "그는…… 그리스인들의 국제법에 따라 (그와 같은 짓을) 벌이지 않았다"고 말하며, 투키디데스는 『펠로폰네소스 전쟁사』 3권 56장 2행에서 "모든 곳을 관장하는 그 법, 그리고 경건은 침략자들에게 맞서는 것을 허락한다"고 말한다. 『펠로폰네소스 전쟁사』 3권 59장에서 플라타이아인들은 스파르타인들에게 "그리스인들의 국제법을 위반하지 말라"고 촉구하기도 한다. 맥락상 플라타이아인들이 말하는 국제법이란 스파르타인들이 플라타이아를 보호하겠다는 맹세를 가르킨다. 이와 같은 그리스 도시국가들과 비그리스 국가들 사이의 맹세가 헤로도토스의 『역사』 6권 86장에도 나타난다. 또한 『펠로폰네소스 전쟁사』 1권 41장에서 투키디데스는 아테네인들이 "모든 권력은 동맹들을 벌할 권리"라고 주장했다고 전한다. 이는 전시 동맹 도시국가들에 대한 아테네 제국의 법 개념을 보여준다.

기원전 5세기 비성문법의 개념이 발전했다. 페리클레스는 장례 연설에서 "모든 이의 동의에 따라 위반자들에게 수치를 안기는 비성문법"을 언급한다(투키디데스의 『펠

　　　　　　　　　　　　　　　　　　　　　　　　　　　　　법에 따른 통치

로폰네소스 전쟁사』 2권 37장), 소포클레스의 『안티고네』 456~457행은 처음으로 비성
문법을 언급한다.

오늘날 국제법의 문제에 대해서는 Bobbitt의 『아킬레우스의 방패』*Shield of Achilles*
(2002)를 참조할 것. 유럽과 미국 국제법 사이의 차이에 대한 많은 논의가 있었다. 이
에 대해선 Robert Kagan의 『천국과 권력』*Of Paradise and Power*(2003)을 참조할 것.
국제법에서 물러나려 하는 미국의 최근의 경향을 옹호하는 Kagan의 입장은 흥미롭게
도 플라톤의 『고르기아스』*Gorgias*의 칼리클레스와 『국가』 1권의 트라시마코스가 주장
했던 법에 따른 통치에 대한 전통적인 공격, 즉 법에 따른 통치가 약자에게는 이득을
보장하나 강자에게는 불이익을 초래한다는 지적을 되풀이하고 있다. Kagan은 자신의
책 마지막에서 이 논변으로부터 유보적인 자세를 취하나 결정적인 것은 아니다. 법에
따른 통치를 지지하는 입장은 이것이 약자뿐만 아니라 모두에게 이득을 보장한다는
점에서 설득력을 가질 수 있어야 한다. 홉스적인 세계는 약자에게만 무시무시한 것이
아니라 강자도 위협하는 세계다.

고대 그리스인들은 이와 같은 점을 잘 이해하고 있었으며, 따라서 참주들이 행복하
다는 입장에 반대했다. 참주들은 행복한 것이 아니라 사실 두려움에 떨고 있으며 늘
위협받고 있다. 왜냐하면 그들은 합법성이 아니라 폭력에 의존하여 자신의 권력을 유
지하고 있기 때문이다. 그렇기에 그들은 언제나 자신들을 향한 폭력에 노출되어 있다.
결국 그들이 권력 유지를 위해 사용하는 공포가 언젠가 자신들을 향해 덮쳐올 것이다.
그렇기에 그들은 늘 호위병들과 함께 움직여야만 하며, 적들에게 어떠한 자비도 베풀
수 없고, 폭력을 예방하기 위해 폭력적인 예방책을 끊임없이 강구하고 사용해야만 한
다(참주의 성격에 대해서는 제3장 참조).

10　　　사회계약에 의거하여 법을 공격하는 경우에 대해서는 플라톤의 칼리클레스
와 트라시마코스의 견해를 참조할 것. 안티폰이 칼리클레스나 트라시마코스의 입장처
럼 강하게 법을 반대했다고 생각되지는 않으나, 후자가 플라톤의 작품에서만 나타나
는 허구적 인물들인 반면 안티폰은 역사적 인물이기에, 여기서는 그의 말을 인용한다.

11　　　아르기누사이 해전의 장군들에 대한 불법적인 재판은 플라톤의 『소크라테
스의 변론』 32bc에서 언급되며, 크세노폰의 『헬레니카』 1권 7장 2~35행에는 그 자세
한 내용이 나와 있다.

12　　　크세노폰의 『헬레니카』 1권 7장 12행에서 인용했다.

13　　　George Grote가 당시 고대 그리스 민주주의의 복권을 위한 연구를 주도

했으며, 그는 『그리스의 역사』*History of Greece*를 출판했다. 특히 그의 책 64항(vol. VIII, 175~210쪽)은 물에 빠진 선원들을 구조하지 못한 장군들에 대해 아테네인들이 어떤 반응을 보였는지 자세히 설명하고 있다.

14　전쟁에 실패한 장군들에 대한 재판: 가장 잘 알려진 사례 중 하나는 바로 투키디데스의 추방이다. 기원전 424년에 벌어진 전쟁에서 아테네가 패하자 아테네인들은 당시 장군이었던 투키디데스를 추방했다. 하지만 아테네의 패배가 그의 탓은 아니었다. 그와 같은 부정의한 재판들이 장군들을 두려움에 떨게 만들었으며, 니키아스의 사례처럼(275~278쪽 참조), 결국 전장에서 지나치게 조심한 결과 승기를 놓쳐버리고 말았다.

15　투키디데스, 『펠로폰네소스 전쟁사』 2권 63장.

법에 따른 통치

제6장

본성에 따른 자연적 평등성

PHYSIS(*Nature*)

제임스 매디슨James Madison은 부유한 자들과 가난한 자들 사이에 평등이란 존재하지 않는다고 믿었다. 그는 다른 미국 헌법 제정가들과 함께 부유한 자들이 가난한 자들에 비해 더욱 큰 힘을 가져야 한다는 점을 분명히했다. 그 결과 사람들은 투표의 권리를 확보하기 위해 자신들 역시 어느 정도의 부富를 향유하고 있다는 것을 보여주어야만 했고, 그렇게 그들로부터 동등한 권력을 인정받았다. 그러나 민주주의를 누리던 아테네에서 상황은 달랐다. 가난한 시민들은 자신들이 정치 활동에 자유롭게 참여해야 한다는 점을 주장했으며, 이를 위해 기꺼이 정치적 투쟁에 나섰고 마침내 승리를 얻었다.

트라시불로스Thrasybulus, 기원전 404~403년

30인 참주가 지배하던 공포정치 기간 동안, 트라시불로스와 70명의 민주주의 수호자들은 추방 생활로부터 돌아와 필레Phylê에 있던 군사

* 미국 헌법의 아버지로 불리는 제임스 매디슨은 미국의 제4대 대통령으로 1809년부터 1817년까지 대통령직을 역임했다. 1751년 3월 16일 미국의 식민지 버지니아 포트콘웨이에서 출생했으며 1836년 6월 28일 버지니아 몬트필리어에서 사망했다. 미국 건국 시조의 일원으로 '헌법제정회의'에 참석하여 연방헌법의 입안과 비준에 영향력을 행사했다. 이후 알렉산더 해밀턴Alexander Hamilton, 존 제이John Jay와 함께 『연방주의자』 *The Federalist Papers*를 간행했으며, 헌법수정안 1~10조를 발의했다. 토머스 제퍼슨 대통령 시절 국무장관을 지내면서 루이지애나를 매입하는 데 성공했으며, 대통령 재임 중 영국을 상대로 1812년 전쟁을 승리로 이끌었다.

주둔 기지를 점령했다. 참주의 군사들이 그들을 공격하려 했을 때 갑자기 눈보라가 일어 그들은 무사할 수 있었다. 아테네인들이 트라시불로스 주위로 몰려들기 시작했다. 70명이던 지지자들은 이내 700여 명으로 늘어났고, 그 수가 약 1,000여 명에 달했을 때 민주주의파 군사들은 밤을 틈타 아테네의 주요 항구 도시였던 피레우스로 진격했다. 트라시불로스의 뛰어난 지도력으로 그들은 참주의 군사들을 대파했고 지역 주민들의 열렬한 지지를 받게 되었다. 이후 트라시불로스는 몇 차례의 전투에서 더 승리했고 마침내 군대를 아크로폴리스로 이끌었다. 그곳에서 그는 아테나 여신에게 제물을 바쳤고 참주정을 지지하던 부유한 시민들로 구성된 3,000인 의회를 소집했다. 트라시불로스는 그들에게 다음과 같이 연설했다.

요새로부터 내려온 당신들에게 전하는 나의 조언은 바로 당신들 자신이 누구인지 똑똑히 알라는 것입니다. 만약 당신들이 왜 스스로에 대해 생각해야 하는지 그 이유를 내게 기대하고 있다면, 당신들은 자신이 누구인지 결코 알 수 없을 것입니다. 도대체 당신들은 무슨 이유로 우리를 다스리려 하는 겁니까? 당신들은 정의에 대하여 더 나은 주장을 할 수 있습니까? 데모스(민중)는 한 번도 돈을 위해 당신들에게 정의롭지 못한 짓을 한 적이 없습니다. 비록 그들이 당신들보다 더욱 가난하더라도 말입니다. 하지만 여기 우리 가운데 누구보다도 더 부유한 당신들은 당신들에게 이익이 된다고 하면 우리 민중들을 희생시켜 가면서 어떤 파렴치한 짓도 서슴지 않았습니다. 정의는 당신들 편에 서지 않을 것입니다. (모든 파렴치한 짓들을 서슴지 않게 만들었던) 용기를 가졌다는 이유로 당신들이 스스로를 떳떳하다고 여길 수 있는지 한번

봅시다. 그러나 (용기를 측정하기 위한 올바른 기준으로) 전쟁에서의 승리나 패배보다 더 나은 기준이 있겠습니까? 전시 군사 작전을 펴는 데 있어 당신들은 우리보다 지혜롭다고 말할 수 있습니까? 당신들은 견고한 성벽과 무기들 그리고 자본과 강력한 동맹을 보유하고 있습니다. 그럼에도 당신들은 이런 것들을 전혀 가지고 있지 못한 우리에게 이미 패배했습니다.[1]

가난한 자들은 트라시불로스가 말하는 점을 부유한 자들보다 더욱 분명히 파악할 수 있다. 부유한 자들과 가난한 자들 사이에 불평등이 존재해야 한다는 점을 올바르고 타당하게 보장해줄 근거는 아무것도 없다. 즉, 어떤 것도 부유한 자가 가난한 자에 비해 더욱 큰 힘을 가져야 한다는 것을 정당화하지 못한다. 내전의 마지막 국면에서 그들은 아테네의 가난한 자들과 부유한 자들 모두에게 만족스러운 결과를 제공했다. 그들은 화해와 면책 정책을 체결했으며 이후 계급 간의 불화는 종식되었다.

인간의 본성

부유한 자들과 가난한 자들, 그리스인들과 아시아인들, 남성들과 여성들 모두가 동일한 인간 종種에 속한다. 일찍이 그리스 시인들은 이 점의 중요성을 이해하고 있었다. 호메로스는 그리스인들이 보기엔 이방인인 트로이인들의 일상생활을 소개하는 장면에서, 그들을 그리스인들보다 더욱 호의적이며 동정적인 자들로 그리고 있다.[2] 그가 그리

　　　　　　　　　　　　　　본성에 따른 자연적 평등성

는 트로이인들은 아버지의 투구에 겁먹은 어린아이, 징집을 피하려는 아들에게 은신처를 제공하는 노파, 아들을 매장하기 위해 온갖 수고를 마다하지 않는 노인의 모습으로 그려진다. 그들은 그리스인들이 아니었다. 그들은 그리스인들에게 패배하여 철저히 파괴되어버린 아시아인들이었다. 그러나 호메로스는 그들이 어떤 감정을 가지고 있는지 그리고 어떻게 느끼며 살아가는지를 잘 알고 있었다. 그들 역시 인간이라는 점을 그리고 모든 인간에는 공통된 본성이 있다는 것을 이해하고 있었기 때문이다.

호메로스는 민주주의자가 아니었다. 그러나 똑같은 주제가 진정한 민주주의 시인 아이스킬로스의 작품 속에서 이미 드러나 있다. 아이스킬로스는 페르시아의 침공에 맞서 마라톤 전투에 참여했다. 그는 자신이 시인으로 성공했다는 사실보다 이 전투에 참여했다는 걸 더욱 자랑스러워했다. 그는 또한 페르시아 제국으로부터 그리스의 자유를 지키는 일이 얼마나 중요한지 잘 알고 있었다. 그러나 아이스킬로스는 그리스 군대가 페르시아 제국의 침략을 막아내고 그들을 패배시켰을 때 그들이 얼마나 서럽고 고통스러웠을지에 대해서도 충분히 고려했다.[3] 아이스킬로스가 페르시아인들의 심정까지 고려했다는 것은 도저히 흉내낼 수 없는 일이다. 도대체 미국의 어떤 작가가 1945년 일본인들이 무조건 항복을 하면서 가졌을 비탄과 고통을 고려하여 글을 쓸 수 있을까? 마라톤 전투에서 페르시아인들이 그리스인들과 인간이라는 점에서 다르지 않았던 것처럼, 일본인들도 결국에는 미국인들과 다를 게 없다. 페르시아인들은 그리스인들에게 커다란 위협을 가했다. 그러나 여전히 아이스킬로스는 페르시아인들이 가졌을 인간적 두려움과 슬픔을 자신의 작품 속에서 표현했다. 약 한 세대가 지난 후 안티폰은 다음과 같이 말했다.

> 우리 모두는 입과 코를 통해 숨을 쉰다. 그리고 기쁠 때 웃고 슬플 때 눈물을 흘린다. 우리 모두는 우리의 눈을 통해 보고, 손을 가지고 일을 하며, 다리를 이용하여 걷는다.[4]

물론 인간의 본성은 단순히 숨 쉬는 것 이상을, 그리고 웃거나 슬퍼하고, 보거나 손과 발을 이용하는 것 이상을 의미한다. 아테네의 민주주의 시기 동안 인간 본성에 대한 탐구가 초기 인간학자들* 사이에서 시작되었다. 우리는 이 초기 인간학자들이 누구인지 정확하게 알 수는 없다. 초기 원자론자로 잘 알려진 데모크리토스Democritos가 이와 같은 인간학 탐구 집단의 창시자로 간주될 수도 있으나, 그와 같은 탐구는 여러 지역에서 이루어졌기에 아마 다른 창시자들도 있었을 것이다. 플라톤에 따르면, 프로타고라스Protagoras**는 인간학적 이론을

---

* 여기서 '인간학자'는 anthropologist의 번역어다. anthropologist는 기본적으로 인류의 기원 및 발생사나 초기 인류의 문화사 등을 탐구하는 인류학자를 의미하나, 이곳에서 저자는 이 용어를 통해 인간의 본성과 활동 및 사고, 생활상과 정치적 관계, 더 나아가 인류의 역사에 대해 탐구하는 인문학자들humanist scholars을 가리킨다. 이하 '인간학'이라 번역된 용어 역시 anthropology다.

** '인간은 만물의 척도다'라는 인간척도설로 유명한 프로타고라스는 기원전 5세기에 활약한 그리스의 소피스트이자 연설가다. 그는 기원전 485년경 압데라에서 출생했으며 410년경 사망했다. 플라톤의 『메논』 Meno과 『프로타고라스』Protagoras에 따르면, 그는 스스로를 소피스트라 칭했으며 약 40여 년 동안 활동하면서 사람들에게 일상생활의 활동에서 실천해야 할 탁월함arête에 대해 가르쳤다. 활동 기간 동안 아테네를 세 번 정도 방문한 것으로 알려졌으며, 윤리와 정치 문제에 대해 많은 관심을 보였고 동시에 당시 인문학적 사상에 큰 영향력을 미쳤다. 그는 또한 페리클레스와도 친분을 유지했다. 아테네가 이탈리아 남부에 있는 튜리히thurii 지역을 점령했을 때, 프로타고라스는 페리클레스의 요청으로 그곳의 식민지법을 제정했다고 전해진다. 키케로와 디오게네스 라에르티우스는 신들에 대한 불가지론의 태도를 표명한 『신들에 대하여』라는 단편으로 인해 불경죄로 고발당했고 그의 저술들은 공개적으로 불살라졌으며, 기원전 415년경 아테네에서 추방당했다고 전한다. 현재 그의 저술들은 남아 있는 것이 없으며, 『인간척도설』과 『신들에 대하여』 단편 외에 『약한 논변을 강하게 만들기』라는 수사술적 단편 그리고 교육과 언어의 올바른 사용에 대한 몇 개의 단편만이 남아 있다.

 본성에 따른 자연적 평등성

널리 폈으며 그 당시의 가장 저명한 소피스트였다. 이런 초기의 인간학자들은 모든 인간이 공동체 안에서 살며 언어를 사용하고 종교 행위를 하며 경작이나 사냥, 집짓기나 옷을 만드는 일 등 일종의 기술에 의존하는 존재라는 것을 깨달았다. 그들은 고대 신화를 인용하여 하늘의 신성한 힘이 인간에게 언어와 기술에 대한 능력을 부여했고, 따라서 그 능력은 인간 본성의 한 부분이라고 주장했다. 그러나 한편으로 서로 다른 문화권의 사람들이 이 같은 언어와 기술을 그들 나름의 각기 다른 방식으로 행하는 것을 볼 때, 그것이 그들의 고유 문화에 속하는 것처럼 여겨지기도 한다. 그럼에도 이렇게 서로 다른 문화들은 그 문화적 차이를 뛰어넘어 인간의 공통된 능력을 나타내고 있으며, 인간이 살아가는 데 있어 기본적으로 필요한 공통의 것들을 보여준다.

초기 인간학자들은 모든 인간이 공통적으로 가지고 있는 점을 발견하기 위하여 문화의 다양성에 대해 연구했다. 그들은 공통적이며 동일한 인간의 본성과 인간 삶의 필수 조건과 필수품들을 언급하며 문화의 기원을 설명하려고 했다. 인간학적 사고의 영향은 점차 커져 기원전 442년 그것은 소포클레스의 유명한 비극인 『안티고네』에도 등장하게 되었다. 그 비극에서 합창단은 등장인물들 사이에 갈등이 대두될 때마다 등장하여 인간의 능력, 곧 생존을 위해 필요한 것들을 발견하거나 고안해내는 훌륭한 동시에 무시무시한 인간의 힘을 찬양하는 노래를 부른다.

산등성이의 초목을 거니는 거친 야생의 짐승들을
다스리고 통제하는 방법들을 그는 고안해왔기에,

거친 털을 목에 두른 말들과

지치지 않는 야생의 황소들을 잡아서,

멍에를 씌웠다네.

계획을 짜는 일에 있어

언어와 마음은 바람처럼 재빠르기에

그는 스스로 이런 것들을 자신에게 가르쳤고,

아울러 법에 따라 도시에서 사는 성격도 갖추게 되었네.

매서운 서리로부터 몸을 숨기는 법과

화살과도 같은 진눈깨비의 공격을 피하는 법을 그는 배웠다네.

위의 구절은 인간의 능력을 칭송하는 자랑스러운 외침이다. 청중들은 얼마 전까지만 해도 생존을 위한 모든 삶의 수단과 방법을 제공해준 존재가 자신들의 선조가 아니라 신들이라고 생각했고, 늘 신들에게 칭송을 바쳤다. 이 점을 유념한다면 소포클레스의 합창단에 가해졌을 위협 혹은 그들이 겪었을지도 모를 위험을 쉽게 짐작할 수 있을 것이다. 그럼에도 합창단은 인간들의 타고난 놀라운 창조력을 인정하고 강조하는 데 전혀 움츠리지 않았다.

그럼 이와 같이 풍부한 인간의 창조성 안에 본성은 어디에 담겨 있는가? 인간의 발달에 대한 가장 초기적 설명들은 사냥이나 경작 또는 집을 짓는 기술 등을 가리키며 본성을 논했다. 하지만 소포클레스는 그 이상을 이야기하려고 했다. 현재까지 알려진 문헌상으로서는 최초로 그는 숙고deliberation와 법에 따른 통치, 한마디로 정치(또는 정치를 할 줄 아는 능력)야말로 우리의 생존을 위해 반드시 필요한 도구라는 기막힌 생각을 펼쳐냈다.

> 계획을 짜는 일에 있어
> 언어와 마음은 바람처럼 재빠르기에
> 그는 스스로 이런 것들을 가르쳤고,
> 아울러 법에 따라 도시에서 사는 성격도 갖추게 되었네.[5]

소포클레스가 강조하듯 만약 공동체를 구성하는 능력이 인류 일반에게 주어져 있다면, 모든 인간이 이 능력을 가지고 있다는 것 역시 분명하다. 그렇다면 왜 인간이 그런 능력을 타고난 것이라고 말하지 못하겠는가? 이와 같은 입장을 그대로 밀고 나가면 인간의 커다란 정치적 영향력을 강조하는 방향으로 귀결된다. 곧 모든 인간은 공동체에서 적합하게 역할하고 살아가기 위해 알아야 할 것들을 스스로 배우고 가르칠 수 있는 능력을 공유하고 있다. 만약 그렇다면 어느 누구도 공동체 안에서 정치적 영향력을 행사하는 데 배제되어서는 안 될 것이다. 아울러 공동체 안의 모든 이에게 정치에 참여하고 정치적 영향력을 행사할 수 있는 동등한 자격이 주어져야만 할 것이다.

인간 본성 안의 평등성

민주주의는 가난한 자들도 부유한 자들이나 좋은 집안의 출신들과 마찬가지로 마땅히 같은 정도의 정치적 영향력을 나누어 가져야 한다는 이념에 기대고 있다. 그러나 우리 모두가 잘 알고 있듯 인간의 타고난 능력과 조건은 서로 동일하지 않다. 어떤 이들은 키가 큰 반면 어떤 이들은 작다. 또 어떤 이들은 현명한 반면 어떤 이들은 어리석다. 그리고 출신 성분이나 교육을 통해 어떤 이들은 보다 나은 지도자가 되기도 한다. 그렇다면 도대체 어떤 측면에서 아테네의 모든 시민이 평등하다는 것일까? 아테네 시민들은 자신들의 문화를 통해 아테네인이 된다는 것이 무슨 의미인지3 잘 알고 있었다. 아테네인들 모두가 동등한 교육을 받은 것은 아니다. 그들은 자신들 모두가 동등한 인간의 본성을 가졌다고 믿었으나, 다른 한편으로는 힘이나 지혜에 있어서 모두가 동등하다고 여기지는 않았다. 그렇다면 인간의 자연적 평등성에 대한 그들의 믿음은 도대체 무엇이란 말인가? 대부분의 민주주의 이념이 무척이나 논쟁적이듯, 인간의 본성에 따른 자연적 평등성에 대한 의미도 논쟁적이다. 비록 그 맥락이 정확히 어떠한지, 그리고 정확히 어떤 등장 인물이 그 구절을 노래하고 있는지 알 수 없지만, 민주주의를 노래했던 두 비극 시인의 시구에서 우리는 인간의 본성에 따른 자연적 평등성의 진술을 분명히 확인할 수 있다.

> 하루는 우리 모두가 같은 아버지와 어머니로부터 태어난
> 인간이라는 하나의 종이라는 것을 알게 되었다.
> 누구도 태어날 때부터 남들보다 더 우월하지 않다.
> 그러나 운명은 우리 중 어떤 이들을 불행과 비참함으로,
> 다른 어떤 이들을 번영과 성공으로 이끌기도 한다. 또 다른 이들은
> 노예라는 속박에 몰리도록 강요받기도 하면서.
> —소포클레스[6]

 본성에 따른 자연적 평등성

인간이 고귀한 존재로 태어났다는 걸 칭송하는 것은

말할 필요도 없이 분명한 것이거늘!

오래전, 우리가 처음 이 땅에 나타나게 되었을 때,

모든 죽기 마련인 존재들을 낳은 이 땅은

우리 모두에게 동등한 모습을 주었다.

우리는 결코 특별하지 않다.

좋은 출신이나 비천한 출신이나 모두가 하나의 종족이지만,

시간과 관습이 오만함을 야기했다.

어쩌면 지혜는 타고날지도 모르나,

부유함이 아니라, 양식 있는 분별력이 (우리 모두에게 주어진) 신의 선물

　　이다.

—에우리피데스[7]

　위의 두 구절 모두에서 '태어날 때', 곧 '출생'이 강조된다는 것은 모든 인간에 대한 동등한 대우가 우리가 태어날 때부터 가지게 된 '본성에 따른 자연적 평등성'에 기초하고 있다는 사실을 잘 보여준다. 이렇게 볼 때 본성은 우리 모두가 태어날 때부터 가지고 있는 것인 반면 그 외의 것들은 모두 관습nomos(법)의 산물이다. 본성과 관습을 대조하여 그 차이를 드러내려 했던 당대인들은 보통 두 가지 측면에 관심을 가졌다. 첫째, 관습은 인간 사회에서 주로 인간의 본성을 제압하고 통제하려 한다. 둘째, 본성은 우리가 마땅히 따르며 살아가기 위한, 또 관습이 잘못된 방향으로 나아갈 때마다 그것을 올바르게 잡아주는 기준을 제공한다.

　이와 같이 부유한 자와 가난한 자, 귀족 출신과 일반인 모두 같은 인간 종에 속한다는 관념은 무척이나 매력적인 것이다. 부와 출신

성분의 차이가 정치적 영향력을 행사하는 데 있어 차이가 나야 한다는 주장이 더 이상 정당성을 가질 수 없기 때문이다. 이처럼 같은 인간 종이라는 사실이 이념적으로는 사회 구성원 모두가 동등한 영향력을 행사해야 한다는 주장을 정당화해준다. 하지만 그렇다고 해서 현실 세계에서 구성원 모두가 실제 동등한 능력을 가지고 있는가 하는 점은 전혀 별개의 문제다. 그럼 더욱 유용한 효과를 산출할 수 있는 능력을 지닌 자들에게 더욱 큰 권한을 주는 것은 어떤가? 민주주의를 정당화하기 위해서는 우리 모두가 인간으로서 동등하게 한 사회의 통치·관리에 참여할 '능력'과 '필요'를 가지고 있다는 것을 효과적으로 보여줄 수 있는 논증이 필요하다. '필요'에 대한 입장은 이 장의 마지막 부분에서 다룰 것이며, '능력'에 대한 입장은 다음 장 '시민 지혜'에서 다룰 것이다.

반론: '지나치게 간과된' 혹은 '지나치게 강조된' 인간의 본성

공통의 인간 본성에 대한 생각이 노골적으로 대두되자마자 반민주주의적 성향의 철학자들은 이에 저항하기 시작했다.[8] 철학자들은 두 입장, 즉 인간 본성을 지나치게 간과하는 입장과 지나치게 강조하는 입장을 내세워 공통의 인간 본성에 기초한 정치적 이론을 구성하는 데 반대했다. 그러나 그들의 두 입장은 모두 성공적이지 못했다. 인간 본성을 토대로 한 민주주의 이론은 철학자들의 첫 번째 반대 입장에 굴복할 만큼 인간 본성을 지나치게 간과하지도, 혹은 두 번째 반대 입장을 못 이겨낼 만큼 지나치게 강조하지도 않는다. 철학자들이 제시하

 본성에 따른 자연적 평등성

는 '지나치게 간과된' 입장은 우리 인간의 생물학적 공통성에만 초점을 맞추어 생존 외의 모든 가치를 제거하려는 것을 말한다. 반면 '지나치게 강조된' 입장은 오직 하나의 문화에만 맞는 가치 기준들을 다른 문화의 것들과 억지로 혼합하려고 시도하는 것을 말한다. 아마도 '딱 알맞은' 입장은 여러 가치 기준들을 동시에 인정할 만큼 너그러우면서도 동시에 어떤 특정 인물이 제안하는 가치 기준만을 인정할 정도로 강제적이지 않아야 할 것이다. '지나치게 간과된' 입장의 위험성은 결국 마땅한 해결책을 제시하지 못한다는 것이며, '지나치게 강조된' 입장의 위험성은 상충되는 갈등의 결과를 야기할 수도 있다는 것이다. 서로 다른 집단들이 자신들의 가치 기준만을 지지하기 위해 인간 본성에 대한 자신들의 생각만을 더욱 강조할 수도 있기 때문이다.

어째서 공동체 전체에 영향을 미치는 결정들을 내릴 수 있는 자격을 얻기 위해 우리는 인간 종에 속해야만 하는 할까? 본성에 따른 자연적 평등성에 대한 이론은 올바른 통치 정부의 확보가 공통의 인간 본성에 대한 앎에 의존한다는 것을 함의한다. 그러나 인간의 본성을 정확히 정의하기란 사실상 어려운 일이다. 그렇기에 이 이론은 오용되기 쉬우며, 오용될 경우 고대나 현재를 막론하고 인간의 본성에 맞지 않은 이름을 붙이기도 한다.[9]

'지나치게 간과된':
문화는 본성적이지 않으며 어떤 것이든 받아들일 수 있다

우리의 공통된 본성이 오직 안티폰이 말한 바와 같다고 해보자. 그리하여 모두가 같은 방식으로만 숨을 쉬고 즐거움과 슬픔을 느낄 수 있다고 생각해보자. 바로 이것이 민주주의나 혹은 다른 어떤 정치적 제도를 지지할 수 없을 정도로 인간의 본성을 '지나치게 간과'하는 입장이다. 이런 입장에서는 사람들이 마땅히 스스로를 다스려야 한다는 민주주의 이념의 정치 체제를 지지해줄 어떠한 근거도 찾기 힘들다. 이 입장은 단순히 어떤 정치 체제든 그것이 우리의 문화 안에서 관습적으로 자리잡고 있는 한, 우리는 무조건적으로 그 정치 체제를 받아들여야만 한다고 주장할 뿐이다. 왜냐하면 우리는 문화나 관습 이외에 우리를 인도해줄 수 있는 어떠한 것도 가지고 있지 못하기 때문이다. 시인 핀다르Pindar는 다음과 같은 말로 이런 입장을 대변한다.

관습nomos(법)은 왕이다.[10]

그러나 만약 관습이 왕이라면 우리는 민주주의를 정당화하기 위해 더 이상 인간의 본성에 호소할 수 없게 된다.

우리는 양자택일의 입장에 서 있다. 첫 번째 입장은 아테네인들이 민주주의를 자신들의 관습(법)으로 간주했던 만큼 민주주의가 아테네에 알맞다고 말하는 것이다. 프로타고라스는 아래와 같이 말하며 이 점을 분명히 했다.

각각의 도시에서 정의正義이자 미美라고 판단되는 것들이, 그 도시가 그러한 견해를 고수하는 한, 바로 그 도시에 알맞은 정의이자 미다.[11]

이런 입장에서 보면 민주주의는 알맞은 형태의 정치 체제라고 할

 본성에 따른 자연적 평등성

수 있겠다. 그러나 이 경우 민주주의는 오직 민주주의자들에게만 알맞은 것이다. 민주주의를 다른 문화권에까지 일반화하기엔 별로 설득력이 없다.

두 번째, 본성을 강조하여 그것이 우리를 충분히 인도할 수 있다고 보는 입장이다. 본성의 한 가지 원칙을 남들의 이익보다 자신의 것을 먼저 고려함으로써 생존하는 것이라고 가정해보자. 이는 우리가 필요할 때마다 관습을 위배함으로써 왕처럼 군림하는 관습을 전복시킬 수 있다는 걸 의미한다. 그럼 왜 우리는 관습을 위배할까? 단순하게 보면 자신에게 맞추려고 하는 것이겠고, 또 한편으로는 자기 생존을 위해서일 것이다. 관습적인 법은 아마도 다수의 공공선을 위해 나의 희생을 요구할지도 모른다. 반면 내 본성은 나에게 살아남을 것을 요구한다. 관습과 본성은 이처럼 마찰을 일으키는 것이다.[12] 인간의 본성에 대하여 지나치게 간과된 입장을 제안했던 사상가 안티폰은 아래와 같은 결론에 도달했다. 왜냐하면 그의 관점에서 볼 때 인간 본성의 유일한 목표는 생존이기 때문이다.

관습의 법에 따라 정의를 따르는 대부분의 것들은 본성에 적대적이다.[13]

그는 오로지 관습적인 법만이 공동체의 이득을 위해 개별 이익의 희생을 요구한다고 주장한다. 반면 본성이 행하라고 명령하는 것은 개별 이익을 돌보는 일, 즉 생존을 위한 자신의 고유한 방식들이다. 그렇기에 관습적인 법은 자신의 본성을 위배하라고 요청한다. 안티폰은 자신의 고유한 생존을 돌보는 것을 강조하는 입장으로 인해 민주주의를 거스르게 되었다. 실제로 그는 아테네에서 민주주의를 전복시키려 했다. 이후 민주주의가 복원되었을 때, 아테네인들은 안티폰을 심판대에 세웠고 그가 사람들에게 저질렀던 죄를 물어 사형에 처했다.

"관습은 왕이다"라는 입장이나 "관습을 극복해야 한다"는 입장 모두 우리가 민주주의를 지지해야 하는 타당한 견해를 제공하지 못한다. 다행히 우리는 두 입장 중 반드시 어느 하나를 선택해야 하는 것은 아니다. 이제 우리는 오직 문화와 관습만이 우리의 생존을 위해 기댈 수 있다고 여길 만큼 지나치게 인간의 본성을 간과해서는 안 된다는 사실을 알게 되었다. 성인들이 공유하는 인간의 본성은 함께 사고하는 능력과 여럿이 모여 공동체 속에서 어떻게 살아가야 하는지를 같이 결정하는 능력을 포함한다. 결국 우리는 우리 모두가 정치에 참여할 수 있도록 해주는 무언가를 이미 우리 안에 가지고 있는 것이다. 그렇다면 무슨 이유로 우리를 정치에서 배제시킬 수 있겠는가? 이는 민주주의의 적들을 효과적으로 공략할 수 있는 질문이다. 우리는 다음과 같이 다시 물을 수 있다. 만약 모든 사람이 정치에 참여할 수 있다면, 어째서 정치가 오직 소수의 사람들에게만 열려 있는 것인가? 왜 우리는 민주주의를 추구하지 않는 것인가?

'지나치게 강조된':
인간의 본성은 참주들이 아니라 우리로부터 나온다

인간의 본성에 호소하여 정치적 사안의 선택 과정을 정당화하는 경우, 우리는 인간의 본성을 지나치게 강조하는 위험에 맞닥뜨릴 수 있

   본성에 따른 자연적 평등성

다. 우리는 종종 우리가 살아가고 생각하는 방식만이 인간의 본성에 맞고, 다른 사람들의 방식은 자연스럽지 못하다고 여기는 경향이 있다. 예건대 어떤 집단은 동성애가 본성에 맞는 자연스러운 것이라고 생각하는 반면, 다른 집단은 인간의 본성에 따라 동성애를 금해야 한다고 주장할지 모른다. 또 어떤 집단은 여성들에게 정치 참여와 활동의 권한을 주길 바라는 반면, 다른 집단은 여성들에게 정치 참여를 허용하는 것이 남성들 입장에서는 매우 부자연스러운 일이 될 것이라며 우려할 것이다. 인간 본성에 대해 분명하게 한정 지어줄 수 있는 기준이 없다면, 어떤 집단이라도 자신들에게 유리한 쪽으로 인간의 본성을 강조할 수 있다. 그리고 실제로 인간의 본성에 대한 허황되고 잘못된 주장이 많이 있었다. 많은 철학자들은 이와 같은 호소를 경계하며 정치 논의에서 인간 본성을 배제시키기도 했다.

　다행히 인간 본성에 대한 호소를 적절하게 한정 지어줄 하나의 기준이 있다. 그 기준이란 바로 모든 이가 동일한 본성을 무조건적으로 다 같이 공유하고 있다고 지나치게 강조해서는 안 된다는 것이다. 만약 누군가가 인간의 본성을 서로 다른 문화권 사이에서 벌어지는 전쟁의 승리를 위한 무기로 사용하고자 한다면, 그는 더 이상 본성에 대해 말하고 있는 것이 아니다. 본성은 결코 자기 자신과 다투지 않는다. 서로 다른 문화가 다툴 뿐이다. 따라서 어떤 특정 문화가 자신의 문화보다 인간의 본성에 맞지 않고 부자연스럽다고 말하는 것은 결국 인간 본성에 대한 올바른 개념을 가지고 있지 못하다는 것을 스스로 내보이는 거나 마찬가지다. 인간의 본성은 모든 문화를 뒷받침한다. 우리가 종종 자신의 문화 안에서 저지르는 가장 큰 실수는 자신을 인간의 표본으로 삼는 것이다. 우리는 오직 우리의 가능성 안에서만 표본일 뿐이다. 마치 서로 다른 지역의 아이들이 서로 다른 언어를 습득하며 자라나는 것처럼, 모든 인간은 서로 다른 문화적 모델에 따라 발전할 수 있는 가능성을 가지고 있다. 안티폰은 다음과 같이 말하면서 언어로 인한 사람들 사이의 장벽을 지적했다.

> 우리는 우리가 속한 공동체의 법률을 잘 알고 있고 존중한다. 그러나 우리는 우리가 속하지 않은 공동체의 법률에 대해서는 잘 알지 못하며 존중하지도 않는다. 비록 우리 모두가 태어날 때 본성에 따라 이방인이 되거나 그리스인이 될 능력을 가졌음에도, 이와 같은 차이로 인해 우리들은 서로에게 이질적인* 존재가 되었다.

이와 같은 공통의 가능성, 즉 태어난 문화권 안에서 번영하고 그 문화에 기여할 수 있는 가능성이 곧 인간의 본성인 것이며, 바로 이 가능성을 우리는 검토해야 하는 것이다.

인간의 가능성[14]

모든 정상적인 인간은 언어를 배우고 사용할 능력을 지니고 있다. 소포클레스는 언어에 대한 인간의 능력에 주목하면서 초기 인간학자들의 의견을 따랐다. 고대 그리스인들은 언어가 정치 활동의 매개라는 것을 잘 알고 있었다. 그들이 민주주의를 고안하기에 앞서 언어는 이

---

* 당시 '이질적'이란 말은 '그리스어를 하지 못한다'는 것을 의미했다.

 본성에 따른 자연적 평등성

미 확실한 정치의 매개체로서 역할하고 있었다. 호메로스의 시들이 잘 보여주고 있듯, 고대 그리스인들은 어떤 결정을 내리기 전에 그 결정에 대해 서로의 의견을 말하고 논쟁을 벌였다. 아울러 헤시오도스Hesiodos의 서사시들이 보여주듯, 그들은 언어가 어떻게 논쟁을 해결하는지에 대해서도 잘 이해하고 있었다. 가장 훌륭한 심사관은 빼어난 수사법을 이용하여 논쟁에 참여했던 사람들이 모두 정의가 구현되었다는 믿음을 품고 집으로 돌아가도록 하는 자였다.

고대 그리스인들은 언어가 사회를 잘 묶어줄 수 있다는 사실을 알고 있었으며, 사회를 하나로 묶어주는 일이란 나쁜 결정들을 솎아내고 좋은 결정들을 골라내기 위한 다양한 논의를 통해서 가능하다는 점 또한 잘 알고 있었다. 다음의 입장을 잘 살펴보자. 우리 모두는 본성상 언어를 배우고 쓸 수 있는 능력을 가지고 있으며, 이를 통해 사회를 구성하여 유지하고 정치 활동과 정의에 참여한다. 만약 우리가 그처럼 할 수 없다면, 우리는 인간으로서의 모든 가능성을 깨달을 기회를 갖지 못하게 될 것이다. 이 입장은 인간의 본성이 지나치게 간과된 것도 혹은 지나치게 강조된 것도 아니다. 이 입장은 인간의 본성적 가능성을 차단하는 경우를 금하는 한편, 동시에 모든 이들이 평등하면서 올바르게 정치에 참여하는 건전한 공동체에서 함께 살아가야 한다는 결론을 내린다.

이 결론은 인간은 정치적 동물이라는 아리스토텔레스 주장의 핵심이다.[15] 아리스토텔레스는 '정치적'이라는 용어를 통해 어떤 특정한 것을 의미했다. 그는 고대 그리스의 도시국가, 즉 폴리스polis가 어떻게 기능하는지를 고려하면서 도시국가가 사람들에게 인간의 가능성을 실현시킬 수 있는 장을 제공한다고 생각했다. 이 생각은 부분적으로 옳다. 아테네와 같은 도시는 모든 성인 남성에게 정치에 참여할 기회, 더 나아가 종종 정치에 참여해야만 한다는 강제성을 부여했기 때문이다. 아테네의 성인 남성 시민들은 '정치적 동물'로서 실제로 공동체 속에서 자신들의 가능성을 실현시킬 이상적인 기회를 가졌다.

그러나 동시에 이 생각은 부분적으로 옳지 않다. 아리스토텔레스는 모든 성인 남성이 정치에 참여하는 그리스의 도시국가를 이상적인 경우로 상정하면서, 인간의 본성을 지나치게 강조했다. 그러나 고대 그리스의 도시국가는 모든 인간을 위한 것이 아니었다. 그것은 현대의 국가처럼 기능할 수도 없었다. 게다가 도시국가는 정치 활동의 기회를 오로지 소수의 시민들인 성인 남성 시민들에게만 제공했다. 아리스토텔레스가 자신의 논의에서 아이들을 배제한 것은 어찌 보면 이해할 수 있다. 아이들은 아직까지 충분한 정도로 언어 능력을 발전시키지 못한 존재들이기 때문이다. 그러나 여성과 노예는 어떠한가? 비시민권 성인이나 이민자들은? 그들 모두 아테네에서 그리스어를 사용했다. 만약 한 도시 내에서 어떤 성인 집단이 정치에 참여할 수 없다면, 이는 그 도시가 그 집단에게 적절한 교육을 제공하지 않았기 때문이거나 아니면 다른 자유로운 남성 시민들이 가지고 있는 인간의 본성을 그 집단의 구성원들은 가지고 있지 않다고 여겼기 때문일 것이다.

하지만 아테네의 성인 남성이 가지고 있는 인간의 본성을 그리스 다른 지역의 남성 혹은 다른 국가의 남성이 가지고 있지 못하다고 생각하는 것은 타당하지 않다. 그 당시의 노예들은 인종적으로 그리스인들과 크게 다르지 않았다. 그들은 단지 전쟁에서 패하는 바람에 노예로 전락한 자들이었다. 그 노예들과 주인들이 인간 본성에 있어서 평등하다는 것은 분명하다. 그들은 단지 운이 없었을 뿐이었다(현대 노

　본성에 따른 자연적 평등성

예제에서 불거진 주인과 노예 사이의 불평등성에 대한 관점은 사실 고대 그리스인들에게는 거의 존재하지 않았다).

훌륭한 사람들이 가난이나 전쟁으로 인해 노예로 전락했다. 아울러 많은 이들은 노예들이 종종 주인들보다 어떤 점에선 더 뛰어나다는 것을 잘 알고 있었다. 아리스토텔레스는 자연적 노예에 대한 개념, 즉 본성적으로 결점을 가지고 있어 노예가 될 수밖에 없고 따라서 일종의 도구로서만 사용될 수 있었던 사람들에 대해 논한 바 있다. 어떤 이들이 내적 통제의 중추이자 나머지 부분을 관장하는 영혼이 없이 태어났다고 가정해보자. 그런 자들은 분명히 어떤 결점을 가지고 있다. 마치 정원을 손질할 때 쓰는 도구처럼 누군가 그들을 사용하지 않는 한 그들이 스스로 일할 수는 없을 것이다. 아리스토텔레스는 자연적 노예들이 마치 정원 손질 도구들과 같다고 말했다. 그리고 육체가 영혼과 다른 것처럼 자연적 노예들이 정상인들과 다르다고 덧붙였다. 영혼과 함께일 때 육체는 더욱 영화롭고 자유롭게 살아갈 수 있다. 마찬가지로 자연적 노예들은 주인들과 함께일 때 더욱 잘 살아갈 수 있다. 하지만 아리스토텔레스는 이와 같은 자연적 노예에 대한 자신의 논의가 그 당시에 있었던 노예 제도를 정당화하기 위한 시도가 아니라는 점을 분명히 했다. 앞서 말했듯 당시 대부분의 노예들은 도시국가 간의 정복 사업과 포획으로 인해 노예로 전락한 것이지, 결코 태어날 때부터 비롯된 어떤 결점에 의해서 노예가 된 것이 아니었다.

플라톤은 비록 직책을 이행하고 그 책임을 지는 데 있어서 남성이 여성보다 더 낫다는 쇼비니즘적인 입장을 표하긴 했으나, 그의 저서 『국가』에서는 실제로 남성과 여성 사이에는 아무런 차이가 없으며 여성을 정치 활동으로부터 배제시키는 것은 정당하지 않다고 주장했다.

아리스토텔레스는 플라톤의 주장을 반박했다. 아리스토텔레스는 집안 일의 경우 남성과 여성이 할 일이 따로 있으며 남성은 가정의 이득과 번영을 관장하는 일을 주로 맡는다고 단순하게 논했다. 이런 유의 논의를 피하기 위해, 플라톤은 자신의 이상적인 국가에서 가정사와 관련된 일을 아예 철폐시키려고 했다. 결국 플라톤과 아리스토텔레스 모두 성별에 무관한 평등성에 기초한 가정의 구조를 논하지는 않았다.[16]

제3의 입장: 실천

그리스의 뛰어난 사상가들은 가난한 시민들에게도 정치가 열려 있어야 한다는 규칙이, 여성과 외국인 그리고 심지어 노예들에게도 적용되어야 한다는 것을 간과하지 않았다. 정치 참여의 가능성을 포함한 공통의 인간 본성에 대한 고대 그리스의 이념이 아테네 민주주의의 밑바탕이 되었을 때, 그것은 인간의 권리에 대한 현대의 이념만큼이나 강력했다. 그러나 모든 강력한 생각이 언제나 사람들의 삶에 영향을 미치는 것은 아니다. 게다가 어떤 생각들은 대단히 큰 변화를 요구하고 사람들은 종종 그것을 견뎌내지 못한다.

1776년 이래로 미국에 그와 같은 경우들이 있었다. 몇몇의 미국인들이 모여 모든 인간은 양도할 수 없는 권리와 함께 평등하게 태어났다는 선언문에 서명을 했음에도, 이후 다시 노예들과 미국 원주민들에 대해서는 이 권리를 박탈했다. 더군다나 그들은 왜 창조주가 오로지 특정 인간의 남성들에게만 이와 같은 권리를 부여했는지 전혀 질문을 던지지 않았다. 고대 그리스에도 이 같은 경우가 있었다. 민주

　　　　　　　　　　　　　본성에 따른 자연적 평등성

주의는 공통의 인간 본성에 대한 호감이라는 파도를 통해 들어왔으나, 여전히 그 파도는 당시의 막강한 전통의 장벽을 쓸어낼 만큼 충분히 강력하지는 못했다.

시인들과 철학자들은 여전히 다음의 세 가지 지점에서 전통에 대한 그들의 근심을 토로했다.

이방인: 초기부터 많은 시인들과 사상가들은 그리스인들과 이방인들이 본성에 따른 차이로 인해 서로 다른 것이 아니라는 점을 강조해 왔다.

여성: 앞에서 살펴본 바와 같이 플라톤은 여성을 위한 교육과 그들의 정치적 역할을 강조했다. 플라톤에 앞서 아리스토파네스는 자신의 두 희극『뤼시스트라타』와『데메테르 축제를 축하하는 여인들』 *Thesmophoriazousai*에서 여성들이 정치를 책임지는 가상의 사회를 긍정적인 방향으로 묘사했다. 시나리오는 터무니없이 익살스러웠으나, 적어도 그 당시 그리스 남성들이 권력을 가진 여성을 상상했다는 점을 잘 보여주었다.

노예: 플라톤은 참주정에 반대하는 논점을 세웠다. 그의 논점은 노예제에 반대하는 입장에도 똑같이 적용할 수 있는 것처럼 보인다. 플라톤은 참주정 체제에서 독재 권력이 사람들에게 심리적인 피해를 야기한다는 점을 논증하려 했다. 만약 이와 같은 논점이 정치에 있어서 사실이라고 한다면, 이는 아마 가정家庭에 있어서도 사실일 것이다. 그러나 플라톤은 그처럼 추론하지 않았다.

민주주의가 발생하기 이전, 누가 노예제를 정의롭지 못하다는 이유로 비판했는지 우리는 알지 못한다. 그러나 민주주의 시기 동안 누군가가 노예제는 인간의 본성에 따른 자연적 평등성을 위배한다고 말하면서 노예제의 부정의함을 지적했다. 공교롭게도 이 지적은 아리스토텔레스가 그것에 반대 주장을 펴기 위해 무던히도 수고하는 바람에 우리에게 알려지게 되었다.

> 주인이 되는 것은 인간의 본성에 반하는 것이다. 왜냐하면 어떤 이가 노예인 반면 다른 이가 자유롭다는 것은 관습에 의한 것인 데 반해, 본성에 따라서는 그들 사이에 아무런 차이가 없기 때문이다. 그렇기에 어떤 강제적인 힘으로 억압하는 노예제는 정당하지 않다.[17]

노예제 폐지를 정당화하기 위해 필요한 논점은 위의 것으로도 충분하다. 희극 시인들이 다시 임무를 맡았다. 그들은 아리스토텔레스 역시 인정했던 부분, 즉 어떤 면에선 노예들이 주인들보다 더욱 능력이 뛰어나다는 것을 보여주었다.

민주주의 체제 안에서 살아가던 그리스인들은 억압을 내세우던 전통을 타도할 논점을 구성하기 위해 이론적 도구들을 사용했다. 비록 다른 종류의 이론을 쓰기는 했으나 미국식 공화정 체제를 설립한 미국인들 역시 마찬가지였다. 어쨌든 그들은 이론과 실천으로 나누어진 삶을 살아갈 수 있게 되었다. 그러나 이것은 결코 행복한 삶의 방식이 아니었다.

노예제의 경우

아테네인들은 역사상 적어도 한 차례는 노예들에게 자유와 시민권을

　　　　　　　　　　　　본성에 따른 자연적 평등성

부여했고, 따라서 노예들도 전쟁에 참여할 수 있게 되었다. 그러나 이는 극히 예외적인 사례였다. 대체로 아테네의 노예제는 민주주의 이상에 반하는 사례로서 제시되고 있다. 노예제를 지지하도록 유도한 입장이나 노예제를 철폐시키도록 만든 입장은 아리스토텔레스의 논점만큼이나 간단한 것이 아니었다. 지나치게 많은 아테네인들이 노예제에 금전적 이해관계를 갖고 있었다.

아테네가 스파르타와의 전쟁에서 패한 후, 스파르타인들의 신뢰를 얻는 데 성공한 30인 참주가 아테네를 장악했다. 이후 그들은 빈부의 격차 없는 평등성을 주장한 민주주의 지도자 트라시불로스와 그의 세력이 자신들을 축출할 때까지 무자비하게 아테네인들을 지배했다. 트라시불로스는 민주주의가 복원된 후에도 자신의 원칙을 지켰다. 그는 민회 발언을 통해 이방인과 노예들을 포함하여 민주주의의 복원을 위해 싸운 모든 이에게 시민권을 줄 것을 청원했다.[18]

이 청원에 반대하여 아르키노스Archinos가 연설했다. 그의 연설은 대체로 온화한 편이었으나, 핵심은 노예들에게 시민권을 주는 것이 법에 반하기에 트라시불로스의 청원의 위법성을 고발하는 것이었다.[19] 민회에 참석한 모든 이가 인정했듯이 법의 입장에서 볼 때 아르키노스가 옳았다. 트라시불로스는 예외 조항을 만들려고 했다. 그러나 이전의 판례들은 의회가 이전 노예들과 전통법에 의해 시민권이 박탈된 자들에게만 다시 시민권을 부여할 수 있다는 것을 증명할 뿐이었다.

민회의 결정은 노예들의 편을 들어주지 못했다. 그러나 민회가 그와 같은 결정을 내리게 된 까닭은 시민권에 대한 기존의 법 때문이라기보다는 아마도 사유재산에 대한 권리 때문이었을 것이다. 물론 대다수 아테네인들이 노예를 소유하고 있거나 그들에게 생활을 의존하고 있었던 것은 아니다. 그러나 매우 부유한 아테네의 몇몇 사람들은 모든 재산을 노예들에게 투자했다. 따라서 만약 노예 해방이 이루어진다면 그들은 꼼짝없이 모든 재산을 잃게 될 판이었다. 결국 아르키노스가 승리했다. 역사가 방증하듯 심지어 아테네에서도 부가 자유와 평등을 이긴 것이다.

사유재산의 보호에 대한 권리는 그 자체로 민주적 이상은 아니다. 그리고 실로 부자들을 탄압하려 했던 민주주의 체제로 인해 아테네는 내전의 위험을 겪기도 했다. 하지만 민주주의에 생명을 불어넣어주는 주된 이념은 부나 출신 성분의 차이에도 불구하고 본성적으로 인간은 모두 평등하다는 사실이다. 부유한 자와 가난한 자 모두, 평등하게 민회에서 발언하고 추첨이나 선출에 의해 공무를 집행할 권리를 갖는다. 그럼 여기서 왜 노예를 배제시켜야 하는가? 아테네인들은 결국 이 질문에 대답하지 못했다. 아니 부에 굴복한 그들은 이 질문에 응하여 민주주의의 이념과 조화를 이루는 답변을 내놓을 수 없었다. 종종 민주주의와 같은 이상적인 이념은 사람들에게 무언가를 제공하는 것보다 더 많은 것을 요구하기도 한다.

본성에 따른 자연적 평등성

1 크세노폰이 『헬레니카』 2권 4장 40~41행에서 전하고 있는 트라시불로스의 연설은 다소 허구성이 포함되어 있다. 하지만 그 안에서 제시되는 견해는 트라시불로스 자신의 것으로 보인다.

2 『일리아드』 6권에서 헥토르Hector가 자신의 가족에게 작별을 고하고 마지막 전투에 나서는 장면을 참조할 것.

3 아이스킬로스는 『페르시아인들』*The Persians*에서 그들의 문화나 종교 그리고 인간적 성격까지 고려한다. 그 작품은 기본적으로 아테네의 위대한 승리를 자축하고 있으나, 그 안에서 페르시안들을 비꼬거나 경멸하지는 않는다. 여기에 대해선 Broadhead(1960)를 참조할 것. 기원전 415년 아테네인들이 멜로스인들을 살육한 후 공연된 에우리피테스의 『트로이 여인들』*Trojan Women*도 비슷한 맥락에서 이해할 수 있다.

　이와는 대조적으로 플라톤의 『국가』 5권에서 소크라테스는 그리스인들과 비그리스인들(야만인들)이 본성상 서로 적이라고 말하고 있다. 이는 비그리스인들에 대한 그리스인들의 야만성에는 한계가 없어야 한다는 점을 함의한다. 이와 더불어 에우리피테스는 『아울리스의 이피게니아』*Iphigenia at Aulis*에서 자신을 희생하여 그리스인들이 비그리스인들을 정복할 수 있게끔 도와준 이피게니아를 찬양한다.

4 이 안티폰 연설은 그의 단편 44, 두 번째와 세 번째 단락에서 발췌했으며, Gagarin and Woodruff(1995, 244쪽)의 번역을 약간 수정하여 실었다. 안티폰은 기원전 411년 과두정의 지도자 중 하나였다. 인간의 본성에 대해 많은 이들이 유사한 견해를 가졌던 만큼, 오직 민주주의자들만이 민주주의를 지지하는 이념을 옹호했던 것은 아니다.

5 인용된 소포클레스의 구절은 『안티고네』 348~359행에서 발췌했다. 인간의 발전에 대한 또 다른 고대의 자료에 대해서는 Guthrie(1971, 60~84쪽)와 Thomas Cole(1967)을 참조할 것.

6　　　인용된 소포클레스의 구절은 『테레우스』*Tereus*의 단편 591에서 발췌했다. Gagarin and Woodruff(1995, 24쪽과 56쪽)를 참조할 것. 여기서 말하는 '하루'란 출생일을 말한다.

7　　　인용된 에우리피데스의 구절은 『알렉산더』*Alexander*의 단편 53에서 발췌했다. Gagarin and Woodruff(1995, 17쪽과 70쪽)를 참조할 것.

8　　　반민주주의 철학자들의 저항: 고대의 많은 사상가들이 인간의 자연적 불평등성을 믿었기에, 평등성에 대한 이념은 굉장히 논쟁적이었을 것임이 틀림없다. 예를 들어 소피스트인 히피아스Hippias는 본성상 현명한 사람들끼리 그들의 도시에서 더 많은 공통점을 가지며 현명한 사람과 평범한 사람 사이의 공통점은 적다고 가르치면서 다음과 같이 말했다. "여기에 와 있는 당신들 모두는 관습nomos이 아니라 자연physis(본성)에 따라서 혈족이고 가족이며 동료 시민인 것입니다. 본성상 닮은 것이 닮은 것과 동질인 반면, 관습은 인간들을 다스리는 참주이고 우리 본성에 반하는 많은 것들을 하라고 억압합니다." 플라톤의 『프로타고라스』337d~338a를 참조할 것.

9　　　Annas(1997)의 논문과 그에 대한 Woodruff(2001a)의 논평을 참조할 것.

10　　　"관습(법)은 왕이다"nomos basileus라는 핀다르의 말은 고대에서도 종종 인용되었다. 핀다르의 글 전문과 해석에 대해서는 Gagarin and Woodruff(1995, 40쪽)를 참조할 것.

11　　　프로타고라스의 이 말은 플라톤의 『테아이테토스』*Theaetetus* 167c에서 유래하며, "인간이 만물의 척도이다. 있는/~인 것들에 대해선 그것들이 있다/~이다고 하는 바의, 그리고 있지/~이지 않은 것들에 대해선 그것들이 있지/~이지 않다고 하는 바의 척도이다"라는 그의 『인간척도설』에 기초하고 있다. 공정함에 대한 프로타고라스의 보다 확고한 입장에 대해서는 제8장에서 다루고 있다.

12　　　"관습과 본성은 이처럼 마찰을 일으킨다"는 안티폰의 관습에 대한 비판은 그의 단편 44에서 발췌했다. Gagarin and Woodruff(1995, 245쪽 7b)를 참조할 것. 이 책에서는 소피스트 안티폰과 정치가 안티폰이 같은 인물이라는 가정을 받아들이고 있다. 그 둘이 동일 인물인지 아닌지에 대해서는 Woodruff(2003)를 참조할 것.

13　　　안티폰의 연설에 대해서는 Gagarin and Woodruff(1995, 7쪽과 244쪽)를 참조할 것.

14　　　인간의 가능성과 관련하여 여기서 제시되는 논변은 간단히 "우리 인간 본성의 가능성을 제거하는 것을 각오하고라도, 모든 사람이 어느 정도 정치적 활동에 참

　　　　　　　　　　　　　　　　　　　　　　본성에 따른 자연적 평등성

여하는 것을 허용하는 공동체에서 우리는 살아가야만 한다"로 표현할 수 있다. 여기서 인간 본성의 '가능성'이란 말은 중립적인 의미가 아니라 우리가 가진 최고의 능력들을 실현시킬 수 있다는 것을 의미한다. 물론 '가능성'이란 말이 중립적이진 않더라도, 다소 다른 방향으로 식물이나 달팽이 또는 광견병에 걸린 개처럼 살 수 있는 가능성을 의미할 수도 있으나, 그건 이 논변이 의미하고자 하는 방향이 아니다.

15   인간은 정치적 동물이라는 아리스토텔레스의 말에 대해서는 그의 『정치학』 1권 2장을 참조할 것.

16   여성과 가족에 대한 플라톤과 아리스토텔레스의 견해에 대해서는 『국가』 5권, 특히 451d~451e와 『정치학』 2권 1장부터 5장까지를 참조할 것.

17   노예제에 반대하는 이 논변은 아리스토텔레스의 『정치학』 1권 3장에서 발췌했으며, Reeve의 번역을 약간 수정하여 인용했다. 노예제를 옹호하는 아리스토텔레스의 견해는 같은 책 1권 4장과 5장에서 등장한다. Firsher(1993, 93쪽)에 따르면, 노예제에 반대하는 고대의 논변들이 국가 조직의 형태를 전복하려는 운동을 함의하고 있는 것은 아니다.

18   크세노폰의 『헬레니카』 1권 6장 24절은 아르기누사이에서 노예들이 아테네인들과 함께 전쟁에 참여하고 있는 모습을 보여주며, 아리스토파네스의 작품 중 한 구절은 그 노예들이 아테네가 전쟁에서 승리할 수 있게 된 대가로 자유를 얻었을 뿐만 아니라 시민권도 획득하게 되었다는 것을 전하고 있다.

아리스토파네스는 『개구리들』*Frogs* 693~694행에서 다음과 같이 적고 있다. "바다 위의 전투(아르기누사이 해전)에 참전한 자들이 플라타이아인들이 되었다는 것(즉, 승전에 대한 보상으로 시민권을 획득했다는 것)은 그리고 노예에서 주인 신분이 되었다는 것은 수치스러운 일이다." 왜냐하면 기존 플라타이아인들은 아테네가 그 해전에서 승리하기 훨씬 이전부터 이미 아테네 시민이었기 때문이다.

19   기원전 403년 참주들에 맞서 싸운 노예들에게 자유를 준 것에 대해서는 아리스토텔레스의 『아테네인들의 정치 체제』 40권 2장을 참조할 것. 아르키노스는 "트라시불로스가 노예들을 포함하여 피레우스 항으로부터 돌아온 자들 모두에게 시민권을 약속했다는 것이 아테네 법에 맞지 않다는 이유로 그를 고소했다." 이 구절의 저자는 아마도 아리스토텔레스의 제자 중 한 명일 것이다. 그는 아르키노스의 고소에 전적으로 동의하고 있다.

제**7**장
시민 지혜

EUBOULIA(*Good Judgment*)

최초의 민주주의가 이루어지던 시기에 시민들은 자신들의 지혜를 이용하여 정책을 결정하고 그것을 지도자들에게 전달했다. 적게라도 훈련이나 교육을 받은 경우 그들은 쉽사리 전문가들의 목소리를 제압할 수 있었다. 그러나 상류층 출신의 사람들은 여전히 일반 시민들이 무지하다고 여겼으며, 따라서 무지에서 비롯된 그들의 결정에 불만을 가졌다. 그럼에도 민주주의의 심장은 시민들이 스스로를 다스리기 위해 필요한 지혜를 가지고 있다는 이념을 결코 잃지 않았다. 그럼 평범한 일반 시민들이 도대체 어디서 자신들의 지혜를 얻을 수 있다는 걸까? 인간의 본성이 그 대답의 한 부분이라고 할 수 있다. 아울러 개인적인 경험이나 전통 그리고 교육이 그 대답의 다른 한 부분을 차지한다고 할 수 있다. 모든 이는 개인적인 경험을 가지고 있으며 전통에 스며든다. 그러나 교육은 평등하게 제공되지 않으며 전통과 상충할 수도 있다.

『안티고네』 속의 크레온Creon, 기원전 442년

소포클레스의 『안티고네』라는 작품 속 시대 배경은 역사 이전, 장소는 아테네에서 몇 개의 언덕을 넘어 위치한 테베다. 이곳은 이제껏 민주주의가 시행된 적이 없었다. 그러나 소포클레스는 아테네인들을 위해 이 작품을 썼다. 그는 이 작품 속에서 아테네인들의 정치적인 관심사, 즉 정치에 있어서 시민들의 역할이 무엇인지를 그려내보이고 있다.

비극의 영웅은 크레온이다. 그는 오이디푸스의 두 아들 간에 벌어진, 짧지만 잔혹했던 내전이 끝난 뒤에 권력을 얻게 된다. 그는 오이디푸스의 두 아들이 어렸을 때 섭정攝政을 맡았기에 권력을 어떻게 누려야 하는지 잘 알고 있었다. 크레온이라는 이름은 '통치자'를 의미했다. 그는 실로 자신의 이름에 담긴 의미에 걸맞은 자로, 강력한 힘을 발휘하여 도시의 질서를 유지하는 데 힘을 쏟았다. 그는 내전에 책임이 있는 그들의 죽은 형제 누구도 매장하지 말 것을 명했으며, 이를 어길 시 사형에 처할 것이라고 으름장을 놓았다.

어째서 크레온의 조카딸 안티고네가 그 소년의 시신을 묻게 되고 이로 인해 사형에 처하게 되었는지, 어떻게 크레온이 안티고네에게 처형을 명하고 그녀가 감옥에서 스스로 목을 매었는지 등의 이야기를 여기서 모두 언급할 필요는 없을 것이다. 이 글에서 내가 말하고 싶은 이야기는 크레온과 그의 시민들에 대한 것이다.

비극의 첫 장면에서 크레온은 (극에서 합창단의 역할을 하는) 원로의회를 소집했다. 원로들은 죽은 소년의 시체를 매장하지 않겠다는 크레온의 결정에 동의하며 그의 환심을 사려 했다. 그들은 크레온에게 꽤나 협조적이었고 지나칠 정도로 우호적이었다. 원로들은 크레온에게 맞설 의도가 전혀 없었다. 그들은 단지 몇 가지 사소한 질문들만을 던질 뿐, 결코 왕에게 이의를 제기하거나 심지어 충고할 생각조차 하지 않았다. 테베는 민주주의로부터 멀리 떨어져 있었다.

크레온의 명을 어기고 안티고네는 시신을 매장했다. 그녀는 손에 남은 흙자국을 미처 지우지 못하고 결국 체포되었다. 크레온은 그녀와 그녀의 여동생인 이스메네Ismene에게 사형을 선고했다. 그러자 원로들이 그에게 다가와 부드럽게 물었다. "당신은 정녕 그들 모두를 죽일 계획입니까?" 크레온은 그 질문을 듣고 무고한 이스메네를 용서하기로 결정했다. 이후 크레온은 한 예언가로부터 경고를 듣게 된다. "지금과 같은 정책을 고수하려 들지 마십시오." 고집 센 크레온이었지만 마음이 흔들렸다. 원로들은 왕의 체면을 살려주기 위해 예언가가 떠날 때까지 기다렸다가 다시 왕에게 같은 질문을 던졌다. 다시 한번 왕은 원로들의 의견을 들었다. 그러나 때는 이미 너무 늦어버렸다. 비극은 이제 멈출 수 없었다.[1]

크레온은 원로들의 말에 좀더 일찍부터 귀를 기울였어야만 했다. 또한 자신보다 더 어린 자들과 자기 아들의 말도 들었어야만 했다. 그의 아들은 크레온에게 백성들이 말하기를 두려워했던 바, 곧 크레온이 반드시 들어야만 했던 바를 전하길 원했다. 크레온이 그들에게 조금만 더 주의를 기울였더라면 비극적 결말을 피할 수도 있었을 것이다. 그의 아들이 처음 크레온에게 다가갔을 때만 하더라도 비극을 막을 기회는 있었다. 크레온의 아들은 하이몬Haimon이었다. 하이몬은 효심 깊은 마음으로 존경하는 아버지에게 직언을 하기로 결심했다.

아버지시여, 신들이 모든 인간에게 좋은 분별의 양식을 제공했으며,
그것이야말로 우리 모두가 가진 최고의 것입니다.
아버지 당신이 말씀한 바가 옳지 않다고 할 경우,
저로서는 무슨 말씀을 드려야 할지 알 길이 없습니다.
어쩌면 다른 누군가가 아버지의 말씀을 바로잡을 수 있을 것입니다.

제가 태어날 때부터 가지게 된 의무는 아버지 당신을 돌보며,
남들이 발견하기 전에 당신의 행동과 말에서 결점을 미리 찾아내는 것

시민 지혜

입니다.

당신이 불쾌한 표정을 지을 때면 백성들은 공포 속에서 살아갑니다.

그들은 결코 백주 대낮에 공공연히 말하려 하지 않을 것이며

아버지 당신이 듣기 싫어할 말은 그 어떤 것도 하지 않을 것입니다.

그러나 저는 백성들이 밤에 속삭이는 이야기를 들었습니다.

하이몬은 아버지가 듣고 싶어하지 않는 바를 계속해서 이야기했지만, 크레온은 아들의 충고를 들으려 하지 않았다. 어쩔 수 없이 하이몬은 보다 직접적으로 크레온에게 충고했다. 그들의 대립은 전환점을 맞았다.

크레온: 너는 이 여자(안티고네)가 죄를 범했다고 생각하지 않는다는
　　　　것이냐?

하이몬: 그렇게 생각하지 않습니다. 테베의 모든 사람이 그렇게 생각
　　　　하지 않습니다.

크레온: 그래서 너는 내가 그들의 말에 따라 명령을 내려야 한다고 생
　　　　각하는 것이냐?

하이몬: 그런 질문은 전혀 철이 들지 않은 어린이나 할 법한 질문 아
　　　　닙니까?

크레온: 그래서 내가 이 도시를 나 자신이 아닌 다른 누군가를 위해서
　　　　다스려야 하고?

하이몬: 오직 한 사람만을 위한 곳은 도시가 아닙니다.

크레온: 도시는 그 도시의 주인에게 속하는 법이다. 바로 그것이 통치
　　　　아니겠느냐?

하이몬: 그렇다고 한다면 사막으로 가셔서 아버지 혼자 그곳의 통치
자가 되십시오. 아버지는 잘 해내실 수 있을 겁니다.

소포클레스의 청중들은 크레온과 하이몬 사이의 논쟁에서 누가
옳은지 잘 알고 있었다. 인간은 마땅히 들을 줄 알아야 한다. 만약 크
레온이 남의 말에 귀를 기울였더라면 자신의 가족을 파멸로부터 구해
낼 수 있었을 것이다.

능력의 배분

왜 보통 사람들의 견해에 주의를 기울여야 하는지를 물으면서 소크
라테스가 민주주의에 대해 회의적인 자세를 취했을 때, 플라톤은 어
느 유명한 소피스트가 했던 다음의 이야기를 전한다. "처음 인간이
만들어졌을 때, 인간은 토끼의 빠른 속도나 사자의 강한 발톱, 말의
단단한 발굽이나 양털의 따스함을 가지지 못했다네. 프로메테우스
Prometheus는 우리의 선조들이 멸종하는 것을 막고자 천상에 몰래 숨
어들어가 신들로부터 불과 기술의 능력을 훔쳐내어 우리에게 주었지.
그로 인해 우리는 집을 짓고 옷을 만들며 무기를 제작할 수 있게 되었
다네. 하지만 프로메테우스는 공동체를 구성하는 능력을 깜빡했다네.
공동체를 구성하는 능력을 가지지 못한 우리는 서로 싸우게 되었고
그 결과 우리 손으로 스스로 멸종을 야기하게 되었다네." 이 이야기는
다음과 같이 이어진다.

그러자 제우스가 우리 인간 종족이 모조리 죽어버리지나 않을까 걱정하며 헤르메스를 시켜 인간에게 경의와 정의를 나누어주었다네. 경의와 정의는 도시에 질서를 세우고 우정을 통해 공공의 유대감을 형성케 하기 때문이라네.

헤르메스는 제우스에게 어떤 방식으로 인간에게 정의와 경의를 나누어주어야 할지를 물었다네. "그것을 전문적인 지식의 방식으로 그렇게 배분하도록 할까요? (……) 의술을 가진 한 사람이 여러 평범한 사람들을 돌보는 데 충분한 것처럼 그리고 여타의 기술들이 그러하듯 말입니다. 이런 방식으로 정의와 경의를 나누어줄까요, 아니면 모든 사람들에게 똑같이 나눠주도록 할까요?"

제우스는 다음과 같이 말했다네. "모든 이에게, 그래서 모든 이가 그것들을 나누어 가질 수 있도록 배분하여라. 만약 다른 전문적인 지식들과 마찬가지로 오직 소수의 사람들만이 그것들을 나누어 가진다면 어떠한 도시도 성립할 수 없기 때문이니라."(플라톤의 『프로타고라스』 320c∼322d, 322c∼d 부분 인용)

그래서 모든 이가, 말 그대로 모든 인간이 공동체의 시민이 될 수 있는 능력을 나누어 가지게 되었다. 그리스인들은 이 능력을 탁월함 arête, 즉 일종의 덕목이자 정치를 위한 시민 지혜로 이해했다. 이는 자신의 도시를 다스리는 데 도움이 될 수 있을 정도로 충분히 알고 있다는 것이 곧 모든 인간의 본성에 속한다는 이념을 의미한다. 이 이념은 민주주의를 위한 이념들 중 가장 중요하면서도 가장 논쟁적인 것으로 여겨져왔다.

민주주의가 가진 강점 중 하나는 사람들이 전쟁에 참여할 것인가,

참여하지 않을 것인가를 그들 스스로 결정한다는 것이다. 만약 그들이 전쟁에 참여하기로 결정한다면 이것은 곧 그들의 전쟁이 된다. 선택에 동의한 각자가 스스로를 헌신할 준비를 하게 되는 것이다. 그러나 참주정하에서 전쟁은 다른 누군가의 전쟁일 뿐이며, 사람들은 자신들의 희생을 달가워하지 않을 것이다.

전쟁에 참여할지를 누가 결정하는가? 아테네 대 시라쿠사[2]

페리클레스가 죽은 지 약 15년이 흘렀다. 몇 년 전만 하더라도 소크라테스라는 이름의 따지기 좋아하는 지식인이 희극의 주인공으로 자주 등장했다. 또 그전엔 스파르타와의 전투에서 승리를 거두었다. 아테네인들은 그 어느 때보다도 더욱 강력한 힘을 가지게 되었다. 지금이야말로 아테네의 힘을 외부로 뻗칠 시기였다.

도시의 젊은이들이 시칠리아에 위치한 그리스 도시 시라쿠사와 전쟁을 벌일 것을 아테네 제국에 촉구했다. 아테네 제국 바깥에 위치한 시라쿠사는 시칠리아에 위치한 아테네의 동맹국들에 이미 상당한 손실을 입혀왔다. 조만간 시라쿠사는 아테네에도 해상 위협을 가할 것으로 보였다. 그것을 막는 길은 선제 공격을 가하는 것뿐이라고 아테네의 젊은이들은 믿고 있었다. 그 외에도 시라쿠사는 위치상 이점을 이용하여 아테네 군사 전력의 주요 자원, 곧 양질의 원목들이 아테네로 들어가는 걸 방해할 수 있었다. 그렇게 된다면 아테네는 더 이상 해상 전력을 유지하기 어렵게 될 것이었다. 무엇보다도 시라쿠사는 대량으로 곡물을 생산하고 있었고, 이는 아테네 인구 증대를 위한 유

                                                              시민 지혜

용한 자원으로 여겨졌다. 당시 아테네의 토양은 가뭄 등으로 지력이 많이 떨어져 있었기 때문이다. 아테네인들은 전쟁을 어떻게 이끌어나 가야 할지 잘 알고 있었다. 전쟁을 지지하는 자들은 전투에서의 많은 승리 경험을 토대로 시라쿠사와의 전쟁이 쉽게 끝날 것이며 병사들은 많은 전리품을 품에 안은 채 집에 돌아가게 될 것이라고 예견했다.

하지만 시라쿠사는 큰 도시이며 방어 대책이 견고하게 구축되어 있었다. 전쟁은 길고 지리하게 이어졌다. 전쟁에 드는 비용이 기하급 수적으로 늘어났다. 원거리 해상 원조는 끊임없이 지속되어야 했다. 병사들은 계속해서 타지에 머물러 있어야 했으며, 고국의 가족들 역 시 고통을 겪었다. 시라쿠사 주변의 국가들도 아테네인들에게 적대감 을 표시했다.

시라쿠사와 전쟁을 치르는 게 좋을지 어떨지에 대해 시민들의 의 견을 듣기 위한 모임이 열리던 날, 아테네인들은 장군들로부터 군사 적 조언을 들었다. 우리는 전쟁에 참여해야 하는가 그러지 말아야 하 는가? 우리는 누구의 조언을 받아들여야 하는가? 경험 많은 한 장군 이 전쟁에 반대하는 의견을 냈으며, 다른 이는 전쟁에 찬성하는 의견 을 냈다. 비록 기록으로 남지는 않았으나, 아마도 중요한 사안에 대해 잘 알고 있는 사람들 역시 의견을 냈을 것이다. 능숙한 연설가가 전쟁 의 정당성에 대한 연설했을 터이고, 또 다른 연설가는 정당성이 문제 가 아니라 아테네의 생존을 위해서는 전쟁이 불가하다고 극렬하게 반 대 의견을 폈을 것이다.

첫 번째 모임은 역사에 기록되지 않았다. 그러나 두 번째 모임은 기록이 남아 있다. 전쟁을 찬성하는 투표 결과가 나온 지 4일 후, 아테 네 함대를 어떤 식으로 구축할지 논하기 위해 다시 민회가 열렸다. 그

때 한 연설가가 정말로 전쟁에 참여해야 하는지에 대해 강한 의문을 제기하면서 이 문제로 논의가 이어졌다. 그는 숱한 전투를 겪은 전쟁 영웅으로 그의 이름은 니키아스Nicias였다. 그는 전문적인 전투 지식을 토대로 강력한 논변을 구사했다. 그의 논변은 두 가지를 요지로 하고 있었다. 첫째, 만약 아테네인들이 전쟁에서 승리한다고 하더라도 아테네에서 멀리 떨어져 있을 뿐만 아니라 규모가 큰 시라쿠사를 효과적으로 다스릴 수는 없을 것이다. 둘째, 만약 아테네인들이 전쟁에서 패배한다면 스파르타처럼 아테네 바로 입구에 군대를 주둔시킬 능력이 있는 주변 국가로부터 또 다른 공격의 위험을 안게 될 것이다.[3]

반대편에 선 연설가는 니키아스에 비해 젊었다. 하지만 이미 전투를 지휘하는 데 있어서는 뛰어난 지도자라는 신임을 얻고 있었다. 그의 이름은 알키비아데스였다. 그는 세 가지 요지로 논변을 구성했다. 첫째, 시라쿠사의 지도자들은 "다양한 사람들로 구성된 오합지졸"에 지나지 않아 단순한 전략조차 제대로 이행할 수 없기에 시라쿠사를 함락하는 것은 어려운 일이 아니다. 둘째, 시칠리아에 주둔한 아테네의 동맹국들이 필요할 때마다 아테네를 지원해줄 것이다. 셋째, "강력한 힘을 가진 국가를 다루기 위해선, 그 국가가 공격해올 때 방어만 할 게 아니라 먼저 자세를 취해 선제 공격을 해야 할 것이다."[4]

아테네인들을 대신하여 장군들이 직접 결정을 내릴 수는 없었다. 무엇보다도 장군들이 서로 다른 의견을 가졌기에, 그들의 의견을 바탕으로 아테네인들이 스스로 결정을 내려야만 했다. 만약 장군들이 플라톤의 기준을 충족시키는 진정한 전쟁의 전문가들이었다면, 그들은 서로 의견의 일치를 보았을 것이다. 그러나 비록 그들이 의견의 일치를 보았다 하더라도, 아테네인들은 자신들을 대신하여 장군들이 결정을 내리도록 했을까? 더 나아가 미래에 어떤 일이 일어나게 될지를 정확히 아는 전문가가 과연 있기나 할까?

아테네인들은 미래에 어떤 일이 벌어질지 판단해야만 했다. 곧 전쟁에 참여할 경우 벌어질 일과 그렇지 않을 경우 벌어질 일을 비교해야만 했다. 하지만 누구도 그것들을 정확하게 비교할 수 있는 지식이 없었다. 그들은 결국 지식이 아닌 다른 어떤 것에 기초하여 판단을 내려야만 했다.

고대 그리스인들이 끊임없이 스스로에게 강조했듯, 누구도 미래의 일을 미리 알 수 있는 능력을 가지지 못했다. 미래에 대한 앎은 신들만이 가진 특권이었다. 가끔은 신들이 인간들에게 어떤 징조를 보이기도 하고 사제들의 요청에 응답하기도 했다. 하지만 고래로부터 그리스의 신화와 역사는 미래를 알고자 하는 인간의 노력이 번번이 실패해왔음을 보여주었다. 예언가들이 징조와 신탁이 전하는 요점을 잘못 파악하기도 했고, 사람들이 예언을 오해하기도 했으며, 때로는 예언가들이 뇌물을 받는 경우도 있었다.

전쟁에 참가하는 사안을 두고 연설한 자들은 스스로를 전문가라고 주장했지만, 그들은 진실을 말하지 않았다. 그들이 정말로 이 사안에 대한 전문가였다면, 그들은 서로 의견 일치를 보았을 것이다. 물론 의심의 여지없이 그들은 전쟁에서 전술을 펴는 영역에 있어서는 전문가였으며, 어떻게 공격을 진행할지에 대해서는 서로 의견을 같이했다. 그러나 이와 같은 결정으로부터 미래에 무슨 일이 벌어지게 될지에 대해서는 누구도 전문가가 될 수 없다. 그 연설가들은 전술 지식을 토대로 자신들이야말로 외국에서 벌어지는 사안과 관련하여 어떤 행위를 해야 할지 결정하는 일에 있어 권위가 있다고 호소하면서 결국 아테네인들을 기만하고 있었던 것이다. 어쩌면 그들은 자기 자신들 역시 속이고 있었을지도 모른다. 또 전쟁을 통해 더 많은 돈을 벌 수 있다고 생각한 무역 상인들의 주장은 더더욱 신뢰할 것이 못 되었다. 그들은 개인적인 사리사욕으로 인해 올바르게 판단을 내리지 못했다. 게다가 그것은 아테네인 전체의 이익을 고려한 것도 아니었다.

다른 경우를 생각해보자. 배를 타고 멀고 위험한 바다를 향해 항해하는 도중 갑자기 바람이 거세게 불어닥치며 파도가 일기 시작한다. 우리는 속도를 줄일지 아니면 항해 자체를 접고 철수할지 그도 아니면 그 자리에서 닻을 내려야 할지를 결정해야 한다. 다행히 이런 경우 어떻게 해야 할지를 잘 알고 있는 항해 전문가가 동승하고 있다. 이럴 때 우리는 우리 스스로 어떻게 할지 논의하거나 투표하는 데 시간을 허비하지 않고 항해 전문가에게 결정을 맡긴다. 그는 명령을 내리고 우리는 그 명령에 따른다. 이때 만약 두 명의 항해 전문가가 우리와 동승하고 있는 경우, 그들 모두 똑같은 정도로 좋은 그러나 입장이 서로 반대되는 결정을 내리지 않는 한, 그들은 서로의 의견을 일치시켜야 한다. 비록 그들이 똑같은 정도로 좋은 그러나 서로 반대되는 입장의 의견을 가지고 있다고 하더라도 우리는 그들의 논쟁을 지켜볼 시간이 없다. 그들 중 한 명이 최종 결정을 내려야 한다. 우리 모두가 구명보트도 없이 같은 배에 타고 있기에, 전문가가 오직 자신의 이익만을 위해 결정을 내리지 않을 것이라는 점을 잘 알고 있다. 우리가 가라앉으면 그 역시 가라앉는다. 우리는 진심으로 그 전문가를 믿고 따를 수 있다. 바로 이런 이유로 배에는 언제나 항해 전문가, 즉 선장이 존재한다.[5] 그러나 사실 어떤 배도 민주적이라고 할 수는 없다.

고대의 극작가나 시인들은 종종 이와 같은 배의 비유를 빌려 도시국가를 묘사하곤 했다. 고대 세계에서 작가들은 이런 배의 비유가 반 민주주의의 비유라는 것을 잘 알고 있었다. 만약 정치적 결정을 내리는 일이 배의 선장이 결정을 내리는 경우와 마찬가지여야 한다면, 사람들에게 직접 결정을 내리라고 종용하는 것은 어리석은 일이다.[6] 항해는 전문적인 지식을 필요로 하는 직업이며, 승선하고 있는 사람들 중 어느 한 명이 반드시 항해의 책임을 져야만 한다. 몇몇 현대 작가들 역시 건전한 국가의 상像을 제시하기 위해 배의 비유를 차용하며, 그와 같은 비유가 해로운 것이 아니라고 역설한다. 하지만 그와 같은 비유가 전혀 무해한 것은 아니다. 대부분의 정치적 결정은 배에서 선장이 내리는 결정과는 성격이 전혀 다르기 때문이다.

아테네인들은 시라쿠사와 전쟁을 벌일 것인지 여부를 결정하기 위해 여러 차례 논의했다. 그렇지만 그들은 옳은 결정을 내리기 위해 기댈 수 있는 현명한 선장을 가지지 못했다. 누구도 전쟁이 어떤 파국으로 치닫게 될지 정확한 지식을 갖고 있지 못했다. 아니 비록 그들이 전문가를 가졌다고 할지언정, 그들과 전문가가 모두 같은 배에 타고 있는 것도 아니었다. 그런 상황에서 아테네인들은 아마도 자신들이 뽑은 전문가가 자신만을 위한 이익과 안녕을 추구하기 위해 그들을 팔아넘기려 한다는 것을 발견할 수 있었을지도 모른다. 배의 비유를 들어 말하자면, 그 전문가는 어쩌면 자신만을 위한 구명보트를 남몰래 보유하고 있었을지도 모른다.

어쨌든 민회에 모인 아테네의 평범한 성인들은 자신들의 결정이 어떤 대가를 불러오게 될지에 대해 판단을 내려야만 했다. 보통은 권력을 지닌 자가 전문가라 자칭하는 이들의 연설을 듣고 판단을 내린다. 하지만 민주주의 아테네에선 모든 시민들이 그와 같은 권력을 지넜다. 시민들은 판단을 내리기 위해 자신들이 가진 시민 지혜에 의존하는 수밖에 없었다.

무지에 의한 정부

어떠한 통치 정부라도 결국에는 무지에 의한 정부일 뿐이다. 누구도 미래에 어떤 일이 벌어질지에 대해 알 수 없고, 누구도 우리가 치러야 하는 전쟁이 안전을 보장할지, 아니면 더 큰 위험을 불러일으키게 될지 알 수 없기 때문이다. 비록 누구도 미래에 대한 지식을 가지고 있지는 못하지만, 다행히 지식만이 판단을 내리는 전부가 아니다. 우리는 지식이 없더라도 보다 나은 결정을 내릴 수 있는 방법을 가지고 있다. 그 방법이란 지식이 없는 상태에서도 좋은 결정을 내리는 능력이다. 고대 그리스인들은 이 능력을 '에우불리아'euboulia, 즉 '숙고'熟考라고 불렀다.

지식이 없을 때 우리는 숙고를 필요로 한다. 숙고는 많은 것들을 포함한다. 숙고가 포함하는 많은 것들 중 가장 중요한 것은, 곧 불완전한 논변을 평가하는 능력, 반대 논쟁에 기꺼이 참여하려는 의도, 그리고 평범한 사람들의 지혜에도 귀를 기울이는 마음이다.

시민 지혜는 교육을 받은 평범한 일반 시민인 우리가 실천하는 것이다. 이 지혜를 통해 우리는 전문가들 사이의 경쟁을 판가름한다. 시민 지혜는 '예부터 전해 내려오는 평범한 지혜'folk wisdom와는 다소 차이가 있다. 먼저 평범한 지혜는 많은 장점을 가지고 있다. 이 평범한 지혜는 시민 지혜의 뿌리가 되기도 한다. 하지만 새로운 이념이나 사상을 맞이하게 되었을 때 평범한 지혜는 교육을 통해 조정되어야 한다. 잘 굴러가는 민주주의 사회에서 시민들은 반드시 시민 지혜를 갖추어야 한다. 시민 지혜는 지각하고 추론하며 판단하는 인간의 공통적인 능력 위에서 성립된다. 그러나 동시에 시민 지혜를 올바로 획득하기 위해서는 시민들에게 모두를 위한 건전한 전통과 선의의 교육이 제공되어야 한다.

'평범한 일반 시민'이란 전문가가 아닌 보통의 시민을 뜻한다. 전문가는 특정화된 지식에 정통한 사람이다(고대 그리스에서 전문 지식은 '테크네'technê로 불렸으며, 이는 오늘날 사용되는 테크놀로지technology의 어원이다). 우리는 특정한 전문 분야와 관련해 전문가에게 전적으로 의존할 수 있다. 아니 우리는 실제로 전문가에게 의존해야만 한다. 커다란 배를 타고 항해를 하는 경우, 우리는 항해에 대한 전문 지식을 가진 선원들에 전적으로 의존해야 한다. 하지만 전문 지식은 언제나 특정화된 영역에 국한된다. 모든 영역을 아우르는 전문가란 불가능하다. 누구도 자신의 전문적인 분야 외의 영역에서조차 전문가라고 자처할 수 없다. 그것이 바로 '전문가'의 참된 의미이다. 모든 이는 대부분의 주제나 영역에 대해서 전문가가 아니라 보통 사람일 뿐이다. 이는 누군가 명망 있는 전문가라 할지라도 마찬가지다. 심지어 어떤 분야의 뛰어난 전문가라 할지라도 때때로 자신의 전문 영역 안에서조차 실수할 수 있다. 또 전문적인 지식을 가지지 못한 자들이 그의 실수를 바로잡아주는 경우도 있다. 예컨대 종종 간호사들이 의사들의 실수를 바로잡아주는 것처럼 말이다. 어떤 전문가도 검토가 필요 없을 정도로 완벽하지는 않다. 의사는 간호사의 조언을 들어야 하고, 항공기의 기장은 부기장의 말에 귀를 기울여야 한다. 항해 도중 처음으로 빙산을 발견한 승객이 선장의 목숨을 구할 수도 있다.

　시민 지혜를 높이 평가한 고대 그리스인들은 전문 지식에 대해 종종 의심의 눈초리를 보내곤 했다. 소위 전문가들이 오만함에 빠지는 경우, 즉 성공에 지나치게 도취된 나머지 부당한 행위를 일삼는 경우를 어렵지 않게 볼 수 있었기 때문이다. 자신의 영역에서 전문 지식을 이용해 성공을 거둔 전문가들은 종종 어떤 일이든 시민 지혜 없이 처리할 수 있다고 생각한다. 선장이 항해를 하는 데 있어 선원의 미숙한 의견을 무조건 받아들인다면 그건 참으로 어리석은 일이다. 하지만 그 선장이 항해에 대한 능숙한 지식을 바탕으로 전쟁에 참가할지에 대한 결정을 내릴 수 있다고 믿는다면 그 역시 어리석기 짝이 없는 일이다. 만약 그 선장이 성공적인 항해 경력을 내세워 정치적 영향력을 행사하려 든다면, 그것이야말로 전문가가 오만함에 빠지는 사례라고 할 수 있다. 오만함에 빠진 전문가는 단순히 일을 그르칠 뿐만 아니라 주변에 파괴적인 악영향을 미친다. 성공이 자신감을 이끌고 자신감이 부당한 행위를 이끌 때, 오만함이 등장한다. 오만함은 자신이 가진 적정한 정치적 영향력 이상을 행사하려는 시도다.

　최초의 민주주의는 통치에 전문가가 없다는 가정에서 출발했다. 비록 바다 위에서는 선장을 믿을 수 있지만, 정치의 영역에서 믿을 수 있는 자는 아무도 없다. 이 같은 통치에서의 믿음의 결여를 이해하는 것이 고대 세계에서 민주주의가 어떻게 작용했는지 이해하는 데 중요한 열쇠가 된다. 최초의 민주주의는 모든 사람을 믿었다. 그리고 법에 따른 통치가 이 믿음을 자연스럽게 조정했다. 이와 더불어 아테네인들은 어떤 특별한 장점을 내세워 이 믿음을 정당화하려고 했다. 그 장점이란 바로 그들 모두가 인간이라는 것과 아테네인으로 성장할 수 있게 해준 교육을 받았다는 것이다.

플라톤은 민주주의를 논하면서 바로 이 문제 때문에 무척이나 골머리를 앓았다. 시인들은 배의 비유, 즉 반드시 선장이 필요한 항해의 예를 자주 사용했다. 플라톤은 그 시인들과 입장을 같이하면서, 일반 시민들로부터 정치를 떼어낼 수 있게 해주는 어떤 전문적인 정치 지식을 찾는 데 주안점을 두었다. 시인들은 그런 지식이 인간에게 주어져 있지 않다는 것을 잘 알고 있었다. 결국 플라톤은 그런 지식을 찾아내지 못했다. 플라톤은 그의 작품 속에서 소크라테스 또한 자신이 오랫동안 살아오면서 그토록 찾으려 했던 참된 지혜, 즉 좋은 삶을 누릴 수 있게 해주는 지혜를 결국 찾지 못했다고 분명히 말했다.[7] 최초의 민주주의는 옳았다. 국가는 전문적인 영역에 있어서 반드시 전문가들의 말을 들어야 한다. 하지만 국가의 중대한 결정이 전문가들에게 맡겨져서는 안 된다. 국가의 결정을 좌우하는 전문적인 지식이란 존재하지 않기 때문이다.

시민 지혜의 근원

민주주의에서 모든 성인 시민은 공공 업무를 관장하는 일에 조력하도록 소집된다. 이는 곧 민주주의에서 모든 시민이 그와 같은 일을 할 능력을 지니고 있다는 것을 의미한다. 시민 지혜는 인간의 공통적인 것이며 교육을 통해 향상될 수 있다. 민주주의가 발생하기 이전부터 고대 그리스에서는 인간 지혜에 대한 공통적인 개념이 자리잡혀 있었다. 그러나 철학자들은 이 지혜를 환영하지 않았다. 위대한 철학자들은 비록 어느 정도의 공통 지혜를 인정하기는 했으나, 여전히 평범한 보통 사람들을 정치 활동에서 배제시키길 원했다. 철학자들의 이런 입장은 교육에 대한 그들의 편협한 견해에서 기인했다. 그들은 교육이 오로지 여가를 즐길 수 있는 계층의 남성들을 위해서만 존재한다는 그릇된 믿음을 가졌기 때문이다.

교육은 시민 지혜의 주 근원이 되어야 한다.[8] 우리는 전문가를 얼마만큼 신뢰해야 하는지 결정하기 위해 시민 지혜를 활용한다. 그렇기에 시민 지혜는 전문적으로 특화되지 말아야 한다. 시민 지혜가 교육을 통해 고양될 수 있다고 한다면, 반드시 비전문화된 교육을 통해 고양되어야 한다. 고대 그리스인들은 이와 같은 점을 이해했고, 민주주의 발전을 위해 전문적인 직업 훈련과는 다른 일반 교양 교육, 즉 파이데이아paideia를 시행했다. 비록 '자유'라는 말을 '생계를 위해 일할 필요가 없는 상태'로 이해하기는 했지만, 그들은 자유로운 남성이면 누구든 마땅히 파이데이아를 받아야 한다고 생각했다.

물론 파이데이아는 계급 간의 불평등을 야기할 수 있다. 부유한 자들은 파이데이아를 받을 자유로운 시간을 가진 반면, 그렇지 못한 자들은 바쁜 경제 활동으로 인해 파이데이아를 받을 시간이 없을 것이다. 게다가 넉넉지 못한 자들은 시간이 나더라도 부의 획득을 위해 교역이나 다른 전문 지식을 배우고자 할 것이기 때문이다. 전문가들조차 자신의 전문 영역 밖에서 좋은 결정을 내리기 위해서는 시민 지혜를 가지고 있어야 했다. 하지만 고대 세계에서는 파이데이아와 시민 지혜 사이의 관계가 분명히 성립되어 있지 않았다. 아마 이는 최초의 민주주의가 실패에 이르게 된 이유 중 하나였을 것이다. 민주주의의 주된 목표는 부유한 자들이 정치적 영향력을 독식하는 것을 막는 것이었다. 그러나 부유한 자들만이 교육받을 수 있고, 그로 인해 그들에게만 정치적 이득이 보장된다면 교육 그 자체가 바로 최초의 민주주의가 꿈꾸는 목표를 좌절시키는 꼴이 된다.

아테네인들은 이런 모순적인 상황을 미처 인식하지 못했다. 시민 지혜가 전통적 이념이었던 반면 파이데이아는 일종의 새로운 이념이었기 때문이다. 교육이 촉진시키는 새로운 이념들은 전통적인 지혜를 위협한다. 만약 우리가 시장에 모여 있는 기원전 5세기의 아테네인들에게 어디에서 훌륭하고 활동적인 시민이 되는 법을 배웠는지 묻는다면, 그들은 아마 다음과 같이 대답할 것이다. "서로가 서로에게, 특히 우리의 부모와 조부모로부터 배웠다네. 선량한 시민은 새로운 것을 가르치려는 학교 교육 따위를 필요로 하지 않지. 새로운 교육을 받은 사람들은 우리의 전통과 법을 모욕하려 들 뿐이라네. 그들은 또한 우리와 같이 평범한 사람들이 가진 지혜를 멸시하고 얕본다네."[9]

그렇기에 아테네인들은 교육이 아니라 전통을 시민 지혜의 근원으로 여겼다. 그뿐만이 아니었다. 당시의 많은 사상가들은 인간의 공통적인 지혜가 인간 본성에 근원을 둔다고 믿었다. 이 생각은 무척이나 폭넓고 깊게 사람들 사이에서 받아들여졌다. 심지어 민주주의를 거부했던 사상가들조차 이 생각을 받아들였다. 인간 본성에 기초한 지혜를 인정했다는 것은 무척이나 주목할 만한 그리스의 사상적 특징이었다.

플라톤에 따르면 소크라테스는 그리스어를 말하는 모든 이가 교사 없이도 배울 수 있는 정신적인 원천을 가지고 있다고 생각했다.[10] 그는 배움이 교사의 가르침이 아니라 동료와의 질문과 대답을 통해서 이루어진다고 생각했다. 배움을 위한 이 정신적 원천은 도대체 어디에서 오는 걸까? 플라톤은 우리가 지식을 타고났다는 가설을 통해 배움이 가능하다고 주장했다. 이와 더불어 모든 인간이 아름다움이나 올바름 또는 그 밖의 실재들에 대한 진리를 고찰할 수 있는 신적인 시각을 본성적으로 가지고 있다고 주장했다. 하지만 사람들은 육체 안에 태어나면서 이와 같은 신적인 시각을 잊어버린다. 그러나 완전히 잊어버리는 것은 아니다. 이 시각은 마음속 의식의 수준 아래에 계속해서 머물러 있다. 플라톤은 이 시각을 통해 인간이 추상적인 언어를 사용할 수 있다고 설명한다. 곧 언어 사용 능력은 모든 인간에게 보편적으로 주어져 있는 것이다.

소크라테스는 그리스어를 할 줄 아는 사람들만으로 자신의 설명 대상을 한정했다. 반면 플라톤의 이론은 모든 인간에게 적용된다. 곧 모든 인간이 추상적인 언어를 사용할 수 있는 능력을 가지고 있다는 것이다. 더 나아가 이 이론은 모든 인간이 자신의 언어 안에서 정의(올바름)를 가리키는 용어를 사용할 수 있는 능력을 가지고 있다는걸 함의한다. 이로부터 모든 인간이 올바른 것에 대한 논의에 참여할 수 있는 능력을 가지고 있다는 추론이 가능해진다. 아리스토텔레스는 보다 직접적으로 올바른 것에 대한 논의에 참여할 수 있는 능력이 곧 인간의 본성적 능력이라고 주장했다. 그는 다음과 같이 말하며 플라톤과는 다른 결론을 내렸다. "올바름이 논의되는 토론의 장에서 인간 능력의 본성적 발전이 이루어진다." 더 나아가 아리스토텔레스는 군중의 지혜가 한 개인의 것보다 더 지혜로울 수 있다고 믿었다.[11]

프로타고라스는 "인간이 만물의 척도이다. 있는/~인 것들에 대해선 그것들이 있다/~이다고 하는 바의, 그리고 있지/~이지 않은 것들에 대해선 그것들이 있지/~이지 않다고 하는 바의 척도이다"

라고 말한 바 있다.[12] 이는 혁신적인 주장이었다. 이 주장을 통해 그는 모든 인간이 진리를 정확하게 인지할 수 있다고 강조했다. 플라톤은 프로타고라스가 상대주의자라고 생각했다. 그러나 프로타고라스와 관련된 다른 자료들을 살펴보면, 그가 상대주의자였을 리는 만무하다. 프로타고라스는 사람들에게 사물들의 본성에 따라 언어를 올바르게 사용하라고 가르쳤다. 어떠한 상대주의자도 이와 같은 가르침을 주장할 수 없다. 진짜 상대주의자라면 자신을 따르는 자들에게 원하는 대로 마음껏 언어를 사용하라고 장려했을 것이다. 하지만 프로타고라스는 그러지 않았다. 그가 정확히 무엇을 의도했는지 알 수는 없으나, 인간이 만물의 척도라고 한 프로타고라스의 언명은 인간의 지각과 사고로는 진리에 다다를 수 없다고 주장하는 철학자들에 대한 일종의 대답이었을 것이다.

또한 프로타고라스는 모든 인간이 본성적으로 정의를 지향한다고 가르쳤다. 이는 참으로 그럴듯하다. 어느 곳에서든지 사람들은 자신들이 부당하게 대우를 받을 때면 그것을 알아챈다. 사막과 정글, 작은 마을과 거대한 도시 등 세계 곳곳에서 끓어오르는 분노는 부정의와 부당함에 분개하는 힘이 오로지 교육을 받은 계층이나 특정 문화에만 속하는 것이 아니라는 것을 잘 보여준다. 민주주의 사회에서 우리 스스로를 통치하기 위해 필요한 시민 지혜는 이처럼 우리의 본성에 기반을 두고 있다. 부정의와 부당함에 분개할 줄 아는 것은 현명한 정치적 활동을 위한 훌륭한 첫걸음이다.

반론

민주주의의 적들은 시민 지혜에 반대하여 다음과 같은 네 가지 반론을 편다. (1) 평범한 보통 시민들은 공공의 일들을 이해할 여유나 여가를 갖고 있지 못하다. (2) 평범한 보통 시민들은 영리한 연설가들에 의해 쉽사리 결정을 번복한다. (3) 평범한 보통 시민들은 통치를 전문가들에게 미루려고만 한다. (4) 무엇보다도 평범한 보통 시민들이 공통적으로 가지고 있는 것으로는 결코 지혜에 이를 수 없다. 이 반론들에 대한 대답은 다음과 같이 제시될 수 있다.

1. 사실 여유 혹은 여가와 관련한 문제는 간과할 만한 것이 아니다.

왜냐하면 서두름보다는 시간(의 여유를 가지는 편)이 더 나은 것을 가르
  치기 때문이다.
들녘에서 일을 하는 가난한 자는,
비록 그가 어리석지 않다고 하더라도,
공공의 일들을 돌보기에는 여전히 너무 바쁘다.[13]

실로 이러한 이유로 현대의 민주주의자들은 직접 민주주의를 대체할 대의 민주주의 제도를 주장한다.[14] 어떤 사안들은 모든 시민을 대상으로 열린 논의로 다루기에는 지나치게 복잡하거나 전문적이다. 그래서 아테네인들은 선결 심의를 위한 의회 제도를 활용했다. 의회는 사안들이 민회로 내려가기 전에 그 틀을 짰으며, 아울러 그 사안들이 입법과 사법 처리의 대상이 되기에 적합한지를 검토했다.

  시민 지혜

2. 영리한 연설가와 관련한 반론은 사람들의 지성과 이해력의 품위를 떨어뜨리는 주장에 지나지 않는다. 지금도 간혹 어떤 정치 집단이 선거에서 패배할 경우, 그들은 대중들이 상대편의 교활한 수사술이나 미디어 광고에 현혹되었다며 불평한다.

저열한 자가 교활한 혀를 통해 명성을 얻게 되는 것은,
정말이지 더 좋은 사람들에겐 괴롭기 짝이 없는 일이다.
이전엔 아무것도 아니었던 그 저열한 자는 이제 사람들을 지배한다.

하지만 그런 불평은 아무 짝에도 쓸모없는 짓이다. 그 '더 좋은 사람들'이 수사술을 이용하여 승리를 얻는 경우 더 이상 불평은 없을 것이기 때문이다. 자신들이 승리자일 때, 그들은 유권자들의 지혜를 높이 사며 의기양양하여 소리쳐댈 것이다. 반면 패배자들은 과거 더 좋은 사람들이 수사술에 대해 했던 것과 똑같은 불평을 할 것이다.

사실 대부분의 고대 그리스 작가들은 누군가 뛰어난 수사술을 구사하고도 종종 설득에 실패한다는 사실을 잘 알고 있었다. 이는 호메로스가 『일리아드』에서 잘 보여주었다. 특히 민주주의가 번영을 이루던 시절의 비극 시인들이나 역사가들은 이 주제를 자주 작품에 다루었다. 민주주의 이념을 가능케 하는 한 토대는 사람들이 쉽게 세뇌당하지 않는다는 믿음이다.[15] 그렇기에 수사술이 제아무리 훌륭하다고 하더라도 언제나 대중들을 설득하는 데 성공하는 것은 아니다. 사람들은 쉽사리 함락되지 않는 지혜를 가지고 있다.

3. 통치를 전문가들에게 미루려 한다는 요점은 주로 플라톤에 의

해 개진되었다. 그는 자신의 논의를 정치적 테크네techné, 즉 전문적 지식에 대한 것으로 시작했으며 이후 철학자 왕 혹은 여왕에 의해 지배가 이루어지는 이상적인 국가의 모습으로 옮겨갔다. 논의의 마지막에서 그는 고도의 교육을 받은 입법가들이 밤낮으로 일하여 자신들이 제정한 법률을 사람들의 마음에 심는 제도를 고안했다. 이와 같은 플라톤의 논의는 이상적이기는 했으나 전혀 현실적이지 못했다. 현실에 사는 우리에게 있어 그의 논의는 완전히 틀린 것이나 마찬가지다.

전문가들은 자신의 전문 영역에서조차 실수를 저지르기도 한다. 그리고 자신들의 이익이 걸려 있을 때, 실제로 더 큰 잘못과 실수를 저지르기도 한다. 이런 비판을 피하기 위해 플라톤은 전문가들이 사유재산을 소유하지 말아야 한다고 주장했다. 사유재산을 소유하지 못할 경우 전문가들은 일 처리에 있어 자신들의 이익을 전혀 고려할 필요가 없기 때문이다. 하지만 역사가 잘 보여주듯, 그와 같은 바람은 정말이지 이상이며 꿈 같은 이야기일 뿐이다. 현실의 지도자들은 언제나 사유재산을 가지고 있으며 늘 자신들의 이익을 고려한다. 따라서 그들은 반드시 감시를 받아야 한다. 그리고 그들에 대한 감시를 진행할 사람은 바로 우리, 곧 평범한 보통 시민들이다(우리가 전문적인 감시 인력들을 고용한다고 하더라도, 우리는 다시 그 감시 인력들을 감시해야 할 것이다). 결국 우리가 기대할 수 있는 최선의 희망은, 전문가들의 충고와 그들이 행하는 일을 판단하는 평범한 보통 시민들의 능력에 달려 있다.

4. 사람들이 공통적으로 가지고 있는 것은 결코 지혜에 이를 수 없다는 네 번째 반론은 보다 신중하게 다뤄질 필요가 있다. 모든 사람에게 명백히 공통적인 것은 현재적인 것이 아니라 가능적인 것이다.

이성을 획득할 수 있는 가능성은 인류 유산의 한 부분이며, 동시에 전문가의 조언을 평가하기 위한 비전문적 지식의 가능성을 포함한다. 하지만 우리가 언제나 모든 인간의 가능성을 깨닫고 그것을 실현시킬 수 있는 것은 아니다. 어느 누구도 그럴 수는 없다. 이런 의미에서 네 번째 반론에 대한 대답은 어려울 수밖에 없다. 하지만 모든 것을 포기하고 간단히 링 위로 흰 수건을 내던지는 대신, 우리는 방안을 찾아야만 한다. 어쩌면 공공 교육을 강조하는 것이 그 해답의 실마리가 될 수 있다.

교육은 민주주의의 희망이다. 이미 민주주의자들은 교육에서 많은 실패를 맛보았다. 하지만 그들은 좋은 결정을 내리기 위한 평범한 보통 사람들의 가능성에 대해 그들의 믿음을 완전히 버리지는 못했다. 반면 그런 믿음을 포기한 정치가들은 사람들에게 거짓말을 한다. 거짓말은 민주주의에 치명적이다. 거짓말을 하는 순간 사람들은 더 이상 정치가의 말에 귀를 기울이지 않는다.

사람들은 전문가들의 지혜의 소리를 귀담아들어야 한다. 그리고 그 지혜를 좋은 방향으로 잘 사용할 줄도 알아야 한다. 그러나 때때로 폭력적이며 교육을 받지 못한 패거리들이 양심과 정신을 저버리고 전문가들을 협박한다. 또한 거짓말을 일삼는 지도자들과 그런 지도자들을 협박하는 사람들이 우리의 지혜를 무시하고 거부한다. 이럴 때 우리는 우리의 지혜가 그들로부터 어떻게 무시당하고 거부되는지 똑바로 알고 있어야 한다.

시민 지혜에 대한 거부: 전쟁에 대한 논의

시칠리아 지역의 그리스 패권을 위한 전쟁, 즉 아테네와 시라쿠사 간의 전쟁으로 인해 아테네에 어떤 일이 벌어지게 될지 누구도 알지 못했다. 예상할 수 없는 일들이 너무도 많았다. 그래도 많은 아테네인들은 종국에는 아테네가 승리할 것이라고 생각했다. 그들은 아테네가 시라쿠사와의 전쟁에서 승리할 경우, 외부의 위협에 대항해 아테네 제국이 더욱 견고히 되고, 아테네 시민들에게 더욱 많은 상업과 사업의 기회가 제공되며, 전함을 만드는 데 필요한 원목 자재 등 군사 전략적 자원을 확보할 수 있을 것이라고 예상했다. 반면 어떤 이들은 아테네가 승리하더라도 인구가 많고 독립적인 성향의 시라쿠사를 완전히 제압할 힘을 계속적으로 유지하기 힘들 수 있다고 우려했다. 또 패배할 경우 아테네 제국에 맞서는 도시국가들이 힘을 모아 아테네를 붕괴시켜버릴 가능성이 제기되기도 했다.

누구도 어떤 일이 벌어지게 될지 확실히 알지 못했다. 그러나 민회는 짧은 논쟁 후 전쟁을 벌이기로 결정했고, 곧바로 세 명의 장군들을 임명했다. 그들 중 한 명이 니키아스였다. 니키아스는 숱한 전쟁을 경험한 뛰어난 전략가였다. 또한 정치가였으며 외교관이기도 했다. 그는 모든 일에 성공적인 경력을 쌓아왔다. 무엇보다도 그는 전장에서 가장 빛이 났다. 자신의 군대가 위험에 빠질 때면 그는 담대한 용기로 위기에 대처했으며 병사들에게 용기를 북돋아주었다.

하지만 그는 정치에 있어서는 전장에서만큼 담대하지 못했다. 시라쿠사와 전쟁이 결정난 지 4일 후, 다시 민회가 소집되어 출정을 위한 물자를 할당했다. 앞서 언급되었듯이 니키아스는 시라쿠사와의 전쟁에 반대했다. 하지만 젊은 선동가인 알키비아데스는 전쟁을 적극적으로 찬성했다. 그는 인종 갈등으로 인해 시칠리아인들이 서로 분열될 것이며, 그 결과 "하나둘씩 아테네인들에게 차츰 동조하게 될 것"이라고 예견했다. 또한 그는 시기를 놓치면 아테네는 더 이상 시라쿠사를 점령할 기회를 가질 수 없게 될 것이라고 사람들을 선동했다.

니키아스의 입장과 알키비아데스의 입장 사이에서 결정을 내리는 몫은 사람들에게 달려 있었다. 그러나 사람들은 이 결정을 내리는 데 공정한 시도를 하지 못했다. 니키아스는 자신의 논의가 의미 없게 들릴까봐 겁이 났다. 그래서 그는 사람들의 마음을 돌리기 위해 다른 전략을 사용하기로 했다. 그는 전쟁에 임하는 대신 승리하기 위해선 상당한 규모의 군대가 필요하다고 주장했다. 그는 민회에 모인 사람들이 막대한 전쟁 비용에 거부감을 가져주길 기대했다. 그러나 사람들은 전혀 꺼려하지 않았다. 니키아스가 전쟁에 반대하기 위해 제안한 주장을 사람들은 잘못 이해했다. 그들은 니키아스가 단순히 참전을 결정한 것이라고 생각했을 뿐이다. 남아 있던 전쟁 반대자들은 졸지에 자신들의 지도자를 잃은 격이 되었다. 이날 열린 민회에 대해 투키디데스는 다음과 같이 말했다. "전쟁에 찬성하는 자들은 전쟁 열기를 북돋는 데 성공했으며, 그 결과 전쟁에 반대하는 자들은 아테네에 맞서려는 사악한 의도를 가진 것처럼 여겨졌다. 시라쿠사 원정에 반대한 자들은 입을 다물어야만 했다."[16]

논의는 실패로 끝났다. 열기가 이성을 압도했다. 실패의 책임은 모두에게 있었다. 이성의 목소리를 완전히 묻어버리고 오직 전쟁에 대한 열기만을 고양시켰던 전쟁 지지자들의 외침을 탓해야 한다. 청중들의 공포와 두려움을 자극한 알키비아데스를 탓해야 하고, 두 번째 주장에서 자신의 진짜 의견을 숨긴 니키아스를 탓해야 한다. 결정을 내리기 전 소수의 목소리에 귀를 기울이지 않았던 아테네인들을 탓해야 한다. 니키아스, 알키비아데스 그리고 아테네인들 모두가 잘못을 저질렀다. 그러나 전쟁에 대한 결정을 내리는 데 있어 시민 지혜가 전혀 역할을 하지 못했다는 점이 가장 큰 문제였다.

전문적인 지혜에 대한 거부: 장군들에 대한 아테네의 위협

시라쿠사와의 전쟁은 순조롭지 못했다. 아테네인들은 알키비아데스를 재판에 회부시키기 위해 소환하려 했으나, 그는 오히려 아테네를 탈출하여 적군을 도왔다. 니키아스의 부대는 불시의 기습을 받고 뿔뿔이 흩어졌다. 간신히 다시 정비하고 시라쿠사 외부에 진지를 구축했으나, 그곳에서는 시라쿠사를 포위할 수 없었다. 그는 전력 증강을 요청하는 서신을 아테네로 보냈다. 이때 그는 다시 아테네인들이 전력 증강에 드는 비용을 부담스러워하길 바랐다. 하지만 아테네인들은 이번에도 그의 의도를 파악하지 못했다. 그들은 첫 원정대에 버금가는 수준의 군대를 보냈고, 니키아스에게 새로 임명된 데모스테네스 장군과 함께 계속해서 지휘를 맡아주길 요청했다. 그러나 새로 증강된 군대 역시 시라쿠사를 함락시키기에는 부족했다. 밤마다 시라쿠사의 부대가 아테네의 군대를 기습 공격했다. 피해를 입은 아테네 군대는 도저히 시라쿠사를 포위할 수 없는 지경에 이르렀다. 포위 공격을 하기 위해 데려온 군대가 오히려 적에게 포위당한 채 발이 묶였다. 시라쿠사는 아테네인들이 생각했던 것보다 훨씬 강한 방어전선을 구축

 시민 지혜

하고 있었다.

니키아스와 데모스테네스 모두 전쟁에 대한 전문적 지식을 갖춘 장군들이었다. 그들 모두 상황이 좋지 않게 흘러가고 있다는 것을 알고 있었다. 전문적인 판단이 필요한 때였다. 그들은 철수하지 않을 경우 대패하게 될 것이라는 점에 동의했다. 그들의 판단은 옳았다. 그럼에도 그들은 철수 결정을 공적 논의에 상정해버렸다. 이때 니키아스는 비난받는 것을 두려워한 나머지 이번에도 자신의 전문적 지혜를 명확히 드러내지 않았다. 그는 자신이 믿는 바를 병사들에게 솔직하게 말하지 않았다. 하지만 병사들은 그를 믿었다. 한 역사가는 이 상황을 다음과 같이 기술했다.

아테네의 장군들은 자신들에게 닥친 재앙과 아테네 군대가 가진 약점에 대해 논의하고자 모임을 가졌다. 그들은 자신들의 계획이 실패로 돌아갔고, 계속해서 시라쿠사 주변에 주둔해 있어야 하는 병사들의 불만이 커져가고 있다는 것을 잘 알고 있었다. 특히 두 가지가 그들을 괴롭혔다. 하나는 마침 사람들이 질병에 걸리거나 전염되기에 알맞은 계절이라는 것과, 다른 하나는 자신들이 주둔하고 있는 늪지대가 참기 힘들 정도로 불쾌하다는 것이었다. 모든 것이 희망 없어 보였다. 데모스테네스는 아테네의 병사들이 더 이상 그곳에 머물러서는 안 된다고 말했다. 병사들은 데모스테네스가 세운 계획에 따라 밤에 시라쿠사를 기습하기로 했다. 그러나 그 기습마저 실패로 돌아가자 그는 아직 아테네를 향해 항해할 여력이 있는 동안, 그리고 해상에서 적군을 만날 경우 아직 승산이 있는 동안 철수하자는 의견을 내고 이를 투표에 붙였다. 그는 또한 쉽사리 물러설 것으로 보이지 않는 시라쿠사를 상대로 전쟁하기보다는 아테네 주변에서 요새를 세우고 있는 도시 국가들과 전쟁하는 것이 아테네인들에게 더 도움이 될 수 있으며, 무턱대고 시라쿠사 주변에 머무르며 무의미하게 전쟁 비용을 낭비하는 것은 득이 되지 않는다고 말했다.

이것이 데모스테네스의 결론이었다. 니키아스도 개인적으로 상황이 매우 안 좋다는 것을 느끼고 있었다. 그럼에도 그는 그 사실이 적군에게 알려져 자신들의 약점이 노출될까봐 군대의 철수 여부를 공적 논의에서 병사들의 투표에 부치길 꺼렸다. 그는 그 누구보다도 시라쿠사의 상황에 대해 잘 알 수 있는 위치에 있었다. 하지만 그는 병사들에게 말할 때에는 아테네 군대가 시라쿠사를 계속 포위할 경우 적국은 해상을 통한 지원을 받지 못하게 되어 결국 자금난에 빠지게 되고 그로 인해 더욱 열악한 상황에 처하게 될 것이라고 했다. 아울러 시라쿠사 내부에 전향을 원하는 집단이 있으며 그들이 계속해서 자신에게 철수하지 말 것을 촉구하는 전갈을 보내온다고 말했다. 결국 모든 사실을 알면서도 니키아스는 철수하지 않을 것이라고 공표했다. 왜냐하면 그는 아테네인들이 스스로 투표를 통해 철수를 결정하지 않는 한 철군을 허락하지 않으리라는 것을 잘 알고 있었기 때문이다. 그러나 아테네에서 판단을 내리는 자들은 전장의 상황을 올바르게 보지 못했으며, 오로지 보고에 의존할 뿐이었다. 게다가 많은 연설가들이 사람들을 선동하며 여론을 움직이고 있었다. 니키아스는 현재의 처지에 대해 불평하는 대부분의 병사들이 고향으로 돌아가는 순간 장군들에 대해 불평할 것이며, 더 나아가 그들이 매수당했다고 음해할 것으로 예견했다. 니키아스는 아테네인의 성향에 대해 잘 알고 있었다. 아테네인은 불명예를 떠안느니 차라리 적군의 손에 죽임을 당하는 것이 낫다고 생각하는 민족이었다. 만약 죽어야만 한다면 그 역시 적의 손에 죽는 것이 낫겠다고 생각했다.

결국 아테네군은 철수 계획을 철회했고 병사들은 계속해서 시라쿠사 주변에 주둔했다. 아테네 병사들은 전쟁에 대한 니키아스의 전문적인 지식을 신뢰했으며, 그가 자신들에게 했던 말을 진심으로 믿었다. 그러나 그들이 치러야 했던 니키아스에 대한 믿음의 대가는 끔찍했다. 결국 아테네군의 병사 대부분이 전사했고 살아남은 몇몇 병사들은 고된 노동을 책임지는 노예로 전락했다.

아테네 민회가 실패한 장군을 용서하지 않는다는 것을 잘 아는 니키아스는 진실을 말하는 게 두려웠다. 그는 고향에서 재판받는 것보다는 차라리 군대를 잃는 편이 낫겠다고 판단했다. 하지만 이는 실로 엄청난 도덕적 실패였다. 그는 결국 용기의 측면에서는 물론 체면을 유지하는 데서도 실패했고, 자신이 지휘하는 병사들을 돌보는 데 있어서도 실패했다. 왜 니키아스와도 같이 훌륭한 장군이 고향의 통치 정부를 두려워했던 걸까?[17] 앞서 우리가 살펴보았듯이 두려움을 조장하여 통치를 하는 정치 체제는 참주적이며 독재적인 정치 체제다. 아테네에 무언가 심각한 문제가 있었다. 그렇지 않았다면 니키아스는 두려움 없이 고향에 진실을 담은 전갈을 보냈을 것이다. 니키아스에게도 무언가 심각한 문제가 있었다. 그렇지 않았다면 그는 이와 같은 참주적 통치 체제에 똑바로 맞섰을 것이다. 전문가는 자신의 지식이 요구되는 경우, 결코 진실을 말하는 것을 두려워해서는 안 된다.

실패의 대가

베트남 전쟁 당시 미국 정부는 국민들에게 진실을 말하지 않았다. 우선 백악관은 전쟁을 촉발시킬 우려가 있던 사건, 즉 통킹 만 사건에 대해 진실을 말하지 않았다. 베트남인들은 통킹 만에서 미군의 군함을 공격하지 않았다. 미국 정부 지도자들은 그 사건에 대해서 분명히 알고 있었으나 진실을 감추었다.[18] 이후 베트남전에서 패배한 후, 백악관은 패전 과정에 대해서도 자국민들에게 거짓으로 일관했다. 1968년 2월 북베트남군의 대규모 공세는 당시 미군의 열악한 전황을 드러냈다. 북베트남군의 공세는 미 정부와 국민 사이의 믿음을 가차없이 부수어버렸다. 미국인들은 정부의 전쟁 관리 능력을 더 이상 신뢰하지 않았다.

니키아스의 실패와 마찬가지로, 미국 정부의 실패는 많은 불필요한 사상자를 낳았다. 니키아스가 그랬던 것처럼, 미국 정부의 지도자들은 진실을 알려줄 경우 국민들이 자신들의 결정에 반대할지도 모른다고 우려했고 그 때문에 진실을 은폐하기에 급급했다. 진실이 공개되지 않는 경우 국민들은 주어진 사안과 관련하여 자신들의 지혜를 발휘할 수 없다. 지혜롭게 처신하고 판단하기 위해서 국민들은 진실을 알아야 한다.

우리는 진실을 아는 것뿐만 아니라 진실을 선용할 수도 있어야 한다. 진실을 선용하기 위해선 국민들이 교육을 받아야만 한다. 지도자들이 보통 사람들의 교육 수준을 신뢰하지 않는다고 해보자. 그렇다면 그들은 사람들에게 진실을 말하지 않아도 되는 걸까? 그렇지 않다. 베트남 전쟁은 진실을 은폐하는 것이 얼마나 국가 자체를 부식시키는지 보여주었다. 진실은 언제고 드러나기 마련이다. 그리고 진실을 은폐하려는 자들은 결국 고통을 겪기 마련이다. 문제는 그들뿐만이 아니라 모든 국민이 고통을 겪게 된다는 사실이다. 지도자들이 서로 의심하며 견제할 때, 그리고 국민들이 자신들의 지도자들을 감시하고 견제할 때야말로 통치 정부가 건강하게 유지될 수 있다. 하지만 지도자들이 국민들로부터 신뢰를 잃게 될 경우 국가는 위험에 빠지기 마련이다.

국민들이 주어진 사안들에 대해 스스로 결정할 능력이 있다는 것을 통치 정부가 믿지 않는다면 국가는 끔찍한 결과를 맞게 된다. 당신이 한 국가의 지도자라고 가정할 때, 국민들에 대한 당신의 믿음이 흔들리는 상황이라면 당신은 다음과 같은 점들을 가슴 깊이 새겨넣어야 한다. '주어진 사안에 대해 결정을 내리는 데 있어서 당신이 틀리고 국민들이 옳을 수도 있다. 만약 국민들이 당신의 결정을 믿지 않는다면, 이는 그들이 당신을 이해하지 못했기 때문일 것이다. 아니 어쩌면 그들은 당신의 결정을 충분히 이해하고 있으나, 당신과 의견을 달리할 다른 이유가 있을 수도 있다. 그런데 그들이 정말로 당신의 결정을 충분히 이해하지 못했다면, 그것은 누구의 잘못인가? 주어진 사안에 대해 당신은 국민들에게 얼마나 잘 설명했는가? 더 나아가 당신은 그들의 교육을 지원하기 위해 무엇을 했는가? 지도자인 당신이 주어진 사안에 대해 국민들의 현명한 이해를 기대할 수 없다면, 이는 과연 누구의 잘못이겠는가?'

아테네 민주주의의 가장 큰 실수는 교육의 장을 모든 사람에게로까지 확장시키지 못했다는 것이다. 오직 부유하여 노동이 필요 없고 여가가 충분한 사람들만이 제대로 된 교육을 받을 수 있었다. 소크라테스를 사형에 처하기로 결정하면서 아테네인들은 자신들의 무지를 드러냈다. 게다가 평범한 보통 사람들은 새로운 교육을 지나치게 경계했다. 그들은 새로운 교육을 받아들이고 이를 올바르게 이해하는 데 두려움을 갖지 말았어야 했다.

1　크레온과 그를 따르는 자들은 소포클레스의『안티고네』683~692행과 732~739행에 등장한다. 그 작품에 대한 해석으로 Woodruff(2001)를 참조할 것. 시민 지혜와 관련하여 Surowiecki(2004)는 왜 '군중들의 지혜'가 종종 전문가들의 지혜에 비해 더욱 뛰어난지, 그럼에도 왜 실패할 수밖에 없었는지를 설명하고 있다.

2　투키디데스의『펠로폰네소스 전쟁사』6권 8~26장은 아테네가 시라쿠사와 전쟁을 벌이기로 결정한 사건의 역사적 자료다. 나는 아테네의 군사 전략적 자원의 필요성이 전쟁 여부를 결정하는 사안의 배경이 된다고 생각했다. 이 문제들을 논의에 축약적으로 포함시키기 위해 자료에다 약간의 윤색을 가미했다. 투키디데스는 그 사건에 대해 전적으로 신뢰할 수 있는 직접적인 목격자는 아니다. 그는 아테네 민주주의에 반대했으며 그 논쟁에 직접 참여한 것도 아니기 때문이다.

3　니키아스의 전쟁 반대 입장에 대해선 투키디데스의『펠로폰네소스 전쟁사』6권 11장을, 그리고 알키비아데스의 전쟁 찬성 입장에 대해선 같은 책 6권 17장과 18장을 참조할 것.

4　시라쿠사와의 전쟁에 반대하는 니키아스의 연설은 투키디데스의『펠로폰네소스 전쟁사』6권 11장에서, 그리고 전쟁에 찬성하는 알키비아데스의 연설은 같은 책 6권 17장에서 발췌했다. 그리고 니키아스의 두 번째 연설은 6권 20~23장에서 발췌했다.

5　국가를 배에 비유한 플라톤의 논점에 대해서는『국가』6권 488bc를 참조할 것. 거기서 플라톤은 다음과 같이 논한다. 만약 배가 민주주의처럼 운영된다고 한다면, 그 배에 타고 있는 사람들은 실질적으로 어떻게 배를 운항할지에 대해 아는 자들이 아니라 사람들이 듣기에 좋은 말을 할 수 있는 자들에게 '항해사'라는 직함을 부여할 것이 분명한데, 왜냐하면 그들은 항해를 관장하는 테크네(전문적인 지식)란 존재하지 않는다고 믿기 때문이다.

6　플라톤의『고르기아스』511d~512e는 이 점에 대해 잘 논하고 있다. 아울

러『소크라테스의 변론』22de에서 소크라테스는 전문가들이 자신의 전문 영역을 넘어서는 부분까지 전문가로 자처하려 드는 것에 반대한다고 말한다.

7　　　소크라테스의 지혜 찾기에 관해서는 플라톤의『소크라테스의 변론』21a~23e을 참조할 것.

8　　　정치 활동에 참가하는 자들을 위한 공공 교육의 중요성에 대해서는 아리스토텔레스의『정치학』7권 14장과 8권 전체를 참조할 것.

9　　　'새로운 것을 가르치려 하는 학교 교육으로서의 교육에 대한 공격'에 대해서는 다양한 자료가 있다.『펠로폰네소스 전쟁사』1권 84장에서 스파르타의 왕 아르키다모스Archidamos는 "교육은 법을 하찮게 여길 정도로 우리를 무지하게 만들기 때문에 필요 없다. 대신 우리는 숙고를 가지고 있다"고 말한다. 아리스토파네스의「구름」에서도 많은 아테네인들이 교육 제도에 대해 아르키다모스와 같은 말을 하길 원하는 것으로 그려진다. 아울러 플라톤의『소크라테스의 변론』24d~25a와『프로타고라스』327e에서는 사람들에게 탁월함을 가르칠 수 있다는 생각이 언급된다.

10　　　그리스어를 말할 줄 아는 모든 이는 교사 없이도 배울 수 있는 정신적인 원천을 가지고 있다고 한 소크라테스의 생각은 플라톤의『메논』82b 이하에서 나타난다. 아무도 개념적인 지식 없이 태어나지 않는다는 플라톤의 생각은『파이드로스』249bc에서 신화의 형태를 빌려 제시된다. 플라톤의 이런 생각은 여성과 이방인을 제외한 모든 인간에게 적용되는 것이다. 여성에 대한 그의 견해는『국가』5권 454de에서, 그리고 이방인에 대한 견해는『정치가』262d에서 나타난다. 아울러 플라톤은『국가』8권 563b에서 평등성에 지나치게 집착한다는 이유로 민주주의를 비판한다.

11　　　아리스토텔레스의『정치학』1권 2장을 참조할 것. 집합적 지혜에 대해 아리스토텔레스는『정치학』1281a40~b10에서 다음과 같이 논한다. "평범한 보통 사람들hoi poloi이 모인 다중多衆은, 비록 그들 중 누구도 선(좋음)에 대해 월등히 뛰어나지 않다고 하더라도, 그들이 함께 모인다면 소수의 좋은 사람들보다 더 낫게 될 것이다. 마치 수중에 있는 재료만으로 만든 음식이 부유한 자가 사는 식사보다 더 나은 것처럼 말이다. 큰 집단 안의 각 개인은 탁월함 혹은 지혜의 부분을 가지고 있기 때문이다. (……) 바로 그 점으로 인해 평범한 보통 사람들로 이루어진 군중이 음악과 연극 작품들에 대해 더 나은 심판관인 것이다. 한 사람은 한 부분을 판단하는 반면 다른 사람은 다른 부분을 판단하고, 그들 모두가 모일 경우 전체를 판단하는 것이다."

12　　　프로타고라스의『인간척도설』은 Gagrain and Woodruff(1995, 173~189

시민 지혜

쪽)에서 발췌했다. 대부분의 학자들은 플라톤의 해석을 따라 프로타고라스를 상대주의자로 해석하나, 프로타고라스의 작품이라고 여겨지는 그 외의 다른 자료들은 그가 사실상 상대주의자가 아니었다는 견해에 더욱 무게를 실어준다. 이와 같은 입장은 최근 학계에서도 인정되고 있다. 여기에 대해서는 Woodruff(1999a)와 Bett(1989)을 참조할 것.

13　　에우리피데스의 『애원하는 여자들』 419~425행에서 발췌했다.

14　　제임스 매디슨의 『연방주의자』 제10호를 참조할 것.

15　　수사술의 실패에 대해서는 투키디데스의 『펠로폰네소스 전쟁사』에 나오는 클레온의 연설들을 참조할 것. 비록 그는 당시 가장 영향력 있는 선동가들 중 하나로 활동했음에도, 그의 연설들은 거의 성공을 거둔 적이 없었다.

16　　투키디데스의 『펠로폰네소스 전쟁사』 6권 24장에서 발췌했다.

17　　아테네 법정에 대한 니키아스의 두려움에 대해서는 투키디데스의 『펠로폰네소스 전쟁사』 7권 17~18장을 참조할 것.

18　　통킹 만 사건에 대한 미국 정부의 날조에 대해서는 Bok(1979, 180~185쪽)을 참조할 것. L.B.J. 도서관에 의해 최근 공개된 당시의 논의를 기록한 녹음 자료(아직 출판되지는 않았다)에 따르면 적어도 대통령의 처음 의도가 국민들을 기만하는 데 있었던 것 같지는 않다.

제8장

지식 없는 상태에서 이루어지는 추론

ANTIKEIMENOI LOGOI(*Opposed Speeches*)

지식이 없는 상태에서 합리적으로 판단하는 것이야말로 통치의 핵심이다. 대부분의 공적인 결정 사항과 관련하여 그 결과가 어떻게 될지 미리 알 길은 없다. 지식을 가지지 않은 상태에서 합리적으로 판단하는 일이 잘 이루어질 수도 있고 그렇지 않을 수도 있다. 그것이 잘 이루어지기 위해서는 열린 논의와 토론이 필요하다. 반면 지도자들이 자신들에게 반대하는 자들을 강제로 침묵시키려고 할 때, 그리고 이유를 숨긴 채 자신들에게 맞지 않는 어떤 권위를 요구할 때 그것은 잘 이루어지지 않는다. 민주주의 연설가들은 지식이 없는 상태에서 합리적으로 추론하여 판단을 내리는 일이 '가장 이치에 맞는 믿음'에 기초한다고 가르쳤다. '가장 이치에 맞는 믿음'이란 서로 다른 견해를 가진 여러 부류의 사람들이 벌이는 숱한 논쟁 속에서도 끝내 살아남는 견해를 말한다.

지식이 없는 상태에서 합리적으로 추론하여 판단하는 일은, 다음의 두 가지 사례가 보여주 듯 법정에서 또한 필수적이다.

기원전 407년의 소포클레스, 기원전 411/410년의 안티폰

위대한 비극 시인 소포클레스가 거의 80세에 가까웠을 때였다. 그는 정상적으로 판단을 내릴 수 없다는 이유로 재판정에 서게 되었다. 그를 재판정에 세운 사람은 다름 아닌 그의 아들들이었다. 그들은 자신의 아버지가 가족의 재산을 합리적으로 관리할 능력이 없다고 주장

지식 없는 상태에서 이루어지는 추론

했으며, 재판에 이겨 자신들이 그 재산을 관리할 자격을 얻길 원했다. 여기서 우리는 과연 어떻게 소포클레스가 자신의 남은 인생 동안 재산 관리를 하는 데 있어 어리석은 짓을 하지 않을 것이라고 증명할 수 있을까? 아무리 현재로부터 가까운 미래라 하더라도 우리는 결코 앞으로 어떤 일이 일어날지 알 수 없다. 그렇기에 우리는 과거 『안티고네』와 『참주 오이디푸스』라는 걸작을 썼으며 불과 6년 전(기원전 413년)까지만 해도 아테네 정부의 신뢰받는 조언자 역할을 했던 소포클레스의 정신 건강 상태에 대해 합리적으로 예측할 수 있는 바를 고려해야 한다.

아들들이 제기한 재판에 시달리는 동안 소포클레스는 『콜로누스의 오이디푸스』라는 작품을 쓰고 있었다. 그리고 그는 자신의 정신 건강에 아무 문제가 없다는 것을 증명하기 위해 재판정에 모인 사람들 앞에서 그 작품의 상당 부분을 암송해냈다. 이 작품의 내용은 뛰어났다. 그래서 그가 당시 그처럼 뛰어난 작품을 저술하는 중이었고 게다가 재판에서 많은 부분을 암송했다는 사실은 재판정에 모인 사람들에게 긍정적인 인상을 심어주었다. 결국 소포클레스는 재판에서 이겼다.[1] 재판정에 모인 사람들에게 긍정적인 인상을 준 것은 어쩌면 많은 구절을 암기해낸 그의 능력이었을 수 있다. 아니면 그가 그 작품에서 강조하려 했던 주제들, 즉 미지의 힘에 대한 경외와 가족에 대한 성실함 그리고 신성한 신들의 말을 전하는 이방인들에 대한 공경의 중요성 등이 사람들에게 깊은 인상을 준 것일 수도 있다. 그러나 여기서 생각해볼 문제는 여전히 남아 있다. 단지 이 걸작을 썼다는 이유만으로 소포클레스가 재산을 합리적으로 관리할 능력이 있다고 믿는 것은 합리적인가? 물론 그렇지 않다. 우리는 수많은 위대한 예술가들이 건전한 경제 관념을 가지지 못한 경우를 종종 보아왔다. 그렇다면 소포클레스가 오랜 시간에 걸쳐 거의 모든 영역에서 훌륭한 성과를 냈으며 지금도 절정의 작가적 능력을 발휘하고 있다는 걸 보여주면 어떤가? 그 경우에 그가 재산을 올바르게 관리할 능력이 있다고 믿는 것은 합리적인가? 그의 아들들이 자신들의 주장을 뒷받침할 강력한 증거를 제시하지 못하는 한은 그렇다. 아들들은 증거를 제시하지 못했으며, 재판정에 모인 사람들은 소포클레스의 입장이 더욱 그럴듯하다고 받아들였다. 사실 소포클레스가 재정을 돌보는 문제와 관련하여 정신적으로 건강한지 그렇지 않은지를 명백히 보여줄 수 있는 증거 따위란 존재하지 않는다. 하지만 그는 '지식 없는 상태에서 이루어지는 추론'을 통해 재판에서 스스로를 구제할 수 있었다.

모든 이가 소포클레스처럼 재판에서 이겼던 것은 아니다. 기원전 411년 안티폰에게 있었던 일을 살펴보자. 그는 재판에 회부되었으며 그 판결에 따라 목숨을 잃을 수도 있었다. 당시 그는 가장 성공한 대중 연설가였으며 또한 전문적으로 연설문을 작성해주는 일의 선구자이기도 했다. 그는 자신을 변호하기 위해 충분히 고무적이면서도 감동적인 연설을 할 수 있었을 뿐만 아니라, 실제로 그렇게 했다. 그는 지난 몇 년 동안 아테네에서 과두정의 복원과 민주주의의 전복을 꾀했다는 이유로 고소당했다. 재판의 결과는 안티폰이 과연 어떤 의도를 가졌는지에 달려 있었다. 그러나 어떻게 그의 의도를 판단한단 말인가? 그가 아테네의 통치 정부 제도를 바꾸려고 하면서 가졌던 진정한 의도란 도대체 무엇인가? 아울러 그를 고소한 사람들이 주장하듯, 그는 정말로 아테네 민주주의를 파괴할 의도로 과두정을 지지했던 것인가?

　　　　　지식 없는 상태에서 이루어지는 추론

법정에 선 안티폰은 이 질문에 대답하기 위해 변호 연설을 했다. 투키디데스는 『펠로폰네소스 전쟁사』 8권 68장에서 안티폰의 연설이 아테네 법정에서 이루어진 변론들 중 가장 훌륭한 것에 속한다고 평했다. 안티폰의 연설은 다음과 같았다.

나를 고소한 자들은 내가 남을 위해 법정 연설문을 대신 작성해주었고 또 이를 통해 많은 이득을 얻었다고 말합니다. 하지만 과두정 체제하에서는 내가 그러한 일을 할 수 없었을 것입니다. 오직 민주주의 체제 안에서만 나는 연설 능력을 발휘할 수 있습니다. 그렇기에 나는 과두정 체제하에선 전혀 쓸모가 없지만, 민주정 체제 안에선 무척이나 유용한 인물입니다. 그렇다면 내가 과두정을 지지하지 않을 것이라는 점이 더욱 그럴듯eikos합니다. 당신들은 내가 이 정도도 이해하지 못할 것이라고, 혹은 나에게 어떤 정치 체제가 더욱 이득인지를 스스로 알지 못한다고 생각합니까?[2]

안티폰을 제외한 누구도 그의 의도가 진실로 무엇이었는지 알 수 없었기에, 안티폰의 대답은 사람들에게 자신의 상황을 고려하여 무엇이 그럴듯한지를, 곧 무엇을 믿는 것이 합리적인지를 촉구했다.

사실인즉 다음과 같았다. 기원전 411년 6월 400인 과두정 체제의 귀족들이 권력을 장악하고 있을 때 안티폰은 확실히 그들에게 가담했다. 그들 스스로 밝혔듯이 그들의 의도는 아테네에 온건한 성향의 과두정 정부를 설립하는 것이었다. 그들이 의도한 온건한 성향의 과두정이란 안정적으로 도시를 운영하되 무분별한 군중들의 정치 활동 참여를 제한하면서 아테네 민주주의의 이상을 유지하는 것이었다. 400인

과두정 체제의 귀족들 중 일부는 진정으로 자신들이 의도한 바를 이 룩하려 했다. 그러나 그들을 제외한 나머지 귀족들은 사실상 영구적 인 과두정 체제를 설립하는 것을 계획했다. 이후 아테네는 흥분한 많 은 분파들로 분열되었고, 결국 400인 과두정 체제는 그들보다 더 규 모가 크고 더욱 온건한 (하지만 여전히 민주주의는 아닌) 집단에 의해 전복되 었다. 민주주의는 그 이듬해 완전히 복원되었으며, 그 후 안티폰은 민 주주의의 전복을 꾀했다는 이유로 재판에 서게 된 것이다.

안티폰을 고소한 자들이 어떻게 자신들의 입장을 지지했는지는 알려지지 않았다. 그러나 그들이 결국 재판에서 이겼다는 사실은 잘 알려져 있다. 안티폰의 뛰어난 수사술은 결국 자신의 목숨을 구하는 데 충분한 능력을 발휘하지 못했다. 아마도 고소인들은 기원전 411년 안티폰이 실제로 했던 일을 들추는 데 초점을 맞췄을 것이며, 그것으 로 안티폰의 의도를 증명하고자 했을 것이다. 안티폰은 자신이 가담 한 400인 과두정 체제의 귀족들과 함께 항구 주변에 성벽을 건설했으 며 곡물 공급을 통제했다. 이 사실이 아마도 안티폰에게 불리하게 작 용했을 것이다. 그 외에 그들은 안티폰이 사적으로 했던 말들도 증거 로 사용했을 것이다.

안티폰과 고소인 측 사이의 법정 논쟁이 지식 없는 상태에서 이 루어지는 추론에 의해 진행되었다는 것은 의심의 여지가 없다. 완벽 한 지식 없이도 배심원단은 안티폰의 유죄를 인정할 수 있었고 그에 게 사형을 선고했다. 좋은 논변이 또 다른 좋은 논변과 충돌을 일으키 는 곳에서 진리가(만약 우리가 이것을 진리라고 부를 수 있다면) 이겼다. 안티폰 을 존경했던 투키디데스조차 그가 민주주의를 전복시키려 했던 집단 과 계획을 같이했다는 점을 인정했다.[3]

논쟁의 사용

최초의 민주주의는 인간의 한계를 분명히 인정했다. 아테네인들은 무엇이 인간다운 것인지에 대한 헛된 미명을 받아들이지 않았기에, 정치 지도자들이 완벽한 정치 지식을 가질 것이라는 기대를 하지 않았다. 신들은 미래를 내다볼 수 있을지 모르나 인간은 그럴 수 없다. 신들이 인간에게 어떤 메시지를 보내줄 수도 있겠으나, 그럼에도 인간이 그것을 완벽하게 해석하기는 힘들 것이다. 무지는 자랑할 만한 것이 못 되지만, 인간은 정직함이라는 자랑할 만한 도구를 가지고 있다. 정직함은 대단한 것이다. 어떠한 통치 정부 체제든 지도자들은 무지, 특히 그들의 정책이 국가의 미래에 어떤 결과를 가져올지에 대한 무지에 대해 정직해야만 한다.

하지만 무지를 고백하는 지도자들은 신임을 잃곤 한다. 지도자들은 그것을 잘 알고 있으며, 따라서 우리는 그들이 당당하게 본인들이 전혀 지식을 갖고 있지 못하다고 말하길 기대하지 않는다. 우리가 그들에게 기대할 수 있는 건, 바로 그들이 자신들의 한계 안에서 최선을 다하려 한다는 사실이다. 고대 아테네인들은 결정을 내리는 제도를 발전시켰다. 그러나 발전된 제도 안에서도 사람들은 여전히 모두가 완벽할 수 없었다. 대신 아테네인들은 그들이 실수를 저지를 수 있다는 것을 인정하며, 그 실수를 서로 반대 의견을 가진 양측 사이의 열린 논쟁을 통해 만회할 수 있다고 여겼다. 그들은 오직 모두가 발언의 자유를 가졌을 경우에만 열린 논쟁이 가능하다고 믿었다.

논쟁 외에 아테네인들은 지식 없는 상태에서 무엇을 할 수 있었을까? 대부분의 아테네인들은 신들만이 모든 것에 대한 답을 알고 있다고 믿었다. 그래서 그들은 징조를 받아들이고 신탁에 기대면서 종종 신들에게 조언을 구하곤 했다. 그러나 시대가 바뀌고 민주주의가 전개되면서 교육을 받은 사람들은 신들에게 대답을 구하는 절차가 건전하고 신뢰할 만한 것인지 의심하기 시작했다. 사제들은 신들의 메시지를 해석하면서 실수로 틀릴 수도 있었다. 누군가 그들을 매수했다면 그들은 의도적으로 틀릴 수도 있었다. 또 징조를 따르는 것이 재앙으로 귀결되기도 했다. 니키아스의 조언에 따라 아테네의 군대가 철수를 미루는 동안 월식이 일어났다. 월식이 진행되는 전후에는 움직이는 것이 좋지 않다는 미신에 따라 아테네 군대는 시라쿠사 주변에 더욱 오랫동안 머물렀으며, 그 결과 그들은 이후 퇴각로를 완전히 잃게 되었다.

주어진 사안들에 대해 논쟁의 장을 벌이고 투표를 통해 해결 방안을 강구하는 편이 더 낫다. 확실하지 않은 사안들을 다루는 데 있어 합리적인 방식이란 바로 논쟁을 통해 상반된 의견 모두를 따져보고, 논쟁의 결과에 따라 투표를 하는 것이다. 이는 분명히 동전을 던지는 것이나 신에게 도움을 구하는 것보다 나은 방식이다. 그리고 지도자들이 완벽한 지식을 가지고 있다고 믿으며 그들에게 모든 결정권을 주는 것보다도 훨씬 나은 방식이다.

민주주의는 틀릴 수도 있는 추론에 의존하여 작동되도록 고안된 정치 제도다. 따라서 그 어떤 정치 체제들보다 주어진 사안들에 대해 논쟁을 벌이고 투표를 통해 해결 방안을 강구하는 데 유리하다. 민주주의 안에서 벌어지는 논쟁들, 법정 소송들, 결정을 내리는 데 도움을 주는 연설가들을 뽑아 경청하는 방식, 이 모든 것은 지도자들이 그들의 지식을 앞세워 무소불위의 권력을 요구하지 못하도록 막는다. 민

　　　　　　　　　지식 없는 상태에서 이루어지는 추론

주주의 체제에서는 언제나 비판이 있어야 하며, 시민들이 대안적 정책을 위한 입장을 가지고서 지도자들과 경쟁하는 것이 자유로워야 한다. 무엇보다도 민주적 방식이란 지식이 없는 상태에서 가장 좋은 결정을 내리기 위해 필요한 모든 종류의 추론을 촉진시키고 진행시키는 방식을 말한다.

불확실한 것들의 분류

물론 지식이 언제나 실패하는 것은 아니다. 종종 우리는 일부 사안에 대해서는 어떤 결과가 있을지 분명히 알 수 있거나, 아니면 적어도 결과를 거의 확실하게 예측할 수 있다. 플라톤은 '지식'이라는 말을 제한적인 의미로 사용했다. 그는 무언가에 통달하고 깊게 아는 사람들, 그리하여 결코 논박될 수 없는 사람들이야말로 그 말이 어울린다고 보았다. 하지만 지식과 달리, 정치를 위해 사용하는 추론이란 언제나 논박 가능하며 다소간의 불확실한 결과를 낳는다.

불확실한 것들 중 어떤 것들은 다른 것들에 비해 더 나을 때가 있다. 최초의 민주주의를 지지하던 지식인들, 즉 파이데이아의 교사들은 불확실한 것들 중 더 나은 것들을 추려낼 수 있는 능력을 길러주기 위해 수사술과 숙고하는 법을 장려했다.

아테네가 시라쿠사를 공격하기로 결정 내리던 순간을 돌이켜보면, 우리는 아테네인들이 어떻게 불확실한 것들을 분류했는지 짐작할 수 있다. 당시 누구도 그 결정이 사태를 어떻게 끌고 갈지 알지 못했다. 심지어 현대의 역사가들조차 그 결정이 내려졌을 당시에, 어떤 결과가 예측될 수 있을지 확신하지 못한다. 아테네와 시라쿠사 사이의 전쟁은 역사적으로 단 한 번밖에 일어나지 않은 사건이다. 따라서 전쟁을 일으키게 될 경우 앞으로 아테네에 무슨 일이 일어나게 될지 분명하게 말해줄 자료란 존재하지 않았다. 누구도 아테네의 전쟁 결정에 대해 양적인 개연성을 따질 수 없었다.

하지만 이 전쟁이 모든 면에서 특별한 사건이라고 말하기 어려울 수도 있다. 아테네는 당시 근래에 치른 모든 전쟁에서 언제나 승리했다. 그들은 강력한 해군과 충성스러운 육군을 보유했으며, 가끔은 적의 내부에서 자발적으로 아테네를 돕는 집단이 등장하기도 했다. 또 민주주의 체제의 아테네가 그렇지 않은 다른 도시국가를 공격할 때면, 대체로 적국의 내부에 있는 민주주의자들이 아테네 군사들을 위해 도시의 성문을 열어주었으며, 아테네는 불필요한 희생 없이 승리를 쟁취하는 경우가 종종 있었다. 이와 같은 과거의 성공적인 경험과 기록들이 아테네가 시라쿠사와 전쟁을 벌일 것인가를 결정할 당시, 이미 투표자들의 마음속에 새겨져 있었을 것이 분명하다.

물론 아테네인들은 시라쿠사가 자신들이 이전에 정복했던 도시국가들과는 다르다는 것을 알고 있었으며, 쉽게 정복할 수 있을지에 대해서도 확신이 없었다. 다만 시라쿠사는 문화적으로 다양한 혼합 민족의 성격을 지녔는데, 전쟁에 목마른 아테네의 탐욕가들은 이를 두고 '좋은' 기회라고 여겼다. 그들은 "시라쿠사인들이 내부의 문화적·정치적 차이로 인해 내분을 일으키게 될 것이며, 이로 인해 그들을 정복하는 것은 매우 쉬운 일이 될 것"이라고 주장했다.

그러나 아테네인 누구도 자신들이 이전에 치렀던 전쟁들과 시라쿠사와의 전쟁 사이에 있는 가장 큰 차이점을 지적하지 않았다.[4] 그것

　　　　　　　　　　지식 없는 상태에서 이루어지는 추론

은 과거 아테네의 적들과는 달리 시라쿠사가 민주주의 도시라는 점이
었다. 시라쿠사의 민주주의는 잘 구축되어 있었으며, 모든 사회 계층
이 도시의 자주권을 원했다. 아테네인들은 이 점을 간과했다.

　민주주의 시기 동안 그리스의 연설가들은 에이코스eikos를 목표
로 삼았다. 에이코스는 '개연성' 혹은 '그럴듯함'을 의미했다.[5] 하지만
이는 양적인 개연성이 아니라 추론적 개연성을 뜻했다. 그런 의미에
서 에이코스는 '합리적인 예측'reasonable expectation을 의미했다. 그렇
다면 아테네인들은 시라쿠사와 전쟁을 벌이게 될 경우 발생하게 될
결과를 합리적으로 예측할 수 있었을까?

　아마도 그들은 몇 가지의 결과에 대해 합리적으로 예측할 수 있었
을 것이다. 오랜 군사 작전의 마지막 전투는 시라쿠사의 항만에서 벌
어진 해상 전투였다. 투키디데스는 양측의 장군들이 모두 전투의 승
리를 예견하는 연설을 했으며, 그들의 논변들은 거의 비슷한 정도로
설득력이 있었다고 기록하고 있다. 아테네인들은 승리와 패배 모두를
같은 수준에서 합리적으로 예측했다. 양측의 군사력이 비등했기에 전
투는 오래 지속되었으며 어느 쪽도 결정적인 승기를 잡지 못했다. 그
러다 예측하지 못한 무언가가 아테네 쪽에 문제를 일으켰고, 그 결과
아테네는 패배를 향해 곤두박질치기 시작했다.

　사용 가능한 정보를 조정하는 것은 곧 합리적으로 예측했던 바를
조정하는 것이다. 시라쿠사의 항만에서 해상 전투를 벌일지 결정하는
데 있어 오직 아테네 측에 대한 정보만을 가지고 있다고 해보자. 그
정보가 아테네가 보유한 어마어마한 규모의 군대에 관한 것이라면,
아마 아테네가 전투에서 승리할 것이라고 예측할 수 있을 것이다. 그
러나 지나치게 큰 규모의 군대는 오히려 항만에서 효과적으로 전투를

수행하기 어렵다는 사실을 알고 있는 경우, 이 예측은 조정되어야 한다. 합리적인 예측에 영향을 줄 수 있는 모든 종류의 정보를 수집한다는 것은 쉬운 일이 아니다. 따라서 언제나 자신의 예측을 조정할 준비를 하고 있어야 한다.[6]

불확실한 것을 추려내는 과정에서 중요한 것은 과거 경험의 결과를 살펴보는 일이고, 또한 그 경험이 현재의 사건에 얼마나 잘 적용될 수 있는지를 따져보는 일이다. 예를 들어 풍부한 자금력으로 인해 군대가 적진 근처에서 장기간 주둔하는 데 큰 문제가 없었다는 경험, 그리고 아테네 군대의 진입을 도와준 적 내부의 민주주의 지지자들로 인해 대부분의 경우 손쉽게 승리를 쟁취했다는 경험은 아테네인들로 하여금 시라쿠사 역시 쉽게 정복할 수 있을 것이라고 예측하게 만들었다. 그러나 결과적으로 그 경험이 시라쿠사에 적용하기에도 적절했는지는 의문이다. 시라쿠사는 아테네가 그동안 전쟁을 치러왔던 다른 도시국가들과는 달리, 일단 그 규모가 훨씬 컸고 부유했으며 무엇보다도 그 당시에 이미 민주주의 정치 체제를 가지고 있었기 때문이다. 이런 경우 우리는 '아테네가 언제나 전쟁에서 이긴다'는 일반 원칙과 그 일반 원칙에 반하는 '시라쿠사의 경우는 다르다'라는 예외 사항 모두를 가지고 있다. 이때 일반 원칙은 그 근간이 흔들리게 될 경우 '폐기 가능한' 원칙이 되어버리며, 예외 사항은 일반 원칙을 '폐기하는' 사항이 된다. '폐기 가능한' 원칙이란 결국 새로운 종류의 지식이나 견해에 의해 바뀌기 쉬운 원칙이다.

그저 합리적이기만 한 예측은 언제나 폐기 가능하다. 만약 어떤 예측이 확실성을 가지고 있다면, 그 예측은 단순히 그저 합리적이기만 한 예측이 아니다. 예컨대 오늘밤 보름달이 뜰 것이라는 예측은 우

　　　　　　　　　지식 없는 상태에서 이루어지는 추론

리가 실제로 보름달이 떴는지 직접 눈으로 확인하지 않더라도, 오늘이 보름이라면 떠오를 것이 확실하기 때문이다. 하지만 오늘밤 보름달을 볼 것이라는 예측은, 비록 오늘밤 하늘이 맑을 것이라는 예보가 있다 하더라도 여전히 그저 합리적이기만 한 예측이다. 언제나 그런 것은 아니지만 실제 날씨가 일기예보와 다른 경우는 흔하기 때문이다. 게다가 예보가 맞다고 하더라도 행여 산불이라도 나게 된다면 연기가 하늘을 가리게 될 것이고, 서쪽으로부터 예기치 못한 모래 바람이 불어닥칠 수도 있다. 그도 아니면 미처 예상하지 못했던 다른 사고가 발생할 수도 있다. 그 밖에 보름달을 보지 못할 변수는 수도 없이 많다.

어떤 예측이 일반적인 과거 경험을 토대로 이루어졌을 때, 그것을 거부할 다른 어떤 이유가 없다고 한다면 보통의 경우 합리적이라고 부를 수 있다. 이런 종류의 합리성이란 경험에 의존하는 경우가 대부분이기에 일종의 경험적 합리성이다. 그러나 경험적 합리성은 동시에 폐기 가능한 합리성이기도 하다. 새로운 경험을 통해 예측을 조정할 근거가 새로이 발견될 수도 있기 때문이다.

시라쿠사와의 전쟁과 관련한 사안을 결정하는 데 활용했던 합리성 역시 온통 폐기 가능한 것으로 가득하다. 전쟁에서 승리할 것이라고 예측하기에 앞서 실제로 패배할 수 있는 모든 경우를 철저하게 살펴보았다고 확신할 수 없기 때문이다. 가장 합리적이라고 여겨지는 예측들조차 모든 반대 가능성들을 철저히 살펴볼 경우 전혀 합리적이지 않은 것으로 드러날 수 있다. 이런 경우의 합리성은 그 전제와 결론이 모두 폐기 가능하다. 사실 시라쿠사와의 전쟁 여부를 결정하는 과정은 그 전체가 불확실성으로 가득 찬 수수께끼 같은 것이었다. 그런 이유로 니키아스는 전쟁을 일으키지 않고 아테네에 남아 있거나 아니면 정말 확실하게 시라쿠사를 제압할 수 있는 어마어마한 규모의 군대를 파견하길 원했던 것이다.

우리는 의견을 달리하는 상대들과 벌이는 논쟁을 통해 사안과 관련하여 가능한 모든 연설들을 접할 수 있다. 만약 그렇지 않고 악의를 품고 있거나 자신의 이익만을 노리는 교활한 연설가들만이 발언 기회를 갖는다면, 우리가 일이 잘못된 방향으로 흘러갈 수도 있다는 걸 어떻게 상상할 수 있겠는가? 전쟁에 목마른 연설가들은 역사적·경험적으로 증명되었던 아테네의 성공을 일반 원칙으로 삼으며 아테네가 시라쿠사와의 전쟁에서 승리할 것이라고 예측했다. 하지만 그들은 그 예측을 폐기해버릴 수 있는 모든 가능한 사안들을 따져보는 데 있어 조금의 시간도 할애하지 않았다.

앞서 살펴보았듯이, 니키아스는 자신의 의견이 받아들여지지 않을까 지나치게 우려했으며 그 결과 전쟁에 반대한다는 뜻을 제대로 드러내지 않았다. 그는 군대의 규모에 대해서만 초점을 맞추어 얘기했을 뿐이다. 최초의 민주주의는 서로 다른 의견을 가진 사람들이 공평하게 논쟁을 벌이도록 장려했다. 그럼에도 당시의 아테네인들은 종종 대중들의 구미에 맞지 않는 의견에 대해선 무시하거나 상대의 입을 막아버렸다.[7] 이것은 분명 잘못된 행동으로, 민주주의가 빠지기 쉬운 실책이었다. 몇 년 후 플라톤은 이러한 문제점을 지적했다. 그는 대다수의 사람들이 참주처럼 행동하고 참주들처럼 반대 의견을 들으려 하지 않는 경우, 바로 그로 인해 그들이 파멸을 향해 나아가게 될 것이라고 말했다. 그리고 실제로 아테네에서 이런 일이 벌어졌다.

소포클레스는 자신의 작품 속에서 참주인 오이디푸스와 크레온이

　　　　　　　지식 없는 상태에서 이루어지는 추론

논쟁을 거부하는 모습을 보여주었다. 물론 그들이 논쟁을 벌였다 하더라도, 그들은 자신들에게 반대하는 자들의 말은 무시했을 것이고, 갖가지 이유를 들어 듣고 싶지 않은 논변들은 거부했을 것이다. 『안티고네』에서 크레온은 아들이 자신에게 대항하자 그가 안티고네를 향한 지나친 사랑으로 제정신이 아니라고 생각했다. 곧 예언가가 나서서 크레온의 생각이 옳지 않다고 조언했으나, 크레온은 단지 그가 뇌물에 매수당한 것이라고만 여겼다. 좋은 논변은 누구로부터든 나올 수 있다. 현명한 아버지는 자기 아들의 말에 언제 귀 기울여야 할지 아는 사람이다.

참주의 실패는 에우불리아, 즉 숙고의 실패나 마찬가지다. 숙고는 지식이 없는 상태에서 합리적으로 추론하는 데 도움을 준다. 민주주의의 시인들은 이 숙고의 역량을 찬양했으며, 대중 연설을 가르치는 교사들은 이를 교육의 핵심 주제로 삼곤 했다. 특히 프로타고라스는 젊은이들에게 숙고를 가르침으로써 그들이 하나의 주제에 대해 서로 반대되는 두 개의 좋은 논변을 구성할 수 있다고 공언했다.

플라톤은 에우불리아에 전혀 관심이 없었다. 그는 오직 지식을 가진 자들, 곧 철학자 왕들만이 결정권을 갖는 것이 가장 이상적인 정치 체제라고 여겼다.[8] 그의 입장에 따르면 대중들은 차선의 경우에서조차 결정권을 부여받지 못한다. 여전히 소수의 교육받은 엘리트들만이 결정을 내릴 자격을 갖는다. 플라톤이 그리는 이상 사회에선 서로 반대되는 의견들이 충돌하는 논쟁이란 발생하지 않는다. 특히 공개적으로 논쟁이 벌어지는 일은 절대 없다. 왜냐하면 교육받은 엘리트들은 상호 동의의 방식에 익숙하기에, 결정을 내리기 위해 굳이 대중 앞에 나설 필요가 없기 때문이다. 물론 이론적으로는 플라톤의 입장이 옳다고 볼 수도 있다. 하지만 이는 오직 지식 없는 상태에서 합리적으로 추론하는 것이 가능하지 않다고 여겨지는 경우에서만 그렇다. 그 경우 우리가 해야 할 것은 가장 지혜로우며 말한 바를 그대로 행할 줄 아는 지도자를 찾는 일뿐이다. 논쟁이 필요 없기에, 여러 사람들의 숙고를 구할 필요조차 없을 것이다.

어째서 반대 의견들 사이의 논쟁이 숙고를 장려하는지 이해해야 한다. 만약 우리가 어떤 결정을 스스로 내려야 한다면, 그럴 때조차 우리는 이를 위해 논변을 어떻게 구성할지 잘 알고 있어야 한다. 예상 가능한 반대 입장을 최대한 고려하여 자신의 입장을 폭넓게 세워야만 논쟁에서 이길 수 있기 때문이다. 물론 가장 좋은 방법은 확실한 지식을 갖는 것이다. 그러나 그렇게 하기란 사실상 불가능하며, 행여 가능하다고 하더라도 오직 이상적인 세계에서만 가능할 것이다. 그렇기에 우리가 살고 있는 현실에서는 숙고가 필요하다. 그리고 자신과 반대되는 입장을 충분히 고려하지 않는 경우 숙고의 가능성 역시 줄어들게 된다는 점 또한 잊지 말아야 한다.

반론: 수사술에 대한 공격

플라톤이 그러했듯, 철학자들은 숙고라는 개념, 그리고 상반된 의견들 사이의 논쟁과 에이코스라는 개념을 인정하지 않았다. 민주주의를 반대하던 정치가들 역시 그러했다. 소포클레스나 에우리피데스와 같이 민주주의를 옹호했던 시인들은 자신들의 작품 속에서 민주주의의 적들이 어떻게 자신들의 입장을 옹호하며 민주주의의 핵심 개념들을

 지식 없는 상태에서 이루어지는 추론

거부했는지 보여주고 있다. 민주주의의 적들은 민주주의 시기 동안 새로운 교육 내용을 전하려 돌아다니던 교사들을 공격 대상으로 삼았다. 그 교사들은 대부분이 외지인들이었으며, 모두 자신의 이익을 도모하거나 아테네의 자양분인 젊은 청년들을 유혹하는 데 능숙했다. 플라톤은 그 교사들을 '소피스트'라 부르며 강한 거부감을 내비쳤다.

민주주의를 촉진시켰던 수사술은 지식 없는 상태에서 이루어지는 추론으로 논할 수 있는 주제들을 망라하여 다루었다. 수사술을 가르치는 교사들은 에이코스(개연성, 합리적인 예측)의 획득, 숙고하는 방법, 그리고 주어진 문제에 대해 찬성과 반대의 두 가지 측면 모두에서 논할 수 있는 능력을 교육 목표로 삼았다. 플라톤은 그들이 제시한 이 세 가지 교육 목표를 공격했다. 민주주의를 반대했던 자들은 수사술이 지나치게 자주 사용되고 그 논변이 허술하며 무엇보다도 자주 악용되고 있다고 비판했다.

수사술은 맥락에 맞는 말을 통해 설득력을 획득하는 기술이다. 수사술을 옹호하는 고르기아스Gorgias*와 그를 따르는 두 제자들이 등장하는 『고르기아스』에서 플라톤은 수사술을 극렬하게 비판했다. 플라톤은 고르기아스 같은 당시의 수사술 교사들이 말을 통해 설득하는 능력 외에 사실상 아무것도 가르치는 것이 없고, 수사술을 실질적인 지식과 윤리적인 실천으로부터 떼어내 독립적으로 다룬다고 비판했다. 이에 따라 플라톤은 수사술이 목적을 가지지 못한 순전히 형식적

---

* 그리스의 연설가이자 소피스트로 기원전 487년 시칠리아에서 출생했고 376년경 사망했다. 펠로폰네소스 전쟁 초기인 기원전 427년 외교사절로 아테네를 방문했고, 뛰어난 연설로 아테네인들을 설득하여 그들의 외교 정책을 바꾸는 데 성공했다. 플라톤의 『고르기아스』에 따르면, 고르기아스는 스스로를 수사가로 자처했으며, 말이 가진 설득의 힘을 높이 샀고 효과적인 연설 능력을 고양시키는 데 매진했다. 그의 작품 중에는 『자연 혹은 비존재에 대하여』, 『팔라메데스 옹호』, 『헬레네 찬가』 등의 단편들이 남아 있다.

인 도구일 뿐이라고 깎아내렸으며, 더 나아가 수사술은 가치 중립적인 것으로서 그 자체로 그것을 사용하는 것이 좋은지 혹은 나쁜지에 대해 어떠한 가치 판단도 내릴 수 없다고 비판했다.[9]

하지만 이와 같은 플라톤의 수사술에 대한 비판은 두 가지 입장에서 옳지 않다고 할 수 있다. 첫째, 어떤 도구든 그것의 확실한 사용 목표를 가지고 있다. 사람들에게 도구를 준다는 것은 이미 그 도구를 특정 목적에 따라 사용할 것을 함의한다. 만약 우리가 학생들에게 논쟁에서 이길 수 있는 방법을 가르친다면, 우리는 이미 그들에게 무슨 수를 써서라도 논쟁에서 이길 것을 주문하고 있는 것이다. 여기엔 분명히 논쟁에서의 승리가 좋다는 뜻이 내포되어 있다. 따라서 수사술은 완전히 가치 중립적인 것이 아니다. 둘째, 다른 수사술 교사들은 수사술에 대해 고르기아스와 같은 입장을 취했던 것이 아니다. 그들은 수사술을 순전히 형식적인 도구로만 다루지 않았다. 더군다나 그들 대부분은 수사술을 다른 교육 분야와 연계해서 다뤘다. 예를 들어 프로타고라스는 말을 잘하는 법을 가르칠 때 이를 숙고하는 법과 연계시켰다. 그 외 수많은 새로운 교사들이 수사술을 이용하여 다양한 주제들을 가르쳤다. 당시의 수사술 교사들 중에서 오직 고르기아스만이 수사술을 순전히 형식적 도구로 가르쳤다.

다음은 민주주의의 적들이 수사술에 반대하여 제기한 주된 논점들이다.

관습에 대한 위협: 수사술에 대한 반론들 중 하나는 수사술 교사들과 그 학생들이 이미 전통적·문화적으로 받아들여지고 있는 관습에 위협을 가했다는 것이다. 이는 새로운 교육이 인간에 대한 새로운 견

     지식 없는 상태에서 이루어지는 추론

해, 즉 새로운 인간학의 위상을 포함하고 있으며 관습을 본성으로부터 구분하려 했기 때문이다. 본성이 대두하자 권위와 신뢰성을 인정받던 관습의 토대가 허물어지기 시작한 것이다. 그러나 이런 반론은 단지 수사술에만 국한된 것은 아니었다.[10]

보수의 요구: 수사술에 대한 또 다른 반론은 수사술의 교사들이 강의를 제공하는 대가로 보수를 요구했고, 결국 보수를 낼 수 있는 자들만이 수사술을 배울 수 있다는 것이었다. 수사술은 정치적으로 영향력을 발휘하는 데 있어 무척이나 효율적인 도구로 인정받았다. 그래서 오직 비싼 보수를 지불할 수 있는 부유한 자들만이 수사술을 배우는 것이 마땅한 것인가 하는 물음이 제기되었다. 만약 전통적인 가치관을 전혀 갖지 못한 부유한 자가 수사술을 배우게 되어 큰 정치적 영향력을 행사하게 된다면 어떻게 될 것인가? 오직 부유한 자들만이 수사술을 배울 수 있고 가난한 자들은 배울 수 없다면 그 결과는 어떻게 될 것인가? 아테네의 많은 제도들은 부유한 자들이 특별한 권력을 가지는 것을 막기 위해 고안되었다. 그런데 수사술은 부를 통해 권력을 확보하는 것을 막고자 하는 아테네의 여러 안전장치들을 파괴하려는 것처럼 보인다.

이 반론은 오직 부유한 자들만이 수사술을 배울 수 있다는 가정과 수사술이 오로지 설득만을 목표로 하며 언제나 성공한다는 가정에 기초하고 있다. 그러나 이 가정들은 모두 옳지 않다. 첫째, 수사술을 효과적으로 사용했던 자들이 늘 부유했던 것은 아니었다. 귀족들은 '저열한' 하위 계층의 사람들이 수사술을 통해 정치적 영향력을 갖는 것을 반대했다. 비록 다른 맥락에서였지만 앞서 인용되었던 구절을 다시 한번 살펴보자. 이 구절에서 에우리피데스는 민주주의의 적들이 어떻게 민주주의를 불평하고 있는지 보여준다.

저열한 자가 자신의 교활한 혀를 통해 명성을 얻게 되는 것은,
정말이지 더 좋은 사람들에겐 괴롭기 짝이 없는 일이다.
이전엔 아무것도 아니었던 그 저열한 자는 이제 사람들을 지배한다.[11]

이 구절에서 '저열한 자'는 아마도 하위 계층에 속하는 가난한 자들, 혹은 처음부터 토지를 소유한 부유했던 자들이 아니라, 새로운 종류의 제조업 등을 통해 근래에 와서 부를 획득한 졸부를 의미했을 것이다.

둘째, 수사술의 교사들은 비싼 교육의 대가로 매우 뛰어난 기교의 수사술을 가르쳤다. 비록 그것이 무척이나 매력적이었고 사람들의 흥미를 끌기에 유용한 것이었지만, 그럼에도 사람들은 민회나 법정에서 그 방법을 잘 활용하지 않았다. 지금과 마찬가지로 그때에도 사람들은 지나치게 세련된 미사여구를 구사하는 자들을 경계했다. 그리스인들은 '솔직히' 혹은 '진실로'라는 의미를 나타내기 위해 '꾸밈없이'atechnôs (기교 없는)라는 말을 썼다. 영리한 연설가들은 평범한 연설가인 척하기도 했다. 플라톤의 『소크라테스의 변론』에서 소크라테스 역시 꾸밈없는 연설로 자신의 변론을 시작한다. 변론이 진행되는 도중 소크라테스는 결국 자신의 뛰어난 기교적인 연설 능력을 드러냈다. 어쩌면 바로 이런 이유 때문에 그가 변론에 실패한 것인지도 모른다.

고르기아스를 따르는 자들은 목숨이 걸려 있는 재판에서 기교 있는 수사술을 이용하여 스스로를 구해낼 수 있다고 주장했다.[12] 그러

   지식 없는 상태에서 이루어지는 추론

나 우리는 이미 안티폰의 예를 통해 한 전문적인 연설문 작성가가 역사상 가장 훌륭하다는 변론을 펼쳤음에도 자신의 목숨을 구하지 못한 것을 보았다. 심지어 당시 가장 뛰어난 연설가 중 하나로 인정받던 정치가 페리클레스조차 법정에서 자신을 성공적으로 변호하지 못했다. 수사술은 부유한 자들에게만 특정 권력을 제공하는 것이 아니며, 그 자체로 어떤 특별한 힘을 갖는 것도 아니다. 당시 수사술은 단지 설득을 위해서가 아니라 숙고를 위한 조건들을 고려하는 데 더욱 주안점을 두었다.

선동가들: 좋은 연설가들은 공직에 있지 않더라도 수사술을 통해 대중의 의견을 움직일 수 있었다. 오히려 그들은 공직에 없었기 때문에 의장들의 책무를 감시하는 제도로부터 비켜나 있을 수 있었다. 사람들은 그런 자들을 선동가들이라고 부르며 비판했다. 에우리피데스의 작품 속에서 참주 크레온은 다음과 같이 말하며 민주주의를 비판한다.

> 개인적인 이득을 꾀하기 위해 연설로 나의 도시(테베)를 찬양하면서
> 이리저리로 논점을 이끌어가는 자는 아무도 없으며,
> 도시(와 시민들)에게 즉각적인 희열과 쾌락을 제공하는 자도 없다.
> 하지만 (연설가들은) 결국 도시에 해를 끼치고, 자신들의 실수를
> 중상모략 뒤에 감추며 정의를 비껴가기에 급급할 뿐이다.
> 연설문을 정돈되고 올바르게 만들지도 못하는 자들이
> 어찌 도시를 정돈되고 올바르게 이끌어나갈 수 있단 말인가?[13]

수사술의 적들은 언제나 선동으로부터 야기될 위험을 과장해왔다. 하지만 역사는 수사술의 전문가들이 계속하여 사람들을 성공적으로 조정할 수 없다는 것을 보여주었다. 수사술적 논쟁은 논의를 조작하기 위한 도구가 아니다. 수사술은 주어진 사안에 대해 입장을 달리하는 양측의 주장 모두를 고려하면서 숙고의 개진을 위해 도움을 줄 뿐이다.[14]

진리가 아닌 진리의 모방: 플라톤은 수사술이 개인의 성공을 위해 진리 대신에 진리를 닮은 모방물을 이용한다고 비판했다. 이는 엄밀히 말하면 두 측면에서 이루어진 비판이다. 세련된 기교의 연설가들은 (1) 자신들이 가지지 못한 지식을 가진 척하며, (2) 자신들의 연설에서 진리가 아니라 에이코스(개연성, 합리적인 예측)만을 가질 뿐이다. 첫 번째 비판은 어느 정도 맞을지도 모른다. 실제로 몇몇 연설가들은 어떤 분야의 전문가도 아니면서 전문가인 척하기 위해 수사술을 이용했기 때문이다. 하지만 전문가인 척하기 위해 반드시 세련된 기교의 수사술이 필요한 것은 아니며, 실제로 세련된 기교를 가진 연설가들은 전문가인 척할 필요도 없다.

두 번째 비판은 에이코스를 제대로 이해하지 못한 데서 기인한다. 에이코스는 지식을 가지지 못한 상태에서 타당한 결정을 내리기 위해 사용되었다. 하지만 플라톤은 이를 신중한 거짓말로 이해했으며, 진리를 알지만 청중들에게 진리 대신에 진리의 모방품을 속여 팔길 더 선호하는 연설가들이 바로 이 에이코스를 사용한다고 주장했다. 이런 비판은 사실 옳지 못하다. 그러나 이어서 제기되는 두 가지 비판, 즉 '한 주제에 대해 양쪽 입장 모두에서 말하기'와 '거짓을 참으로 보이

　　지식 없는 상태에서 이루어지는 추론

도록 만들기'는 의미 있는 비판이라 할 수 있다. 이 두 비판 모두 에이코스와 관련되어 있다. 앞서 살펴본 안티폰 사례의 경우, 고소인과 변호인 측 모두 에이코스에 호소했으며 그중 한 측이 더욱 타당하다고 여겨졌다. 그렇다고 해서 그들 모두가 신중한 거짓말로 청중들과 배심원들을 기만하려고 했던 것은 아니다. 아마 고소인과 변호인 둘 중에 거짓말로 배심원들을 기만하려 했던 쪽이 있었다면, 그건 변호인(안티폰) 측이었을 것이다.

한 주제에 대해 양쪽 입장 모두에 서기: 수사술을 배우는 자들은 하나의 주제에 대해 양쪽 입장 모두에 서서 말하는 능력을 정말로 배워야만 하는 걸까? 프로타고라스는 이것을 자신의 교육의 주된 목표인 숙고와 실천적으로 연계하여 전문적으로 잘 가르쳤다고 전해진다. 실로 한 주제에 대해 양쪽 모두에 서서 공평하게 좋은 논변을 구성할 수 있는 능력은, 어떤 결정에 영향을 미치는 다양한 요인들을 살피고 그에 대해 자신의 주장을 세우는 데 도움이 될 것이다. 좋은 교사는 단순히 학생들에게 어떤 믿음을 변화시킬 이유들을 제공하는 것만으로는 그들의 능력이 향상되지 않는다는 것을 잘 알고 있다. 학생 스스로 같은 주제에 대해 서로 상반된 논변들을 구성하는 능력을 갖추고, 그에 따라 스스로가 자신들의 믿음을 변화시키는 게 더 낫다는 걸 알고 있는 교사가 훌륭한 교사다.[15]

물론 하나의 주제에 대해 스스로 상충하는 말을 하는 것은 이론적으로 좋지 않아 보인다. 일반적으로 한 입장이 옳을 경우 다른 입장은 틀리기 때문이다. 그러나 수사술을 배우는 학생들은 거짓된 입장조차 참된 입장만큼이나 그럴듯하고 좋아 보이게 하는 논변 구성 능력을 길러야만 한다. 그런 경우 무지는 아무런 핑곗거리가 되지 못한다. 여기서 연설가들은 그들이 제시하는 두 입장 중 어느 입장이 거짓인지 알지 못한다고 하더라도 그중 반드시 하나는 거짓이라는 사실을 알고 있어야 한다. 같은 맥락에서 두 입장 모두에서 논변을 구성하고 있기에 자신이 거짓된 입장도 옹호하고 있는 중이라는 것을 알고 있어야 한다.

그래서 어쨌다는 것인가? 현실적인 경우 연설가들은 두 입장 모두 똑같이 참인 것처럼 보이는 것을 목표로 하지 않는다. 그들은 단지 두 입장 모두에서 똑같이 공정한 논변을 구성하려는 것뿐이다. 만약 상반된 두 입장이 모두 그럴듯하게 잘 제시되었다면, 둘 중 어느 입장이 더욱 합리적으로 보이는지를 결정하는 몫은 청중에게 있다. 수사술을 비판하는 자들은 수사술이 의도하는 큰 그림, 즉 결정을 내리기 전에 두 입장을 고루 살피는 숙고는 철저히 무시한 채 곧바로 이를 공격하려고만 들 뿐이다.[16]

거짓말(거짓을 참으로 보이도록 만들기): 수사술은 부도덕하고 파렴치한 자들이 논쟁에서 이길 수 있는 힘을 부당하게 제공했다는 이유로 비판을 받는다. 실제로 명백히 유죄인 사람이 말을 영리하게 함으로써 무죄인 것처럼 보이기도 하며, 그 반대의 경우도 자주 있다. 수사술에 대해 프로타고라스가 한 말이라고 전해지는 다음 문구는 이와 같은 경우를 잘 보여준다.

약한 논변을 강하게 만들기.[17]

　　　　　　　　　　　지식 없는 상태에서 이루어지는 추론

위 문구는 "옳지 않은 논변이라도 논쟁에서 이길 수 있도록 만들기"라는 의미로 이해되어왔다. 만약 세련된 기교를 가진 연설가가 시종일관 조리 있게 논변을 구성할 수 있다면, 우리는 그가 그 기술을 선용하여 청중들을 잘못된 선택으로 이끄는 일이 없기를 바라야 할 것이다. 하지만 누구도 찬반 논쟁에서 항상 이기는 것은 아니며, 때때로 최고의 연설가도 질 수 있다. 따라서 민회의 구성원들이나 배심원단들은 정직함보다 언변 기술과 미사여구에 더 신경 쓰는 연설가에 대해 반대표를 던질 책임이 있다. 우리의 희망은 연설가들의 연설을 듣는 청중들의 숙고에 달려 있다. 숙고를 통해 그들은 양측의 입장 모두를 신중하게 듣고 따질 것이다. 그리고 그렇게 하는 것이 연설가의 선의에 막연히 의존하는 것보다 훨씬 안전할 것이다.[18]

어떤 경우든 비판은 연설가들이 거짓된 것을 참된 것처럼 보이게끔 할 수 있다는 점에 있다. 하지만 우리가 무엇이 거짓이고 무엇이 참인지를 알지 못한다면, 어떻게 그런 비판을 가할 수 있겠는가? 그리고 만약 우리가 무엇이 참이고 무엇이 거짓인지에 대해 이미 답을 갖고 있다면, 도대체 왜 그것에 대해 논의하면서 시간을 허비해야 하는가? 비록 플라톤은 자신의 작품 속에서 당나귀와 말이 같다고 주장하는 자들을 희화화했지만, 실제 현실 세계에서 사각형 바퀴를 가진 마차가 더 잘 달린다고 주장하거나 당나귀와 말이 같다고 주장할 이는 아무도 없다.[19] 물론 누군가 재미 삼아 그런 연설이나 주장을 할 수도 있겠지만, 엄밀히 말하면 그 이상의 의미는 없는 얘기다.

논쟁은 확실히 알 수 없는 주제에 대해서 이루어진다. 풍부한 경험을 지닌 장군 니키아스가 시라쿠사를 정복하기 위해서는 어마어마하게 큰 규모의 군대가 필요하다고 주장했을 때, 거기엔 더 이상의 논쟁이 필요 없다. 전쟁에 대한 그의 지식은 확실했고 대중들로부터 신뢰를 받고 있었기에 논쟁할 필요가 없었던 것이다(물론 그와 같이 큰 규모의 군대를 동원하면서까지 전쟁을 할 필요가 있는지에 대해서는 논쟁이 필요해 보인다. 그러나 앞서 살펴본 바와 같이 전쟁을 반대하던 자들은 자신들이 해코지당할까 두려워한 나머지 더 이상 그들의 주장을 내세우지 못했다).

논쟁에 있어서 수사술을 사용하는 것과 거짓말을 하는 것을 혼동해서는 안 된다. 만약 논쟁이 분명히 알려지지 않은 주제에 대해 이루어진다면, 거짓으로 알려진 입장을 참으로 보이게끔 할 수 있는 자는 아무도 없다. 한 입장이 거짓으로 알려졌다면, 처음부터 논쟁이 필요 없다. 그러나 지도자들은 논쟁이 심화되어 사람들이 서로 등을 돌리길 바라며, 잘 알려진 것과 잘 알려지지 않은 것에 대해 종종 거짓말을 하기도 한다. 시칠리아에 주둔한 아테네 군대가 시라쿠사 정복에 완전히 실패하고 그곳으로부터 탈출할 기회도 거의 사라졌을 때, 니키아스는 비밀 정보원으로부터 들었다며 자신의 병사들에게 시라쿠사 내부에 아테네 군사들을 지원하고 도와줄 자들이 있다고 주장했다.

니키아스의 주장은 분명 최악의 거짓말이었다. 니키아스는 그 거짓말을 위해 자신이 가진 전쟁에 대한 전문 지식의 권위를 등에 업었다. 물론 니키아스는 병사들에 비해 전쟁에 대해 더욱 잘 알고 있었다. 아테네 군대가 대패할 것이라는 가능성은 하루가 다르게 커져갔고, 시라쿠사가 내부적으로 붕괴할 것이라는 희망은 사라지고 있었다. 그럼에도 니키아스는 시간을 벌길 원했으며 동시에 자신들의 약점이 적군에게 들통나게 될까 두려웠다. 그는 자신이 가진 전쟁에 대한 전문 지식의 권위를 빌려 논쟁이 벌어지는 것을 막을 수 있길 기대했다. 실제로 그의 발언 덕분에 병사들 사이에서는 논쟁이 벌어지지

     지식 없는 상태에서 이루어지는 추론

않았고, 아테네 본국에 있는 사람들조차 입을 다물었다. 아테네 군대는 니키아스의 말을 그대로 믿었으며, 그 결과 제때 탈출하지 못했고 대부분의 병사가 죽임을 당했다.[20]

거짓말은 논쟁의 결과가 아니다. 거짓말을 하는 자들은 보통 논쟁이 벌어지는 걸 원치 않는다. 오히려 그들은 논쟁을 두려워한다. 전문적 지식의 권위를 등에 업은 자들은 논쟁이 벌어지는 걸 막기 위해 자신들에게 첩자나 정보가 있다고 주장하면서 거짓말을 하곤 한다. 그들은 열린 논의의 가능성을 처음부터 배제하려는 것이다. 권위는 확실성을 확보된 경우 획득되며, 권위에 호소하기 위해 우리는 전문가들을 믿어야 한다. 하지만 소위 전문가라고 여겨지는 사람들이 사람들로부터 진실을 감추며 논쟁을 원천 봉쇄하려는 경우, 우리는 그들이 진정으로 전문가인지 혹은 거짓말을 하고 있는 것은 아닌지 따져봐야 한다.

정치에 있어 거짓말은 오랜 역사를 가지고 있다. 거짓말은 수사술 때문이 아니라, 인간의 고지식함이나 권위를 쉽사리 믿어버리는 대중의 경향으로 인해 비난받아야 한다. 우리는 단순히 거짓말을 비난만 할 것이 아니라, 열린 논의를 위한 운동을 전개하여 거짓말에 맞서야 한다. 정부의 보조 지원금이 주로 생필품 시장에서 쓰여지듯, 거짓말은 주로 이념의 시장에서 작동한다. 이 같은 거짓말이 합리적 토대 위에서 선택하려는 우리의 능력을 붕괴시키고자 호시탐탐 노리고 있다는 사실을 잊지 말아야 할 것이다.

1 재산을 합리적으로 관리할 능력에 대한 소포클레스의 재판에 대해서는 그 자료가 완전히 신뢰할 만하지는 않지만, 그렇다고 해서 간과해서도 안 된다. 소포클레스의 『콜로누스의 오이디푸스』에 대해서는 Meineck and Woodruff(2003)의 도입부를 참조할 것.

2 안티폰 연설의 일부분은 1907년에 발견된 파피루스에서 발췌했다. 여기에 대해서는 Gagarin and Woodruff(1995, 219쪽)를 참조할 것. 투키디데스는 『펠로폰네소스 전쟁사』 8권 68장에서 안티폰의 이 연설이 가장 훌륭한 변호 연설이었다고 높이 평가한다. 또 같은 책에서 그는 기원전 411년 안티폰 가담하에 귀족들이 했던 반정부 행위, 곧 항구 주변에 성벽을 건설하고 곡물 공급을 통제하는 등을 기술하고 있으며 이에 대한 간략한 설명을 덧붙이고 있다.

3 제7장 주해 2와 3을 참조할 것.

4 이 차이점에 대해 니키아스는 지적할 수 있었으나 그렇게 하지 않았다. 그는 이 연설에서 아테네가 단순히 큰 규모의 군대를 파견해야 하는 이유들을 제시하는 데만 주안점을 두었다(투키디데스, 『펠로폰네소스 전쟁사』 6권 20장).

5 토마스 홉스Thomas Hobbes는 에이코스를 '이성' 혹은 '추론'으로 번역한다. 하지만 '믿을 만한'believable이라는 뜻의 라틴어 프로바빌리타스Probabilitas에 기초할 때, 에이코스는 '개연성' 혹은 '그럴듯함'으로 번역되는 것이 더욱 적절하다고 할 수 있다. 이 용어가 투키디데스의 저술과 그 외 다른 사료들에서 어떻게 사용되었는지에 대해서는 Woodruff(1994)를 참조할 것.

6 시라쿠사의 항만에서 벌어진 해상 전투와 이 전투에 앞서 니키아스와 데모스테네스가 한 연설에 대해서는 투키디데스의 『펠로폰네소스 전쟁사』 7권 59~71장과 Woodruff(1994)를 참조할 것.

7 『국가』 564d 참조할 것. 거기서 플라톤은 반대자들의 의견을 들으려 하지 않는 민주주의자들을 '게으른 자들'이라고 부르고 있다.

 지식 없는 상태에서 이루어지는 추론

8　　　플라톤은 『프로타고라스』 318에서 프로타고라스가 에우불리아(숙고)를 가르칠 수 있다고 주장했지만, 그것에 대해 전혀 논하지는 않았다. 그는 이후 탁월함이 가르칠 수 있는 것인지, 그리고 그것이 무엇인지에 대해서만 논의의 초점을 맞추었다.

기원전 4세기 플라톤을 따르는 자들 중 한 명의 작품이라고 알려진 『시지포스』 *Sisyphus*에서 에우불리아에 대한 논의와 공격이 발견된다. 그 작품은 Cooper(1997)가 편집한 플라톤 전집에 실려 있으며, 작품에서 사용되는 논의 방식은 플라톤의 것과 무척이나 유사하다.

9　　　플라톤의 수사술에 대한 정의에 관련하여서는 Cole(1991)을 참조할 것. Cole의 해석이 전적으로 옳다고 하기는 어려우나, 그럼에도 상당 부분 설득력을 가진다. Gagarin(2011)은 소크라테스 가르침의 핵심은 설득에 있지 않다고 주장한다. 이 주장은 옳다고 여겨진다. 고대 그리스인들은 예상치 못했던 바를 논하는 연설들을 자주 들을 수 있었으며 그것들에 호의를 나타냈다. 고르기아스는 헬렌이 파리스와 눈이 맞아 자신의 남편인 메넬라우스를 버리고 트로이로 도피했음에도 그녀는 죄가 없으며 따라서 그녀를 비난해서는 안 된다는 요지의 연설을 남겼다. 이 연설은 논변 구성의 교육적 효과와 오락적 즐거움을 동시에 충족시키고 있다.

10　　　관습의 위협으로서의 수사술: 아리스토파네스의 「구름」에서 잘 드러난다. 거기엔 소크라테스의 제자 한 명이 수사술을 이용하여 자신의 행위를 정당화하면서 아버지를 폭행하는 장면이 나온다.

11　　　이 구절은 에우리피데스의 『애원하는 여자들』 423~425행에서 과두정의 대변인이 민주주의에 반대하며 한 말이다. 화자는 극 중 과두정이 지배하는 테베에서 온 사신이다.

12　　　수사술이 목숨도 구할 수 있다는 생각에 대해서는 플라톤의 『고르기아스』 486a 이하를 참조할 것. 거기서 고르기아스를 따르는 자로 묘사되고 있는 칼리클레스에 의해 그와 같은 함의가 드러난다.

13　　　당시의 선동가들과 관련한 좋은 사례는 클레온의 경우일 것이다. 클레온의 수사술이 언제나 성공적이었던 것은 아니었으나(투키디데스의 『펠로폰네소스 전쟁사』에 따를 경우 그의 연설이 이긴 적은 한 번도 없었다), 그의 정책들이 늘 안 좋았던 것 역시 아니었다. 또한 그는 스파르타와의 전쟁 막바지에서 전투를 승리로 이끈 주역이기도 했다. 클레온과 관련하여 Connor(1971)를 참조할 것.

14　　　인용된 크레온의 연설은 에우리피데스의 『애원하는 여자들』 412~418행에

서 발췌했다.

15	프로타고라스가 자신의 학생들에게 한 사안에 대해 찬성과 반대 양측 모두에서 논하는 법을 가르쳤다는 것과 관련해서는 Gagarin and Woodruff(1995, 187쪽 각주 24)를 참조할 것.

16	결정을 내리기 전에 두 입장을 고루 살펴보는 숙고에 대해서는 Woodruff(1999b)를 참조할 것.

17	프로타고라스의 "약한 논변을 강하게 만들기"에 대해서는 아리스토텔레스의 『수사술』 2권 24장 1402a23을 참조할 것.

18	데모스테네스의 『티마르쿠스』*Timarchus* 37장을 참조할 것.

19	플라톤은 『파이드로스』 260c에서 당나귀와 말은 같다고 주장하는 자들을 희화화한다. 그의 의도는 아테네 민주주의를 비판하는 것이었으며, 특히 전혀 군사 훈련을 받지 못한 자들(아마도 멍청한 자들)을 장군으로 선출하는 행태는 당나귀와 말이 같다고 주장하는 것과 다르지 않다고 지적하고 있다. 플라톤은 멍청한 자와 장군 사이의 차이는 당나귀와 말의 차이만큼이나 분명함에도, 멍청한 자를 장군의 후보로 지명하는 몇몇 연설가들의 어리석음을 꼬집고 있다(디오게네스 라에르티우스의 『저명한 철학자들의 생애』*The Lives of Eminent Philosophers* 6권 8장 안티스테네스Antisthenes 항목 참조).

20	니키아스의 거짓말에 대해서는 투키디데스의 『펠로폰네소스 전쟁사』 7권 48을 참조할 것. 거기서 투키디데스는 "비록 니키아스가 자신들의 상황이 좋지 않다는 것을 느끼고 있었음에도, 자신들의 약점에 대해 공공 논의를 열길 꺼렸다"고 말한다. 니키아스가 신중한 거짓말쟁이였는지는 따져보아야 할 문제다. 왜냐하면 투키디데스는 니키아스가 시라쿠사 내부에 첩자를 두고 있었다고 적고 있기 때문이다. 하지만 니키아스가 전쟁의 승산이 전혀 없다는 것을 알고 있었다는 증거 역시 충분하다. 니키아스의 거짓말과 당시 시라쿠사 주변에 주둔한 아테네 군대의 열악한 상황과 관련하여 보다 자세한 내용은, 투키디데스의 『펠로폰네소스 전쟁사』 7권을 참조할 것.

	지식 없는 상태에서 이루어지는 추론

제**9**장

교양 교육

PAIDEIA(*Education*)

파이데이아paideia는 민주주의에 생기를 북돋는 근원이다. 파이데이아는 '일반 교양 교육'general education으로 번역되는 것이 마땅하나 사실 그 이상의 의미를 가지고 있다. 파이데이아는 그것을 받은 시민이 어떤 특정 전문 영역에서 전문가와 경쟁하는 것을 목표로 하지 않는다. 이것은 전문적인 지식 훈련으로서의 의미를 갖는 것이 아니라, 전문가의 주장에 대해 판단을 내릴 수 있는 지혜를 제공한다. 그렇기에 우리는 파이데이아를 '전문 교육 위의 교육'super-expert education이라고 부를 수 있다. 만약 시민들이 파이데이아를 받지 못하고 그로 인해 숙고할 능력을 갖지 못한다면, 도대체 그들은 공동체에 대한 논의에서 어떤 역할을 할 수 있겠는가? 그리고 어떻게 그 논쟁을 듣고 판단을 내릴 수 있겠는가? 유용한 논쟁이나 논의를 벌이지 못하는 한, 사람들은 자신들의 국가를 제대로 다스릴 수 없다.

아스파시아 Aspasia, 기원전 445년

아스파시아*는 지혜로운 여성이었다. 훌륭한 교육을 받은 덕분에 그

---

* 기원전 5세기에 활동했으며, 기원전 약 470년경 밀레토스에서 출생하여 기원전 400년경에 사망했다. 그녀는 아테네 정치가인 페리클레스의 정부情婦였으며 아테네 사교계에서도 활동했다. 그녀는 아테네 시민은 아니었으나 기원전 445년경부터 페리클레스가 죽은 기원전 429년까지 그와 함께 살았다. 둘 사이에 태어난 아이들은 기원전 451년 페리클레스가 발의한 시민법 조항에 따라 아테네 시민이 되지 못하다가, 이후 특별법 제정으로 시민권을 부여받았다.

녀는 아테네의 어느 남성보다도 뛰어났다.[1] 그녀는 페리클레스가 부인과 이혼한 후 그와 함께 살았다. 다만 아테네인이 아니었기에 페리클레스와 합법적으로 결혼할 수 없었다. 만약 그녀가 페리클레스에게 제공한 것이 잠자리와 이성 교제뿐이었다면 누구도 이들의 관계에 대해 언급하지 않았을 것이다. 당시 좋은 교육을 받고 전투와 사회 생활에 익숙해진 남성들은, 집에서만 머물며 아주 적은 교육만을 받고 자란 젊은 여성을 만나 결혼하는 경우가 대부분이었다. 그들은 나이와 경험 그리고 교육의 차이를 뛰어넘어 결혼했지만, 이내 남성들은 자신의 부인들에게 흥미를 잃곤 했다. 그럴 경우 그들은 매력적인 고급 창부를 찾아 돌아다녔다. 하지만 결코 누구도 창부로부터 무언가를 배우려 하지는 않았다.

아스파시아는 아테네에서 가장 영향력 있는 남자와 관계를 맺고 있다는 점 때문에 늘 스캔들에 시달렸다. 게다가 페리클레스는 단순히 영향력 있는 정도가 아니었다. 그는 당대의 뛰어난 연설가였으며, 마음 먹은 바를 곧장 행동으로 옮기는 막강한 지도자이기도 했다. 그렇지만 많은 사람들은 아스파시아와의 관계를 통해 페리클레스가 보다 나은 교육을 받았고 더욱 훌륭한 마음가짐을 가질 수 있게 되었다고 생각했다. 그들을 둘러싼 소문 가운데는 그가 작성한 연설문을 그녀가 검토하고 조언해준다는 내용도 있었다. 어쩌면 페리클레스의 정적들이 그 소문을 지어냈을지도 모른다. 하지만 페리클레스의 연설 능력과 지도력은 사람들 사이에서 자주 회자되었고, 실로 많은 명망가들이 그 이야기를 계속해서 언급했기에, 그 소문을 단순히 거짓말로 넘기기에는 힘든 면이 있다.

그들이 페리클레스와 아스파시아의 관계에 대해 말한 바를 그대로 믿어보도록 하자. 페리클레스는 정말로 지혜로운 조언을 구하기 위해, 또한 보통의 사랑에 빠진 남자와 마찬가지로 매일같이 아스파시아를 찾았다. 그러나 아스파시아는 아테네 외부의 그리스 도시인 밀레토스Miletos* 출신이었기 때문에, 페리클레스는 그녀와 합법적으로 결혼할 수 없었다. 하지만 그들은 함께 살며 아이들을 가졌고 그들의 아이들은 이후 아테네 특별법에 따라 아테네 시민권을 부여받았다. 그녀는 아테네 시민들이 받던 교육을 받았으며, 시인들과 현자들의 말을 잘 알고 있었다. 또한 그리스 전역을 돌던 순회 교사들이 아테네에 들려 페리클레스처럼 부유했던 자들의 집에서 최신의 대중연설 기술 등을 가르칠 때면 어김없이 그들을 찾아가 배우곤 했다. 그중에는 프로타고라스도 있었다. 그녀는 어떻게 말해야 하는지를 잘 알고 있었으나, 다만 여성이라는 신분 때문에 결코 대중연설의 기회를 부여받지 못했다. 당시 아테네에서 여성은 집 안에만 머물러야 했으며 정치적 활동은 오로지 남성들에게만 허락되었다. 다행히도 그녀는 페리클레스라는 남성을 만날 수 있었고, 덕분에 그를 통해 자신의 뛰어난 능력의 일부를 실현시킬 수 있었다. 페리클레스를 만나지 못했더라면 그녀는 결국 아테네의 고급 창부로 인생을 마감했을지도 모른다.

훌륭한 교육 덕분에 아스파시아의 능력은 빛이 났다. 그녀 스스로도 자신이 훌륭한 지도자가 될 재능을 갖추고 있다는 사실을 잘 알고 있었다. 그녀는 마치 남몰래 자신의 침실에서만 멜로디를 흥얼거리는 비운의 오페라 가수와도 같았다. 그녀는 자신의 뛰어난 인간적 능력

---

* 밀레토스는 아나톨리아 서부 해안에 있던 고대 그리스 이오니아의 도시다. 기원전 6세기경 이오니아인들이 도시를 세웠으며, 당시 그리스 동쪽에서 가장 큰 도시였다. 밀레토스는 이오니아 지방의 상업적 중심지였을 뿐만 아니라 탈레스, 아낙시만드로스, 아낙시메네스와 같은 유명한 철학자를 배출한 것으로도 잘 알려져 있다.

을 완전히 발휘할 수 있는 활동들을 철저하게 금지당한 인간이었다. 인간의 본성은 하나이며 모든 인간이 같다고 한 현자들의 말을 잘 알고 있는 그녀에게 자신의 재능을 펼칠 기회가 주어지지 않는 현실은 고문과도 같았다. 하지만 그녀의 도시는 인간 본성에 대한 그런 현자들의 말을 철저하게 무시하며 여전히 여성들의 활동을 제한했다. 다른 여성들에게도 아스파시아와 같이 그런 재능을 얻을 수 있는 기회가 주어졌다면 아테네가 어떻게 변했을지 상상해보라. 만약 당시 아테네의 모든 여성이 아스파시아가 받았던 교육을 받았다면, 과연 남성들이 그녀들을 집에만 머무르게 할 수 있었을까? 그리고 여성들이 정치적 목소리를 낼 수 있다면 그녀들은 무엇을 주장했겠는가?

시민 교육[2]

파이데이아는 더 나은 시민을 양성하는, 혹은 우리가 흔히 말하듯 더 나은 인간을 양육하는 교육이다. 아테네인들에게 있어 '더 나은'이란 말은 '더욱 큰 아레테arête를 가진'이란 의미였다. 여기서 아레테는 '탁월함'excellence 또는 '덕'virtue을 의미했다. 아테네인들은 좋은 교육을 통해 젊은이들이 숙고하는 법을 배우고 서로를 공경하며 정의에 따라 결정을 내릴 수 있게 될 것이라고 믿었다.

더 나은 목공이 되기 위해선 목공술 전문가의 도제가 되어야 한다. 다행히도 이 경우엔 목공술 전문가의 수가 적지 않기에 어렵지 않게 자신에게 맞는 전문가를 찾을 수 있다. 반면 더 나은 사람이 되기 위해선 정의justice와 경의reverence의 전문가의 도제가 되어야 한다. 그러나 그런 전문가를 찾기란 쉬운 일이 아니다.

젊은이들이 더 나은 사람이 되고자 하는 경우 그들은 대체 누구를 찾아가야 하는가? 이상하게 들릴지도 모르겠지만 이와 같은 질문에 대한 아테네인들의 대답은 "모든 이에게로" 또는 "우리 모두에게로"였다. 하지만 우리는 그 모든 이로부터 도제 교육을 받을 수는 없다. 그럼 아테네인들은 이렇게 말할 것이다. "교육은 누구의 도제가 되는 것과 같지 않습니다. 교육은 특정화된 것도 아니며 직업을 위한 것도 아니고 더 나아가 훈련도 아닙니다. 교육은 태어나는 순간부터 계속해서 받게 되는 것입니다. 특정 기간 동안 누군가의 도제가 되는 것이 아니라, 전 생애에 걸쳐 지속되는 것이 바로 교육입니다. 우리는 무조건적으로 모든 사람이 교사라고 말하는 것이 아닙니다. 단지 우리의 관습과 법을 따르는 모든 사람이 서로를 돕고 가르친다는 것입니다." 여기서 소크라테스 재판의 흥미로운 일화를 주목할 필요가 있다. 소크라테스는 법정에서 재판받는 중이었다.

소크라테스는 자신을 고소한 자들 중 한 명에게 물었다. "말해보시오, 젊은이들을 더 낫게 만드는 자는 도대체 누구란 말이요?"

그는 대답했다. "그것은 바로 법이오."

그러자 소크라테스가 재차 물었다. "아니, 내가 의미하는 바는 그게 아니라 법에 기초하여 젊은이들을 더 낫게 만드는 일을 하는 사람이 누구인지를 말해보라는 것이오."

그는 다시 대답했다. "그것은 이 재판관들이오." 그는 소크라테스의 재판에 모인 501명의 배심원들을 가리켰다.

소크라테스는 계속해서 물었다. "당신은 도대체 무슨 소리를 하는 거요? 저 배심원들이 젊은이들을 교육하여 더 나은 사람들이 되도록 만든다는 것이오?" 여기서 소크라테스는 '교육하다' 혹은 '가르치다'라는 의미로 파이데이아라는 단어의 동사형(파이데우오paideuô)을 사용했다.

"물론이오." 그가 대답했다.[3]

소크라테스의 이어지는 질문은 그 고소인이 무엇을 믿고 있었는지를 잘 보여준다. 그 내용은 대략 다음과 같다. 모든 아테네인이 젊은이들을 교육하려 한 반면, 소크라테스는 (비非아테네적인 전통과 방법을 통해) 그들을 타락시키려 했다. 여기서 '교육'은, 소크라테스와 고소인 모두 일종의 윤리적·도덕적 성장을 의미했다. 고소인은 도시 전체가 젊은이들의 윤리적 성장을 도우려는 데 반해, 소크라테스는 전통적으로 인정된 견해에서 한 걸음 떨어져서 그것을 저해하고 있다고 주장했다. 반면 소크라테스는 자신이 시민들의 정신을 변화·발전시킴으로써 윤리적 봉사를 하고 있다고 주장했다. 소크라테스와 그의 고소인 모두 옳다고 할 수 있다. 고소인이 주장한 것처럼, 공동체의 올바른 구성원이 되는 법을 가르치는 데 있어 그 구성원들은 서로가 교사가 된다. 동시에 소크라테스가 말한 것처럼, 공동체의 구성원들이 어떻게 하면 더 나은 시민이 될 것인가에 대해 반성하고 보다 비판적으로 접근한다면 그들은 분명히 더 나은 결과를 얻게 될 것이다.[4]

소크라테스와 고소인 사이에 놓여 있는 견해의 차이는 아마도 플라톤이 지어낸 허구일 가능성이 크다. 위의 이야기는 소크라테스의 재판에 대한 플라톤의 양식화된 설명으로 볼 수 있다. 하지만 그 이야기에 녹아 있는 요점은 단순히 허구가 아닐 것이다. 소크라테스를 고소한 자는 분명히 모든 공동체의 구성원들이 서로 윤리적 교육을 제공한다는 믿음을 가졌던 것이 분명하다. 플라톤은 그와 같은 전통적인 견해를 두 차례에 걸쳐 다른 작품에서도 논했다. 한 번은 소크라테스의 또 다른 고소인의 입을 통해, 다른 한 번은 소피스트인 프로타고라스의 주장을 통해서였다.

최초의 민주주의는 도시 공동체가 받아들이는 덕을 시민들 스스로 서로에게 가르칠 수 있다고 믿었다. 그러나 플라톤과 소크라테스는 이 믿음을 거부했다. 더 나아가 그들은 아테네가 시민들에게 가르치려고 했던 대부분의 것들과 그 가르침의 방식을 거부했다. 배심원들은 소크라테스가 아테네의 시민들이 공통적으로 받아들이던 견해에 반대했기에 결국 그에게 최악의 선고를 내렸다. 소크라테스는 자신을 포함하여 아테네에서 그 누구도 어떻게 하면 사람들을 더 훌륭하게 만들 수 있는지 알지 못한다고 굳게 믿었다. 그의 믿음은 '좋음'과 '전문적 기술' 사이의 유비에 기초했다. 그러나 안타깝게도 그 유비는 좋은 것이 아니었다. 좋은 도시가 사람들을 더 나은 의사로 만들지는 못하겠지만 더 나은 시민들로 만들 수는 있기 때문이다. 『프로타고라스』에서 플라톤은 소크라테스의 입을 통해 다음과 같이 주장했다. "아테네에서 누구도 성공적으로 윤리적 탁월함arête을 가르치지 못했다. 아테네의 교육은 완벽하지도 않을뿐더러 모든 아테네인이 교육을 받을 수 있는 것도 아니었다." 성공에 대한 소크라테스의 기준은 프로타고라스의 기준보다 훨씬 높았다. 소크라테스는 어떠한 주제를 가르치든지 간에 교육은 기술 훈련과 같은 정도의 성공과 확실성을 보장해야 한다고 믿었다. 그러나 아테네인들이 실행했던 교육은 종종 실패했다. 실로 많은 경우 도덕적이며 좋은 사람들로부터 부도덕하고 사악한 자식들이 태어나곤 했다. 하지만 소크라테스의 비판과 걱정에도 불구하고 아테네의 교육은 몇 세대에 걸쳐 민주주의를 유지시키고 번영시키기에 충분했다.

플라톤의 『프로타고라스』에서 프로타고라스는 긴 연설을 한다. 프로타고라스가 실제로 그러한 연설을 했는지는 알 수 없으나, 그 연설이 프로타고라스 본인의 견해에 기초하고 있다는 것만은 분명해 보인다. 우선 그는 인간 기원에 대한 신화를 전한다. 그 신화에 따르면 신 중의 신인 제우스가 인간에게 정의와 경의라는 탁월함을 주었으며, 그 결과 인간들은 서로를 파괴하지 않고 살아남을 수 있게 되었다. 프로타고라스는 인간의 삶과 생존은 사회에 의존적이며, 다시 사회는 정의와 경의에 의존적이라고 믿었다. 거꾸로 말하면 정의와 경의 없이는 사회가 존재할 수 없으며, 사회가 존재하지 않을 경우 인간 역시 존재할 수 없다. 따라서 이 정치적이자 윤리적인 탁월함은 신이 우리에게 준 일종의 생존을 위한 도구다.

이 신화에 이어 프로타고라스는 이치에 맞는 주장, 즉 로고스logos를 제시하며 자신의 견해를 보다 견고히 한다. 이 설명에서 그는 아테네와 같은 도시에서 실제로 이루어지는 방식으로 윤리 교육의 개요를 논한다.

아테네의 교육

프로타고라스의 주장은 다음과 같은 점을 논하고 있다. 부모가 가정에서 자녀의 윤리 교육을 책임지고, 자녀가 성장하면 학교 교사들이 시와 음악 그리고 체육 교육을 책임지며, 학교를 졸업한 후엔 도시의 법률이 시민의 윤리 의식을 책임진다.

부모는 아이들이 아주 어릴 때부터 그리고 자신들이 살아가는 동안 아이들을 가르치고 훈계한다네. 아이들이 말을 이해하게 되면, 부모와 보모는 아이들이 훌륭하고 더 나은 인물이 될 수 있도록 노력하지. "이것은 옳고 저것은 그르다", "이것은 좋고 저것은 나쁘다", "이것은 적합하고 저것은 부적합하다", 그리고 "이것은 해도 좋지만 저것은 하지 말아라"와 같은 말을 하면서 그들은 아이들을 가르친다네. 아이들이 그들의 말을 잘 듣고 따른다면 아무렴 그것은 좋은 일이지. 하지만 그렇지 않다면 그들은 굽은 판자를 똑바로 펴는 것처럼, 어르거나 화를 내서라도 아이들을 바로잡으려 한다네. 이후 아이들은 학교에서 단순히 읽기와 쓰기, 그리고 음악 연주보다 좋은 행실eukosmia을 배우는 것에 더욱 중점을 둔다네.

학교 교사들은 이 점을 명심하고 있지. 아이들이 처음 글자를 배우고 나서 글을 읽을 준비가 되면, 교사들은 훌륭한 시인들의 작품을 학생들에게 읽으라고 한다네. 그냥 읽는 것이 아니라, 좋은 조언과 충고 그리고 훌륭한 선조들에 대한 찬가로 가득한 그 작품들을 가슴에 새기라고 하지. 그렇게 함으로써 아이들은 그들처럼 되고자 하며, 이후 성인이 되었을 때 그들과 같은 업적을 남기길 원하게 되지. 음악 교사들이 뤼라*를 가르칠 때도 그들은 같은 방식을 따른다네. 그들은 우선 아이들이 건전하고 바른 정신을 가질 수 있도록 북돋우며 그른 행위를 하지 않도록 막는다네. 아이들이 뤼라를 배우고 나면, 음악 교사들은 좋은 구절들로 가득한 더욱 많은 시가들을 가르친다네. 그리고 나서 그들은 그 시가들을 뤼라 음악에 맞춰 구성한 뒤 아이들에게 연

---

* 하프와 유사한 모양의 현악기로 보통 3~5개의 현으로 구성되었다. 바이올린처럼 활을 이용해 켜는 것이 아니라 손가락을 써서 현을 뜯어 연주한다.

교양 교육

주를 가르친다네. 그렇게 해야 아이들의 영혼에 운율과 조화가 자리 잡게 되고, 아이들이 더욱 온화한 성격으로 자라날 수 있기 때문이지. 아울러 인간의 삶에 있어 조화와 운율의 미덕은 필수적이기에, 아이들이 이 미덕을 얻는 만큼 그들의 말과 행실도 더욱 발전하게 되는 것이라네.

그다음에 부모는 아이들을 체육 교사에게 보내지. 좋은 정신을 유지할 수 있도록 건강한 신체를 기르기 위함이라네. 또 신체적으로 약하면 전쟁이나 그와 유사한 경우에 아이들은 비겁한 겁쟁이가 될 수도 있기 때문이라네.

이처럼 부모는 아이들의 교육을 위해 자신들이 할 수 있는 모든 것을 다 한다네. 부유한 자들은 가능한 한 일찍부터 아이들을 위해 교사들을 초빙하여 오랜 기간 동안 그들을 가르치려 하지.

학교 교육을 마친 뒤 아이들이 교사를 떠나면, 이제 도시가 나서서 그들에게 법률을 가르친다네. 그래서 아이들은 단지 자신이 하고자 하는 것을 막무가내로 하는 것이 아니라, 규범에 따라 살게 되는 것이라네. 도시는 쓰기 교사와 같다네. 쓰기 교사는 아직 철자에 익숙하지 않은 아이들을 위해 공책에다 철자에 맞는 밑줄을 그려준 다음 그것에 따라 철자를 연습하라고 하지. 마찬가지로 도시는 과거 훌륭한 입법가들이 제정한 법률을 밑줄처럼 아이들의 생활에다 그려준 다음 그것에 따라 통치하거나 통치받으라고 한다네. 아울러 그 법률을 어기는 자는 누구든 처벌하라고 가르치지. 그렇기에 아테네는 물론 다른 도시국가들에서도, 처벌은 늘 '바로잡기', 곧 '교정'이라고 불리는 것이라네. 정의는 옳지 않은 것을 바로잡으니까 말일세.

이처럼 모든 이가 사적으로든 공적으로든 부지런히 윤리적 탁월함을 신경 쓰고 있는데도 소크라테스 자네는 여전히 이게 가르칠 수 없는 종류의 것이라고 생각하는 겐가? 아님 자넨 여전히 이 점을 이해하지 못하는 겐가? 자네는 윤리적 탁월함이 가르쳐질 수 있다는 사실에 놀라서는 안 되네. 정말이지 놀라야 하는 것은 이것이 가르쳐질 수 없다고 하는 것이라네.

프로타고라스는 언어와 윤리 사이의 유비를 통해 자신의 견해를 마무리 짓는다.

이보게 소크라테스, 탁월함의 교사를 찾는 일은 쉬운 일이 아니라네. 그건 바로 우리 모두가 서로에게 있어 탁월함의 교사이기 때문이라네. 이건 마치 모국(그리스)에서 모국어(그리스어)의 선생을 찾는 일과 마찬가지지. 우리는 모두 어릴 때부터 만나는 모든 이로부터 자연스럽게 모국어를 익히지 않는가? 자네는 정확히 누가 자네의 모국어 선생이었는지 찾을 수 없지 않는가!

언어를 배우기 위해 언어 전문 교사가 필요한 것은 아니다. 그리스의 아이들은 자신들이 만나고 접하는 모든 이로부터 자연스럽게 그리스어를 배운다. 같은 방식으로 아이들은 자연스럽게 주변의 모든 이로부터 탁월함의 행동 규범에 대해 배운다.
이 같은 주장의 끝에 프로타고라스는 젊은이들을 교육하는 것에 대한 자신의 기여를 덧붙인다.[5]

만약 우리들 중 누구라도, 다른 이들을 탁월함을 향해 나아가도록 돕는 데 조금이라도 더 나은 능력을 갖고 있다면, 그는 우리의 교사로 환영받아 마땅하다네. 나는 내가 그런 능력을 가진 자들 중 한 명이라고 생각한다네. 나는 사람들을 훌륭하고 더 낫게 만드는 데 있어 남들보다 더 잘하거든. 그러니 난 내가 원하는 만큼 교육의 보수를 요구하는 것이 마땅하다네.

프로타고라스가 가르치는 주제들은 사실 전통적인 것이 아니었다. 그의 교육은 언어와 수사술을 주제로 다루었다. 그의 가르침의 보수는 무척이나 높았기에, 오직 부유한 자들만이 그 또는 그와 같이 명망 있던 교사들의 교육을 받을 수 있었다. 그러나 그의 교육을 받으려는 자들은 언제나 넘쳐났으며 그 대가로 그는 큰 부를 얻게 되었다.

위의 설명에서 프로타고라스는 극장에서 공연되는 시인들의 작품이 가진 교육적 측면을 간과하고 있다. 당시 시인들의 모든 작품이 극장에서 공연된 것은 아니었으나, 여전히 대부분의 작품은 공연을 위해 쓰여졌다. 마치 당시 개인 교사를 통한 고등교육이 그랬던 것처럼, 그리스의 비극 작품들은 민주주의 아테네에서 인기가 높았던 윤리적 주제를 다루었으며 공연을 통해 사람들에게 영향을 미쳤다. 그 주제는 바로 정치적이자 윤리적인 탁월함, 즉 경의, 정의, 숙고였으며, 그리스 비극은 그것들을 주제로 삼았다. 극의 합창단은 언제나 그 탁월함들을 찬양했으며, 극의 내용은 주로 참주들이 그것들(의 중요성)을 상실할 때마다 파국을 맞게 된다는 것이었다. 『안티고네』에 등장하는 참주 크레온을 다시 한번 살펴보자. 남들에 대해 경의를 베풀 줄 모르는 성격으로 인해 그는 남들의 견해를 듣지 않았으며, 그 결과 올바르지 못한 결정을 내렸다. 그의 결정은 자신뿐만 아니라 자신의 가족 전체

를 파멸로 몰아넣었다.[6]

많은 시인들의 구절이 이 책에 인용되었다. 그들은 정말이지 민주주의를 지지한 시인들이었다. 민주주의의 시인들로서 그들은 축제에서 모든 사람을 교육시켰으며, 또한 민주주의를 떠받치는 이념들을 강조했다. 바로 이런 이유로 플라톤은 자신의 이상 국가에서 시인들을 축출하고자 했던 것이다. 플라톤의 이상 국가에서 시인들은, 만약 그들이 그곳에서 존재할 수 있다면 오로지 자신을 위해 노래 부르는 것만이 허락된다.

아테네의 모든 시민은 언제든 극장에 갈 수 있었다.[7] 기원전 4세기경 민주주의는 가난한 자들도 극장에 올 수 있도록 공연 자금을 조성했다. 그러나 많은 이들은 극장에 가서 작품을 보는 것보다는 연극 제작에 더욱 적극적으로 참여했다. 모든 계층으로부터 엄청난 수의 시민들이 연극 제작에 관여했다. 매년 많은 합창단들이 새롭게 뽑혔고, 그들은 무대 공연에 요구되는 높은 수준의 합창과 무용 실력을 익히기 위해 긴 훈련 과정을 거쳐야 했다. 클레오크리토스Cleocritos*가 "우리는 모두 동료 무용수들"이라고 귀족 군대를 향해 외쳤을 때, 그는 당시 사람들이 공통으로 가졌던 민주주의의 성격에 호소하고 있었다. 가난한 자들과 부유한 자들 모두 수년간 함께한 아테네의 동료 무용수들이었다. 그들은 단지 무대 위에서만 함께 춤을 춘 것이 아니었다. 그들은 서로 친밀한 관계였으며 오랜 기간 동안 아테네의 문화 속에서 정의와 경의에 대한 찬양을 함께 연습하고 무대에 올렸다. 게다

---

* 아테네의 종교 의식을 관장하던 지도자였으며 아름다운 목소리로 유명했다. 기원전 403년 30인 참주정은 민주주의를 지지한 이유로 그를 아테네에서 추방했다. 그와 함께 추방된 민주주의자들이 군대를 조직해 다시 아테네를 향해 진격해나갈 때, 그는 대변인 역할을 했다. 그의 연설은 크세노폰의 『헬레니카』 2권 4장 20~21행에 기록되어 있다.

교양 교육

가 그들은 작품 속에서 자신들이 맡은 역할을 통해 정치적이며 윤리적인 주제들에 친숙히 다가갔고 그 문제들을 서로 함께 생각해보기도 했다. 그들의 이런 경험은 내전 이후 아테네인들이 다시 하나로 뭉칠 수 있게 해준 큰 원동력이었다. 오직 부유한 자들만이 받을 수 있었던 값비싼 교육이 아니라, 바로 이런 경험이 아테네인들에게 공통적으로 주어졌던 교양 교육이었다.

민주주의의 세 가지 중요한 탁월함, 곧 경의, 정의 그리고 숙고에 대해 플라톤은 과연 어떤 입장을 취했는가? 그는 자신의 초기 작품들에서 경의를 하나의 탁월함으로 간주했으나, 후기 작품들에서는 정의에 포섭되는 개념으로 그렸다. 더 이상 경의를 그 자체로 하나의 윤리적 혹은 정치적 탁월함으로 다루지 않았다. 플라톤은 지식을 가지지 않은 상태에서 좋은 결정을 내리는 데 도움이 되는 숙고에 대해 전혀 관심을 보이지 않았다. 반면 정의는 적극적으로 다루었다. 『국가』라는 긴 작품은 정의를 핵심 주제로 다루며 진행된다. 그러나 플라톤은 당시 아테네의 전통적인 시각과 다른 입장에서 정의를 이해했고, 그 결과 민주주의를 언제나 부정의한 것이라고 보았다. 그에게 정의란 한 사회의 각각의 시민들에게 오로지 하나의 역할만을 맡기는 것을 의미한다. 예컨대 이와 같은 플라톤의 설명에 따르면, 농장을 경영하는 한 시민이 의회나 민회에 참석하여 정치적 결정 행위에 참여하려는 경우 그는 부정의한 행위를 저지르는 것이 된다. 그렇다면 아테네인들은 이러한 탁월함을 어떻게 이해하고 있었을까? 탁월함에 대한 그들의 이해는 그것에 대한 플라톤의 이해와 전혀 달랐으며 그들은 자신들의 이해를 바탕으로 아테네의 사회를 구성했다.

정의正義(디케dikê)와 경의敬意(호시오테스Hosiotes 혹은 아이도스aidôs)

정의와 경의는 하나의 시스템을 형성한다. 정의를 통해 모든 인간의 평등성이 실현되며 경의를 통해 사람들 사이의 능력 차이가 조절된다. 정의나 경의 둘 중 하나라도 실패한다면 심각한 문제가 발생한다. 심하게는 내전이 일어나거나 참주가 등장할 것이며, 그 외에 다른 문제들 역시 불거질 것이다.

헤시오도스는 이미 민주주의가 성립되기 이전에 정의와 경의가 인간에게 없다면 무슨 일이 벌어지게 될지에 대해 기술했다.

그들에게 '정의'는 무법적인 오만함hubris에 대한 문제가 될 것이고,

경의는 더 이상 존재하지 않게 될 것이며, 옳지 않은 이야기를 하는

저열한 자들이 더 나은 자들에게 해를 끼치게 될 것이니.

그리고 증오에 가득 찬 시기심이 모든 사람의 비참한 발꼬리를

끊임없이 따라다니며, 원한을 퍼뜨리고 악의를 찬양할지니.

그러면 실로 경의와 정의는 하얀 관복 뒤에

자신들의 다정한 얼굴을 감출 것이며, 넓은 길을 따라 올림푸스 산에

　서 살고 있는

불사不死의 종족(신)과 함께하기 위해 이 땅을 떠나고

인간을 완전히 포기해버릴 것이니. 가사可死의 종족(인간)에게

이 모든 비탄스러운 불행이 영원히 남을 것이며, 그 누구도 악을 막을

　수 없게 될지니.[8]

프로타고라스는 인간의 기원에 관한 자신의 신화 속에서 만약 제

　　　　　　　　　　　　　　　　　　　　　　　교양 교육

우스가 헤르메스를 보내어 모든 인간에게 정의와 경의를 주지 않았더라면 인간은 파멸하고 말았을 것이라고 말했다. 아마도 프로타고라스가 주장하고자 하는 바는 우리가 정의와 경의의 탁월함을 완전히 소유했다는 것이 아니라, 그것들을 배울 수 있는 능력을 얻었다는 점일 것이다. 정의와 경의는 우리가 사회로부터 반드시 배워야 하는 것들이다. 프로타고라스에 따르면 모든 사람은 공동체 안에서 함께 살아가면서 이와 같은 탁월함을 서로 가르치며 배울 수 있다(프로타고라스는 서로 다른 사회에 사는 사람들이 서로 다른 종류의 정의를 배울 것이라는 점은 신경 쓰지 않았던 것 같다. 어쨌든 그에 따르면 다른 종류의 정의 역시 '정의'이기 때문이다).

그리스인들에게 정의는 우리가 생각하는 정의와 크게 다르지 않다. 정의는 법에 따른 통치에 의존하며, 폭력과 무법보다는 재판관들 사이의 논의에 의존한다. 물론 그것들 외에도 더 많은 정의에 대한 개념이 있다. 정의는 균형을 포함한다. 때로 균형은 평등성으로부터 오며, 때로는 완전히 평등하지는 않지만 비율에 따른 공정한 배분으로부터 오기도 한다. 이처럼 우리는 정의가 어떤 개념인지 잘 알고 있기에 그것이 무엇인지 여기서 더 논하지는 않겠다.

경의는 누구보다도 지도자들이 갖추어야 할 탁월함이다. 경의를 통해 지도자들은 오만함으로부터 벗어날 수 있다. 아테네의 극장에서 공연되었던 작품들이 잘 보여주고 있듯 참주들은 경의를 갖지 못했다. 이와 대조적으로 테세우스와 같이 훌륭한 지도자의 행위에는 경의가 잘 반영되어 있었다. 이 덕목은 인간의 한계를 자각하는 것으로부터, 즉 인간의 (특히 미래에 대한) 무지와 모든 재앙에 대한 인간의 나약함을 인지하는 것으로부터 온다. 경의를 갖춘 지도자는 자신이 신이 아니며 실수를 저지르는 존재라는 것을 잊지 않는다. 또 스스로 옳은 결정을 내릴 수 있을 만큼 자신이 모든 것을 알고 있다고 생각하지 않으며, 남의 조언을 듣는 데 게을리 하지 않는다. 경의는 정치가 결국엔 무지에 따라 이루어진다는 것을 깨닫게 해주며, 최종적으로 나쁜 결정을 내리는 것으로부터 우리를 보호한다.[9]

그리스인들이 실로 그렇게 생각했듯, 국제 정세에 있어 경의를 갖춘 지도자는 맹세와 서약을 지켰으며 전쟁 포로에 대한 약속을 존중했다. 경의를 갖춘 정복자는 자신의 힘이 영원불멸한 것이 아니며, 본인 역시 언젠가는 정복당한 자들처럼 힘을 잃고 몰락할 수도 있다는 사실을 결코 잊지 않았다.

교육에 대한 네 가지 질문

아테네에서 교육이 그 자체로 논쟁적이었던 것은 아니다. 모든 사람이 도시가 교육에 의존해야 한다는 점에 동의했다. 시민들은 적어도 아테네의 법과 관습을 배워야만 했다. 하지만 단순히 그런 측면을 넘어 파이데이아에 대한 네 가지 질문이 제기될 수 있다.

1. 파이데이아로부터 무엇을 배워야 하는가?

전통적인 교육은 읽고 쓰는 기본 능력, 유명한 시의 암기, 뤼라 연주와 노래, 그리고 체육 훈련을 포함했다. 그 외에 부유하거나 야심 찬 젊은이들은 프로타고라스와 같이 비싼 교사들로부터 수사술을 배웠다.

질문은 그들 교육의 커리큘럼에서 정말로 탁월함을 획득하는 데 도움이 되는 것이 있는가 하는 것이다. 수사술을 배우는 것이 (특히 하

　　　　　　　　　　　　　　　　　교양 교육

나의 주제에 대해 서로 다른 입장 모두를 고려하여 논변을 구성하는 능력을 배우는 것이)
더 나은 판단을 내리는 데 도움이 된다는 것은 앞서 이미 살펴보았다.
하지만 정의와 경의에 대해서도 마찬가지일까? 또 그들의 교육이 진
정으로 숙고하는 법을 고양시킬까? 그들의 교육 커리큘럼 어디에서
그런 주제들이 다루어지고 있는 걸까?

법의 행정력이 어느 정도 정의를 가르쳤다. 모든 시민은 범죄를
저지른 자들이 법에 따라 어떻게 처벌받는지 볼 수 있었다. 이는 가정
에서 아이들이 잘못을 저지르면 부모가 벌을 주는 것과 다르지 않다.
법에 따른 통치가 아테네인들에게 정의를 가르쳤다고 할 수 있다. 한
편으로 공동체의 역사와 시인들의 작품이 경의를 가르쳤다. 특히 비
극 시인들의 작품은 오만함, 즉 경의의 실패가 어떤 파국을 야기하는
지 잘 보여주었다.

플라톤은 경의가 정의 안에 포함된 하나의 요소라고 생각했기에
그것을 자세히 다루지 않았다. 그러나 그는 당시 아테네의 전통적인
교육 커리큘럼을 통해서는 도저히 정의를 배울 수 없다고 여겼다. 플
라톤은 소크라테스의 입을 빌려 아테네의 그 누구도 정의의 교사가
아니라는 것을 밝히는 강력한 논변을 제시했다. 그 논변에서 소크라
테스는 정의의 교사가 정말로 교사라고 한다면 정의가 무엇인지 정확
히 말할 수 있을 것이라고 전제한 뒤, 정의의 교사라고 자임하는 자들
에게 정의의 정의定義를 내려달라고 요청했다. 하지만 누구도 소크라
테스의 요청에 올바르게 대답할 수 없었다.

소크라테스가 주장하는 두 번째 요점은 다음과 같다. 정의의 진정
한 교사는 교육을 통해 언제나 자신의 학생들을 더 나은, 곧 더욱 정
의로운 상태에 머물게 할 것이다. 그러나 스스로 교사가 아니라고 주

장하는 소크라테스를 포함하여 모든 교사 주변에는 언제나 나쁘게 돌
변하고 마는 학생들이 있기 마련이었다. 심지어 아테네의 뛰어난 능
력자인 페리클레스조차 자신의 아이들에게 정치적 탁월함인 정의를
가르칠 수 없었고, 그의 노고에도 불구하고 아테네 시민들은 더욱 나
빠져갔다. 게다가 페리클레스의 말년에 아테네인들은 그에게조차 부
당하게 굴었다.[10]

프로타고라스는 아마도 플라톤과 소크라테스의 이런 비판에 대해
그들이 교사의 의미를 제대로 이해하지 못했다고 대답할 것이다. 프
로타고라스는 이미 정치적·윤리적 탁월함을 가르치는 자를 언어 교
사에 비유했다. 모든 그리스 성인은 일종의 그리스어 교사다. 아이들
은 그들로부터 자연스럽게 그리스어를 배운다. 그러나 그렇다고 해서
그들이 모두 문법에 대한 정확한 정의定義를 설명할 수 있는 것은 아
니다. 마찬가지로 평범한 보통 시민들이 소크라테스의 요구대로 정의
와 경의에 대한 정확한 정의를 내릴 수 없다고 해도 여전히 이들이 그
것들을 가르치는 데는 문제가 되지 않는다. 경의에 대한 정의 없이도
경의를 갖추며 사는 법을 알 수 있다. 아니 어쩌면 그것만으로도 충분
할 것이다. 왜냐하면 경의에 대해 정확한 정의를 내리는 것은 처음부
터 불가능할지도 모르기 때문이다.

소크라테스가 주장하는 두 번째 요점, 즉 페리클레스처럼 훌륭한
사람들조차 자신의 아이들을 정의롭게 만드는 데 실패했다는 비판에
대해, 프로타고라스는 아마도 교사가 언제나 자신의 모든 학생을 훌
륭한 인물로 만들 수 있을 것이라고 기대해서는 안 된다고 대답할 것
이다. 배움은 타고난 능력에 의존한다. 페리클레스의 아들들이 머리
가 둔하고 늘 반항심으로 가득 차 있었다는 사실은 잘 알려져 있다.

어쩌면 그 누구도 그들을 그들의 아버지처럼 만들지 못했을 것이다. 또한 아테네인들은 소크라테스를 따르던 자들 중 일부가 이후 괴물처럼 극악무도하게 되었다는 것을 잘 알고 있었다. 어쩌면 그들은 소크라테스를 만나기 전부터 그러했을지도 모른다. 그렇다면 결국 소크라테스는 그들에게 어떤 영향도 미치지 못한 것이나 마찬가지다. 교사가 학생을 근본적으로 변화시킬 수 있다고 기대해서는 안 된다. 우리가 교사에게 기대해야 하는 바는 교육을 통해 학생들에게 스스로를 변화시킬 기회를 제공해준다는 점이다.

하지만 프로타고라스의 입장에 대한 소크라테스의 비판이 어느 측면에서는 옳다고 할 수도 있을 것이다. 프로타고라스는 아테네에서 정의란 사람들이 아테네의 관습과 법률에 따라 정의로 여기는 것이라고 말했다. 그러나 이것만으론 문제가 해결되지 않는다. 프로타고라스와 소크라테스 모두 동의하듯, 정의란 그 구성원이 공동체에서 평화롭게 살기 위한 본질적 요소이기에 단순히 관습에 따라 정해질 수 없다.[11] 아테네에서 정의로 통하는 것이 때로는 보편적 기준에서 봤을 때 옳지 않을 수도 있다. 예를 들어 노예제에 대한 아테네의 정의는 옳지 않았다. 다른 많은 것들도 정의의 측면에서 옳지 않았을 수 있다. 정의에 대한 제각각의 관념이 동등하게 지지될 수 있을지 어떨지 확실치는 않지만, 그럼에도 그것들 모두 하나의 같은 기준을 충족시켜야 한다. 그 기준이란 각각의 관념이 공동체의 유지를 위해 제공되어야 한다는 점이다. 공동체를 유지하기 위한 다양한 방법들이 있을 수 있다. 그러나 그 방법들은 결국에 모든 구성원이 서로 이해관계를 가지고 밀접하게 살아가는 공동체를 유지하기 위해 제공되어야 한다. 이 점에 있어서는 의심의 여지가 없는 것이다.

그렇다면 파이데이아는 무엇을 가르치는 걸까? 곧 숙고, 정의, 경의를 가르친다. 그러나 단순히 제한적인 지역문화에만 부합하는 의미에서의 탁월함을 가르치는 게 아니다. 그럼 일반적인 의미에서의 숙고, 정의, 경의란 무엇일까? 그리고 파이데이아는 어디에서 제한적인 지역문화, 곧 지역주의에 맞서 싸우고 있는 걸까?

2. 파이데이아는 무엇을 위해 좋은 것인가?

교육은 사람들이 무언가를 할 수 있도록 만들어야 한다. 파이데이아를 마치고 난 후, 아테네의 청년은 어떻게 해야 좋은 시민이 될 수 있는지, 그리고 어떻게 해야 공공 업무에 효과적으로 참여할 수 있는지를 알고 있어야 했다. 하지만 파이데이아를 통해 무역이나 전문적인 기술을 배울 수는 없었다. 말을 잘하는 것 외에 무엇을 어떻게 해야 할지에 대해 파이데이아가 가르치는 것은 없었다. 파이데이아는 단지 주어진 주제에 대해 어떻게 하면 말을 유려하게 할 수 있는지만을 가르쳤다. 게다가 말을 잘하는 것은 전문적인 직업이 아니었다. 하지만 말하고 있는 주제에 대해서 그것이 무엇인지 정확하게 알지 못한다면, 도대체 말 잘하는 능력이 무슨 쓸모가 있겠는가? 철학을 공부하는 자녀를 둔 부모들도 비슷한 질문을 던지곤 한다. "도대체 철학을 배워서 무엇을 할 수 있단 말이냐?"

어느 날 동 트기 직전 한 아테네 청년이 가르침을 청하기 위해 프로타고라스에게 찾아가고 있었다. 도중에 그는 잠시 소크라테스에게 들렀다. 소크라테스는 그 청년에게 프로타고라스로부터 배우게 되면 어떤 일이 벌어질 거 같냐고 물었다. 그리고 다음과 같이 덧붙였다. "만약 자네가 의사인 히포크라테스에게서 가르침을 받는다면 의사가 될 것이라 기대할 수 있을 테지. 그리고 자네가 조각가인 피디아스에게 가르침을 받는다면 조각가가 되길 목표하는 것일 테고. 이 아침부터 자네는 소피스트인 프로타고라스에게 가르침을 받고자 달려가는 길인데, 그렇다면 자네는 소피스트가 되길 원하는 것인가?"

해가 지평선 위로 떠오르자, 소크라테스는 그 청년의 얼굴이 붉어져 있는 것을 알아챌 수 있었다. 그 청년은 소피스트가 되는 것을 부끄럽게 여겼다. 소피스트는 교육을 제공하는 대신 보수를 받았다. 하지만 토지를 소유한 귀족 출신인 그 청년은 돈을 버는 법을 배울 필요가 없었다. 그는 직업적인 혹은 전문적인 기술을 배우기 위해 프로타고라스를 찾아가는 길이 아니었다. 그는 파이데이아, 즉 비전문적이고 비직업적인 교육을 받기 위해 프로타고라스를 찾아가는 길이었다.

귀족들의 거만함이 파이데이아의 이념에 종종 반영되긴 했으나, 그럼에도 파이데이아는 여전히 민주주의의 근본이었다. 교육이 없다면 시민들은 좋은 결정을 내릴 만큼 지혜로워질 수 없다. 전문화된 지식 교육은 해당 영역에선 큰 가치를 발하지만 정치적인 영역에서 공공 업무를 돌보는 데는 아무런 역할도 하지 못한다. 아테네에선 전쟁에 대한 전문적인 지식을 가진 장군들이 아니라 보통의 평범한 시민들이 전쟁에 참가할 것인지를 놓고 결정했다. 전쟁에 대한 대가를 (그것이 긍정적이든 부정적이든) 치르는 것은 어느 특정 부류의 인물들이 아니라 결국 모든 시민이었기 때문이다. 그렇기에 시민들은 더욱 열의를 가지고 전투에 참가했다. 바로 그들 스스로가 결정한 자신들의 전쟁이었기 때문이다.

도대체 파이데이아는 무엇을 위해 좋은 것인가? 전쟁을 일으킬지 말지에 대해 결정을 내리는 논쟁을 다시 한번 검토해보자. 전문적인 전쟁 지식을 가진 장군은 전투에서 어떻게 하면 이길 수 있는지 알고 있다. 또한 그는 언제 그리고 어디서 어떻게 전투를 개진해야 할지에 대해서도 잘 알고 있다. 그는 실로 자신의 지식을 이용하여 승리를 일굴 수 있다. 하지만 과연 승리가 아테네에 더욱 많은 이득을 가져올까? 혹은 해악을 가져오는 것은 아닐까? 또 그리스 도시국가 공동체에는 어떤 영향을 줄까? 전문 지식을 가진 장군은 이런 질문에 대한 대답을 갖고 있지 못하다. 어떤 전문적 훈련도 이런 질문에는 대답할 수 없다. 오직 논쟁을 통해서 가장 합리적인 바를 추론해내야 한다. 논쟁을 하기 위해 아테네는 사태를 더욱 넓게, 그리고 깊게 볼줄 아는 시민들이 필요했다. 그 시민들은 전쟁 전문가들이 볼 수 있는 것보다 더 많은 것을 볼 수 있어야만 했다. 그들의 논의는 어떻게 하면 이길 수 있는가가 아니라 전쟁의 결과가 무엇일까에 대한 것이었으며, 아울러 그 결과로 인해 이득을 보게 될지, 아니면 오히려 해를 입게 될지에 대한 것이었다.

수년 전 이지 스톤에게 교육이 도대체 무엇을 할 수 있는지, 교육이 정말로 우리를 더 나은 시민으로 만들어주는지에 대해 물은 적이 있다. 그는 "마땅히 그래야지"라고 대답했다. 그의 대답은 옳았다. 파이데이아는 바로 그것, 즉 사태를 더욱 넓고 깊게 볼 줄 아는 능력을 고양시키는 것이다. 이것이야말로 우리에게 반드시 필요한 것이다. 만약 우리가 진정 민주주의를 돌보고 그 이념을 이룩하길 원한다면, 비록 과거의 경험이 우리를 이끌지 못한다 하더라도, 또 우리가 완전한 성공을 희망할 수 없다 하더라도 우리는 교육을 위해 할 수 있는 모든 것을 해야 한다. 조화와 마찬가지로 파이데이아는 우리의 가장 이상적인 목표 중 하나다. 조화와 교육이 함께할 때 우리는 단순히 쉬운 도전을 넘어, 또한 우리가 현실적으로만 기대할 수 있는 것들을 넘어 앞으로 나아갈 수 있을 것이다.

3. 누가 파이데이아를 배워야 하는가?

우리는 가난한 학생들에게 얼마만큼 교육이 제공되는지 확실하게 알지 못한다. 기본적으로 쓰기와 철자 교육은 학교에서 공통적으로 이루어진다. 하지만 모두에게 공평한 독해 능력이 주어졌다고 생각할 수는 없다. 과거 아테네에서 여성들은 매우 제한된 수준의 교육을 받았으며 집에만 머물다가 십대 초반에 혼인을 하는 경우가 허다했다. 반면 남성들은 비록 가난한 처지에 있다고 하더라도 극장에 가서 다양한 연극들이 공연되는 것을 볼 수 있었으며 몇몇 종교적 축제에서는 직접 공연에 참여하기도 했다. 엘레우시스에서 열린 종교 예찬 축제는 민주주의 시기 동안 점차 더욱 중요한 행사로 자리잡았으며, 인종적 차별을 두지 않고 그리스어를 할 줄 아는 모든 이에게 열려 있었다. 여성, 노예, 그리고 이방인까지 축제에 참여했으며 모두가 신의 보살핌 아래에서 평등하다고 믿었다.[12]

프로타고라스는 모든 이가 정의와 경의를 배워야만 한다고 주장했다. 그러나 실제 그는 부유한 자들에게만 교육을 행했다. 그가 이런 아이러니를 알고 있었는지, 아니면 위선의 가면을 쓰고 있었던 건지는 알 수 없다. 이와 대조적으로 플라톤은 『국가』에서 오로지 국가를 최선으로 다스릴 수 있는 자들만이 교육을 받아 마땅하며, 그들은 '철학자 왕'으로 성장하게 될 것이라고 주장했다.

비록 실천적 영역에서는 그러지 못했지만, 확실히 프로타고라스는 자신이 말한 바에서 옳았다. 분명히 교육은 모든 시민을 위해 존재해야 한다. 민주주의는 민주주의에 참여하는 모든 이의 좋은 재능과 자질에 의존하는 정치 체제다. 아울러 참여도가 높을수록 민주주의는 더욱 잘 이행된다. 따라서 파이데이아는 조화의 토대가 된다. 시민들을 분열시키는 정부는 시민들을 위한 정부가 아니다.

4. 누가 파이데이아의 교사인가?

앞서 살펴보았듯이, 이 질문에 대해 아테네의 민주주의자들은 "바로 우리 모두"라고 대답했다. 물론 그들이 말하는 '우리 모두'란 전문적인 지식을 가진 우리를 말하는 것이 아니라, '시민 지혜'를 소유하고 사용할 줄 아는 우리를 의미했다. 그러나 아테네인들의 대답은 소크라테스와 같은 지식인을 배제했다. 그와 같은 지식인들이 당시의 관습적이고 전통적인 지혜에 도전장을 내밀었기 때문이다. 이런 배제에는 분명히 어떤 의도가 담겨 있다. 소크라테스와 같은 지식인은 관습의 토대를 허물려 했으며 더 나아가 민주주의의 이념들을 거부했다. 소크라테스의 고소인들은 단지 낡은 관습을 무조건적으로 옹호하던 자들이 아니었다. 그들은 아테네에서 민주주의가 공격의 대상이 되고 있다는 것을 알고 있었고, 소크라테스의 동료들이 그 공격에 가담했다는 것도 잘 알고 있었다. 소크라테스에 대한 그들의 적개심에는 전통적인 가치를 따지려 하는 새로운 교육에 대한 우려가 담겨 있었다.[13]

여기서 우리는 하나의 중요한 질문에 직면하게 된다. 파이데이아는 단순히 이미 받아들여진 관습을 영속시키려고 하는 것인가? 만약 그렇다고 한다면, 모든 이가 파이데이아의 교사라고 하는 아테네인들의 대답은 옳다. 지식인들을 제외한 모든 사람이 젊은이들의 교육에 영향력을 가지게끔 해야 한다. 하지만 관습이 언제나 옳은 것이 아

교양 교육

니라 오직 몇몇 사례에서만 옳다고 한다면 어떻게 해야 할까? 확실히 아테네의 관습은 노예제에 대해서 옳지 않았다. 더 정확히 말해 노예제에 대한 아테네의 관습은 분명히 정의롭지 않았다. 게다가 이미 그리스의 많은 지역에서 피정복지의 사람들을 노예로 전락시키는 것이 정의롭지 못하다고 여겨지고 있었다. 그와 같은 경우 파이데이아는 사람들에게 정의에 대한 보다 타당한 기준을 제시하고, 그에 기초하여 어떻게 정의롭지 않은 관습을 타파할지 일깨워주어야 한다. 이런 시도를 위해서라도 교육이 필요하다. 평범한 보통 시민들이 오래되고 낡은 관습을 진보시키는 법을 배우지 못한다면, 그들은 이와 같은 시도를 하려 들지 않을 것이다.

파이데이아가 지속적으로 문화와 전통의 입장을 지지하는 반면, 동시에 이에 맞서도록 사람들을 일깨우는 역할을 한다는 것은 곧 일반 교양 교육의 역설이기도 하다. 정의와 경의는 곧 공공의 조화를 위한 본질적인 근원이었다. 따라서 최초의 민주주의는 그것들에 무척이나 헌신적이었으며, 동질적인 문화를 조성하는 데서도 전념을 다했다. 그로 인해 모든 시민이 정치에 참여할 수 있었기 때문이다. 그러나 이런 두 가지 목표가 가끔은 서로 충돌하기도 했다. 정의와 경의에 대한 탐구가 단순히 현상 유지로 귀결되는 것은 아니다. 어떻게 하면 '지속적인 지지'와 '맞서 일어서는 것'이 균형을 이룰 수 있을까? 아테네는 이 충돌 사이에서 균형을 이루는 법을 발견한 것처럼 보인다. 그 결과 소크라테스의 죽음 이후, 철학자들은 더 이상 아테네에서 희생당하지 않았다.[14] 몇몇 철학자들은 불안에 떨며 소심해졌을지도 모르지만, 플라톤의 경우엔 평온하게 민주주의에 대한 자신의 비판을 이어나갔다. 그럼에도 민주주의에 대한 다른 많은 질문들과 함께 여전히 가장 근본적인 물음이 해결되지 않은 채 남아 있다. 경의와 정의에 대한 전통적인 개념에 맞서 도전할 것을 장려하면서 어떻게 도시는 조화를 유지할 수 있는가?

1   플라톤과 크세노폰 역시 각각 『메넥세노스』*Menexenus*와 『가정론』*Econo-micus* 52권 14장에서 아스파시아가 좋은 교육을 받았다고 기술한다. 아리스토파네스는 『아카르나이 사람들』*Acharnians* 497행 이하에서 아스파시아가 페리클레스를 전쟁으로 내몰았다고 비난한다. 페리클레스와 프로타고라스 사이의 교류에 대해선 잘 알려져 있기에, 아마도 그들이 대화를 나눌 때 아스파시아도 함께 있었을 것이라 추정할 수 있다.

2   시민 교육에 대해서는 Jaeger의 『파이데이아』*Paideia*와 Poulakis(2004년)가 편집한 이소크라테스 관련 논문집을 참조할 것. 이소크라테스는 당시 고대 아테네 교육에 대해 플라톤과 다른 시각을 가지고 있었으며, 교육에 대한 그의 연설들은 현재 연구 대상이 되고 있다. 시민 교육에 대한 아리스토텔레스의 견해는 그의 『정치학』 7권 14장과 8권에 나온다.

3   재판에서 제기한 소크라테스의 질문들은 플라톤의 『소크라테스의 변론』 24d~25a에서 발췌 인용했다.

4   소크라테스의 고소인들 중 한 명인 아뉘토스Anytos는 플라톤의 『메논』 92e에서 "훌륭하고 선한 아테네인 누구든지 간에 스스로 자신을 발전시킬 수 있다"고 말한다. 『대화』 편 상에서는 아뉘토스가 '훌륭하고 선한' 자라는 표현을 빌려 상류 계급의 사람들을 가리키고 있으나, 실제로 그는 민주주의를 지지한 것으로 알려져 있다. 플라톤이 그의 입장을 잘못 전하고 있을 가능성을 전적으로 배제할 수는 없다.

5   탁월함을 가르칠 수 있다는 프로타고라스의 공언은 플라톤의 『프로타고라스』 325c~326e에 나온다. 언어 교육과 마찬가지로 모두가 탁월함의 교사라는 부분은 『프로타고라스』 327e에 나오며, 자신이 보수를 받는 것이 마땅하다는 부분은 같은 책 328ab에 나온다.

6   극장을 통한 교육: 극장이 아테네 시민들의 교육에 대해 맡은 역할에 대해서는 Gregory(1991)를 참조할 것. 그녀는 자신의 연구서 6쪽에서 "이제 비극 작

품들이 정치적인 구성을 가지고 있다는 점은 확실하다"고 단언한다. 더 나아가 그녀는 11쪽에서 에우리피데스의 주요 다섯 작품, 즉 『알케스티스』*Alcestis*, 『히폴리토스』*Hippolytus*, 『헤쿠바』*Hecuba*, 『헤라클레스』*Heracles*, 그리고 『트로이의 여인들』*Trojan Women*이 "(그 강도에서는 조금씩 서로 다르지만) 각각 민주주의의 이념을 전하고 있다"고 주장한다. 이와 관련해서는 Euben(1997) 역시 참조할 것.

7   아테네의 모든 시민이 언제든 극장에 갈 수 있었다는 점과 관련해서는 제7장 시민 지혜 주해 11(특히 아리스토텔레스 『정치학』 1281a40~b10의 인용문)를 참조할 것. 여성도 공연에 직접 참여할 수 있었는지는 논의의 대상이 되나, 불가능하지는 않았던 것으로 보인다.

8   경의와 정의에 대한 헤시오도스 구절은 『일과 나날』*Works and Days* 192~201행에서 발췌했다.

9   경의에 대해서는 Woodruff(2001)를 참조할 것.

10   아테네인들은 부패 혐의로 페리클레스를 고소했으며 벌금형을 내렸다. 소크라테스의 두 번째 요점은 『고르기아스』 516c에서 제시되고 있다.

페리클레스가 실제로 유죄였는지 아니면 무죄였는지 확인할 길은 없다. 정황상 그가 실제로 유죄였을 가능성은 매우 적어 보인다. 그는 자신의 아들들에게 정의와 탁월함을 가르치려 했고 전형적인 좋은 사람으로 인정받아왔기 때문이다. 하지만 아테네인들이 초기에는 페리클레스에게 예를 갖춘 반면 말년에는 부당하게 대우했던 게 사실이라면, 그에 대해 시민들이 무언가 불편하게 생각한 점이 있었던 것 같다. 그렇다면 그가 유죄든 아니든 그에게 분명 어떤 잘못이 있었던 것으로 보인다.

11   이 입장은 프로타고라스가 자신의 주장을 위해 삼는 전제이며, 그리고 무엇보다도 그가 상대주의자가 아니었다는 점을 분명하게 보여주는 증거다. 플라톤 또한 이 입장을 전제로 삼으며, 무엇이든 한 국가에서 본질로 여겨지는 탁월함이 곧 정의라고 『국가』에서 논한다.

12   민주주의 시기 동안 엘레우시스에서 열린 종교 예찬 축제의 중요성에 대해서는 Mylonas(1961)를 참조할 것.

13   새로운 교육에 대한 아테네인들의 우려와 두려움: 아테네는 이 문제에 대해 다소간 모순되는 자세를 취했다. 전체적으로 보았을 때 아테네는 새로운 이념들을 기꺼이 받아들였다. 동시에, 특히 민주주의가 진행되던 처음 100년 동안, 아테네는 이 새로운 이념들과 민주주의를 위협하는 이념들 사이에 어떤 연계가 있지 않을까 우려

     교양 교육

하기도 했다. 민주주의 시기 동안 아테네에서는 외국에서 온 새로운 교육의 교사들이 시민들과 교류하기 시작했다. 외국에서 온 교사들 중 가장 유명한 이는 숙고와 언어 기술(말을 잘하는 능력)을 가르친 프로타고라스와 단순히 언어 기술만을 가르친 고르기아스였다. 반면 아테네 출신의 교사들 중에는 재기 넘치며 숙련된 언어 기술을 사용한 소크라테스와 말하는 능력을 고양시켜주는 안티폰도 포함되었다. 이 말 잘하는 능력인 언어 기술이 곧 수사술로 알려지게 되었으며, 당시 교육 사업의 핵심이 되었다.

수사술을 배우려는 열기는 아테네에서 특히 활발했는데, 이는 아테네의 정치 형태가 결국 말을 잘하는 사람들에 의해 영향을 받았기 때문이다. 최초의 민주주의에서는 (특히 민회나 법정에서 사용되는) 훌륭한 말의 기술이 최고로 추앙받았다.

시라쿠사와 전쟁을 할 것인지를 결정하기 약 6년 전, 아리스토파네스는 아테네의 유명한 지식인인 소크라테스가 운영하는 학교에 대한 희극 작품을 상영했다. 그 작품의 제목은 「구름」이었다.

그 작품에 따르면 소크라테스의 학교에서 배울 수 있는 것은 대체로 어리석기 짝이 없는 것들이었으며, 그중 대부분은 불경했고 몇몇은 위험한 것들이었다. 소크라테스의 학교에서는 자연 세계의 현상들을 설명하면서 신들의 신인 위대한 제우스를 쫓아내는 대신 거의 말도 되지 않는 자연 원리들을 청중들에게 교묘히 설파한다. 하지만 아직 작품의 초반을 보는 중인 청중들은 소크라테스의 학교가 전통적인 아테네의 종교를 조롱하고 있다는 사실을 알아차리지 못한다.

삶의 실천적인 영역을 논하는 부분에선 젊은이들이 약하고 나쁜 논변을 강하게 만드는 법을 배우게 되며, 그 결과 젊은이들은 법정에서 이기게 되고 심지어 죄를 저지른 자들 역시 벌을 받지 않고 유유히 법정에서 걸어나올 수 있게 된다. 동시에 학교는 젊은이들에게 어른과 노인들을 경멸과 모욕으로 대하라고 가르친다.

작품이 막바지를 향해갈 무렵, 청중들은 말도 되지 않는 난폭한 유린 현장을 목격하게 된다. 그 현장이란 바로 아들이 아버지에게 폭력을 행사하는 장면이다. 아들은 자신이 소크라테스의 학교에서 배운 내용들을 통해 자신의 행위를 정당화한다. 이제 응보, 아니 더 정확히 말해 정화의 순간이 다가왔다. 작품의 마지막에서 청중들은 아테네 시민들이 그 학교와 학교의 교사들과 학생들 모두를 불태우는 장면을 본다. 이는 여태껏 그들이 본 희극 작품들 중에서 가장 폭력적인 결말이었다. 하지만 그들은 그 장면을 보며 희열을 느꼈다. 작품 속에서 소크라테스와 그의 동료들은 결국 스스로 이와 같은 폭력적인 결말을 야기한 것이나 마찬가지였다.

　이후 기원전 399년 실제로 벌어진 소크라테스의 재판에서 배심원들은 아마도 이 작품을 떠올렸을 것이다. 특히 그들은 지난 몇 년 동안 소크라테스와 어울렸던 젊은이들이 사악하고 무도하게 변한 것을 봐왔을 것이다. 그 젊은이들 중 가장 잘 알려진 이는 (훌륭한 지도자였으나 이후 아테네를 배반하고 스파르타에 붙었다가 다시 스파르타를 배반하고 페르시아에 투항하는) 알키비아데스와 (플라톤의 친척이자 30인 참주정을 이끌며 폭정을 행사한) 크리티아스였다. 『국가』 7권 538d~539a를 보면, 전통적 가치를 따져보라고 독려함으로써 소크라테스가 젊은이들에게 나쁜 영향을 끼쳤다는 것을 플라톤도 어느 정도 인정하는 것 같다.

14　　　잘 알려져 있다시피, 아리스토텔레스는 알렉산더 대왕이 사망한 후 목숨을 부지하기 위해 그리스에서 도망쳤다. 그가 그리스에서 위험에 처했던 이유는 그가 철학자였기 때문이 아니라 마케도니아 제국과 긴밀한 교류를 맺고 있었기 때문이다.

제**10**장

맺는 말:
우리는 민주주의를 맞이할
준비가 되어 있는가?

ΔΗΜ
OKRA
TIA

우리가 민주주의를 맞이할 준비가 되어 있느냐고 묻다니! 이 얼마나 생색 내는 질문이란 말인가! 물론 우리는 민주주의를 맞이할 준비가 되어 있다. '준비'라는 말이 '열망'을 뜻한다면, 전 세계의 모든 이가 민주주의를 받아들일 준비가 되어 있다고도 말할 수 있을 것이다. 민주주의가 약속하는 자유와 힘이란 실로 매력적인 것이다. 모든 곳에서 사람들은 민주주의를 향해 이끌리기 마련이다. 사람들은 더욱 큰 자유를 가지게 될 경우 모든 일을 더욱 용이하게 처리할 수 있으며, 더욱 큰 힘을 가지게 될 경우 삶을 더욱 풍요롭게 누릴 수 있다는 것을 잘 알고 있기 때문이다. 누군가 민주주의에 대해 두려움을 가진다면, 이는 그가 자신의 힘과 자유를 그의 이웃에게, 혹은 주변의 소수자들에게 나누어주는 것을 두려워하기 때문이다.

'준비'라는 말이 함축하는 바가 '열망' 이상이라고 해보자. 이 말이 의미하는 바가 혹시 민주주의를 받아들이기 위해 요구되는 모든 것을 충분히 수용할 수 있는 문화를 이룩하는 것이라면? 민주주의를 받아들이기 위해선 하나의 사회 혹은 국가가 그 구성원들 모두를 정치적 활동에 초대해야 하고, 다수(의 견해)가 소수(의 견해)를 억누르고 무시하는 일이 없도록 법에 따라 강력히 통치해야 하며, 사람들이 원하는 변화를 수용할 수 있을 만큼 충분히 성숙해야 한다. 그리고 무엇

　　　맺는 말: 우리는 민주주의를 맞이할 준비가 되어 있는가

보다도 파이데이아, 즉 신중하고 사려 깊은 시민 의식을 고양시키기 위한 교육을 모두에게 지원해야 한다. 물론 그것이 다가 아닐 것이다. 어쨌든 우리의 문화는 이러한 것들을 받아들일 수 있는가? 우리의 문화가 변하지 않는 한 아직은 아니라고 말해야 할 것 같다.

"잠시만!" 누군가 다음과 같이 말할 수도 있다. "당신 무슨 소리를 하는 거요? 우리는 이미 민주 시민들이 아닌가요? 우리는 근대 민주주의 개념이 정착된 이래 전 세계의 모범이 되어온 가장 오래된 형태의 민주주의를 향유하고 있지 않나요? 어찌 감히 우리의 문화가 민주주의를 받아들이고 지지할 수 있는지를 물을 수 있단 말이오? 모두가 잘 알고 있듯 우리 문화는 이미 민주주의를 수용하여 지지해왔고 또한 큰 성공을 거두어왔다고요!" 맞는 말이다. 아울러 우리는 민주주의를 향해 끊임없이 나아간 우리의 역사를, 그리고 세계의 곳곳에 자유 국가의 모범 사례가 되어왔다는 사실을 자랑스러워할 권리를 가지고 있다.

무언가를 자랑스러워한다는 것은 과거에 연연한다는 것이다. 하지만 여기서 주어진 질문은 미래에 대한 것이다. 제2차 세계대전 이후 미국은 민주주의의 이념들을 향한 여정의 속도를 점차 늦추고 있다. 사람들은 지금보다 더 나은 이상에 가까운 민주주의를 향해 나아갈 준비를 전혀 하고 있지 않는 것처럼 보인다. 그리고 우리의 문화는 더더욱 민주적인 통치 정부를 구성하기 위한 사회의 구조적 변화를 받아들일 준비가 전혀 안 된 것처럼 보인다. 앞서 논의한 7가지의 민주주의 이념들을 상기해보라. 그중 우리는 무엇을 성공적으로 실천에 옮겼는가? 아니, 일부의 경우에선 실패가 더욱 두드러질 뿐이다. 우리는 오히려 이상적인 민주주의로부터 점차 멀어져가고 있다. 이러한 우려는 단지 정부를 해코지하려는 의도가 아니다. 실제로 정부를 가까이에서 지켜본 자들은 지난 몇 차례의 정권 동안 우리가 민주주의로부터 멀어지고 있으며, 정치 집단의 지도자들 누구도 올바르게 일하지 못했다고 경고했다.[1]

어쩌면 몇몇의 민주주의 이념들이 우리 사회에 위험한 상황을 야기할지도 모르기에, 아마도 우리는 그것들로부터 거리를 두려 하는 것일 수도 있다. 하지만 우리는 민주주의에 다가감으로써 무엇을 얻고자 하는지, 그리고 민주주의로부터 멀어짐으로써 무엇을 잃을 처지에 있는지 분명히 알고 있어야 한다. 또 민주주의에 다가가기 위해 어떤 과정들을 거쳐야 하는지에 대해서도 마찬가지다.

국가적 수준에서 우리는 확실히 민주주의를 향해 나아갈 준비가 되어 있지 않다. 참주와도 같은 두 정당이 번갈아가며 권력을 챙기는 일이 정착되었고, 이것은 당연한 것으로 혹은 부득이한 것으로 받아들여지고 있다. 게다가 부유한 자들은 마땅히 인정되는 바 이상의 권력을 아무 문제 없이 획득했으며, 누구도 그것에 대해 문제를 제기하지 않았다. 그 결과 그들은 돈에 재갈을 물리는 수단들을 고안하여 우리 대부분을 옥죌 수 있게 되었다. 우리는 민주주의를 향해 나아가기는커녕, 단지 민주주의로부터 멀어지는 우리의 속도를 잠시 늦출 수 있기만을 바랄 처지에 놓여 있다. 우리는 아직 긍정적인 변화나 중요한 민주적 개혁을 위한 준비가 되어 있지 않다.

어느 곳이 민주주의를 받아들일 준비가 되어 있는가? 캐나다가 좋은 사례가 될 수 있다. 브리티시 컬럼비아에서 선거구 개혁을 위한 시민 의회는 예비 조사를 마친 뒤, 입법부 구성을 위한 대표인들의 투표제를 대체할 제도에 대해 논의를 시작했다.[2] 이는 무척이나 인상적

   맺는 말: 우리는 민주주의를 맞이할 준비가 되어 있는가

인 일이다. 적어도 그들의 의회가 점진적으로 발전해나가고 있으며 여러 정치적 사항들에 대해 논의하고 있다는 것을 보여준다. 2005년 당시 의회에 참석한 자들은, 마치 고대의 아테네인들이 그랬던 것처럼, 자신들이 변화를 감내할 것인지에 대해 결정을 내렸다.

상대적으로 낮은 수준이지만 미국에서도 교육위원회와 지자체 운영의 민주적 개혁을 위한 논의가 열렸다. 텍사스 아마릴로Amarilo* 지역에 사는 시민들은 민주주의를 위한 준비가 되어 있었다. 아마릴로는 모든 이에게 공평하게 관대한 곳은 아니었다. 하지만 관대함이 민주주의의 이념은 아니다. 1998년까지 아마릴로의 교육위원회 선거 제도는 민주적이지 않았다. 그들은 '승자가 모든 것을 독식'하는 반민주적인 제도를 유지했으며, 그 결과 소수 의견은 언제나 무시당했다. 이후 해당 지구는 혁신적인 선거 제도를 도입하여 문제를 해결했다. 2004년 현재 아마릴로 교육위원회에는 총 7개의 의석이 존재하며, 그중 3개는 소수 인종이 차지하고 있다. 그들은 주민 모두를 교육 활동에 정치적으로 참여시키는 촉발제가 되고 있다.

아마릴로에는 소수 인종 출신의 학생 규모가 절대적으로 큰 학군이 있다. 2001~2002년 조사에 따르면 그 학군에서 오직 51퍼센트만이 백인 학생들이었다. 그러나 시민들이 투표권법Voting Rights Act**을 거론하며 당시의 선거 제도에 대한 소송을 제기한 1998년까지, 아마릴로의 교육위원회는 거의 20년 동안 오직 백인들로만 구성되어 있었

* 아마릴로는 텍사스에서 14번째로 큰 도시로 포터 카운티 주의회가 있다. 2010년 인구조사에 따르면 아마릴로의 인구는 19만 695명이며, 주변 지역까지 합칠 경우 23만 6,113명에 이른다.
** 1965년 8월 6일 린든 존슨 대통령의 서명을 통해 제정된 법으로 흑인이나 소수 인종의 선거권 보장을 목적으로 한다. 이후 정치 활동에서 철저하게 배제되었던 흑인과 소수 인종들이 투표권을 보장받음으로써 정치에 직접적으로 참여할 수 있게 되었다. 이 법안이 통과된 지 5년 후인 1970년 메릴랜드 주와 시트 플레센트 시에서 최초로 흑인 시장이 당선되었다.

다. 물론 당시의 교육위원회도 선거를 통해 그 구성원들이 선출되었다. 당시의 선거 제도는 한 명의 시민이 자신이 속한 학군에 상관 없이 아마릴로 전체 7개 학군을 대표하는 교육위원회 7개의 의석을 한 번에 투표하는 방식이었다. 이 제도 덕분에 다수의 백인들은 언제나 자신들이 7개의 교육위원회 의석 모두를 어려움 없이 차지할 수 있었고, 아마릴로의 전체 학군을 통제할 수 있었다. 소수 유권자들의 표는 전혀 의미를 가지지 못했다.

어떻게 하면 소수 유권자들에게 공정한 기회를 줄 수 있는가? 교육위원회는 원한다면 소수 유권자들이 자신들의 후보를 뽑을 수 있도록 선거구를 학군에 맞춰 나눌 수도 있었다. 하지만 인종에 따라 선거구를 개편하는 것은 전체의 조화를 심각하게 모욕하는 짓이나 마찬가지다. 게다가 법정은 그런 식으로 선거구를 개편하는 것을 허락하지도 않을 것이다. 부당한 선거 제도에 소송을 걸었던 사람들은 보다 세련된 해결 방안을 강구하려고 노력했다. 2000년 교육위원회에 4개의 공석이 생겼다. 그해 5월에 열린 선거에서 유권자들은 (이전 7개의 의석을 위해 7명을 뽑았던 것과 같은 방식인) 4개의 교육위원회 의석을 충당하기 위해 한번에 4명을 뽑는 투표용지를 받았다. 그러나 이번에는 유권자들이 자신이 원하는 만큼 후보자에게 투표할 수 있었다. 원한다면 한 명의 유권자가 한 명의 후보에게 4번 투표할 수 있었으며, 그 후보자는 한 명의 유권자로부터 4개의 표를 얻을 수 있었다. 아니면 원할 경우 네 명의 후보에게 골고루 표를 던질 수도 있었고, 두 방식 사이에서 자유롭게 투표할 수 있었다. '누적 투표'라고 알려진 이 방식을 통해서 소수의 유권자들은 자신들의 후보에게 표를 집중시킬 수 있었고, 그 결과 권력을 나누어 가질 수 있게 되었다.[3]

누적 투표는 다음과 같이 진행된다. 99명의 유권자가 있으며 그 가운데 소수에 해당하는 20명이 교육위원회의 한 의석을 자신들이 추천하는 인물로 채우고 싶어한다. 20명의 유권자는 (4번 표를 던질 수 있기에) 총 80개의 표를 모을 수 있다. 그들은 '갑'이라는 인물을 뽑고자 한다. 80개의 표가 전부 모이게 되면 '갑'은 분명히 선거에서 이길 수 있다. '갑'이 선출되지 못하도록 하기 위해선, 다수의 집단이 자신들을 대표할 4명의 후보를 각각 가져야 한다. 이 후보들이 '갑'을 제치고 이기기 위해선 전체 320개의 표가 필요하다. 하지만 다수 집단은 오직 316개의 표만을 가지고 있을 뿐이다. 따라서 자신을 지지하는 모든 사람이 한 명도 빠지지 않고 표를 던질 경우 '갑'은 선출될 것이다. 이 경우 '갑'은 그들을 대표할 유일한 인물이 될 것이다. 그리고 이 방식은 공정해 보인다.[4]

이 방식은 오직 인종적 소수자들만이 채택할 수 있는 것은 아니다. 소수에 속하는 어느 집단이라도 이와 같은 방식을 행할 수 있다. 소수 집단은 어정쩡한 위치의 퇴역 노병들로 구성될 수 있고, 은퇴한 환경미화원으로 구성될 수도 있으며, 혹은 정원 조형물 가게를 운영하는 자들도 될 수 있다. 이 방식은 피부색을 따지지 않으며 정치적으로 중립적 위치를 지닌다. 또 어떤 특별한 이익을 조장하지도 않는다. 대신 충분히 조직화할 수 있다면 어느 집단이든 정치적 힘을 나누어 가질 공정한 기회를 제공한다. 누적 투표는 공정하며 민주적이고 조화로운 방식이다. 그리고 분명히 아마릴로에서 이 방식은 성공을 거두었다. 누적 투표는 다수 집단이 참주처럼 되는 것을 막는 간단하면서도 효과적인 방식이다. 물론 다른 방식들도 있고, 다른 구역들과 도시에서는 또 다른 방식들로 실험하고 있을 것이다.

이와 같은 방식으로 우리는 작은 규모긴 하지만 민주주의를 후원하고 추진할 수 있다. 교육위원회뿐만 아니라 교회나 예배당 등 사람들이 모여 공통의 목표와 실천적 해결 방안을 논하는 곳이면 어디서든 가능하다. 이는 지역적인 수준에서 민주주의의 가장 좋은 방식을 활용하여 우리가 민주주의에 준비할 수 있도록 해주는 좋은 사례다.

다음으로 앞서 다룬 7가지 민주주의 이념들과 관련하여 우리가 현재 어떤 입장을 취하고 있고, 앞으로 어떤 입장을 취해야 할지 논하고자 한다.

1. 참주정으로부터의 (그리고 참주가 되는 것으로부터의) 자유

집행부와 관련한 질문과 입법부와 관련한 것, 이렇게 두 질문이 이 주제와 관련하여 제기될 수 있다.

첫째, 집행의 최고 책임자들은 모든 일에 책임질 수 있으며, 그 효과는 유효한가?
현재 정치 제도는 최고 집행 책임자에게 모든 것을 위임하는 제도다. 강력한 권력을 행사하는 집행부 최고 책임자는 고대 그리스인들이 상상하지도 못했던 방식으로 보호받고 있다. 집행부 특권은 재직 기간 중의 집행부 대표들에게 제한적인 책무만을 부과한다. 대통령이나 주지사와 같은 집행부 대표들은 재직 기간 중 대부분의 책무로부터 면제받는다. 이뿐만 아니라 임기 이후 어떤 사고나 사건으로 인해 국민들로부터 신임을 잃은 뒤에도 오랫동안 제한적인 책무만을 진다.

대통령이나 주지사는 자신들과 반대편에 선 자들의 질문에 반드시 대답해야 한다고 요구받지 않는다. 그러나 의회 제도는 지도자들에게 더 많은 책임을 질 것을 요구한다. 의회 제도하에서 지도자들은 더욱 책임감을 갖고 질문에 대답해야 하며, 상황에 따라서 유권자들은 그 지도자들을 언제든 정당하게 공직에서 몰아낼 수 있다. 예를 들어 캘리포니아 입법부는 주지사가 그들의 업무와 결정에 책임지도록 하기 위해 주민투표를 통한 소환제를 도입했다. 원칙상 이런 제도를 도입한 결정은 무척이나 고무적인 일이라고 할 수 있다. 실제로 2003년 캘리포니아에서는 주지사에 대한 주민 소환투표가 이루어졌으며 결국 주지사가 불신임당했다. 이와 동시에 치러진 특별 보궐 선거에서 새 주지사가 선출되었다.* 지도자를 소환한 뒤 새로운 지도자를 선출한 것은 유권자들이 원하던 일이었다. 그들은 일반적인 양당 제도의 강제에서 벗어나 자신들이 원하는 바를 이루었다는 점에서 무척이나 운이 좋았다고 할 수 있다. 우리는 유권자들이 지도자들에게 책임을 물을 수 있는 기회를 확장하고 유지해야 한다. 주민 소환투표에 반대하는 이들은 시민 지혜를 신뢰하지 않는 자들이다.

둘째, 정당은 항상 폭군처럼 참주적인 권력을 추구해야만 하는가?

정당들은 참주적으로 변할 수 있다. 실제로 정당들은 기회가 생기면 언제든 그렇게 변하려고 기회를 엿보는 것 같다. 승자가 모든 것을 독식하는 정당 제도하에서, 승리한 정당은 항상 소수 의견을 가진 자들

---

* 2003년 10월 7일 캘리포니아에서 주지사 주민 소환투표가 열렸고, 당시 주지사였던 민주당 출신의 그레이 데이비스Gray Davis는 불신임을 당해 탄핵되었다. 탄핵의 주된 이유는 그가 주에 막대한 재정 적자를 야기했고 급등한 에너지 가격에 대해 적절한 조치를 취하지 못했다는 것이다. 소환투표와 동시에 캘리포니아 주지사 특별 보궐선거가 함께 치러졌으며, 공화당 출신 후보 영화배우 아놀드 슈와제네거Arnold Schwarzenegger가 주지사로 당선되었다. 그는 비록 탄핵당하진 않았으나, 지난 2011년 1월 캘리포니아를 재정 파탄에 빠뜨렸다는 이유로 약 22퍼센트의 초라한 지지율을 뒤로한 채 퇴임했다.

을 침묵시키는 방법을 가지고 있다. 그리고 침묵을 강요당하는 사람들은 정치적 활동에서 손을 놓게 되는 경우가 빈번하다. 참주적으로 변해버린 정당이 유권자들을 정치 활동에서 배제시킬 때, 유권자들은 정치에 관심을 잃게 되기 때문이다. 대의 민주주의가 현재의 민주주의 제도를 대표하고 있다. 그러나 많은 사람들이 제시하는 견해나 주장이 실제로 대변되는 경우는 드물다. 정당들은 그들의 견해를 대변하는 후보를 내세울 경우 자신들의 지역구에서 승리할 수 없다고 핑계를 댄다.

한 정당이 지역구에서 무소불위의 권력을 행사하게 되면 많은 유권자들이 정치적 생활의 변두리로 내몰리게 된다. 예를 들어 민주당Democratic Party이 지배하는 지역구에서 살아가는 공화당원이나 공화당Repubican Party이 지배하는 지역구에서 살아가는 민주당원은 자신의 정치적 견해가 올바르게 대변된다고 느끼지 못한다. 두 정당 중 어느 곳도 지지하지 않는 사람의 경우 정치적 고립감은 더욱 심할 것이다.[5] 상대적으로 규모가 큰 지역구에서 비례 대표제를 실행할 경우 문제가 해결될 수도 있다. 비례 대표제를 실행할 경우 한 지역구에서 사람들은 여러 명의 대표를 선출한다. 그 대표들은 모두 정당 출신으로서 각 정당을 지지하는 유권자들의 수에 따라 적절한 표(보통 약 10퍼센트)를 나눠 가진다. 그 결과 그 지역구는 일종의 다수정당 체제가 되며, 정치적 힘은 서로 조화로운 협력을 위해 연합을 이루는 집단에 몰리게 된다.[6] 하지만 어느 정당이 기꺼이 자신의 힘을 희생해가면서까지 이를 실행하고자 할지는 의문이다.

실제로 그와 같은 민주적 제도가 큰 성공을 거둔 사례가 있다. 독일에서 한 정당이 지역 비례대표로 선출되기 위해 반드시 얻어야 하

     맺는 말: 우리는 민주주의를 맞이할 준비가 되어 있는가

는 최소 득표율은 5퍼센트이며, 이 제도는 대체로 공정하게 이루어져 왔다. 비례대표를 통해 민주주의가 올바르게 이루어지기 위해선 각 정당들의 정치적 논의가 실로 높은 수준에서 이루어져야 한다. 이런 제도가 계속해서 유지되는 한, 어떤 한 정당이 장기간에 걸쳐 독재적인 권력을 누린다는 것은 사실상 불가능하다. 정당들은 그 자체로 시민들과 다르지 않아야 한다. 그럼으로써 그들은 서로 조화로운 협력을 위한 연합을 준비해야 한다.

독일, 아일랜드, 그리고 다른 많은 현대 민주주의 국가들은 이미 비례 대표제를 시행하고 있으며, 캐나다와 영국에서도 이 제도를 시행할 것인지에 대해 논의가 진행 중이다.* 누적 투표 방식과 두 후보가 같은 표를 얻었을 때 나머지 후보들은 제외하고 이 둘에 대해서만 다시 투표를 진행하는 방식(결선 투표제)은 이미 미국에서 여러 차례 실행되었다. 아울러 새로운 대체 제도로 공론 조사** 제도가 세계적으로 부상하고 있다. 선거 제도 개혁을 위해 미국에서 열리는 논의들은 다른 나라들의 논의와 시도에 비해 월등히 뒤진 상태다. 게다가 시민들과 함께하는 열린 공공 논의와 민주적 개혁의 측면에서 미국은 가장 뒤

---

* 2012년 현재 미국, 영국, 캐나다, 프랑스, 호주 등에서는 하나의 선거구에서 1명의 의원을 선출하는 소선거구제만을 시행하고 있으며 아직 비례 대표제를 병행하고 있지 않다. 반면 우리나라를 포함하여 독일, 아일랜드, 일본, 뉴질랜드, 러시아, 이탈리아 등에서는 소선거구제에 정당의 득표수에 따라 대표자를 배분하는 방식인 비례 대표제를 혼합한 선거구제를 시행하고 있다.

** '숙의적 여론 조사'라고도 부른다. '공론 조사'란 단순하게 찬반 의견만을 확인하는 통상적인 일반 설문 조사와는 달리, 주어진 사안에 대해 보다 올바르고 진중한 판단을 내릴 수 있도록 충분한 학습과 토론 그리고 질문과 답변의 공론화된 숙의 과정을 거친 뒤 해당 사안에 대한 시민들의 의견을 확인하는 여론 조사 형태를 의미한다. 간단히 말해 과학적 여론 조사와 소집단 토론을 접합해 공론을 수렴하는 방식이라고 할 수 있다. 1990년대 이후 유럽에서는 유럽연합EU 가입 여부나 유로 단일 통화 사용 등의 주제를 놓고 공론 조사가 이루어졌으며, 기타 입헌군주제나 범죄 문제에 대한 정책, 에너지 대책 등과 같은 사안을 두고 실행되기도 했다. 2007년 우리나라에서 부산항만공사가 부산역 일대의 도시개발 방향을 설정하기 위해 두 가지 대안을 두고 부산 시민대표 1,000명을 상대로 공론 조사를 실행했다.

처진 국가가 되고 있다. 다른 민주주의 국가들이 꾸준히 노력하고 있듯이, 우리는 대체 선거 제도에 대한 국제적 논의에 참여해야 한다. 현재 미국에서 유지·실행하고 있는 선거 제도에 비해 그들이 제안하는 방식들이 더욱 제대로 된 민주주의에 가깝기 때문이다.

2. 조화

조화와 관련한 질문은 다음과 같다.

무엇이 국가의 분열을 조장하는 정치적 분노를 야기하는가? 그리고 이를 해결하기 위해 우리는 지금 어떤 과정을 밟고 있는가?

처음 이 책을 구상했을 때, 조화는 민주주의 원칙에 포함되지 않았다. 그러나 민주주의의 실패가 결국 내부의 불협화음이나 내전으로 치닫게 된다는 것을 깨닫고선 조화가 민주주의에서 가장 중요한 가치라는 사실을 깨닫게 되었다. 민주주의를 향한 모든 발걸음은 결국 조화를 향한 발걸음이다. 물론 민주주의를 다수결의 원칙과 동의어로 생각하는 한 이 생각은 받아들여지기 어려울 것이다. 다수결의 원칙은 종종 조화를 무너뜨리곤 한다. 만약 제대로만 기능한다면 민주주의는 다수와 소수 모두를 협력적인 조직 안으로 끌어들일 수 있다. 큰 힘을 가진 두 정치적 집단이 서로 협력하기를 꺼려하거나, 또는 다수가 소수에게 양보하려 하지 않는 경우(그 반대도 마찬가지지만), 양측 모두 내켜하지 않으면서 억지로 민주주의라는 허울의 탈을 쓰고 있는 것이나 마찬가지다. 이라크에서 발생한 경우가 그와 같을 것이다. 쿠르드족이

　　　　　　　　　맺는 말: 우리는 민주주의를 맞이할 준비가 되어 있는가

아랍의 문화와 규칙을 거부하자 시아파는 결국 그들을 축출하거나 아니면 통제할 절대적인 권력을 소유하려 했으며, 이는 커다란 내부 갈등을 야기했다.

남북전쟁(1861~1865) 이후 미국은 국가의 재건과 또 그 이후 과정에서 국가의 조화를 이루는 데 완전히 실패했다. 그리고 여전히 인종의 차이를 뛰어넘는 조화는 달성하기 어려운 목표로 보인다. 하지만 우리는 아마릴로 교육위원회의 선거 제도 개혁과 같은 몇 차례의 성공적인 사례를 보았고, 이를 통해 어쩌면 지금보다 좀더 나은 조화를 향해 나아갈 수 있을지도 모른다. 우리는 또 민족 간 분열이 한 나라를 영어 사용 지역과 프랑스어 사용 지역으로 두 동강 냈음에도 여전히 하나의 나라로 잘 유지되고 있는 캐나다의 사례를 참고할 수 있다. 조화는 그처럼 강력한 힘을 가지고 있다.

가진 자들과 가지지 못한 자들 사이에서, 여러 인종들 사이에서, 정당들 사이에서, 과학과 종교 사이에서, 그리고 근본주의자들과 자유주의자들 사이에서 의견 불화와 불협화음을 일으킬 계기들은 언제나 넘쳐난다. 정당들 사이의 불화를 의도적·즉각적으로 야기하는 계기는 정치적 홍보의 목적에 수반하는 경우가 대부분이다. 특히 선거철마다 각 정당의 후보자들은 서로를 비방하는 데 정신이 없다. 비방에 몰두하는 동안 그들은 중요한 정치적 사안들을 진중하게 논의할 시간을 잃어버리게 되고, 그것을 계기로 다시 서로를 헐뜯는다. 그들은 정책적 사안들보다 서로에 대해서 더 많은 말을 하며, 여기에 논리는 전혀 작동하지 않는다. 이를 막기 위해 몇몇 민주주의 국가에서는 정당들의 정치 홍보가 일정한 기간 내에서만 이루어지도록 규제하며, 나머지 기간 동안에는 정치 사안에 대한 논의에 집중하도록 유도한다.[7]

다소 거리가 있어 보이긴 하지만, 많은 시민들의 의견과 입장을 제대로 대변해주지 못하면서 작은 문젯거리를 마치 큰 문제인 양 판을 키워 싸움을 벌이기에 급급한 양당제 역시 조화를 막는 계기로 볼 수 있다. 이를 개선하기 위해선 선거 제도 개혁이 시급하다.

양당제는 동시에 지역 정당의 문제를 야기하기도 한다. 특정 지역에선 한 정당이 다른 정당에 비해 상대적으로 안전하고 견고한 위치를 유지한다. 많은 정치 전문가들은 미국의 지도를 놓고 거의 모든 지역을 빨간색(공화당)이나 파란색(민주당)으로 칠한다. 민주당원은 민주당원끼리만 논의하고 공화당원은 공화당원하고만 얘기한다면, 그들 각각은 결국 상대 정당에 대한 분노와 악담만을 늘어놓게 될 뿐이다.[8] 보다 나은 사회에서라면 우리는 우리와 반대 입장의 사람들하고도 자연스럽게 대화를 나눌 수 있을 것이다. 그러나 지역에 따른 정당 영향력의 구분은 그런 대화가 벌어지는 것을 어렵게 만든다. 미국의 경우 이런 지역 구분은 남북전쟁에 기인한다. 전쟁 이전으로 그 원인을 거슬러 올라간다면, 아마 남북전쟁이 발생하게 된 주 원인인 헌법 제정 의회를 놓고 남부와 북부 사이에서 벌어진 극렬한 의견 불일치일 것이다. 이제 그처럼 지역 구분의 문제를 야기했던 초기 사건, 곧 전쟁과 남북 갈등은 역사로만 기억될 뿐이기에 상식적으로는 이 문제가 갈수록 덜 중요해지는 게 맞다. 그러나 거꾸로 현재 미국은 지역 구분에 따른 정당 영향력 확보가 더더욱 중요한 문제로 대두되고 있다.

지역에 따라 조각난 국가라는 직물을 다시 짤 방안은 무엇인가? 국가에 손상을 가하지 않고 온전한 하나의 직물로 유지하는 것은 미국의 초대 대통령이었던 조지 워싱턴George Washington이 퇴임 고별사에서 우리에게 남긴 의무였다. 우리는 현재 상호 간에 서로 많은 공통점을 가지고 있다. 그러나 우리가 문화 개선의 노력을 게을리하지 않고 서로에 대한 경의를 잃지 않았다면 아마도 더욱 많은 공통점을 가지고 있었을 것이다. 과연 유권자들이 국가보다 정당을 더 앞세우고 중시하는 정치가들을 믿고 그들에 대한 공직 위임에 동의할 수 있겠는가? 아마도 아닐 것이다. 우리는 모든 실천적인 방안에서 조화를 향해 나아갈 필요가 있다. 예를 들어 우리는 학생들이 각 정당이 내세우는 주장을 살펴보고 비판적으로 따질 수 있는 능력을 키워주는 교육 제도를 시행해야 한다. 아울러 선거 시 올바른 법적 방향과 방법을 제안하면서 정당(의 정치적 입장에 대한) 홍보를 유도해야 한다. 그렇게 된다면 약 15분가량의 홍보물에서 정당은 다른 정당의 후보를 비방하기보다 정책과 관련한 보다 실제적이고 풍부한 논의를 할 수 있을 것이다. 아마도 조화는 민주주의 이념들 중에서 가장 이상적인 것으로 보일지도 모른다. 하지만 조화는 이상적인 것이 아니라 절대적으로 실천적인 것이며, 실제적으로 민주주의를 작동시키는 핵심 요소다.

3. 법에 따른 통치

법에 따른 통치와 관련한 질문은 다음과 같다.

문제가 있는 국가에 개입함으로써 야기되는 위험들을 감내할 수 있는가? 그리고 법에 따른 통치를 국내외 모두에서 준수하면서 동시에 자국민의 안전을 보호할 수 있는가?

민주주의가 잘 이루어지는 경우 국가는 본의아니게 제국을 결성하게 될 수 있다. 마치 아테네인들이 델로스 동맹을 통해 그리스 여러 도시 국가들을 실질적으로 이끌고 동맹의 국고 일부를 파르테논 건설을 위해 유용할 수 있었던 것처럼 말이다. 하지만 좋은 민주주의는 결코 제국을 효과적으로 유지할 수 없다. 거기엔 두 가지 이유가 있다. 제국이 민주주의 원칙에 의거하여 통치해나간다고 가정해보자. 그 경우 보수적인 아테네인들이 지적했듯이 (그리고 역사가 증명했듯), 그 제국은 아마도 일관된 기준으로 국내외 국민들을 통치하지는 못할 것이다. 제국은 자신의 시민들에게는 자비롭고 관대하겠지만, 그 외의 사람들에게는 가혹하고 난폭하게 대할 것이다. 한편으로 그 제국의 최고 권력이 참주에게 주어져 있다고 가정해보자. 그렇다면 그 제국은 자국 밖에서 행사하는 무자비함을 결국 자국 내에서도 행사하게 될 것이다. 한 제국이 스스로 법 위에 서려 할 때, 그 제국의 힘은 참주적으로 변하고 만다. 지도자들은 종종 제국을 유지하기 위해선 법을 잠시 제쳐둘 필요가 있다고 주장한다. 그들은 평화적인 국제법을 따르게 될 경우 제국을 잃게 될 것이라고 생각한다. 하지만 그처럼 법을 비웃는 행위는 마침내 본국에까지 퍼지게 된다. 만약 제국의 시민들이 제국의 유지에 위험을 가한다고 여겨질 때면, 그 지도자들은 결국 자신의 시민들도 가혹하고 무법적으로 다스릴 것이 분명하다. 그럼 차라리 그래야만 한다고 주장하는 것은 어떤가? 그러니까 제국의 존속에 위협을 가하는 이들에 대한 법의 보호를 아예 부인해버리는 것은 어떤가? 그러나 우리는 그러지 말아야 할, 아니 그럴 수 없는 아주 중요한 이유를 갖고 있다.

전통적·사전적 의미에서 미국은 제국이 아니다. 하지만 세계에 걸쳐 유례없이 다양한 종류의 권력을 행사하며 그 결과 과거 제국들이 그랬던 것처럼 국가 존속에 위협이 되는 많은 위험에 노출되어 있다. 2004년 미국은 국제 정세를 다루는 데 있어 제국적 정책을 사용했다는 이유로 다른 많은 국가들로부터 경멸을 당했다. 전쟁 지역에서 (비록 국제법은 여전히 적용이 되지만 효과적인 전략과 전투를 위해) 잠시 법적 요소들을 보류하는 것은 상식이다. 미국인들은 테러리즘이 모든 곳을 전쟁 지역으로 만들어버린다고 생각하면서 이 상식을 악용했다. 그들은 테러와 관련되어 있다고 여겨지는 사건들을 다루는 데 있어 법에 따른 통치를 잠시 보류하려고 했다. 이는 분명히 잘못된 생각이었다. 전쟁과 범죄를 혼동한 데서 온 명백한 실수이며, 모든 사람의 건전한 윤리적 사고를 황폐화시킬 정도로 커다란 윤리적 실수였다. 전쟁은 언젠가 끝이 나지만 범죄는 영원히 계속된다. 우리는 전쟁의 종식을 기다리며 일시적으로 자유를 희생시킬 수 있다. 하지만 영원한 희생은 아니다. 우리는 범죄에 맞서 싸우기 위해, 혹은 끝나지 않을 영원한 전쟁을 치르기 위해 우리의 자유를 영구적으로 희생시킬 수는 없다. 행여 우리가 영원히 끝나지 않을 전쟁을 겪게 되더라도, 법에 따른 통치를 준수하면서 이기는 법을 배워야 한다. 테러리즘은 그 위협이 결코 사라지지 않기에 범죄와 같다고 할 수 있다. 우리는 아주 오랜 시간을 범죄와 함께 살아왔다. 나의 증조부는 1880년 뉴저지에서 발생한 무정부주의자들의 열차 폭발 테러로 사망했다. 그때 만약 우리가 테러분자로 의심되는 자들의 법적 권리를 박탈했다면, 우리는 현재 같은 방식을 모든 곳에서 무제한적으로 적용하고 있을지도 모른다. 그런 정책은 어쩌면 우리를 테러분자들로부터 좀더 안전하게 보호할지 모른다. 하지만 우리가 그 정책을 받아들이기로 결정한다면, 이는 곧 지도자들에게 우리 몰래 비밀리에 활동을 할 수 있는 권한을 부여하는 꼴이다. 그렇게 되면 지도자들은 당연히 모든 책무로부터 해방된다. 고대 그리스인들처럼 우리의 선조들도 지도자들을 결코 무한정 신뢰해서는 안 된다는 사실을 알고 있었다. 지도자들은 언제나 자신의 말과 행동에 책임을 져야 한다.

과거나 지금이나 두려움은 언제나 존재한다. 그리스인들은 두려움이 어떻게 사람들을 참주적으로 만드는지를 잘 알고 있었다. 테러리즘을 두려워하는 미국의 지도자들은 국제법의 비호 아래 개발될지도 모를 반미적인 조치 또한 두려워한다. 그 형식은 꽤나 분명하다. 제국은 늘 공개적으로 노출되며 이는 두려움을 양산하고, 그 결과 민주적 원칙들을 희생해가며 자기 방어적 움직임을 취한다. 외부 위험에 대한 두려움으로 우리는 종종 충성과 신뢰를 가지고 지도자를 헌신적으로 따른다. 데모스테네스가 최초의 민주주의 시기 동안 주장했듯, "불신은 사람들이 참주정으로부터 자신들을 지키는 가장 좋은 보호책이다."[9] 물론 지나친 불신은 국가의 조직을 파괴하고 조화를 몰아낸다. 우리를 지키는 가장 좋은 보호 장비는 용기다. 비록 우리가 위험에 둘러싸여 있어도 옳다고 여겨지는 바를 기어이 해내고야 마는 용기 말이다. 정치적 용기는 무엇이 옳은 것인지에 대해 끊임없이 생각하도록 만든다. 그렇기에 교육이 중요한 열쇠가 된다. 우리 모두는 자유가 얼마나 소중한지, 그리고 겁쟁이들이 얼마나 자유를 쉽게 배반하는지 그 역사의 교훈을 배워야만 한다.

4. 본성에 따른 자연적 평등성

인간 본성에 따른 자연적 평등성에 대해 많은 질문이 제기될 수 있다. 그러나 그중 건강한 민주주의와 관련하여 가장 적절한 물음은 다음과 같다.

우리는 부富가 정치적 혜택을 얻는 것을 제지할 수 있는가?
민주주의와 관련하여 고대 그리스인들에게 중요한 쟁점 가운데 하나는 부富였다. 그들은 민주주의 체제 안에서 부유한 자들이나 가난한 자들이 모두 동등해야 한다고 믿었다. 그래서 아테네인들은 알키비아데스처럼 아테네를 배반하고 스파르타인들에게 도움을 청하는 경우가 발생하지 않도록, 지나치게 억압적이지 않은 범위 안에서 부유한 자들의 영향력을 조금씩 줄여나갈 방도를 마련했고, 이를 계속해서 조정해나갔다. 30인 참주정 이후 민주주의 재건을 위해 도입된 클리스테네스Clisthenes 개혁이 추구했던 실제 목표가 바로 이것이었다. 현명하게도 아테네인들은 모든 부를 공평하게 나누자고 제안하지는 않았다. 대신에 그들은 부유한 자들에게 세금을 부과했다. 그들의 목표는 부의 평등성이 아니라 정치적 평등성이었다. 우리의 목표 역시 그들과 같아야 한다.

현대에 살아가는 우리는 성별과 인종을 초월한 평등성이 얼마나 중요한지 고대의 아테네인들보다 더 잘 알고 있다. 그리고 그 영역에서의 평등성을 향해 꾸준히 나아가고 있다. 그러나 오늘날 우리는 부와 관련한 영역에서의 평등성이 얼마나 큰 실패를 맞고 있는지 아직 잘 인지하고 있지 못하는 듯하다. 그리고 상황은 점점 악화되고 있다.

부유한 자들은 자신들의 아이들을 위해 좀더 비싸고 더 나은 교육을 시키는 반면, 가난한 자들은 자신들의 아이들을 퇴보시키는 형편없는 교육만을 제공받게 된다. 교육을 통해 부는 계급의 차이를 보다 강화시키고 있으며, 더 나아가 인종 사이의 인위적 차이를 만들어내고 있다. 미국에서는 지역에 따라 학교들이 재산세를 통해 지원을 받는다. 부자들은 부자 동네로 옮겨가 자신의 아이들이 더 나은 학교 교육을 받을 수 있도록 하는 반면, 가난한 자들은 그런 자유를 갖고 있지 못하다. 미국에 있는 모든 유권자, 법원, 입법부, 심지어 연방 정부까지 이와 같은 문제를 알고 있다. 하지만 누구도 그 해결책을 알고 있는 것처럼 보이지는 않는다.

최초의 민주주의는 이 문제를 어떻게 해결할지에 대해 단 하나의 가르침만을 우리에게 전해준다. 아테네가 정부 차원에서 유일하게 시민들을 위해 제공했던 효과적인 공공 교육 제도는 극장이었다. 그곳에서 사람들은 민주적 사안들과 주제들을 다루었으며, 투표권을 가진 모든 시민이 관심을 가지고 결속했다. 사람들은 극장에서 다양하고 폭발력 있는 주제들을 다루었으며 그 주제들을 면밀히 살폈다. 공공 교육을 위한 극장이란 물론 아주 값비싼 방편이었다. 하지만 고대 아테네는 그것이 충분한 값어치를 한다고 생각했다. 현대의 어떤 미디어가 그와 같은 효과를 줄 수 있을까? 영화? 스포츠? 아니면 인터넷? 과연 그것들이 공공 교육에 긍정적인 효과를 주고 있을까, 아니 줄 수 있기나 한 걸까?

정치적인 측면에서, 부는 정치 지도자들에게 접근할 수 있는 권한을 살 수 있으며 이는 선거 결과에 영향을 미치기도 한다. 이는 더 이상 언급할 필요가 없을 만큼 분명한 사실이다. 하지만 우리는 왜 유권

     맺는 말: 우리는 민주주의를 맞이할 준비가 되어 있는가

자들이 부의 불평등 문제에, 그리고 다시 부로 흘러들어가는 권력 문제에 의문를 제기하지 않은 채 마냥 안주하고 있는지 물어야 한다. 아마도 많은 유권자들은 부자들이 자신들의 특별한 힘을 정당하게 획득했기에 정치적인 영역에서 더욱 큰 영향력을 행사하는 것 역시 당연하다고 여길지 모른다. 그러나 곧 그런 믿음이 민주주의를 파괴한다. 물론 많은 이들이 정직하게 부를 획득했을 것이다. 그러나 대부분의 부자들은 자신들의 부를 획득한 것이 아니라 물려받았으며, 또 다른 일부는 어쩌면 부당한 방법으로 획득했을 수도 있다. 그들에게 정치적 특권을 부여해야 한다고 생각할 근거는 딱히 없는 것이다. 정치와 정의와 관련하여 그 영향력을 사고팔 수는 없다는 것은 역사가 증명하는 바이기도 하다. 아테네의 입법과 배심 제도는 부패를 막기 위해 두 가지 방안을 고안했고 그것은 성공적으로 작동했다. 우선 매수가 불가능했기에 추첨제는 처음부터 부패할 수 없었으며, 또 도시가 정치 활동의 참여자에게 보수를 지불했기에 적은 임금으로 생활하는 시민들도 정치에 참여할 수 있었다. 그럼 오늘날 미국의 유권자들은 정의에 따라 부의 권력을 억제하거나 가난한 자들도 동등한 정치적 권한을 가져야 한다는 것을 과연 믿을 수 있을까? 만약 우리가 이와 같은 질문을 던지지 말아야 한다고 생각한다면, 그것은 아마도 경제적 이득이 다수의 힘으로부터 보호받아야 한다는 생각 때문일 것이다. 그러나 다수의 힘을 제한하기 위하여 경제적 이득이나 부에 특별한 권력을 부여하는 것보다 더 민주적인 방식이 있지 않겠는가?

선거운동 지원 개혁은 부가 정치적 영향력을 가지는 문제를 해결할 수 있을 것처럼 보이지 않는다. 모든 개혁에는 허점이 있으며, 돈의 힘은 너무나 강력하여 법망 안의 아주 자그마한 균열을 통해서도 막강한 영향력을 행사하기 마련이다. 게다가 그처럼 균열을 갖게 된 법은 자유에 해롭기까지 하다. 하지만 승자 독식의 선거 제도를 끝내기 위해 우리가 하는 어떤 작은 노력도 도움이 될 것이다. 작은 정당들은 그들의 메시지가 인기를 얻고 있는 지역에서 적은 비용으로도 활동할 수 있어야 한다. 그런 그들을 용인하는 제도 안에서 작은 정당들은 돈의 위력을 제한할 수 있다. 또 부가 정치적 권력을 독식하는 것을 효과적으로 막기 위한 방안으로 최초의 민주주의에서 배심원 선출을 위해 사용했던 추첨제의 도입도 고려해볼 수 있다.

5. 시민 지혜

시민 지혜와 관련한 질문은 다음과 같다.

복잡한 사안들을 결정하는 문제에 있어 시민들의 지혜가 어떻게 국가에 도움이 될 수 있는가?

이 질문은 부분적으로는 교육에 대한 것이고 부분적으로는 정치 활동에 대한 것이다. 시민 지혜가 효과적으로 역할하기 위해서는 교육받은 시민 집단이 필요하다. 하지만 미국은 정책 결정에 영향을 미칠 만한 교육받은 시민 집단이 존재하지 않는 것처럼 보인다. 공론 조사에 대한 최근의 실험들은 사람들이 주어진 사안에 대해 보다 다양하고 많은 정보를 통해 잘 알고 있는 경우, 처음에 의도했던 바와는 다른 방향으로 투표한다는 결과를 보여주었다.[10] 하지만 일반 대중에게 좋은 결정을 내리도록 도와줄 적절한 교육을 제공하는 방법이 과연 존

　　　　　　　　맺는 말: 우리는 민주주의를 맞이할 준비가 되어 있는가

재할까? 그리고 그것이 있다면 과연 무엇일까? 이것이 교육적 문제에 관한 질문이다. 한편 정치적 문제는 교육적 문제와 같은 뿌리를 두지만 다른 방식으로 나타난다. 곧 그 물음은 다음과 같다. 주어진 정책 사안들에 대해 보다 풍부한 정보를 습득한 시민들에게 더욱 큰 영향력을 제공할 수 있는 민주적 방식이 있는가? 실제 선출된 배심원들은 주어진 사건에 대해서 교육을 받는다. 따라서 그들은 그 사건에 대해 교육받지 않고 단지 신문이나 뉴스 등을 통해 일반적인 보고만을 받은 시민들보다 더 나은 결정을 내릴 수 있을 것이다. 그렇다면 유사한 방식으로 조직된 집단, 예컨대 고대의 방식인 추첨제를 통해 선출된 사람들로 조직된 집단이, (물론 부에 영향을 받은) 정당 지도자들을 대신하여 정책 사안들에 대해 결정을 내리도록 할 수 있을까?

세금 정책에 대해 사람들은 언제나 선출된 공직자들을 대신하여 자신들의 주장을 요구한다. 세금 정책에서의 변화는 어쩌면 한 사회의 부의 지도에 커다란 변화를 야기할지도 모른다. 특정 이익 단체들은 그와 같은 세금 정책의 변화들을 무척이나 반길 것이다. 만약 다른 효과적인 선거운동 개혁이 없다면, 선출직 공직자들은 자신의 선거운동에 금전적 지원을 제공한 특정 이익 단체들에 의해 세금 정책과 관련하여 늘 영향을 받게 될 것이다.

고대 아테네 의회에서는 추첨제를 통해 선출된 500명의 시민들이 모든 아테네인을 대표했다. 우리가 만약 그와 유사한 국가 정책 결정 기구를 가지고 있다고 가정해보자. 또 그 기구의 구성원들이 영향력 있는 특정 집단으로부터 분리되어 있으며 거시경제학에 대해 교육을 받았다고 가정해보자. 마지막으로 그들이 세금 정책에 대한 전문가들의 의견을 포함하여 서로 반대되는 두 입장 사이의 활발하고 광범위한 논쟁에 대해 들었다고 가정해보자. 그렇다면 그 기구는 현재의 조세 제도보다 더욱 간단하면서도 공정한 정책을 제안할 것이다. 부유한 자들의 모임이나 그와 유사한 다른 집단의 불공정한 개입이나 영향력 행사는 없을 것이다. 하지만 이런 과정을 전적으로 민주적이라고 할 수 있을까? 이 방식은 숙의적 민주주의의 한 형태를 보여준다. 그리고 어떤 측면에서는 대의 민주주의보다 더 민주적인 것도 분명하다. 이 방식에서 시민 지혜는 활발하게 활용되는 반면 부의 개입은 억제되기 때문이다. 그러나 또 다른 측면에서 이 방식은 보다 덜 민주적이기도 하다. 기구의 구성원들은 선거를 통해 선출된 것이 아니기에 다음 선거에서 유권자들은 그들에게 책임을 물을 수 없기 때문이다. 아마도 그들은 다시 공직에 선출되길 바라기보다 임무가 끝나는 대로 자신들의 사적인 삶으로 돌아가려 할 것이다.

과연 우리는 정책 결정에 있어 시민 지혜를 효과적으로 활용할 수 있는 보다 나은 방법들을 찾을 수 있을까?

6. 지식 없는 상태에서 이루어지는 추론

지식 없는 상태에서 이루어지는 추론과 관련한 질문은 다음과 같다.

우리는 정녕 좋은 결정을 내리기 위해 서로 반대되는 입장 사이에서 자유로운 동시에 공정한 열린 논쟁을 벌일 수 있는가?

주어진 사안들에 대해 진중한 자세를 취하지 않는 정당들 사이의 소모적이며 사소한 말다툼이 종종 '논쟁'으로 간주되곤 한다. 그들의 논쟁은 아무도 듣지 않는다. 아니 보다 정확히 말해 그 사안들에 대해 투표하게 될 유권자들 중 누구도 그들의 논쟁에 귀를 기울이지 않는다. 의원들은 종종 텅 빈 의사당에 대해 투덜거린다. 아마도 진정한 논쟁은 정당 내의 간부회의에서 열리고 있는지도 모른다. 하지만 그것은 전혀 공개적인 공공 포럼이 아니다.

가장 중대한 사안의 하나인 전쟁에 대한 논쟁에 참여할 때 보통 사람들은 종종 소위 전문가를 대동한 집행부의 거짓말이나 과장법에 기가 죽게 된다. 전쟁에 반대하는 의견을 펼 때마다, 전쟁 찬성론자들은 반대론자들을 향해 반국가적이며 반민주적이고 반인륜적이라는 허울을 씌워 모략하기 일쑤였다. 이미 앞에서 살펴보았듯, 유사한 전략으로 논쟁을 타락시켰던 경우가 고대 아테네에서도 있었다. 정치인들이 그와 같은 전략을 쓰는 것은 두려움 때문이다. 정치인들은 진실이 탄로날 경우 유권자들이 자신들로부터 등을 돌릴까봐 늘 두려워한다. 바로 그 점 때문에 니키아스는 아테네인들에게 시라쿠사와의 전쟁에 대해 진실을 말하지 않았다. 진정 정치인들은 용기를 얻는 법을 배울 수 없는 걸까? 마찬가지로 유권자들은 지도자들이 실수를 저지를 때 그들을 처벌하는 대신 그들의 인간성을 인정해줄 수는 없는 걸까? 또 우리의 정치적 삶이 우리 지식의 한계에 대해 정직할 수 있도록 변화시킬 수 있는 것은 무엇일까?

국회 제도를 도입한 민주주의 국가에서는 제법 의미 있는 논쟁이 벌어지기도 한다. 하지만 국회 제도의 도입이 논쟁의 수준을 향상시키기 위해 반드시 필수적인 것은 아니다. 비례대표제, 또는 정책 결정 행위에서 제3당도 정당하게 참여할 수 있도록 허용하는 제도는 논쟁을 위한 환경을 개선하는 데 충분히 좋은 영향력을 미칠 수 있다. 둘 이상의 정당이 모여 주어진 사안에 대해 논쟁을 벌이게 될 경우, 정치는 분명히 상대방을 모략하고 비방하는 것 이상으로 진행될 게 분명하기 때문이다. 제3당이 옆에서 대기하고 있는 동안 두 정당이 서로를 인격적으로 비방하는 데 전력을 쏟는다면, 결국 그들의 상호 비방은 제3당에 정치적 추진력을 부여하는 꼴이 되고 말 것이며, 그들은 분명히 그것을 원치 않을 것이기 때문이다. 그렇기에 이 주제에 대해서도 역시 선거 제도의 개혁이 해답이 될 수 있다고 말할 수 있다.

7. 교양 교육

교양 교육과 관련하여 네 가지 질문이 있다.

교육은 단순히 직업적 목적만을 위해 사람들을 훈련시킬 것인가?

현재 우리의 교육은 취업 준비라는 커다란 압력 아래 놓여 있다. 직업을 가지기 위해 준비한다는 것은 그 자체로 좋은 것이다. 하지만 그럼 누가 시민으로서의 좋은 삶을 사는 법을 사람들에게 가르칠까? 많은 지역에서 학교는 학생들에게 역사와 사회, 정치, 경제 등을 가르친다. 학교가 그런 과목을 가르치는 것은 이를 통해 학생들이 더욱 나은 시민이 될 수 있기를 희망하기 때문이다. 그런데 정말로 그렇게 될까? 그 희망을 실현시키기 위해서는 단순히 그 과목을 가르치는 것뿐 아니라 그것들을 어떻게 가르칠지, 즉 교육 방법에 대한 고려도 있어야 한다. 올바르게 교육받은 좋은 시민들은 세금 정책 등 공동체의 어려운 주제들을 둘러싸고 이루어지는 논쟁들에 대해 어떻게 평가해야 하

　　　　맺는 말: 우리는 민주주의를 맞이할 준비가 되어 있는가

는지 잘 알고 있을 게 분명하다. 교육을 통해 민주주의에 대한 개념을 보다 잘 파악하고 있기에, 그들은 자신들의 정책 제도로부터 얻게 될 이익이나 불이익을 보다 잘 평가할 수 있을 것이다.

소위 대학 수준의 우등생이라 불리는 학생들에게 대안적 제도에 대해 질문을 던져본 적이 있다. 놀랍게도 그들 중 누구도 지난 수세기에 걸쳐 구성된 대부분의 민주주의 국가들이 보다 민주적인 대표 선출 방식에 찬성하여 소선거구 단순다수제 방식을 포기했다는 사실을 알지 못했다. 비단 그들만이 아닐 것이다. 우리는 우리의 선거 제도에 대해 도대체 얼마나 알고 있는 걸까? 과연 우리가 학생들에게 민주주의의 조건에 대한 보다 어려운 질문들을 던질 수 있기나 한 걸까?

교육은 사람들을 자신의 주장만을 무조건적으로 강요하는 교조적 집단들의 영향력 아래로 몰아가기만 할 것인가?

몇몇 종교 집단들은 그들이 신의 음성을 전달한다고 믿으면서 자신들의 입장과 종교적 견해를 선포하기 위해 참주적인 권력을 구하려 한다. 그들의 막강한 영향력 아래 공립 학교의 교사들은 자신들이 알고 있는 과학적 지식을 학생들에게 가르치는 데 위협을 받으며, 출판사들은 과학 교과서에 말도 안 되는 내용들을 첨가하라고 강요받는다. 진리에 반하는 그런 폭력이 점차 확대되고 있으며 사람들을 분열시키고 있다. 두려움은 참주의 도구다. 이는 오늘날 교육에서도 확실히 알 수 있다. 그렇다면 우리는 어떻게 현재와 과거의 사실에 대해 학생들에게 보다 나은 이해를 전달하고자 하는 교사들에게 용기를 줄 수 있을까? 그리고 그들이 용기를 발휘하고자 할 때 어떻게 그들의 안전을 보장해줄 수 있을까?

한편 미국 사회에서 사립 학교와 종교(특히 기독교) 재단 학교의 팽창, 그리고 홈스쿨링home-schooling의 폭발적 증가는 사람들 사이에서 다양한 교육적 충돌을 일으키고 있다. 이전 미국에서 사람들에게 다양한 종교적·문화적 혼합의 장을 제공했던 군대가 더 이상 의무 복무를 실행하지 않으면서, 미국 사회 안에서 사람들 간에 문화적 장벽을 뛰어넘어 함께 대화하고 자연스럽게 같이 일할 기회가 줄어들고 있다. 물론 사업과 스포츠 활동을 통해 여전히 사람들이 함께 대화하며 일한다고 말할지도 모른다. 그러나 함께 사업하는 것이 우리를 함께 하도록 하기에 충분한가? 아니면 월요일 저녁에 함께 축구 경기를 보는 건 어떤가?

고대 아테네에서 시민들은 종교 축제를 통해 끊임없이 교육을 받았으며 그것을 서로 공유했다. 그들 모두는 디오니소스 극장에 모여 함께 연극 작품들을 볼 수 있었다. 기원전 4세기에 아테네는 시민들에게 무료 공연을 제공하기 위해 공공 자금을 모았다. 아테네인들은 소포클레스나 에우리피데스의 작품들 속에서 크레온을 파멸로 몰고갔던 정치적 딜레마들이 극화된 공연을 보았다. 그런 공연을 보면서 아테네인들은 그 이전보다 정치적 사안과 활동에 대해 더욱 분명히 따져볼 수 있게 되었다. 마치 도시 전체의 시민들이 TV 시리즈인 〈웨스트 윙〉The West Wing*을 시청하는 것과 마찬가지라고 할 수 있다.

하지만 현실 속 대부분의 미국인들은 오직 아메리칸 풋볼리그 최종 결승전인 슈퍼볼을 시청할 뿐이다. 아테네의 극장이 자유와 참주,

---

* 〈웨스트 윙〉은 1999년부터 2006년까지 미국 NBC에서 방영된 정치 드라마다. '웨스트 윙'은 미국 대통령이 업무를 보는 백악관의 별관을 지칭하는 말로, 대통령 집무실인 오벌 오피스The Oval Office와 보좌관들의 사무실이 위치하고 있다. 이 드라마는 백악관 웨스트 윙을 배경으로 가상의 민주당 대통령의 집권기를 그리고 있으며, 그 속에서 다양한 정치적 사안들을 심도 있게 다루고 있다.

　맺는 말: 우리는 민주주의를 맞이할 준비가 되어 있는가

법과 종교, 권력과 언어, 그리고 심지어 성별과 차별에 대해 논했던
반면, 미국의 극장은 승리에 집착할 뿐이다. 우리는 이보다 더 잘할
수 있지 않는가?

**경의에 대한 우리의 이해를 되살린다면, 우리는 신의 목소리를 전한다는 강제적
인 종교운동에서 무엇이 잘못되었는지를 알 수 있을까?**

종교적 주장이 갈수록 정치적 분열을 조장하고 있다. 고대 그리스인
들은 인간이 신의 지식을 가지고 있다고 주장하는 것은 오만함이나
다름없다고 여겼다. 하지만 우리는 그 점을 잘 이해하고 있지 못한 것
같다. 변화를 위한 희망이 있는가?

**교육은 사람들을 정의나 경의처럼 모두가 함께 나누는 공동의 가치로 이끌 수
있는가?**

아마 이것이 가장 어려운 질문일 것이다. 여러 세대를 거쳐 교육 제도
는 분명히 발전해왔지만, 감옥의 수는 계속 늘고 있다. 이는 단순히 넘
쳐나는 범죄 때문만이 아니다. 무분별하게 판결을 내림으로써 나쁜 법
률을 지지하고 있는 무지로 인해 벌어진 현상이다. 공유된 무지, 공유
된 두려움, 공유된 격노가 대중매체를 통해 치명적인 수준으로 양산되
고 있다. 그렇다면 공동의 이해는? 공동의 연민은? 어느 입장에 서든
지 정의를 지키겠다는 공동의 약속은? 그리고 공동의 경의는? 전쟁 포
로에게 우리는 정당하면서도 관대한 자세를 취할 수 있는가? 또 자신
의 양심이나 사소한 범죄를 저지른 자들에게는 어떠한가? 그리고 그로
인해 발생할 수 있는 위험을 감내할 수 있는가? 두려움은 우리 양심의
눈을 가리며 가슴을 무디게 한다. 상호 간의 이해를 위한 발걸음이 정

당하지 않은 두려움을 잠식시킬 수 있는가? 아니면 우리는 우리를 맹렬히 공격하는 모든 위협에 맞설 수 있는 용기의 새로운 원천을 찾을 수 있는가? 용기 없이 우리는 자유를 유지하고 지킬 수 없다. 무엇보다도 우리는 교육 개혁을 이끌 지도자가 필요하다. 민주주의의 가치를 교육의 핵심으로 놓는 데 두려워하지 않을 지도자가 필요한 것이다.

마지막 질문

이 시점에서 아마도 당신은 묻고 싶을 것이다. 정녕 고대 아테네인들은 우리가 위의 질문들에 대해 답할 수 있도록 가르치고 있는가?

두 가지 대답이 가능하다. 그중 첫 번째 대답은 '그렇다'이다. 그들은 올바른 이념들을 가졌다. 민주주의로부터 점점 엇나가는 것을 멈추고자 한다면, 우리는 그 이념들을 진지하게 고려해야 할 것이다. 또한 그들이 그 이념들을 실천으로 옮기기 위해 사용한 방식들 중 일부는 우리가 지금 실행하는 방식들보다 월등히 우월했다. 특히 우리는 그들이 어떻게 대표 기구를 구성해 사용했는지, 즉 배심원들을 어떻게 선출했으며 어려운 사안들에 대해 결정을 내리기 위해 어떻게 시민 지혜를 활용했는지에 대해 분명히 이해할 필요가 있다.

동시에 또 다른 대답은 '아니다'이다. 단순히 아테네인들을 모방하려고 하는 것은 미친 짓이나 다름없다. 루이스 맥니스Louis MacNeice*

* 아일랜드 출신의 시인이자 극작가로, 1930년대 억제된 감정을 바탕으로 당시의 시사적 문제를 다룬 '신시'New Poetry 집단에 속했다. 버밍엄과 런던에서 고전 문학과 그리스어를 강의했으며, 1940년대엔 BBC에서 자신이 직접 쓴 라디오 극본을 연출했다. 고대 그리스 비극 시인인 아이스킬로스와 로마 서정시인인 호라티우스의 작품들을 번역하기도 했다.

  맺는 말: 우리는 민주주의를 맞이할 준비가 되어 있는가

는 1939년 『가을 일기』*Autumn Journal*에서 "죽은 자들은 이미 죽었다"라고 적고 있다. 그는 당시 '그리스라는 영광'을 지나칠 정도로 찬양하며 자신들의 연구에만 안주하려 했던 당시의 고지식한 학자들에게 조소를 보냈다. 맥니스는 그들의 견해에 반대하며, 진실은 고대 아테네가 사실 비열하고 늘 전쟁을 일으킬 궁리만 했으며 선동가들에 의해 이리저리 휩쓸렸고 경제는 포로 노예들에게 의존하고 있었다고 강조했다. 그는 다음의 문장으로 글을 마친다.

> 그리스는 상상조차 할 수 없을 정도로 달랐으며
> 아주 오래전에만 존재했다.[11]

물론 우리가 논하고 있는 그리스는 아주 오래전에 존재했다. 하지만 고대 아테네가 "상상조차 할 수 없을 정도로 달랐다"는 주장은 사실이 아니다. 현재 전 세계를 오염시키고 있는 미국 역시 비열하며, 국외로 나가 전쟁 일으킬 궁리만 하고, 선동가들에 의해 이리저리 휩쓸리고 있으며, 경제는 불법 체류자나 제3국에서 온 노동자들에게 의존하고 있다. 맥니스가 진단하듯 우리의 이념과 실천 사이의 간극은 고대 아테네인들의 그것과 크게 다르지 않아 보인다.

그럼에도 차이가 있다. 가장 큰 차이는 고대 아테네인들이 민주주의 개혁을 위한 이념들을 실천하고자 다양하고도 많은 시도를 한 반면, 우리는 전혀 그러고 있지 않다는 점이다. 그들은 민주주의가 어떠해야 하는지에 대해 잘 알고 있었고, 실패를 통해 한 걸음 한 걸음씩 나아가며 끊임없이 자신들의 민주주의를 발전시키고자 노력했다. 그럼 과연 우리는 어떨까? 우리 중 소수만이 민주주의가 우리에게 무엇을 요구하는지 알고 있다. 아테네인들을 살펴보고 그들을 경험하는 일을 통해 우리는 분명히 스스로를 도울 수 있는 길을 찾을 수 있다. 예를 들어 정치 활동에 있어서 성공적인 추첨제나 지도자 책무 제도, 부의 권력 획득을 억제하는 방안, 그리고 모든 시민이 스스로 국가의 부분이자 구성원이라고 느끼게 될 때 갖게 되는 정치적 활기 등이 그렇다. 하지만 고대의 아테네가 곧 우리의 청사진은 아니다. 고대의 아테네가 우리에게 주는 최고의 선물은 민주주의 이념들을 향한 그들의 끊임없는 도전이다. 그들의 도전은 한 번도 멈춘 적이 없었다. 끊임없이 역동적이었으며 활력이 넘쳤다. 그들은 민주주의 이념들을 실현시키기 위한 여정에서 결코 지치지 않았다.

우리는 미국이 이미 민주주의의 모범이라는 생각을 뒤흔들 준비가 되어 있는가? 많은 고대 아테네인들이 그러했듯, 민주주의의 목표를 우리의 정치적 마음가짐, 그 맨 앞자리에 놓을 준비가 되어 있는가? 또 아테네인들처럼 스스로의 실수를 인정하고 그 실수로부터 배울 준비가 되어 있는가? 우리는 민주주의가 정말로 무엇인지, 그리고 민주주의 실천을 위해 우리가 무엇을 해야 하는지에 대해 범국가적인 담화를 할 준비가 되어 있는가? 그리고 무엇보다도 그 원대한 꿈, 곧 사람들을 위한, 사람들에 의한, 사람들의 정부를 가지는 꿈을 간직한 채 살아갈 준비가 되어 있는가?

최초의 민주주의

1　　　　Peter Euben(1997)은 이 점을 지적하고 있으나, 어쩌면 주관적인 인상일 수도 있다. World Audit에서 조사한 바에 따르면 민주주의 척도에 따른 미국의 순위는 여전히 상위에 머무르고 있다. 관련 내용은 웹사이트 http//www.worldaudit.org/countries/as.htm을 참조할 것. 그러나 그런 순위가 논의의 핵심은 아니다. 심지어 가장 상위를 차지하는 국가조차 완벽한 민주주의를 실행하고 있다고 생각할 수는 없으며 개선해야 할 부분들을 가지고 있다(이 책을 집필할 당시엔 핀란드가 1위를 차지했다).

2002년 민주주의 평가에 대한 IDEA 편람은 국가 민주주의 수준을 평가하기에 적합한 질문 절차와 목록을 구성했다. 다음은 IDEA 편람에서 특히 중요하다고 생각되는 항목들이다.

2조 4항: "수감자 수의 불균형적인 사회 구성"을 사회의 부정적인 신호로 간주한다.

4조 3항: "사회 내 서로 다른 집단에서 다르게 나타나는 평균 수명"을 사회의 부정적인 신호로 간주한다.

5조 2항: 모든 시민이 등록과 투표 절차에 얼마나 용이한 접근성을 가지고 있는지를 조사한다.

5조 4항: "입법부 구성과 집행부 선발이 얼마나 밀접하게 유권자들의 선택에 부합하는가"를 조사한다.

6조 1항: 정치 정당들이 얼마나 자유롭게 형성될 수 있는가를 조사한다(이와 더불어 새로 형성된 정당이 얼마나 영향력을 가질 수 있는가에 대해서도 조사해야 한다).

6조 6항: "정당 지원 제도로 인해 정당이 특수 이익 집단에 종속되는지, 그렇지 않다면 어느 정도까지 정당이 자유로울 수 있는지"를 조사한다.

2　　　　선거제도 개혁을 위해 브리티시 컬럼비아 시민 민회가 한 활동들에 대해서는 그들의 웹사이트인 http//www.citizensassembly.bc.ca.public을 참조할 것. 아울러 호주와 영국에서도 선거 개혁을 위한 공공 논의가 열렸다. 호주에서 이루어지고 있는 선거 개혁을 위한 공공 논의에 대해서는 http//democratic.audit.anu.edu.au/

debate.htm을 참조할 것. 영국의 비례대표제에 대한 논의는 오랜 역사를 가지고 있으며, 최근 유럽 연합이 이 제도를 도입한 이래 논의가 더욱 활발해졌다.

3　　　아마릴로 교육위원회의 위원 선거 방식의 개혁은 당시 텍사스 주지사인 조지 W. 부시George W. Bush의 승인하에 이루어졌으며, 최근 텍사스에서 40개의 학군과 14개의 지방 의회가 누적 투표제를 실시하고 있다. 텍사스 주 선거 및 민주주의 센터가 주도한 공공 논의는 http//www.fairvote.org/cumulative/texas.htm에서 확인할 수 있다. 참고로 The New Rules Project Governance page(www.newrules.org/gov/Amarillo.html)도 참조할 것. 이 사이트는 학교 내 인종 프로필도 제공하고 있다. 아마릴로 교육위원회 행정부 부소장인 Les Hoyt는 누적 투표제가 도입된 이래 2005년 현재까지 그에 반대하는 의견이 한 차례도 제시된 적이 없다고 전한다. 2000년 선거에서는 두 명의 소수 집단 출신 후보자가 승리했으며, 2004년 선거에서는 소수 집단 출신 후보자가 없었다.

4　　　누적 투표제에 대해서는 Guinere(1994), 특히 1장을 참조할 것. 승자가 모든 것을 독식하는 체제를 대체할 수 있는 제도에 대해서는 Farrell(2001), 특히 7~9장을 참조할 것.

5　　　참주와 같은 양당 제도: 사실 미국의 정당들은 국회 제도를 도입한 국가들의 정당에 비해 덜 참주적이다. 양당 제도의 참주적 성격은 두 거대 정당이 소수 집단의 의견을 수용하거나 소수의 도전을 받길 꺼려한다는 점, 그리고 신설 정당이 정치적 영향력을 가지는 것을 철저히 막는다는 점에 있다.

6　　　비례 대표제에 대해서는 Farrell(2001), 특히 4장을 참조할 것. 비례 대표제에 대한 비판은 다수 정당 제도가 불안정하다는 점에 의존하고 있으나 그 논의는 타당하지 않다. 이에 대해서 Farrell(2001) 9장을 참조할 것.

7　　　정치 활동에서 벌어지는 네거티브 전략의 효과에 대해서는 Ansolabehere(1995)와 Munger(2004)를 참조할 것. 보다 긴 정책 홍보 전략의 효과에 대해서는 브라질의 사례를 들 수 있다. 브라질에서는 법에 따라 방송국들이 1시간 길이의 방송 시간을 정당들의 선거 홍보 방송을 위해 늘 비축해놓고 있다. 그리고 선거 기간이 되면 주요 정당들은 20분가량을 할당받으며, 전체 방송은 주로 후보들 간의 토론과 정책 사안들에 대한 정당들의 의견 발표로 채워진다.

8　　　이와 관련해서는 Sunstein(2003)을 참조할 것.

9　　　데모스테네스의 『필리피카 』*Phillipic* 24장에서 발췌했다.

10   공론 조사에 대해서는 Fishkin(1995)을 참조할 것.

11   루이스 맥니스와 관련한 인용들은 『가을 일기』 39쪽에서 발췌했다. 책 한 권의 분량에 달하는 이 시는 런던 Faber&Faber 출판사에서 1939년 출판되었다. 지금까지도 계속 인쇄되고 있으며, Dodds가 1966년 같은 출판사에서 출판한 『맥니스 시선집』*MacNeice's Collected Roems*에도 실려 있다.

이 책은 폴 우드러프Paul Woodruff가 쓴 『최초의 민주주의: 오래된 이상과 도전』*First Democracy: The Challenge of an Ancient Idea*의 우리말 번역이다. 저자는 이 책에서 최초의 민주주의가 발생하게 된 배경과 이를 구성하던 근본 이념들을 설명하며, 이를 이루기 위해 끊임없이 분투했던 고대 아테네인들의 열정과 도전으로 독자들을 초대한다.

이 책은 우리가 그동안 민주주의에 대해 간과하고 있던 중요한 질문을 던지고 있다. 막연히 모든 사람이 정치에 참여할 권리를 가지고 있다는 평범한 상식만이 민주주의에 대한 올바른 이해라고 할 수 있을까? 우리가 아무런 의심 없이 바람직한 민주주의의 실천 방식 또는 그 형태라고 이해해온 다수결의 원칙, 대표 선출제, 투표 제도 등이 진정으로 민주주의의 본 모습이라고 할 수 있을까? 혹시 이들이 사회를 구성하는 모든 사람을 평등하고 공정하게 수용하지 못하는 말뿐인 민주주의는 아닌가? 이처럼 저자는 오늘날 우리가 진정 민주주의 시대를 살아가고 있는지 강한 의문을 제기하고 있다.

이 책에서 저자는 고대 아테네인들이 민주주의의 현실적 그리고 실천적 실현을 위해 추구했던 '자유', '조화', '법에 따른 통치', '본성에 따른 자연적 평등성', '시민 지혜', '인간의 추론 능력', '교양 교육' 등의 근본 이념들을 차례대로 하나씩 심도 있게 다루고 있다.

최초의 민주주의에 담긴 이념들은 서로 깊은 연관성을 맺고 있다. 사회를 구성하는 모든 이는 외부의 압력이나 내부의 오만으로부터 속박되지 않을 자유의 권리를 가진다. 그러나 사회는 한 사람으로 구성된 것도 아니고, 한 사람만을 위한 것도 아니다. 그 사회를 이루는 모든 구성원을 위한 것이어야 한다. 모든 이가 자유를 누리되 서로를 평등하게 대하기 위해서는 서로의 차이를 이해하고 수용할 수 있는 조화의 능력이 필요하며, 그 조화 속에서 법에 따른 통치 아래 살아가야 한다. 이는 모든 공동체의 구성원이 인간이라는 본성을 가지는 한 모두 평등하다는 이념에 기초한다. 이런 의미에서 진정한 민주주의란 지역적·문화적·종교적·인종적 한계를 극복하는 정치 체제인 것이다.

민주주의는 모두를 위한 그리고 모두에 의한 정치 체제다. 그런만큼 민주주의 사회를 이루는 구성원들은 자신이 속한 사회에서 이뤄지는 모든 의사 결정 활동에 참여하고, 그 결정된 사안들을 직접 실천할 자격과 의무를 지닌다. 이 의무는 그들이 가진 지혜와 그 지혜를 토대로 합리적으로 추론할 수 있는 인간 본유의 능력을 통해 지지받는다. 시민 지혜를 올바로 획득하기 위해서는 선대로부터의 건전한 전통과 선의의 교육이 우리 모두를 위해 제공되어야 한다. 결국 진정한 민주주의의 실현을 위해서는 사회의 모든 구성원을 대상으로 한 평등한 교육, 즉 교양 교육이 필수적이다. 이상의 논의를 통해 저자는 진정한 민주주의를 실현하고자 했던 아테네인들의 최초의 도전을, 과거형이 아닌 현재진행형으로 삼아야 한다고 촉구한다.

2006년 옮긴이는 기원전 5세기 그리스의 소피스트인 프로타고라스를 주제로 박사과정 연구를 진행하던 중 이 책을 처음 접했다. 그리고 이듬해 오스틴 주재 텍사스 주립대학교 철학과에서 연구학자로 지내는 동안 저자와 직접 만날 기회를 얻게 되었다. 저자 폴 우드러프 교수는 옮긴이가 텍사스 주립대학교에서 프로타고라스의 인식론을 연구하는 동안 내 지도교수였는데, 그는 당시 텍사스 주립대학교의 학장으로서 바쁜 일정에도 보내고 있었음에도 많은 시간을 내게 할애해주었다. 그 시간 동안 우리는 프로타고라스 인식론에 대한 나의 연구뿐만 아니라, 미국과 한국 사이의 일반적인 교양, 문화, 언어, 정치 사회적 기반의 다양한 차이에 대해, 그리고 그 차이를 조화롭게 수용하여 누구도 배제되지 않는 '모두를 위한 정치 체제'의 가능성에 대해 깊은 논의를 나누었다. 그 논의들 속에서 저자는 내게 넓게는 동아시아, 좁게는 한국의 정치 현황에 대한 자신의 무지를 고백했으며, 나는 그에게 참된 민주주의를 향한 고대 아테네인들의 열정과 치열했던 도전에 대한 무지를 고백했다. 그 서로 간의 고백이 이 책을 우리말로 번역하는 계기가 되었다.

해방 이후 우리 사회의 많은 이들이 우리가 언제나 민주주의 사회를 이루며 살아왔다고 생각한다. 어떤 이들은 건국 이후 군정軍政 아래서 표면적으로 시행되었던 허울뿐인 민주주의도 민주주의였다고 생각하는 반면, 어떤 이들은 1980년대 후반 민주화운동이 정점에 달했던 그 시대만이 진정한 민주주의를 체험할 수 있었던 유일한 시간이었다고 강조하기도 한다. 또 다른 이들은 민주화 이후 이루어진 다양한 토론과 시도를 통해 우리만의 독특한 사회 구조와 환경에 걸맞은 민주주의를 달성했다고 주장하기도 한다. 이 모든 주장이 사실일 수도 있겠으나, 한편으로는 단순히 우리만의 자만 혹은 착각일지도 모른다. 혹여 그것이 단지 자만이나 착각이라면, 그리고 그 사실을 우리 스스로 자각하지 못하고 있는 것이라면, 그 자만과 착각은 우리의 눈을 영영 멀게 할지도 모른다.

이 책에서 저자가 끊임없이 강조하듯, 진정한 의미의 민주주의는 오직 실천을 통해서만 확보될 수 있으며, 실천은 건전하고 올바른 이념들에 기초할 경우에만 건실하게 이루어질 수 있다. 우리가 우리의 역사와 위치를 반성하는 만큼 그 이념들을 면밀히 살펴보지 않고 그것들을 실천적으로 추구했던 자들의 역사를 고려하지 않는 한, 우리는 그 자각의 기회조차 잃어버리게 될 것이다. 그리고 진정한 민주주의를 향한 발걸음을 내디딜 기회를 잃게 될 것이다. 현대 사회는 경제적인 측면뿐만 아니라 과학, 인문, 교육, 문화 등 모든 면에서 과거에 비해 월등히 거대해지고 복잡해졌다. 저자는 이 같은 조건 속에서 최초의 민주주의의 가치와 그것을 지탱하던 이념들을 현실 속에 되살려 실천하는 것이 불가능한 일일지도 모르겠다며 그 힘겨운 상황을 솔직히 고백하고 있다. 그러나 이상적인 민주주의의 모습과 그 이념들을 고찰하는 것 자체가 불가능한 일은 아니다. 우리는 이 고찰을 통해 얻은 앎을 통해 진정한 민주주의를 향한 꿈을 좇아야 하며, 이는 바로 우리에게 필요한 자각의 기회가 될 것이다.

저자 스스로 고백하듯, 이 책은 민주주의에 대한 진중한 연구서라고 하기엔 부족할 수 있으며, 가벼운 에세이라고 하기엔 논의의 수준이 상당히 깊다. 그러나 옮긴이가 보기에 이 책은 우리에게 필요한 바로 그 자각의 기회를 제공하기에 그렇게 부족하지도 과하게 넘치지도 않는다고 믿는다. 옮긴이를 믿고 이 책의 우리말 번역 기회를 부탁한 폴 우드러프 교수에게 감사의 말의 전한다. 아울러 번역서의 출판을 맡아준 돌베개 출판사에도 고마움을 표한다. 특히 인내와 정성으로 부족한 점 많은 원고의 교정과 편집을 맡아준 김태권 담당 편집자와 다른 편집자 분들, 번역서의 도안을 미려하게 꾸며준 디자인팀에도 감사드린다. 번역 초안이 나오자 자신의 바쁜 학업 일정에도 불구하고 꼼꼼하게 번역문을 살펴준 에딘버러 대학교의 김도형 학우에게 진심으로 감사의 말을 전한다. 아울러 이 책이 가진 의의를 촉구하며 번역에 대한 격려를 아끼지 않은 서울대학교의 유재민, 임상진 학형에게도 고마움을 전한다. 그리고 유럽 민주주의 역사에 대한 조언을 아끼지 않은 더럼 대학교의 도리아나 카도니Doriana Cadoni에게도 고마운 마음을 감출 수 없다. 무엇보다도 오랜 대학 후배이면서 동시에 긴 시간 동안 마치 가족처럼 끊임없이 옮긴이의 든든한 지원군이 되어준 김상숙에게 진심으로 감사의 마음을 전한다. 여전히 여러모로 미흡함이 많이 남아 있는 번역이다. 모든 질타는 옮긴이의 몫이다.

2012년 6월
옮긴이 이윤철

옮긴이의 말

• 전성기의 그리스

• 전쟁 초기 아테네와 스파르타의 세력권(기원전 431)

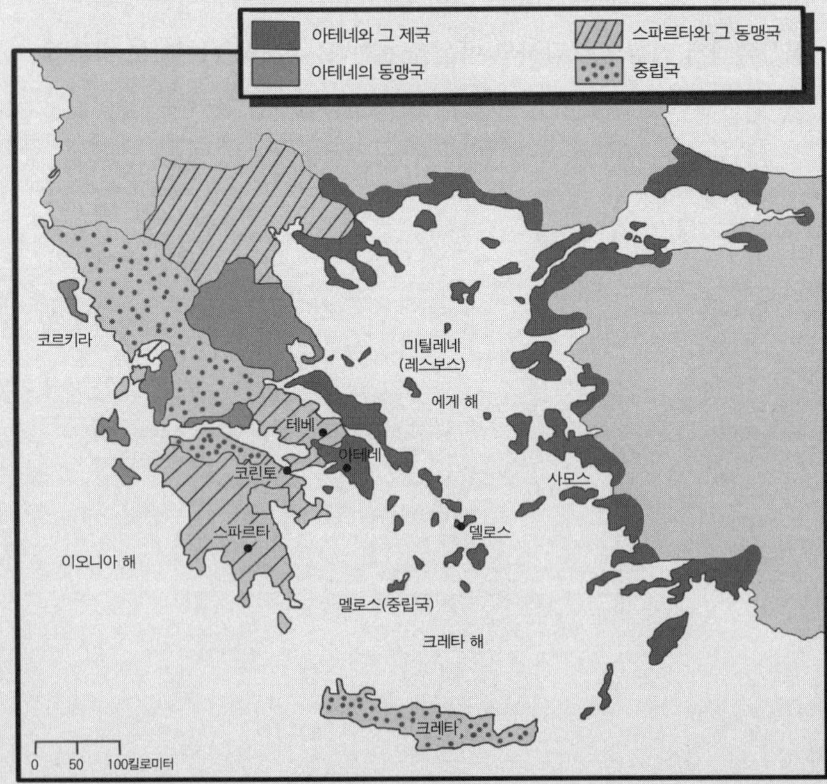

• 아테네와 아티카

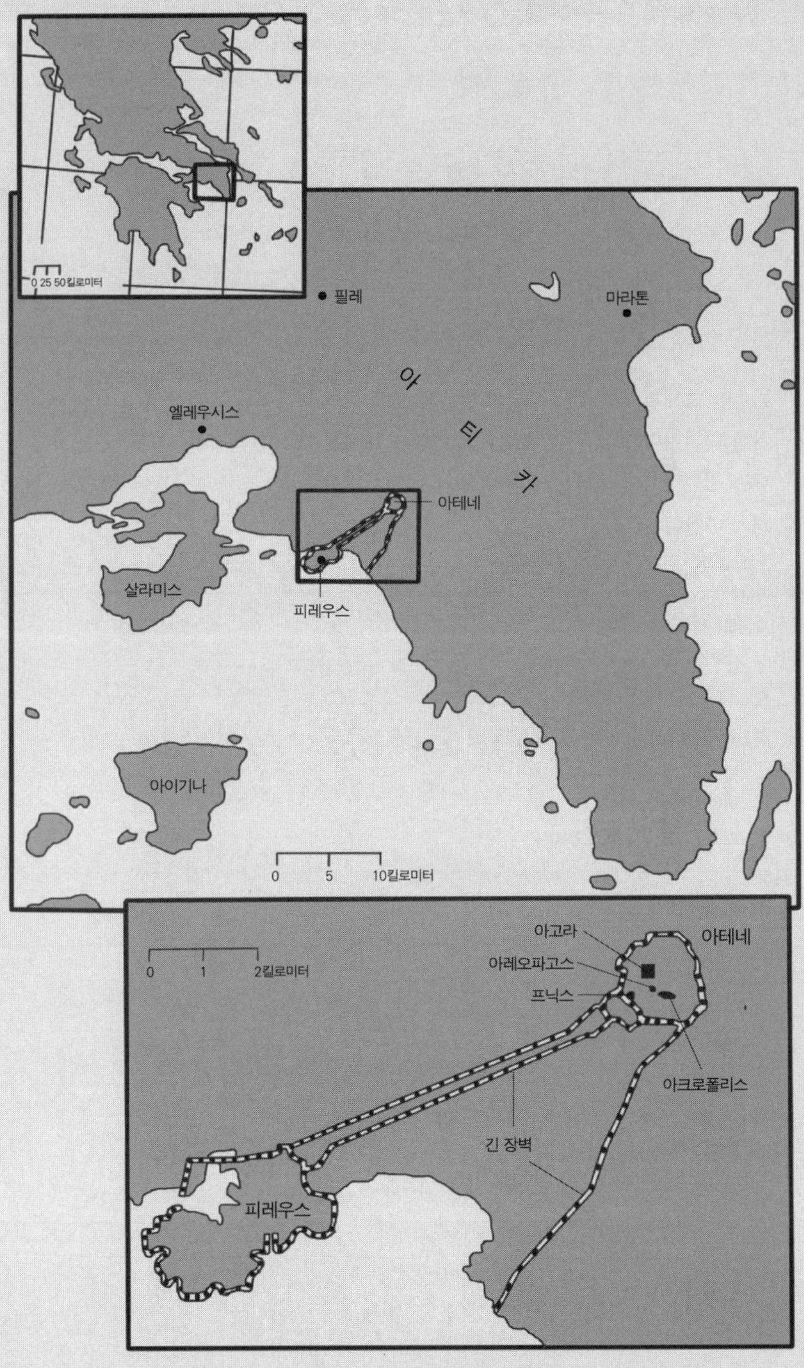
0 25 50킬로미터
필레
마라톤
아티카
엘레우시스
아테네
살라미스
피레우스
아이기나
0 5 10킬로미터
아고라
아레오파고스
아테네
프닉스
아크로폴리스
긴 장벽
0 1 2킬로미터
피레우스

연표

다음은 고대 아테네 민주주의의 발생과 성장 그리고 몰락과 관련한 중요 역사적 사건들의 연대기다(몇몇 사건의 정확한 연대에 대해선 다소 논쟁의 여지가 있다). 모든 연대는 기원전이며 보다 자세한 내용은 제2장 '민주주의의 생과 사', 83~107쪽을 참조하기 바란다.

솔론의 개혁	594/593
참주정	560~510
페이시스트라토스의 개인 호위병 소유	560
히피아스와 히파르코스의 권력 승계	527
히파르코스의 암살	514
스파르타의 히피아스 추방	510
클리스테네스의 개혁	508/507
페르시아 전쟁	
마라톤 전투	490
페르시아의 침공	480~479
페르시아에 대항하기 위한 아테네 주도하의 델로스 동맹	
동맹의 형성	478
델로스 국고의 아테네 이전(아테네 제국의 시작)	454

인물 소개(가나다 순)

모든 연대는 기원전이며 몇몇 인물들의 생몰 및 활동 연대는 정확한 것이 아니라 추정치다.

고르기아스Gorgias　수사술을 가르치던 순회 교사이자 철학자. 자신의 고향인 시칠리아가 시라쿠사에 침략을 당하자 아테네에 사신으로 와서 원조를 요청했다. 또한 전문적인 대중 공공연설(수사술)의 힘을 강조했다. 483년에 출생하여 376년에 사망했다.

니키아스Nicias　아테네의 장군이자 외교관. 시라쿠사와의 전쟁에 반대했으나 결국 아테네의 군대를 이끌고 출정한다. 하지만 고향 아테네의 시민들의 재판을 두려워한 나머지 전쟁에 대한 올바른 소신을 전하지 못했고, 그 결과 파국을 맞게 되었다. 470년에 출생하여 413년에 사망했다.

데모스테네스Demosthenes 1　시라쿠사 근처에 주둔하던 아테네 군대의 장군이자 니키아스의 동료. 413년에 사망했다.

데모스테네스 2　아테네의 정치가로 민주주의를 옹호했으며 아테네인들에게 마케도니아의 참주적 영향력에 대해 경고했다. 마케도니아를 지지하던 자들로부터 처형당하지 않기 위해 스스로 목숨을 끊었다. 384년에 출생하여 322년에 사망했다.

데모크리토스Democritus　원자 이론을 전개하여 발전시킨 철학자이자 초기 인간학 연구의 지도자. 5세기경에 활동했다고 전해진다.

소크라테스Socrates　아테네의 철학자로 아테네의 젊은이들을 타락시키고 새로운 신들을 고안해내려 했다는 죄목으로 고소당해 399년 처형당했다.

소포클레스Sophocles　아테네의 시인이자 비극 작가. 『안티고네』와 『참주 오이디푸스』의 저자로 잘 알려져 있다. 495년 출생하여 406년 사망했다.

솔론Solon　　아테네 시인이자 입법가. 약 640년경에 출생하여 560년에 사망했다. 아테네인들에게 참주 페이시스트라토스의 출현을 경고했다.

아르키노스Archinos　　민주주의 복원을 위해 함께 싸운 노예들에게 시민권을 부여하려 했던 트라시불로스의 정책에 반대한 인물.

아르키다모스Archidamos　　스파르타의 왕. 아테네에 전쟁을 선포했으며 스파르타의 비非지적 훈련 제도에 자부심을 가지고 있었다.

아리스토기톤Aristogiton　　아테네의 참주로 514년 하르모디오스와 함께 히파르코스를 축출했다. 그 역시 이후 처형당했다.

아리스토파네스Aristophanes　　아테네의 시인이자 희극 작가. 423년에 소크라테스와 당시의 많은 소피스트들을 조롱하는 「구름」이라는 작품을 썼다. 450년에 출생하여 385년에 사망했다.

아스파시아Aspasia　　뛰어나고 좋은 교육을 받은 비시민 여성으로 페리클레스와 함께 살았다. 그녀는 페리클레스의 두 아들 중 한 명의 친모이며, 페리클레스 연설문 작성을 도왔다.

아이스킬로스Aeschylus　　아테네의 시인이자 비극 작가. 『사슬에 묶인 프로메테우스』가 그의 작품일 것으로 추정된다. 525년에 출생하여 456년에 사망했다.

아테나고라스Athenagoras　　시칠리아의 민주적 지도자. 전쟁에서 민주주의의 힘과 중요성에 대해 연설했다.

안티폰Antiphon　　아테네의 연설문 작성가이자 소피스트. 411년에는 과두정 집단을 지지했으며, 자연(본성)에 반한다는 이유로 법을 비판했다. 480년에 출생하여 411년에 사망했다.

알키비아데스Alcibiades　　아테네 귀족 출신의 장군. 수려한 용모와 여러 많은 재능 그리고 방종함과 배반 행위로 잘 알려져 있다. 페리클레스를 후견인으로 두었으며, 시라쿠사와의 전쟁을 위해 시칠리아 파견을 주장했다. 이후 불경죄로 고소당했으며 아테네를 탈출해 적국인 스파르타와 이후 페르시아로 넘어가 그들에게 협조한 것으로 전해진다. 450년에 출생하여 404년에 사망했다.

에우리피데스Euripides　　아테네의 시인이자 비극 작가. 민주주의 이념들을 지지하는 많은 작품들을 썼다. 485년에 출생하여 406년에 사망했다.

에피알테스Ephialtes　　민주주의 개혁가이자 5세기 민주주의의 건설자. 페리클레스의 멘토였으며 462년 귀족들에 의해 살해당한 것으로 전해진다.

이솝Aesop　여러 우화들의 저자로 그의 이름이 실제로 이솝이었는지는 확실하지 않다. 그가 지은 것으로 알려지는 우화들의 상당수가 한 사람의 생애보다 훨씬 긴 기간에 걸쳐 쓰여졌고 수집되었기 때문이다. 그중 일부는 아테네 민주주의 기간 동안 쓰여졌다.

제우스Zeus　신화 속 신들의 신.

크레온Creon　소포클레스의 작품 『안티고네』에 등장하는 테베의 지도자로 참주적 경향을 지녔다.

크리티아스Critias　아테네의 귀족이자 시인이며, 플라톤과는 친척 사이였다(그는 플라톤 어머니의 사촌이었다). 이후 30인 참주의 지도자가 되었다. 460년에 출생하여 403년에 사망했다.

크세노폰Xenophon　전사이자 철학자이며 역사가. 362년까지 투키디데스의 『펠로폰네소스 전쟁사』의 내용을 『헬레니카』*Hellenica*라는 자신의 저술에서 이어갔다.

클레오크리토스Cleocritus　아테네 엘레우시스 신비 의식의 사자使者. 403년 발생한 내전에서 싸움을 종식시키고 평화를 구하자는 요지의 연설을 했다.

클레온Cleon　페리클레스 사망 후 아테네를 이끈 지도자. 신흥 정치인들 중 한 명으로, 그의 대중연설 방식은 무척이나 뛰어났다고 전해진다.

클리스테네스Clisthenes　아테네 귀족이자 개혁가. 귀족 라이벌들을 물리치기 위해 데모스(민중)를 자기 편으로 불러들였다. 508년 아테네가 민주주의를 위한 발걸음을 내딛는 데 중요한 역할을 했다.

테라메네스Theramenes　아테네 내전 시 양측 모두에서 활동했던 지도자. 404/403년 크리티아스는 자신이 한때 몸담았던 30인 참주에 반대했다는 이유로 그를 사형시켰다.

테르시테스Thersites　호메로스의 『일리아드』에 등장하는 인물로, 예법을 어기는 추악한 평민으로 그려진다.

테세우스Theseus　전설 속의 아테네 왕이자 민주주의의 영웅.

투키디데스Thucydides　펠로폰네소스 전쟁 시 아테네의 장군. 비록 자신이 패배의 원인은 아니었으나, 전투 패배의 책임을 물어 424년 아테네에서 추방당했다. 이후 411년까지 펠로폰네소스 전쟁에 대한 역사서를 썼다.

트라시불로스Thrasybulus　403년 30인 참주에 맞서 싸운 민주주의자들의 지도자. 자신과 함께 민주주의의 복원을 위해 싸운 노예들에게 시민권을 부여하려고 했다.

페리클레스Pericles　　아테네 귀족이자 민주적 지도자. 아테네 제국을 건설했으며 배심원 의무에 대한 보수제를 도입했다. 그가 자기 두 아들의 장례식에서 한 연설은 유명하다. 495년에 출생하여 429년에 사망했다.

페이시스트라토스Peisistratos　　560년부터 527년까지 통치한 아테네의 참주. 555년 잠시 권력을 놓기도 했다. 히피아스와 히파르코스의 아버지다.

프로메테우스Prometheus　　신화에 등장하는 거인족으로, 인류에게 불과 기술을 전해준 것으로 알려졌다.

프로타고라스Protagoras　　순회 교사이자 소피스트. 페리클레스 시절 아테네에서 활동했으며 초기 인간학자들 중 한 명이다.

플라톤Plato　　아테네의 철학자. 소크라테스와 그의 대화 상대자들이 등장하는 수많은 대화편을 저술했다. 429년 출생하여 347년에 사망했다.

핀다르Pindar　　서정 시인으로 "관습nomos(법)은 왕이다"라는 유명한 구절을 남겼다. 518년에 출생하여 438년에 사망했다.

하르모디오스Harmodius　　아테네의 참주. 514년 자신의 연인인 아리스토기톤Aristogiton과 함께 히파르코스를 축출했으나 히파르코스의 호위병들에게 살해당했다.

하이몬Haemon　　소포클레스의 작품 『안티고네』에 등장하는 인물로 크레온의 아들.

헤르메스Hermes　　신화 속의 인물로 제우스를 모시는 사자.

헤시오도스Hesiod　　정의와 신성한 질서를 주된 주제로 삼았던 시인. 7세기경에 활동했던 것으로 전해진다.

호메로스Homer　　『일리아드』와 『오디세이아』의 저자.

히파르코스Hipparchos　　페이시스트라토스의 차남으로 514년 하르모디오스에 의해 살해당할 때까지 자신의 형 히피아스와 함께 통치했다.

히피아스Hippias 1　　페이시스트라토스의 아들이자 아테네의 참주로 527년부터 510년까지 통치했다.

히피아스 2　　순회 교사이자 소피스트. 인간의 공통적인 본성에 대해 말했으며, 소크라테스가 살아 있는 동안 아테네를 방문했다.

30인 참주 Thirty Tyrants　　404년부터 403년까지 크리티아스의 지도 아래 아테네를 18개월 동안 지배했던 참주 집단.

펠로폰네소스 전쟁에 대한 간략한 소개

페리클레스는 아테네를 스파르타와의 전쟁으로 이끌었다. 그 전쟁은 기원전 431년부터 404년까지 27년 동안 지속되었으며, 결국 아테네의 패배로 끝이 났다. 육상 전투에서 아테네는 스파르타에 밀렸다. 그러나 페리클레스는 아테네의 막강한 해상 전력에 기대를 걸고 있었다. 육상과 해상에서의 상반된 전력으로 인해 아테네와 스파르타 어느 쪽도 결정적인 승기를 잡지 못하고 전쟁은 길게 지속되었다. 하지만 기원전 415년부터 413년까지 아테네는 시칠리아에서 전력의 대부분을 잃는 결정적인 실책을 했으며, 그 결과 스파르타가 곧 해상 전력도 장악하게 되었다. 전쟁은 아테네의 끔찍한 패배로 종식되었다.

아테네가 중재 절차보다는 전쟁을 통해 자신들의 확장 정책을 감행하는 것을 보며 스파르타와 그 동맹 도시국가들은 위협을 느끼게 되었고, 그로 인해 펠로폰네소스 전쟁이 시작되었다. 전쟁은 두 시기에 걸쳐 벌어졌다. 기원전 431년부터 421년까지 약 10년 동안의 전쟁은 스파르타 왕의 이름을 따서 '아르키다모스 전쟁'으로 불린다. 아르키다모스는 아테네와 전쟁을 벌이길 꺼려했으나 결국 그 자신이 스파르타 군대를 직접 이끌며 아테네와의 전쟁을 선포했다. 기원전 430년

봄이 되자 스파르타인들은 아티카 지역을 침공하기 시작했다. 스파르타의 침공을 받은 지역의 농부들은 성벽 안으로 숨었고 사람들로 붐비는 도시 안에서는 역병이 창궐하기 시작했다. 기원전 427년부터 425년까지 코르키라에서는 민주주의자들이 귀족 출신의 과두정 인사들을 몰아냈다. 플라타이아는 스파르타와 동맹 도시국가들에 의해 포위당했으며, 몇 차례의 항전 후 결국 기원전 427년에 항복했다. 같은 해 미틸레네는 아테네의 공격을 견디지 못하고 항복했다. 처음 아테네인들은 미틸레네의 시민들을 모두 학살하자는 데 투표했으나, 최종 결정을 내리기 직전에 이를 철회했다. 아테네 시민들에게 미틸레네 시민 학살을 종용하던 자들과 그에 반대하던 자들 모두 죽임으로 내몰렸고, 그 결과 기원전 421년 아테네와 스파르타 사이의 니키아스 평화 조약이 체결될 수 있었다. 평화 조약은 50년 동안 지키기로 했으나, 얼마 뒤 그 약속은 깨지고 말았다.

기원전 416년 아테네가 스파르타와 이해관계가 있던 멜로스 섬을 공격하여 멜로스 시민들을 살해하고 노예로 전락시키면서 펠로폰네소스 전쟁의 두 번째 국면이 시작되었다. 멜로스 사건은 아테네 제국의 잔학성을 잘 보여주는 사례로, 아테네가 자행한 세 번의 대량 학살 중에서 가장 널리 알려졌다. 기원전 415년 아테네는 시라쿠사를 점령할 목적으로 시칠리아에 군대를 파견했다. 이때 아테네는 약 3만 명의 전사를 파견했으며, 아테네 역사상 가장 큰 규모의 군대 파견이었다. 시라쿠사와의 전쟁을 위해 아테네에서는 세 명의 장군이 임명되었다. 그들은 각각 전쟁에 반대했던 니키아스, 라마코스, 그리고 파견에 찬성했던 알키비아데스였다. 시라쿠사를 향해 출항하기 직전 알키비아데스는 불경죄로 고소되었으나, 재판은 그가 돌아올 때까지 연기되었

　　　　　　　　　　　　　　펠로폰네소스 전쟁에 대한 간략한 소개

다. 그가 없는 동안 아테네에는 (아마 거짓이었겠지만) 알키비아데스의 불경죄와 관련하여 새로운 정보가 발견되었고 그로 인해 알키비아데스는 본국으로 송환하여 재판을 받으라는 명을 받았다. 하지만 그 소식을 듣고 그는 함선에서 탈출하여 스파르타에 투항했다. 기원전 414년 아테네는 시라쿠사를 포위했으나, 시라쿠사를 견고히 둘러싸고 있던 성벽을 쉽사리 넘지는 못했다. 니키아스는 전쟁을 포기하고 아테네로 돌아가는 것이 두려웠다. 만약 그럴 경우 그는 전쟁의 패배에 책임을 지고 재판에 회부될 게 빤해 보였기 때문이었다. 기원전 413년 결국 아테네의 대군은 전멸했다. 대부분의 아테네 병사들은 살해당했으며, 살아남은 소수는 채석장의 인부로 전락했다.

그사이 스파르타인들은 알키비아데스의 제안을 받아들여 아티카 지역에서 지속적인 영향력을 유지하기로 결정했다. 반면 시칠리아에서 시라쿠사와의 전쟁에서 대패한 아테네의 권위는 급격히 실추되었다. 당시 아테네에 종속적이던 많은 도시국가들이 반란을 일으키기 시작했으며, 이로 인해 아테네의 상황은 갈수록 어려워졌다. 이제 스파르타는 페르시아의 원조를 통해 해상 전력도 장악하게 되었다. 아테네는 기원전 406년 벌어진 아르기누사이 해전에서 승리했으나 자신들도 막대한 피해를 입었다. 기원전 405년 아테네의 모든 해군은 아이기스포토미 해안에서 결국 완패했다. 스파르타는 해상 전력을 완전히 상실한 아테네를 포위했고, 기원전 404년 마침내 아테네는 스파르타에게 무조건 항복을 고했다. 스파르타는 아테네를 둘러싸고 있는 성벽을 부수었고 아테네에 30인 참주정을 세우면서 펠로폰네소스 전쟁은 완전히 끝이 났다.

고대 문헌 자료

이 책에서 인용한 대부분의 고대 문헌 자료들은 가가린과 우드러프의 『초기 그리스의 정치 사상: 호메로스로부터 소크라테스까지』*Early Greek Poli.tical Thought from Homer to the Sophists*(1995)에서 발췌했다. 플라톤에 대한 자료들은 쿠퍼Cooper가 편집한 플라톤 번역 전집(1997)을 참조했으며, 투키디데스에 대한 자료들은 스트라슬러Strassler의 『랜드마크 투키디데스: 펠로폰네소스 전쟁에 대한 포괄적 안내서』*The Landmark Thucydides: A Comprehensive Guide to the Peloponnesian War*(1996)와 우드러프의 『정의, 권력 그리고 인간 본성에 대한 투키디데스의 입장』*Thucydides on Justice, Power, and Human Nature*(1993)을 참조했다. 데모스테네스나 이소크라테스와 같은 연설가들에 대한 자료들은 대부분 『테베를 배경으로 한 소포클레스의 작품들』*Sophocles Theban Plays*(2003)을 참조했으나, 몇몇 부분은 텍사스 주립대학교 출판부의 새 번역을 참조했다.

Cooper, John, ed, *Plato: Complete Works*, Indianapolis: Hackett Publishing Company, 1997.

Gagarin, Michael, and Paul Woodruff, *Early Greek Political Thought from Homer to the Sophists*, Cambridge: Cambridge University Press, 1995.

Meineck, Peter, and Paul Woodruff, *Sophocles Theban Plays*, Indianapolis: Hackett Publishing Company, 2003.

Strassler, Robert B., ed, *The Landmark Thucydides: A Comprehensive Guide to the Peloponnesian War*, New York: The Free Press, 1996.

Woodruff, Paul, *Thucydides on Justice, Power*, and Human Nature, Indianapolis: Hackett Publishing Company, 1993.

_____, *Euripides Bacchae*, Indianapolis: Hackett Publishing Company, 1998.

참고문헌

1. 그리스, 아테네, 아테네 민주주의와 관련한 문헌

Annas, Julia, "Ethical Arguments from Nature: Aristotle and After." In Güunther, Hans-Christian, and Antonios Rengakos, eds. *Beitrage Für Wolfgang Kullman*, 185~197, Stuttgart: Franz Steiner Verlag.

Bett, Richard, "The Sophists and Relativism" *Phronesis* 34(1989), pp. 139~169.

Broadhead, H. D, *The Persae of Aeschylus: Edited with Introduction, Critical Notes, and Commentary*, Cambridge: Cambridge University Press, 1960.

Burnyeat, M. F, "Cracking the Socrates Case." [A review of Stone 1988], *The New York Review of Books*, March 31, 1988, 12~18.

Carter, L. B, *The Quiet Athenian*, Oxford: Oxford University Press, 1986.

Cole, Thomas, *Democritus and the Sources of Greek Anthropology*, Cleveland: American Philological Association, 1967.

______, *The Origin of Rhetoric in Ancient Greece*, Baltimore: The Johns Hopkins University Press, 1991.

Connor, W. Robert, *The New Politicians of Fifth-Century Athens*, Princeton: Princeton University Press, 1971.

Connor, W. R., et al, *Aspects of Athenian Democracy. Clasica et Mediaevalia Dissertationes* XI, University of Copenhagen, 1990.

de Ste Croix, Geoffrey, "The Character of the Athenian Empire", *Historia* 3(1954/5), 1~41.

duBois, Page, *Slaves and Other Objects*, Chicago: University of Chicago Press,

2003.

Edmunds, Lowell, "Oedipus as Tyrant in Sophocles' *Oedipus Tyrannus*" *Syllecta Classica* 13(2002), 63~103.

Euben, J. Peter, *Corrupting Youth : Political Education, Democratic Culture, and Political Theory*, Princeton : Princeton University Press, 1997.

Fantham, Elaine, Helene Peet Foley, Natalie Boymel Kampen, Sarah B. Pomeroy, and H. A. Shapiro, eds, *Women in the Classical World : Image and Text*, New York : Oxford University Press, 1994.

Farrar, Cynthia, *The Origins of Democratic Thinking : The Invention of Politics in Classical Athens*, Cambridge : Cambridge University Press, 1988.

Finley, M. I, "The Fifth-Century Athenian Empire : A Balance Sheet" In Garnsey(1978), 103~126.

______. *Democracy Ancient and Modern* 2nd ed, London : Hogarth Press, 1985.

Fisher, N. R. E, *Slavery in Ancient Greece*, Bristol : Bristol Classical Press, 1993.

Forrest, W. G, *The Emergence of Greek Democracy : The Character of Greek Politics, 800~400 BC*, London : Weidenfeld and Nicholson, 1966.

Gagarin, Michael, "Did the Sophists Aim to Persuade?", *Rhetorica* XIX(2001), 275~291.

Garnsey, P. D. A., and C. R. Whittaker, eds, *Imperialism in the Ancient World*, Cambridge : Cambridge University Press, 1978.

Garnsey, Peter, *Ideas of Slavery from Aristotle to Augustine*, Cambridge : Cambridge University Press, 1996.

Gregory, Justina, *Euripides and the Instruction of the Athenians*, Ann Arbor : University of Michigan Press, 1991.

Grote, George, *History of Greece* (Originally 1846~56.) 6th ed., London : 1888.

Guthrie, W. K. C, *The Sophists*. Cambridge : Cambridge University Press, 1971.

Habicht, Christian, Trans. Deborah Lucas Schneider, *Athens from Alexander to Antony*, Cambridge, MA : Harvard University Press, 1997.

Hansen, Mogens German, Trans. J. A. Crook, *The Athenian Democracy in the Age of Demosthenes : Structure, Principles, and Ideology* 2nd ed, Norman : University of Oklahoma Press, 1999.

Hignett, C. A, *History of the Athenian Constitution to the End of the Fifth Century B.C*, Oxford: Oxford University Press, 1952.

JACT(Joint Association of Classical Teachers), *The World of Athens: An Introduction to Classical Athenian Culture*, Cambridge: Cambridge University Press, 1984.

Jaeger, Werner, Trans. Gilbert Highet, *Paideia: The Ideas of Greek Culture*, 3 Volumes, Original published 1939~1944, New York: Oxford University Press, 1967~1971.

Jones, A. H. M, *Athenian Democracy*, Baltimore: The Johns Hopkins University Press, 1957.

Just, Roger, *Women in Athenian Law and Life*, New York: Routledge, 1989.

Kallett, Lisa. *"Demos Tyrannos*: Wealth, Power, and Economic Patronage", In Kathryn A. Morgan, ed. *Popular Tyranny: Sovereignty and Its Discontents in Ancient Greece*, 117~153, Austin: University of Texas Press, 2003.

Knox, Bernard, *Oedipus at Thebes: Sophocles' Tragic Hero and His Time*, 1957, New ed., augmented, New Haven: Yale University Press, 1998.

Laroux, Nicole, Trans. Corinne Pach, *The Divided City: On Memory and Forgetting in Ancient Athens*, New York: Zone Books, 2002.

Mylonas, G, *Eleusis and the Eleusinian Mysteries*, Princeton: Princeton University Press, 1961.

Ober, Josiah, *Political Dissent in Democratic Athens: Intellectual Critics of Popular Rule*, Princeton: Princeton University Press, 1998.

Ostwald, Martin, *From Popular Sovereignty to the Sovereignty of Law: Law, Society and Politics in Fifth-Century Athens*, Berkeley: University of California Press, 1986.

Parker, *Athenian Religion: A History*, Oxford: Oxford University Press, 1996.

Pickard-Cambridge, Sir Arthur Wallace. *Demosthenes and the Last Days of Greek Freedom*. New York and London: G. P. Putnam's Sons, 1914.

Popper, Karl, *The Open Society and its Enemies*. Rev. ed, Princeton: Princeton University Press, 1950.

Poulakis, Takis, and David Depew, *Isocrates and Civic Education*, Austin: The

University of Texas Press, 2004.

Rhodes, P. J, *Ancient Democracy and Modern Ideology*, London: Duckworth, 2003.

Roberts, Jennifer Tolbert, *Athens on Trial: The Antidemocratic Tradition on Western Thought*, Princeton: Princeton University Press, 1994.

Roochnik, David, *Beautiful City: The Dialectical Character of Plato's Republic*, Ithaca, NY: Cornell University Press, 2003.

Sagan, Eli, *The Honey and the Hemlock: Democracy and Paranoia in Ancient Athens and Modern America*, Princeton: Princeton University Press, 1994.

Samaris, Thanassis, *Plato on Democracy: Major Concepts in Politics and Political Theory 23*, New York: Peter Lang, 2002.

Saxonhouse, Arlene W., *Athenian Democracy: Modern Mythmakers and Ancient Theorists*, Notre Dame: Notre Dame University Press, 1996.

Sinclair, R. K., *Democracy and Participation in Athens*, Cambridge: Cambridge University Press, 1988.

Stone, I. F., *The Trial of Socrates*, Boston: Little, Brown and Company, 1988.

Weidemann, T. E. J., *Slavery: Greece and Rome: New Studies in the Classics, No.16*, Oxford: Clarendon Press, 1987.

Wilson, Peter, *The Athenian Institution of Khoregia: The Chorus, the City, and the Stage*, Cambridge: Cambridge University Press, 2000.

Wolpert, Andrew, *Remembering Defeat: Civil War and Civic Memory in Ancient Athens*, Baltimore: The Johns Hopkins University Press, 2002.

Woodruff, Paul, *"Eikos and Bad Faith in the Paired Speeches of Thucydides", Proceedings of the Boston Area Colloquium in Ancient Philosophy*, Vol. X(1994), 115~145.

______, (1999a), *"Rhetoric and Relativism" In A. A. Long, ed, The Cambridge Companion to Early Greek Philosophy*, 290~310, Cambridge: Cambridge University Press, 1999.

______, (1999b), *"Paideia and Good Judgment" In David M. Steiner, ed., Philosophy of Education, Volume 3 of the Proceedings of the Twentieth World Congress of Philosophy*, 1999, 63~75.

________, "Socrates and the Irrational", In Smith, Nicholas D., and Paul Woodruff, eds., *Reason and Religion in Socratic Philosophy*, 130~150, Oxford: University Press, 2000.

________, (2001a), "Natural Justice", In Caston, Victor, and Daniel Graham, eds., Presocratic Philosophy: Essays in Honor of Alexander Mourelatos, 195~204, Aldershot: Ashgate, 2001.

________, (2001b), *Reverence: Renewing a Forgotten Virtue*, New York: Oxford University Press, 2001.

________, "Antiphons: Sophist and Athenian", *Oxford Studies in Ancient Philosophy*, Volume 22, 2004, 323~336,

Yunis, Harvey, *A New Creed: Fundamental Religious Beliefs in the Athenian Polis and Euripidean Drama*, Gottingen: Vandenhoeck & Ruprecht, 1988.

2. 미국 민주주의와 관련한 문헌

Beard, Charles, *An Economic Interpretation of the Constitution*, New York: Macmillan, 1913.

Ellis, Joseph, *Founding Brothers: The Revolutionary Generation*, New York: Random House, 2000.

Goldwin, R. A., and W. A. Schambra, *How Democratic Is the Constitution?*, Washington: American Enterprise Institute for Public Policy Research, 1981.

Hamilton, Alexander, John Jay, and James Madison, *The Federalist Papers* (1788), Isaac Kramnick, ed, Harmondsworth: Penguin, 1987.

Parenti, Michael, "The Constitution as an Elitist Document", In Goldwin et al., 1981, 39~58.

Spalding, Matthew, Patrick J. Garrity, and Daniel J. Boorstin, *A Sacred Union of Citizens: George Washington's Farewell Address and the American Character*, Lanham, MD: Rowman and Littlefield, 1998.

Wills, Garry, *Lincoln at Gettysburg: The Words that Remade America*, New York: Simon and Schuster, 1992.

3. 민주주의와 관련한 문헌

Beetham, David, Sarah Bracking, Iain Kearton, and Stuart Weir, *International IDEA Handbook on Democracy Assessment*, The Hague, London, and New York: Kluwer Law International, 2002.

Dahl, Robert A, *On Democracy.*, New Haven: Yale University Press, 1998.

Lijpart, Arendt, *Patterns of Democracy: Government Forms and Performance in Thirty-Six Countries*, New Haven: Yale University Press, 1999.

Mannin, Bernard, *The Principles of Representative Government*, Cambridge: Cambridge University Press, 1997.

Posner, Richard A., *Law, Pragmatism, and Democracy.* Cambridge, MA: Harvard University Press, 2003.

Sunstein, Cass R., *Designing Democracy: What Constitutions Do.*, New York: Oxford University Press, 2001.

Tully, James., *Strange Diversity: Constitutionality in an Age of Diversity.*, Cambridge: Cambridge University Press, 1995.

4. 선거제도와 관련한 문헌

Farrell, David., *Electoral Systems; A Comparative Introduction.*, Basingstoke: Palgrave, 2001.

Fishkin, James., *The Voice of the People: Public Opinion and Democracy.*, New Haven: Yale University Press, 1995.

Fishkin, James, and Peter Laslett, *Debating Deliberative Democracy*, Oxford: Blackwell, 2003.

Guinere, Lani, *The Tyranny of the Majority: Fundamental Fairness in Representative Democracy*, New York: The Free Press, 1994.

Rae, Douglas W., *The Political Consequences of Electoral Laws.* Rev. ed, New Haven: Yale University Press, 1971.

Reynolds, Andrew, and Ben Reilly, *The International IDEA Handbook of Electoral System Design*, Stockholm: IDEA, 1997.

5. 민주주의의 현대적 이슈들에 관한 문헌

Ansolabehere, Stephen, and Shanto Iyengar, *Going Negative: How Political Advertisements Shrink and Polarize the Electorate*, New York: The Free Press, 1995.

Berlin, Isaiah, *Two Concepts of Liberty, an Inaugural Lecture Delivered Before the University of Oxford, on 31 October, 1958*, Oxford: Oxford University Press, 1959.

Bobbitt, Philip, *The Shield of Achilles: War, Peace, and the Course of History*, New York: Knopf, 2002.

Bok, Sissela, *Lying: Moral Choice in Public and Private Life*, New York: Random House, 1978.

Breton, Albert, et al. eds., *Rational Foundations of Democratic Politics*, Cambridge: Cambridge University Press, 2003.

Kagan, Robert, *Of Paradise and Power: American and Europe in the New World Order*, New York: Alfred A. Knopf, 2003.

Munger, Michael C, "Demobilized and Demoralized: Negative Ads and Loosening Bonds", In Breton et al, 2003, 15~29.

Sacks, Jonathan, *The Dignity of Difference: How to Avoid the Clash of Civilizations*, Rev. ed, London: Continuum, 2003.

Siff, Ezra Y., *Why the Senate Slept: The Gulf of Tonkin Resolution and the Beginning of America's Vietnam War*, Westport, CT: Prager, 1999.

Sunstein, Cass E., *Why Societies Need Dissent*, Cambridge, MA and London: Harvard University Press, 2003.

Surowiecki, James, *The Wisdom of Crowds: Why the Many Are Smarter than the Few and How Collective Wisdom Shapes Business, Economies, Societies, and Nations*, New York: Doubleday, 2004.

Weick, Karl E. and Kathleen M. Sutcliffe, *Managing the Unexpected: Assuring High Performance in an Age of Complexity*, San Francisco: Jossey-Bass(A Wiley Company), 2001.

찾아보기

ㄱ

개연성 295, 296, 302, 307
거짓말 272, 307~309, 311, 312, 376
경의敬意 42, 65, 136, 182, 254, 322, 326,
 330~337, 339, 342, 344, 345, 366, 380
계급 갈등 65, 66
『고르기아스』 302, 303, 305
고용 97, 135, 271
공공봉사 84, 86, 87
『공기, 물, 장소에 대하여』 142
공론 조사 362, 373, 386
공연 자금 104, 331
과두정 74, 78, 89, 99, 100, 119, 126, 136,
 166, 175~177, 179, 289~291
관습nomos 196, 228, 231~233, 241, 303,
 304, 323, 335, 338, 343, 344
관습법 200
교육위원회 356~359, 364
「구름」 101, 124, 283, 314, 348
『국가』 64, 108, 134, 157, 238, 332, 342
국제법 189, 196, 199, 200, 210, 213, 214,
 367~369
군주제 88, 105, 109
귀족정 77, 88, 90, 98, 157
그라페 파라노몬 70, 100, 104, 110, 184, 207
극장 104, 330, 331, 334, 342, 346, 347,
 371, 379, 380
기독교 60, 174, 379

ㄴ

남북전쟁 77, 151, 364, 365
노모스 196
노모테타이 71, 184
노예제 76~78, 86, 109, 121, 174, 240~242,
 246, 338, 344
뇌물 41, 68, 94, 151, 189, 190, 202, 258, 300
누적 투표제 385
니키아스 167, 168, 215, 257, 273~279,
 282, 284, 293, 299, 310~315, 376
니키아스 평화협정 98

ㄷ

다수결의 원칙 23, 24, 36~39, 41, 48, 65,
 70, 363, 387
다신론 172
대량 학살 109, 175, 186, 401
대의 민주주의 269, 361, 375
대중 법정 79, 89, 94~96, 103, 104
데메트리오스 106
데모스 61, 90, 109, 128, 164, 165, 169, 220
데모스테네스 53~56, 64, 105, 106, 108,
 158, 184, 275~277, 313, 315, 369, 385
데모크리토스 223
델로스 85, 93, 96, 102, 161
델로스 동맹 85, 93, 96, 97, 160, 367
도편 추방제 73, 79, 91, 131

독재 35, 37, 38, 50, 105, 278, 362
드라콘 89, 197
디오니소스 379

ㄹ · ㅁ

라마코스 167
로고스 326
로마 제국 31, 103, 107, 163, 174
『뤼시스트라타』 154~156, 162, 184, 240
링컨, 에이브러햄 48, 151, 183
마라톤 92, 160, 222
마케도니아 제국 24, 53~56, 63, 80, 105~
    107, 151, 162, 173, 211, 349
매디슨, 제임스 48, 50, 219, 284
맥니스, 루이스 381, 382, 386
메틱 84
멜로스 85, 98, 109, 137, 138, 143, 244
면책 특권 150, 183
미틸레네 97
민주주의의 적 44, 46, 58, 209, 233, 269,
    301~303, 305

ㅂ

배심원 43, 61, 68~71, 94, 95, 102, 103,
    173, 189, 190, 202, 209, 212, 291, 308,
    310, 323, 325, 349, 374, 381
벌린, 이사야 121
베트남 전쟁 279
부시, 조지 W. 39, 385
부패 26, 43, 56, 93, 372
비례 대표제 361, 362, 385

비성문법 200, 213, 214

ㅅ

사모스 97, 115
『사슬에 묶인 프로메테우스』 129, 141, 142
사유재산 49, 50, 88, 136, 242, 243, 271
사회계약 이론 201, 203, 204, 214
살라미스 92
상대주의 268, 284, 347
선거 개혁 355, 374, 384
선거권 106, 356
선결 심의 88, 269
선동가 63, 79, 136, 170, 207, 274, 284,
    306, 314, 382
성문법 25, 83, 89, 195~197, 200, 213, 214
성찬식 87
소극적 자유 121
소수 집단 163, 165, 358, 385
소크라테스 43, 50, 68, 79, 99, 101, 102,
    108, 122, 172, 173, 189~192, 198,
    202~209, 212, 214, 244, 253, 255, 264,
    266, 267, 280, 283, 305, 314, 323~325,
    329, 336~344, 346~349
『소크라테스의 변론』 102, 108, 214, 283, 305
소포클레스 27, 64, 92, 130, 140, 153, 184,
    196, 200, 213, 214, 224~227, 235, 244,
    249, 253, 282, 287~289, 299, 301, 313,
    379
소피스트 223, 224, 245, 253, 302, 325,
    340, 389
솔론 67, 87~91, 104, 109, 124, 128, 141,
    159, 197
수사술 270, 291, 294, 301~309, 312, 314,